EN CUISINE
200 recettes pour tous les jours

CYRIL LIGNAC

hachette
CUISINE

INTRODUCTION

J'ai décidé de partager avec vous des recettes qui me ressemblent, faciles à réaliser chez vous. Certaines sont ancrées dans le terroir et la tradition, d'autres sont plus modernes, dans l'air du temps. Elles portent toutes ma griffe : mon amour de la bonne cuisine simple pour tous les jours et celle des jours de fête. Vous y retrouverez aussi mes petites astuces personnelles.

Dans ce livre, vous trouverez tout d'abord une sélection de recettes conviviales et innovantes pour cuisiner sur le pouce et préparer un apéro entre amis sans perdre des heures en cuisine. Le chapitre Cuisine fraîcheur vous livre ensuite des recettes bien-être, légères et gourmandes, qui vous permettront de vous régaler en finesse. Puis, dans Cuisine express, profitez de recettes rapides, faciles et originales pour cuisiner vite et bon au quotidien sans banalité. Vous découvrirez enfin des desserts gourmands, des plus traditionnels aux plus audacieux, pour vous faire plaisir sans difficulté.

J'espère que vous vous amuserez à préparer ces recettes et qu'ensuite vous les dégusterez avec gourmandise et plaisir, en famille et entre amis.

SOMMAIRE

CUISINE SUR LE POUCE	8
CUISINE FRAÎCHEUR	116
CUISINE EXPRESS	224
CUISINE DOUCEUR	332
ANNEXES	440

CUISINE

CUISINE SUR LE POUCE

Apéro exotique

Apéro exotique et sucré-salé

Mojito

Pour **1 personne** | Préparation **5 minutes**
Difficulté ★ | Coût ★ ★

½ citron vert | 1 brin de menthe | 4 glaçons | 5 cl de rhum (si possible cubain) | 1 cuil. à soupe de cassonade | Eau gazeuse

Matériel
Pilon

1. Coupez le citron vert en petits morceaux. Mettez-les dans un verre avec la cassonade. Écrasez-les à l'aide d'un pilon. Effeuillez la menthe. Ajoutez les feuilles dans le verre et pilez-les délicatement, en morceaux pas trop petits. Mélangez.

2. Pilez les glaçons. Versez le rhum et la glace pilée dans le verre, puis complétez avec l'eau gazeuse. Mélangez avant de servir.

Le conseil de Cyril
Vous pouvez décorer les mojitos avec des feuilles de menthe entières.

Singapour sling

Pour **1 personne** | Préparation **5 minutes**
Difficulté ★ | Coût ★

½ citron vert | 3 ou 4 glaçons | 4 cl de gin | 1 cl de sirop de grenadine |
2 cl de liqueur de cerise | Eau gazeuse | 1 cerise confite

Matériel
Mixeur

1. Pressez le demi-citron. Remplissez à moitié un grand verre de glaçons. Ajoutez le jus de citron, puis le gin, la grenadine et la liqueur de cerise.

2. Mélangez et complétez avec de l'eau gazeuse. Décorez le verre avec la cerise confite.

Le conseil de Cyril
Vous pouvez ajouter un trait d'Angostura bitter dans ce cocktail.

Jus de fruits exotiques

Pour **4 personnes** | Préparation **15 minutes**
Difficulté ★ | Coût ★

**2 fruits de la Passion | 1 petite mangue | 1 banane | 1 petit ananas |
Le jus de 2 oranges**

Matériel
Moulin à légumes | Blender

1 Coupez les fruits de la Passion en deux puis, à l'aide d'une cuillère, récupérez les grains et le jus, que vous passerez au moulin à légumes muni d'une grille fine.

2 Avec un couteau économe, épluchez la mangue et retirez le noyau. Épluchez la banane et coupez-la en rondelles. Ôtez l'écorce de l'ananas en retirant bien les yeux noirs. Coupez-le en quatre et ôtez le cœur ligneux, puis coupez la chair en gros morceaux.

3 Mettez le jus de fruit de la Passion, la mangue, la banane, l'ananas et le jus d'orange dans un blender, puis faites tourner. Pour obtenir un jus onctueux, passez-le au travers d'un tamis ou d'un moulin à légumes muni d'une grille fine. Servez aussitôt ou gardez au réfrigérateur.

Le mezze libanais

Pour **4 personnes** | Préparation **30 minutes** | Repos **1 heure** | Cuisson **20 minutes**
Difficulté ★ | Coût ★

Taboulé
50 g de boulgour | 3 tomates coupées en dés | Le jus de 3 citrons |
½ botte de menthe | ½ botte de persil plat | 1 pincée de cannelle en poudre |
10 cl d'huile d'olive | Sel, poivre

Houmous
200 g de pois chiches cuits en conserve | 1 yaourt nature | 1 cuil. à soupe d'huile
de sésame | ½ botte de persil | Paprika | Sel, poivre

Falafels
200 g de pois chiches cuits en conserve | 1 œuf | 2 tranches de pain trempées
dans du lait | 2 brins de coriandre | 2 gousses d'ail hachées | Huile pour friture |
Cumin | Sel, poivre

Matériel
Mixeur

1. Préparez le taboulé. Mettez le boulgour dans un saladier, couvrez d'eau tiède et laissez gonfler pendant 30 min. Mettez-le ensuite dans un tamis, pressez-le pour en retirer l'excédent d'eau, puis versez-le dans un saladier. Hachez la menthe et le persil. Ajoutez tous les ingrédients. Mélangez, salez, poivrez et parfumez de cannelle. Laissez reposer au frais.

2. Pour l'houmous, rincez les pois chiches, mixez-les avec le yaourt, l'huile de sésame, du sel, du poivre et le persil haché. Versez-le dans un plat, couvrez d'huile d'olive et saupoudrez de paprika. Gardez au frais.

3. Préparez les falafels. Rincez les pois chiches. Rassemblez tous les ingrédients dans un mixeur. Faites tourner. Vérifiez l'assaisonnement et laissez reposer pendant 30 min. Faites chauffer l'huile, formez de petites boulettes et faites-les frire, jusqu'à ce qu'elles soient bien dorées. Servez le mezze avec les falafels bien chauds.

Salade de thon à la tahitienne

Pour **4 personnes** | Préparation **20 minutes** | Marinade **30 minutes**
Difficulté ★ | Coût ★★

400 g de filet de thon rouge coupé en 8 pavés | **Le jus de 4 citrons verts** |
2 tomates | **4 carottes** | **1 concombre** | **1 botte de coriandre** | **20 cl de lait de coco** |
1 cuil. à soupe d'huile d'olive | **Sel, poivre**

1. Dans un grand plat, disposez les pavés de thon. Versez par-dessus le jus de citron et laissez mariner 30 min en tournant le thon deux ou trois fois. La chair va blanchir, signe de cuisson du thon. Coupez ensuite chaque pavé en cubes de 1 cm de côté.

2. Retirez le pédoncule des tomates et plongez-les 1 min dans de l'eau bouillante. Rafraîchissez-les et épluchez-les avant de les découper en dés. Épluchez les carottes puis râpez-les. Coupez le concombre en quatre sans l'éplucher, retirez les graines et coupez-le en petit dés. Mélangez tomates et concombre. Effeuillez la coriandre.

3. Au centre de petites assiettes, répartissez en cercle le mélange de tomate et de concombre. Salez, poivrez et versez l'huile d'olive. Posez dessus les cubes de thon, puis un peu de carottes râpées. Assaisonnez avec le lait de coco, du sel, du poivre et les feuilles de coriandre. Dégustez bien frais.

Le conseil de Cyril

Les tahitiens aiment beaucoup le thon (ou la bonite, qui est un petit thon), mais vous pouvez aussi réaliser cette salade avec de l'espadon, du saumon, du cabillaud ou de la daurade.

Tortilla

Pour **4 personnes** | Préparation **10 minutes** | Cuisson **25 minutes**
Difficulté ★ | Coût ★

600 g de pommes de terre | **5 œufs** | **6 cuil. à soupe d'huile d'olive** | **Sel, poivre**

1. Épluchez les pommes de terre et coupez-les en fines tranches. Dans une poêle, faites chauffer 4 cuillerées à soupe d'huile d'olive. Ajoutez les pommes de terre et laissez-les cuire doucement pendant 15 min. Elles doivent être fondantes. Salez et poivrez.

2. Dans un saladier, battez les œufs. Ajoutez les pommes de terre. Rectifiez l'assaisonnement si besoin.

3. Dans une poêle assez petite, faites chauffer le reste d'huile. Versez la préparation et faites cuire 5 min à feu vif. Posez une assiette sur la poêle et retournez-la. Faites alors glisser la tortilla dans la poêle et faites cuire l'autre face pendant 5 min. Laissez tiédir avant de découper de gros cubes, que vous servirez immédiatement.

Le conseil de Cyril
Utilisez bien une poêle assez petite car il faut que la tortilla soit épaisse.

Rougail de tomate aux crevettes

Pour **4 personnes** | Préparation **10 minutes** | Réfrigération **30 minutes**
Difficulté ★ | Coût ★

2 cm de gingembre | 1 petit oignon nouveau | 2 tomates | Le jus de ½ citron vert
8 belles crevettes crues et décortiquées | 1 cuil. à soupe d'huile d'olive | Sel, poivre

Matériel
Mixeur

1. Épluchez et coupez grossièrement le gingembre et l'oignon. Incisez les tomates en forme de croix, puis ébouillantez-les pendant 30 sec et pelez-les.

2. Dans le bol d'un mixeur, versez l'oignon, le gingembre et les tomates. Faites tourner afin d'obtenir une purée lisse. Salez, poivrez et ajoutez le jus de citron vert.

3. Dans une poêle, faites chauffer l'huile d'olive. Ajoutez les crevettes et faites-les cuire 1 ou 2 min de chaque côté. Salez et poivrez.

4. Dans de petits bols ou de petits verres, répartissez le rougail de tomate et ajoutez 2 crevettes par personne. Laissez reposer au frais pendant 30 min avant de servir.

Le conseil de Cyril
Pour une touche de couleur, vous pouvez ajouter de la coriandre hachée.

Le tali indien

Pour **4 personnes** | Préparation **30 minutes** | Repos **2 heures 15** | Cuisson **10 minutes**
Difficulté ★ | Coût ★

Pains naans
300 g de farine | 1 cuil. à café de levure chimique | 1 cuil. à café de sucre en poudre | 1 yaourt à la grecque | Huile végétale | Sel

Rougail de tomate
4 tomates | 1 cm de gingembre | 1 petit oignon nouveau | Le jus de ½ citron vert | Sel, poivre

Raïta de concombre
1 concombre | 2 yaourts veloutés | ½ botte de menthe | Sel, poivre

Matériel
Mixeur

1. Préparez les naans. Dans un saladier, mélangez tous les ingrédients et pétrissez-les pendant 10 min, jusqu'à obtention d'une pâte souple. Laissez lever pendant 2 h à couvert, dans un endroit chaud. La pâte doit doubler de volume. Pétrissez à nouveau la pâte pendant 5 min, puis divisez le pâton en 10 morceaux. Laissez reposer 15 min, puis étalez chaque morceau en une galette d'environ 15 cm de diamètre. Dans une poêle chaude un peu graissée, faites cuire les naans comme des crêpes. Les pains doivent être dorés de chaque côté.

2. Préparez le rougail. Ébouillantez les tomates, puis pelez-les. Mettez-les dans le bol d'un mixeur avec le gingembre haché, l'oignon épluché et le jus du demi-citron. Salez et poivrez, puis mixez pour obtenir une purée lisse. Gardez au frais jusqu'au moment de servir.

3. Préparez le raïta. Pelez le concombre, retirez les graines et râpez-le. Mélangez-le aux yaourts et à la menthe hachée. Salez et poivrez, puis gardez au frais. Servez le rougail et le raïta avec les naans chauds. Accompagnez éventuellement de chutneys divers

Tartelettes au guacamole et aux champignons

Pour **4 personnes** | Préparation **15 minutes** | Cuisson **18 minutes**
Difficulté ★ | Coût ★★

1 rouleau de pâte brisée | 2 petits oignons blancs frais | ½ citron vert | Quelques brins de coriandre | 2 avocats bien mûrs | Tabasco® | 4 petits champignons de Paris | Sel, poivre

Matériel
4 moules à tartelettes | Papier sulfurisé | Haricots secs

1 Préchauffez le four à 180 °C (th. 6). Tapissez le fond des moules à tartelettes de papier sulfurisé. Coupez 4 disques dans la pâte et posez-les dans les moules. Piquez-les avec une fourchette. Couvrez-les de papier sulfurisé, puis de haricots secs. Faites-les cuire à blanc 10 min. Retirez les haricots et le papier, puis enfournez à nouveau de 6 à 8 min, jusqu'à ce que la pâte soit bien dorée. Laissez refroidir.

2 Coupez les oignons en petits morceaux. Pressez le demi-citron vert. Effeuillez la coriandre. Coupez les avocats en deux, évidez-les et écrasez la chair. Mélangez-la avec l'oignon, la coriandre, les trois quarts du jus de citron et quelques gouttes de Tabasco®. Salez et poivrez.

3 Éliminez les bases des champignons, puis coupez-les en petits dés. Mélangez-les avec le jus de citron restant. Incorporez-les dans le guacamole. Garnissez les tartelettes de guacamole.

Le conseil de Cyril
Vous pouvez décorer chaque tartelette avec une lamelle de champignon citronnée.

Jus de pomme et de céleri au gingembre

Pour **4 personnes** | Préparation **10 minutes**
Difficulté ★ | Coût ★

4 pommes golden (600 g) | **2 cm de gingembre** | **2 branches de céleri (60 g)** | **½ citron** | **Sel**

Matériel
Centrifugeuse

1. Pelez les pommes et le gingembre. Nettoyez les branches de céleri. Coupez tous ces ingrédients en morceaux et passez-les à la centrifugeuse. Pressez le demi-citron. Versez le jus dans la préparation.

2. Ajoutez un peu de sel et répartissez le jus dans quatre verres. Servez aussitôt.

Les conseils de Cyril

Retirez les feuilles des branches de céleri avant de les passer à la centrifugeuse. Nettoyez-les, puis hachez-les finement et utilisez-les pour décorer les verres. Vous pouvez remplacer les pommes par des poires. Dans ce cas, choisissez des poires conférence ou des poires williams.

Jus de fenouil à l'orange et au carvi

Pour **4 personnes** | Préparation **10 minutes**
Difficulté ★ | Coût ★

2 bulbes de fenouil (600 g) | 6 oranges à jus (1,2 kg) |
4 pincées de graines de carvi (ou de cumin) |
4 cuil. à café d'huile d'olive | Sel

Matériel
Centrifugeuse

1. Retirez les tiges vertes des bulbes de fenouil ainsi que leurs feuilles extérieures. Coupez-les ensuite en gros morceaux et passez-les à la centrifugeuse. Ajoutez une pincée de sel dans le jus.

2. Coupez les oranges en deux et pressez-les. Mélangez les jus de fenouil et d'orange, puis ajoutez l'huile d'olive et le carvi. Répartissez le jus dans quatre verres. Servez aussitôt.

Les conseils de Cyril
Vous pouvez remplacer le fenouil par du céleri-branche et utiliser de la coriandre hachée à la place du carvi ou du cumin. Décorez les verres avec une rondelle d'orange coupée en deux et, si vous en trouvez, avec des fleurs de fenouil sauvage.

Tartare de fraise et de tomate au balsamique

Pour **4 personnes** | Préparation **15 minutes** | Réfrigération **1 heure**
Difficulté ★ | Coût ★

250 g de fraises | 6 tomates grappe | Le jus de 1 citron | 2 cuil. à soupe de vinaigre balsamique | Quelques baies roses | 6 cuil. à soupe d'huile d'olive | Sel, poivre

1 Équeutez les fraises et coupez-les en petits dés. Épépinez les tomates et coupez-les en petits dés.

2 Mélangez l'huile d'olive, le jus de citron et le vinaigre. Salez et poivrez. Écrasez les baies roses pour les réduire en poudre grossière. Mélangez-les à la sauce.

3 Mettez les dés de fraise et de tomate dans un saladier avec la sauce, puis mélangez le tout. Placez 1h au réfrigérateur avant de servir dans des petits bols.

Le conseil de Cyril
Vous pouvez parsemer cette salade de copeaux de parmesan.

Figues en habit de jambon

Pour **4 personnes** | Préparation **10 minutes**
Difficulté ★ | Coût ★★

8 figues violettes | **8 tranches de jambon sec** | **1 verre de porto rouge**

Matériel
Cure-dents

1. Retirez le pédoncule des figues et coupez-les en deux. Coupez ensuite chaque tranche de jambon en deux dans le sens de la longueur.

2. Entourez les morceaux de figue d'une demi-tranche de jambon et piquez d'un cure-dents. Disposez le tout sur un plat et arrosez de porto rouge avant de servir.

Les conseils de Cyril

Utilisez un très bon jambon de Parme pour réaliser cette recette, ainsi que des figues fraîches de saison bien mûres.

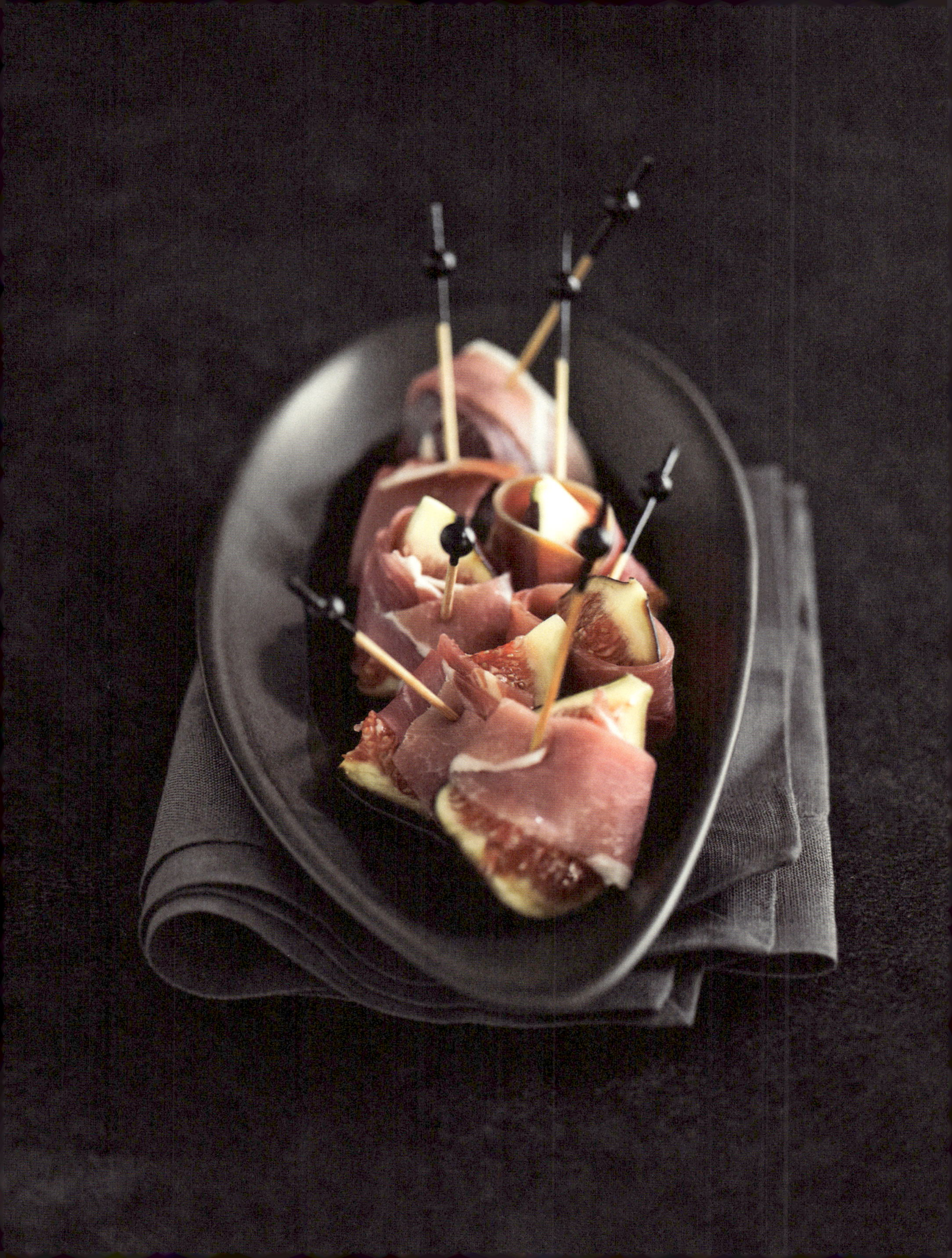

Bananes rôties en coque

Pour **4 personnes** | Préparation **5 minutes** | Cuisson **20 minutes** | Repos **10 minutes**
Difficulté ★ | Coût ★

4 bananes plantain | 50 g de beurre coupé en petits morceaux | 4 pincées de poudre de colombo | Sel, poivre

1 Préchauffez le four à 220 °C (th. 7). Disposez les bananes entières sur une plaque, enfournez et laissez cuire pendant 10 min. Retournez les bananes, puis laissez cuire pendant 10 min supplémentaires. Éteignez le four mais laissez-y les bananes pendant environ 10 min : elles doivent être noires et un couteau doit pouvoir s'y enfoncer sans résistance.

2 Posez chaque banane sur une assiette. À l'aide d'un couteau, coupez la peau et parsemez la chair de noisettes de beurre, de sel, de poivre et d'un peu de poudre de colombo. Servez immédiatement.

Le conseil de Cyril
Vous pouvez remplacer la poudre de colombo par du garam masala ou tout simplement par un peu de curry.

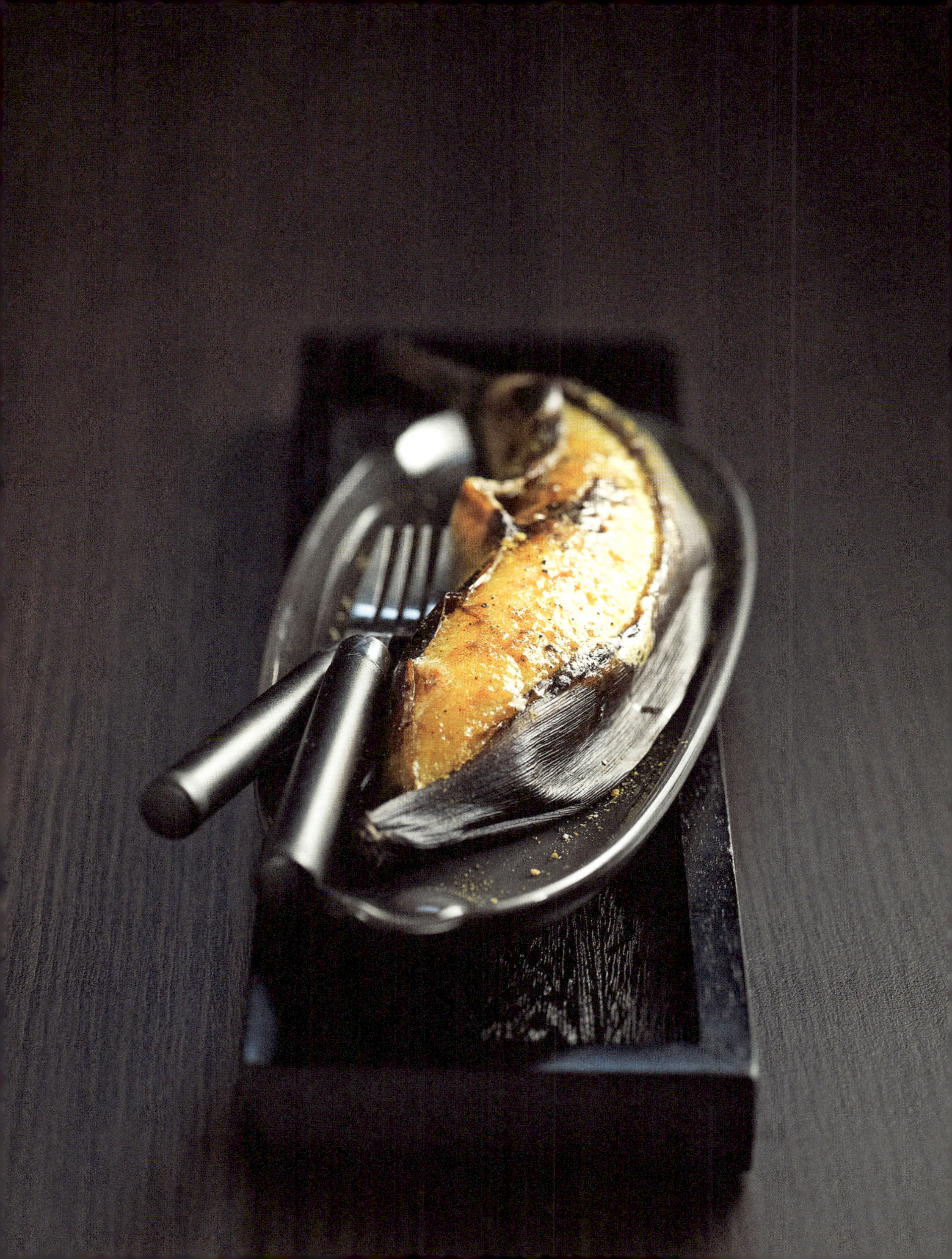

Pâte de coing et manchego

Pour **4 personnes** | Préparation **10 minutes**
Difficulté ★ | Coût ★

4 tranches de pain de campagne | 4 cuil. à café d'huile d'olive | 150 g de manchego (fromage espagnol) | 100 g de pâte de coing

1 Faites toaster le pain. Versez sur chaque tranche 1 cuillerée à café d'huile d'olive. Coupez le manchego et la pâte de coing en fines tranches.

2 Posez d'abord sur le pain le manchego, puis la pâte de coing. Servez aussitôt.

Le conseil de Cyril
Vous pouvez tout aussi bien associer du fromage basque et de la confiture de cerises noires, du camembert et de la gelée de coing, des fromages de brebis corses et de la confiture de figues...

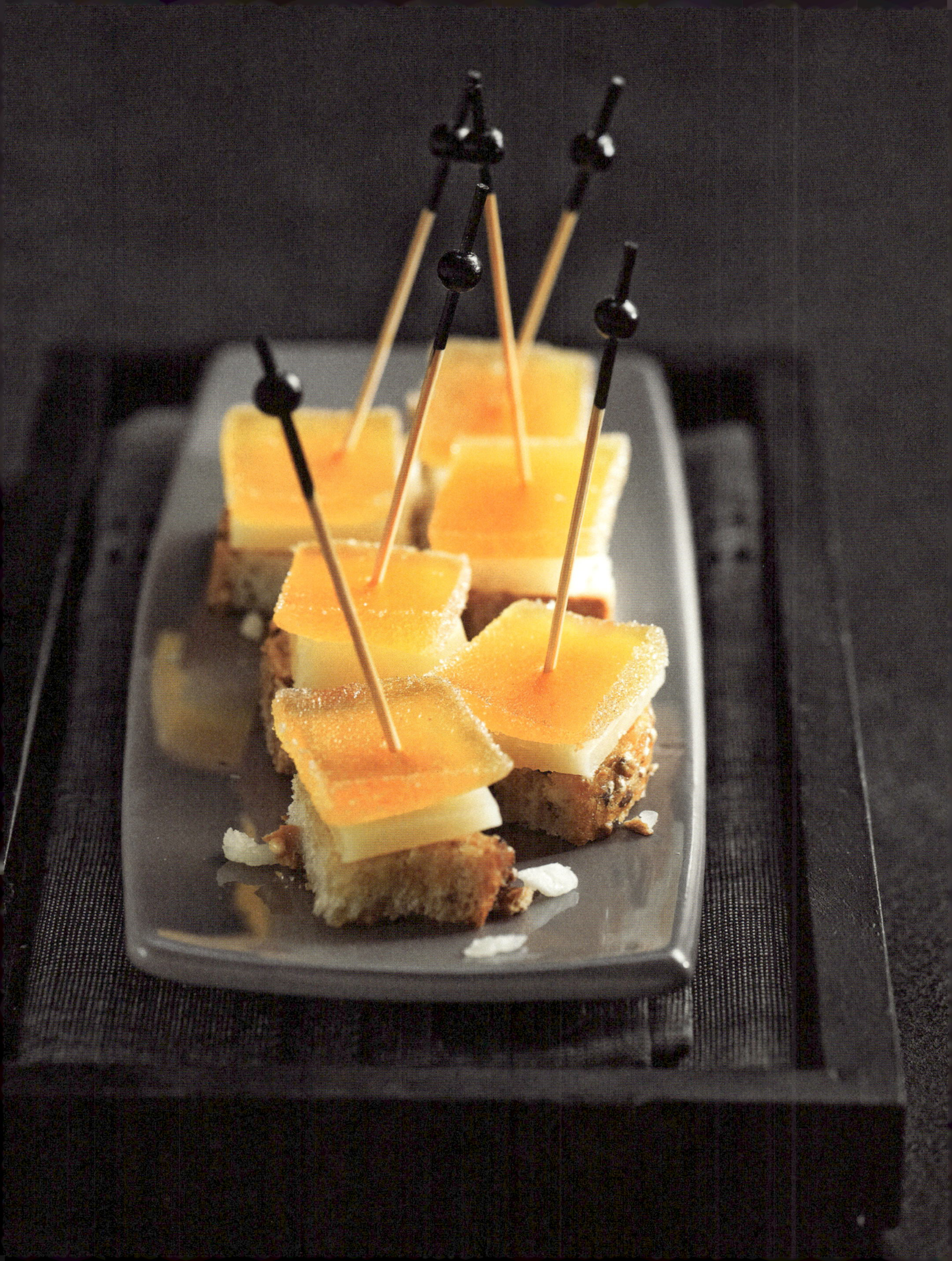

Salade d'orange et d'oignon doux à l'huile d'argan

Pour **4 personnes** | Préparation **15 minutes**
Difficulté ★ | Coût ★★

2 oranges | 1 oignon rouge | 4 cuil. à soupe d'huile d'argan

1 Coupez les extrémités des oranges. Retirez la peau sans laisser de chair blanche. Incisez chaque orange entre les nervures de chaque quartier. Mettez les quartiers dans un bol et pressez entre vos mains le cœur pour en exprimer le jus. Épluchez l'oignon et coupez-le en très fines tranches.

2 Sur de petites assiettes, répartissez les quartiers d'orange en rosace. Arrosez de jus. Parsemez d'oignon et terminez en versant 1 cuillerée à soupe d'huile d'argan sur chaque assiette.

Le conseil de Cyril
Agrémentez donc ces mini-plats de quelques pistaches salées...
un peu de goût et de couleur en plus.

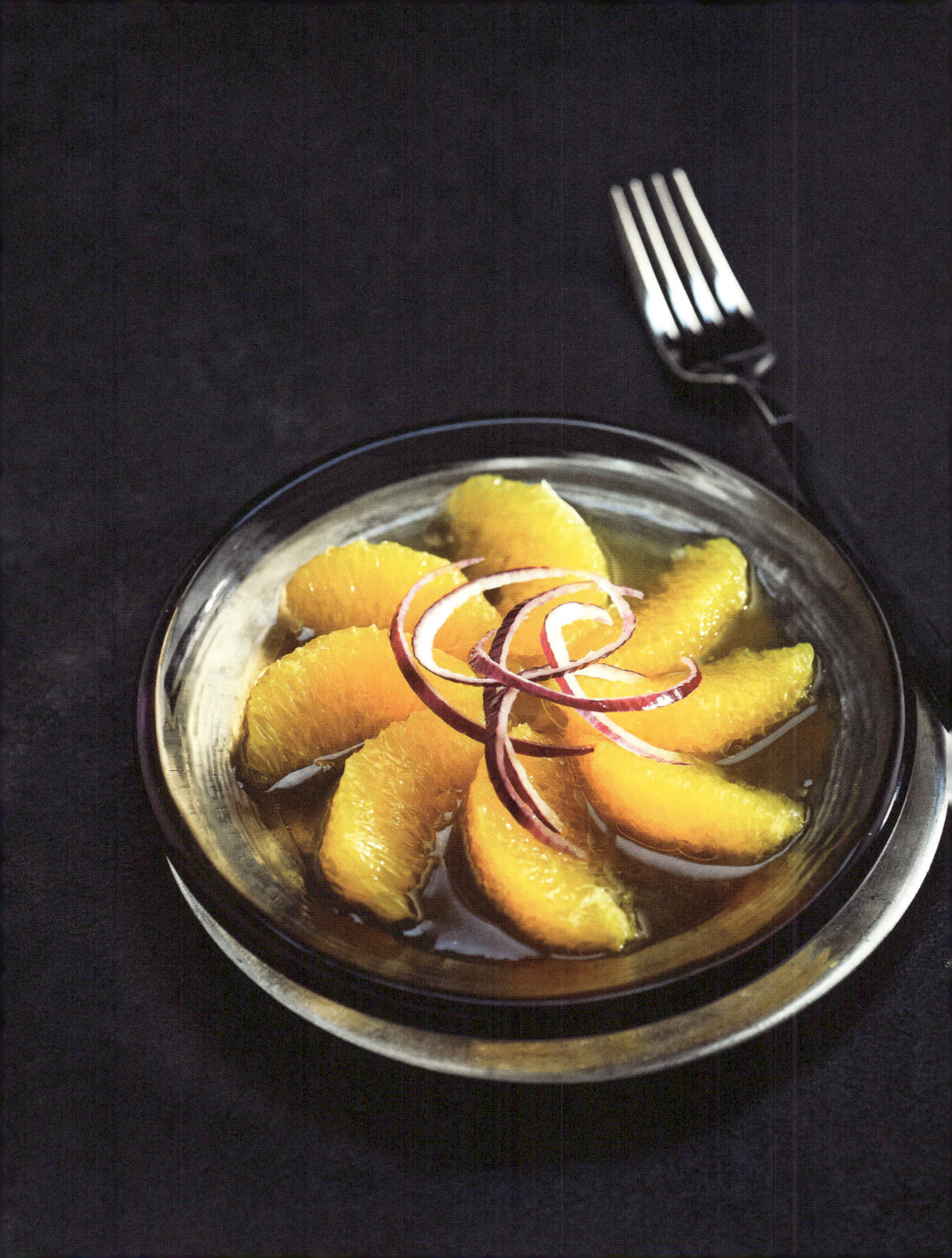

Lomo et lonzo, abricots et melon

Pour **4 personnes** | Préparation **10 minutes**
Difficulté ★ | Coût ★★

¼ de melon de Cavaillon | 4 abricots | 8 tranches de lomo (filet de porc séché espagnol) | 8 tranches de lonzo (filet de porc séché corse)

Matériel
Cure-dents

1 Coupez le melon en 8 morceaux. Dénoyautez les abricots et coupez-les en deux. Entourez la moitié des abricots de lonzo, puis l'autre moitié de lomo.

2 Faites de même avec le melon. Piquez le tout de cure-dents et servez aussitôt.

Le conseil de Cyril
Vous pouvez aussi arroser ces fruits de porto ou, pourquoi pas, d'un muscat du Cap Corse.

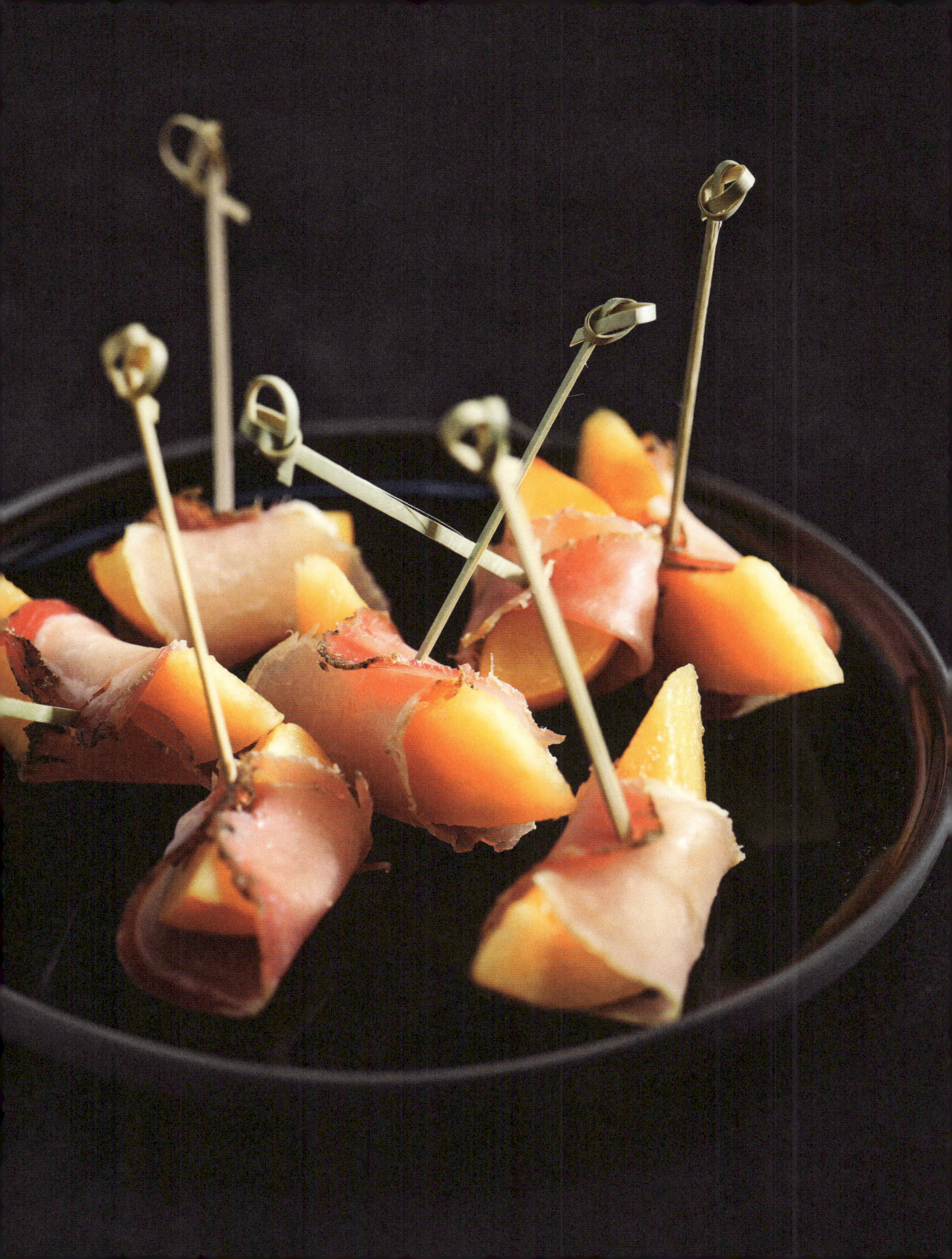

Apéro chic et vert

Mimosa

Pour **1 personne** | Préparation **5 minutes**
Difficulté ★ | Coût ★★

10 cl de champagne ou de vin blanc pétillant | **6 cl de jus d'orange de bonne qualité** | **2 cl de Grand Marnier®** (facultatif)

1. Versez le champagne dans une flûte. Ajoutez le jus d'orange, puis le Grand Marnier®, si vous en utilisez.

Le conseil de Cyril
Vous pouvez décorer la flûte avec une petite tranche d'orange.

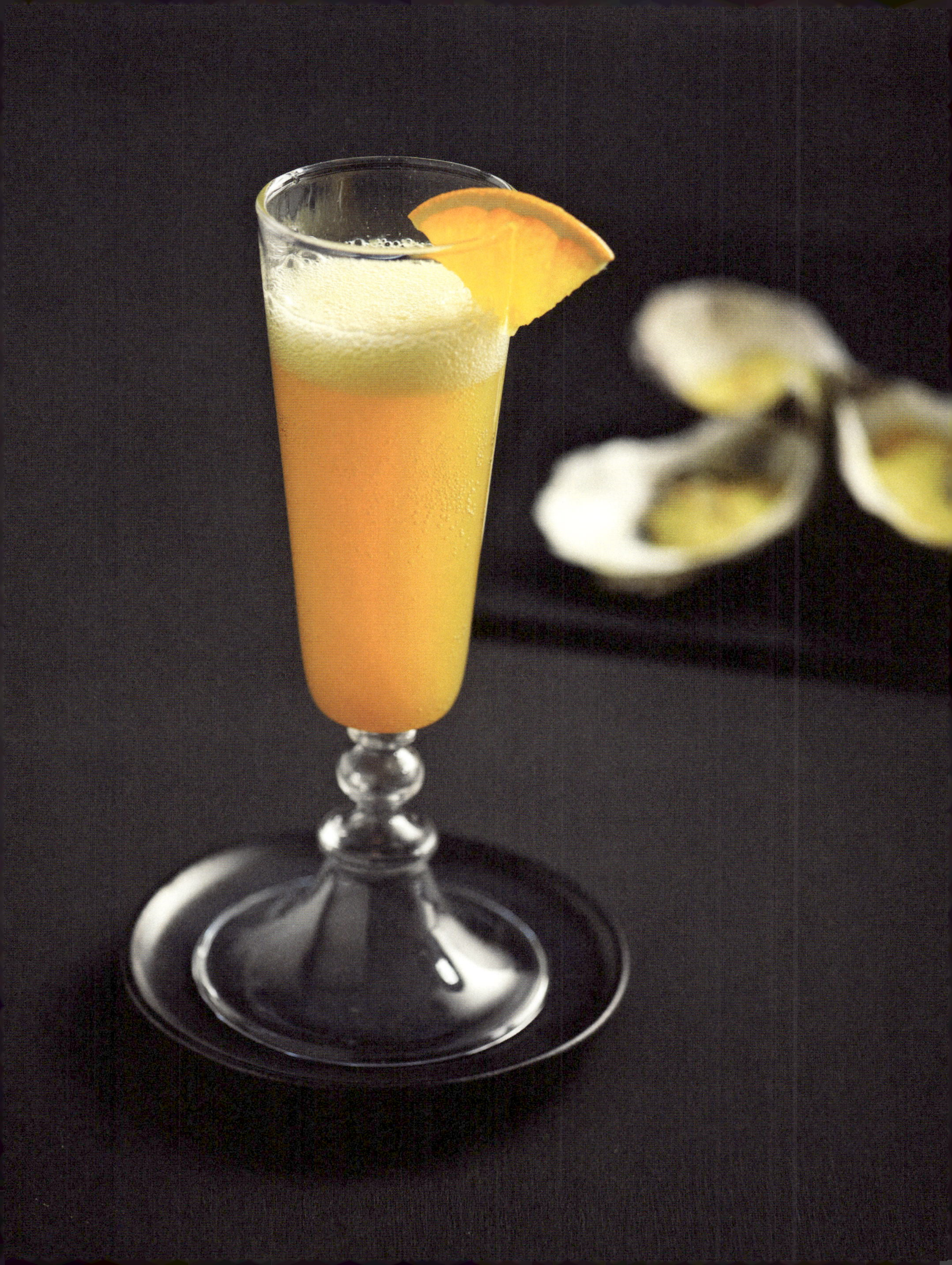

Cosmopolitan

Pour **1 personne** | Préparation **5 minutes**
Difficulté ★ | Coût ★

4 ou 5 glaçons | 4 cl de vodka | 2 cl de triple-sec ou de Cointreau® |
4 cl de jus de canneberge (cranberry) | 1 cuil. à soupe de jus de citron vert

Matériel
Shaker | Chinois

1 Remplissez à moitié un shaker de glaçons. Versez-y ensuite tous les ingrédients de la recette. Secouez.

2 Filtrez le mélange au-dessus d'un verre (un verre à Martini par exemple).

Le conseil de Cyril
Rafraîchissez bien le verre avant de préparer le cosmopolitan.

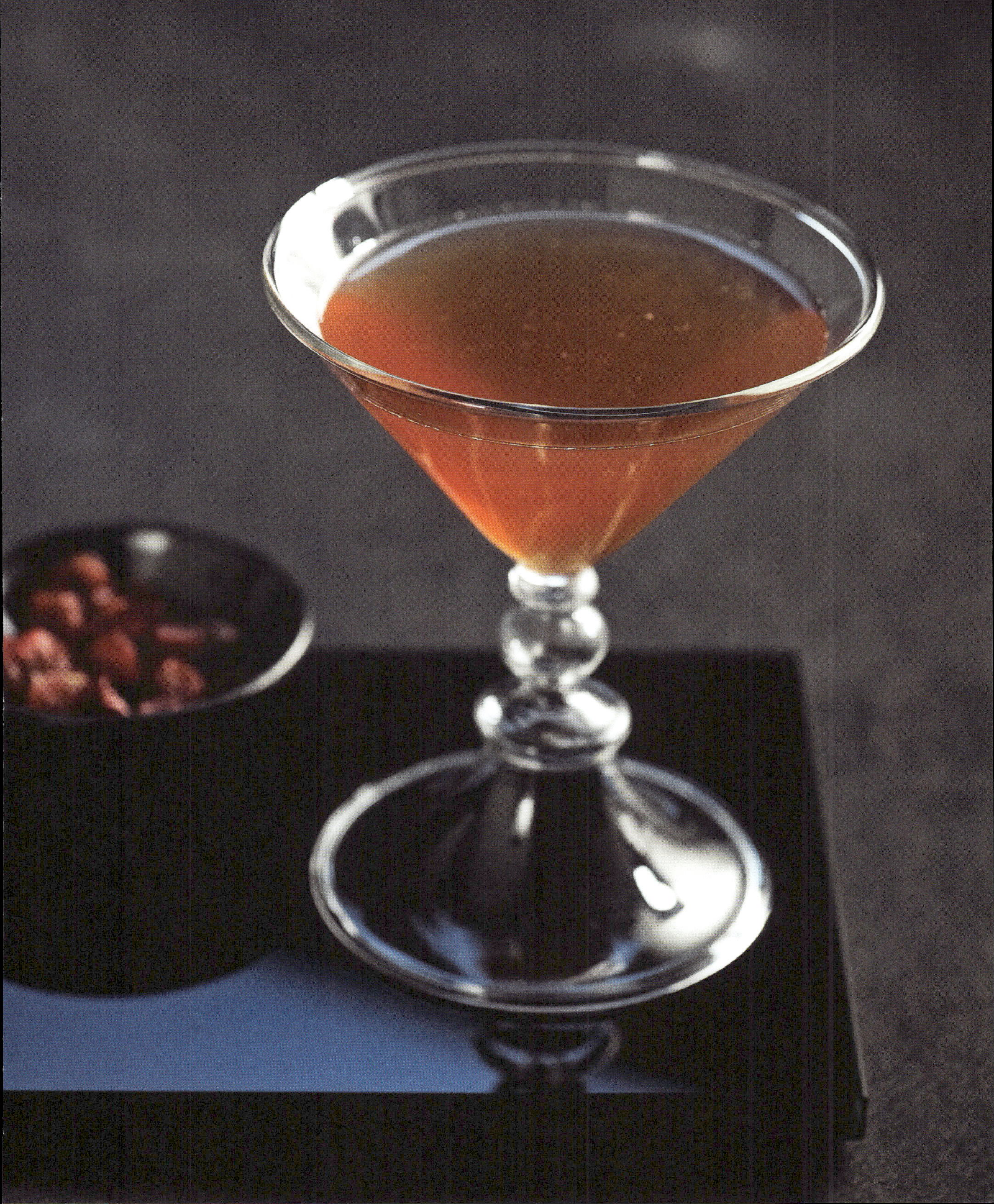

Bellini

Pour **1 personne** | Préparation **5 minutes**
Difficulté ★★ | Coût ★★

4 cl de nectar de pêche | 8 cl de champagne

1. Versez le nectar de pêche bien frais dans une flûte à champagne. Ajoutez ensuite le champagne.

Les conseils de Cyril

Vous pouvez préparer vous-même le nectar de pêche, en écrasant la chair d'une pêche blanche bien mûre avec un peu de sirop de sucre. Déclinez ce cocktail selon votre goût, en utilisant d'autres nectars de fruit.

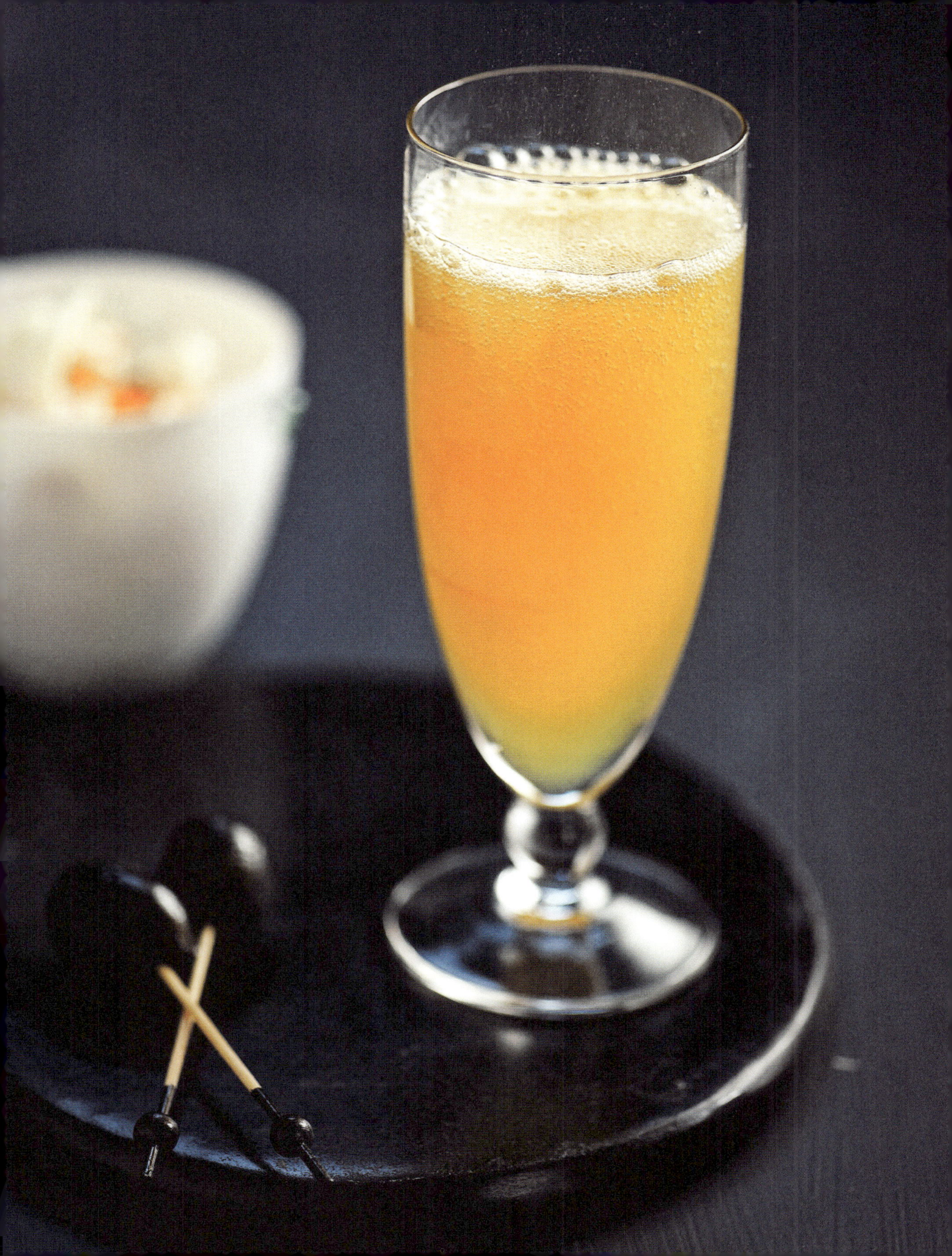

Huîtres chaudes au champagne

Pour **4 personnes** | Préparation **30 minutes** | Cuisson **15 minutes**
Difficulté ★★ | Coût ★★

50 cl de champagne ou de crémant de bonne qualité | 24 huîtres | 150 g de beurre | 20 cl de crème fraîche liquide | 6 jaunes d'œufs | Sel, poivre

Matériel
Tamis

1. Mettez le champagne dans une casserole et faites-le réduire sur feu doux, jusqu'à ce qu'il n'y ait presque plus de liquide.

2. Ouvrez les huîtres, versez l'eau dans un bol et la chair dans une casserole. Reversez ensuite l'eau sur les huîtres, mais au travers d'un tamis. Faites fondre le beurre dans la crème fraîche. Nettoyez les coquilles creuses des huîtres.

3. Dans une casserole, au bain-marie, versez 2 cuillerées à soupe de l'eau des huîtres et les jaunes d'œufs. Sur feu moyen (il faut que l'eau du bain-marie soit frémissante), fouettez bien le mélange. Quand les jaunes épaississent, versez un peu de beurre fondu, mélangez et continuez ainsi jusqu'à épuisement du beurre. Ajoutez la réduction de champagne. Salez et poivrez. La sauce doit être assez épaisse.

4. Préchauffez le four en mode gril. Disposez les coquilles d'huître sur une lèchefrite et enfournez. Faites chauffer les huîtres dans leur eau. Dès que l'eau commence à bouillir, coupez le feu, égouttez les huîtres et répartissez-les dans les coquilles chaudes. Versez dessus la sauce et enfournez juste sous le gril. Au bout de 2 min, la sauce a gratiné. Sortez alors du four et servez aussitôt.

Le conseil de Cyril

C'est une recette emblématique de la nouvelle cuisine, mais qui ne se démode pas. Elle peut paraître un peu compliquée, mais si vous suivez la recette à la lettre et sans précipitation, vous y arriverez sans peine !

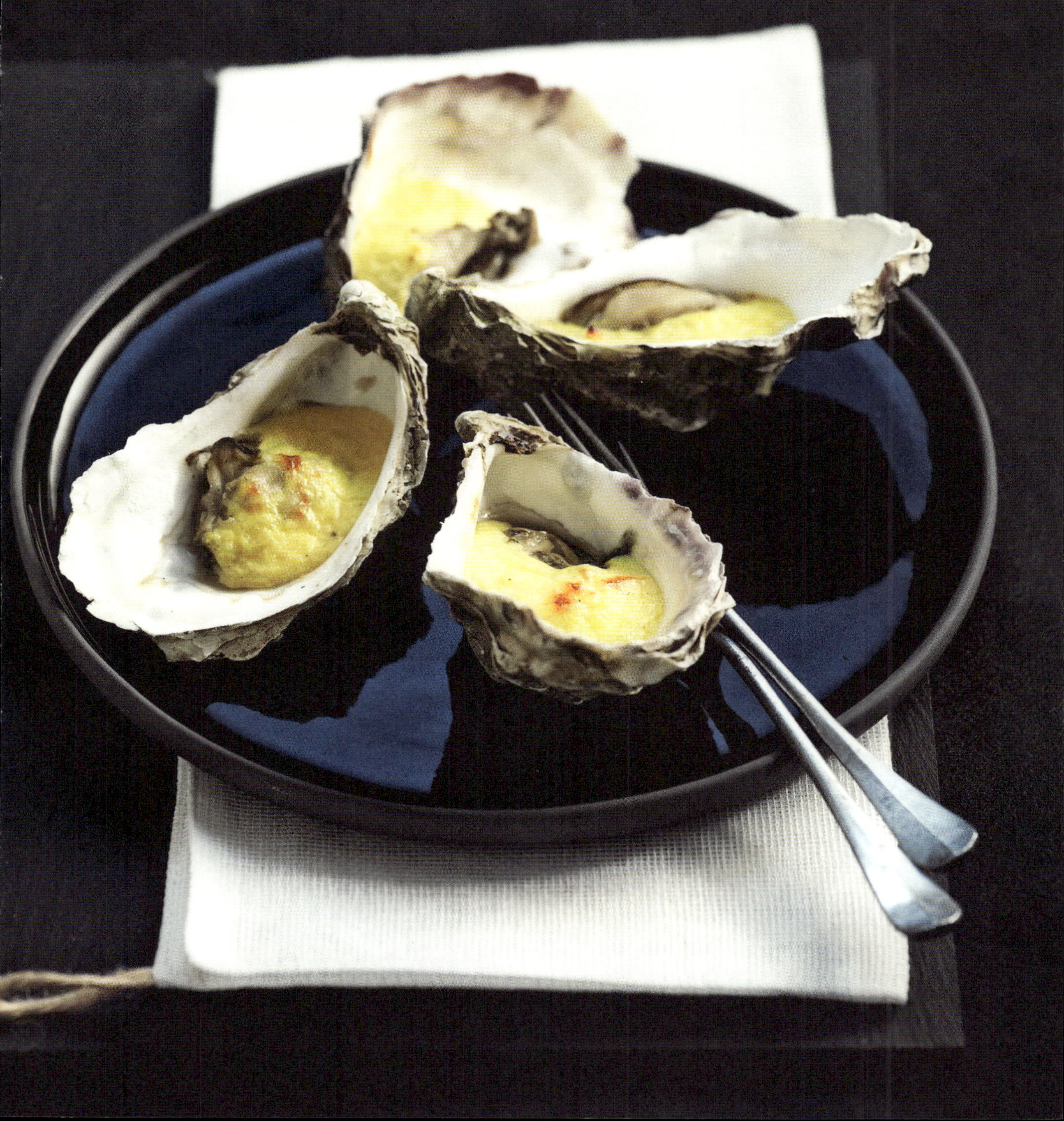

Tartare de thon au gingembre

Pour **2 personnes** | Préparation **10 minutes**
Difficulté ★★ | Coût ★★

100 g de pavé de thon rouge | **½ botte de ciboulette** | **1 cuil. à soupe de jus de citron** | **1 pincée de gingembre en poudre** | **2 cuil. à soupe d'huile d'olive** | **Sel, poivre**

1 Nettoyez le thon, retirez la peau si nécessaire, puis coupez la chair en petits dés. Gardez-les au frais. Lavez et hachez finement la ciboulette.

2 Dans un bol, battez à la fourchette le jus de citron et l'huile. Salez, poivrez et ajoutez le gingembre.

3 Mélangez le thon, la sauce et la ciboulette. Répartissez le tartare dans de petits verres transparents. Servez bien frais.

Le conseil de Cyril
Accompagnez ce tartare d'un peu de pain grillé.

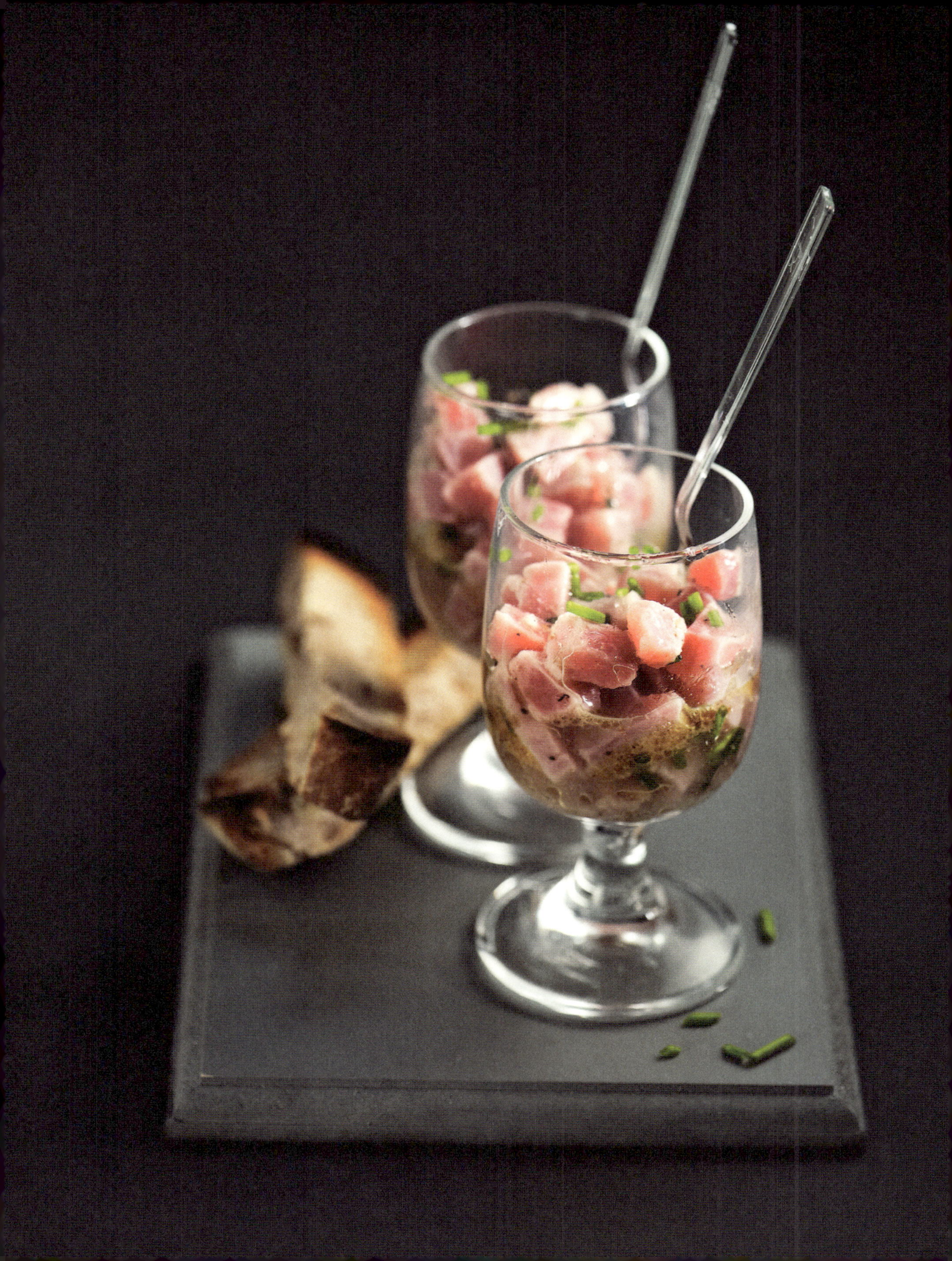

Velouté d'asperges vertes et blanches

Pour **4 personnes** | Préparation **30 minutes** | Cuisson **35 minutes**
Difficulté ★ | Coût ★★

1 botte d'asperges blanches | 1 botte d'asperges vertes | 2 échalotes |
50 g de beurre | 2 pincées de noix muscade | 35 g de farine | 1,2 litre de bouillon
(légumes, bœuf ou volaille) | 1 botte de ciboulette | 2 jaunes d'œufs |
25 cl de crème fraîche épaisse | Sel, poivre blanc

Matériel
Mixeur plongeant

1. Épluchez les asperges, puis coupez leur base. Faites bouillir séparément les asperges vertes et blanches pendant 10 min dans de l'eau salée, puis égouttez-les délicatement. Hachez très grossièrement les asperges blanches. Coupez les pointes des asperges vertes, mettez-les de côté. Hachez grossièrement les queues des asperges vertes. Épluchez et hachez les échalotes.

2. Dans une cocotte ou une casserole, faites chauffer le beurre sur feu moyen. Ajoutez les échalotes et la noix muscade. Mélangez. Laissez cuire 1 min, puis ajoutez la farine. Comptez encore 1 min, puis versez le bouillon très chaud en fouettant vivement. Ajoutez ensuite toutes les asperges (sauf les pointes vertes). Salez, poivrez et laissez cuire sur feu doux pendant 25 min, en remuant de temps en temps.

3. Hors du feu, mixez le mélange très finement, puis ajoutez les trois quarts de la crème. Salez et poivrez à nouveau si nécessaire. Faites frémir, ôtez du feu, mélangez les œufs avec le reste de crème et ajoutez au velouté : mélangez bien et ne faites surtout pas bouillir. Ajoutez la ciboulette hachée et les pointes d'asperges vertes.

Le conseil de Cyril
Les asperges doivent être molles. Laissez-les cuire plus longtemps si besoin.

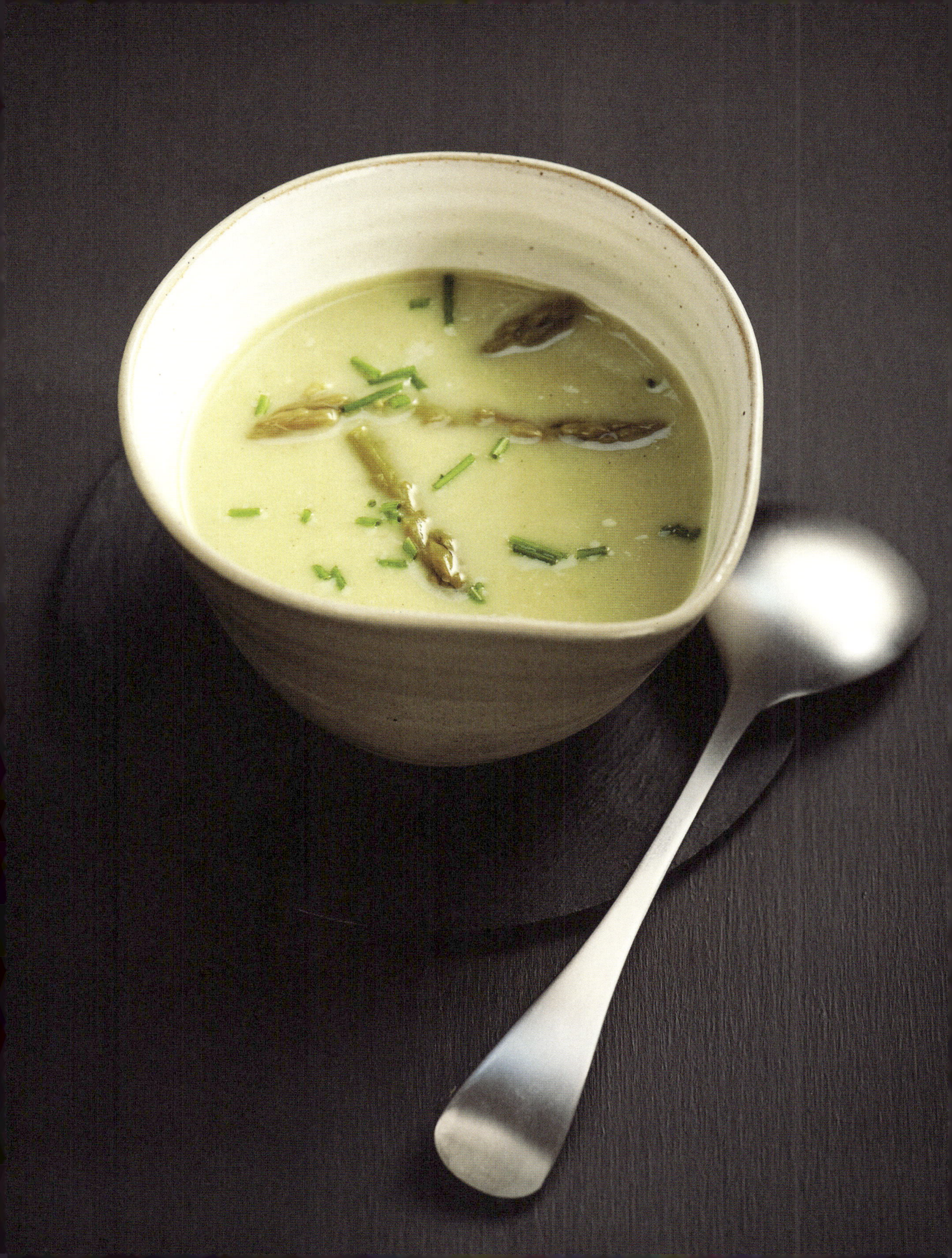

Mini-brochettes de poulet aux amandes et au lait de coco

Pour **6 personnes** | Préparation **10 minutes** | Marinade **1 heure** | Cuisson **7 minutes**
Difficulté ★ | Coût ★

Le jus de 1 citron | 3 cuil. à soupe de miel liquide |
2 blancs de poulet | 20 cl de lait de coco | 1 cuil. à café de curcuma
15 g de poudre d'amandes | Sel, poivre

Matériel
Piques à brochettes

1 Mélangez la moitié du jus de citron avec le miel. Coupez le poulet en fines lanières. Enfilez-les sur les piques à brochettes. Salez et poivrez. Faites-les mariner dans le mélange miel et citron. Laissez-les au moins 1 h au frais, en les retournant de temps en temps.

2 Mélangez le lait de coco, le jus de citron restant, le curcuma et du sel dans une casserole. Portez à ébullition, puis baissez le feu et laissez épaissir quelques minutes.

3 Faites chauffer le gril du four. Disposez les brochettes de poulet sur une plaque de cuisson. Laissez-les cuire sous le gril quelques minutes, jusqu'à ce qu'elles soient bien dorées, puis retournez-les pour faire griller l'autre côté.

4 Disposez-les dans un plat de service. Saupoudrez-les de poudre d'amandes. Servez avec la sauce dans un bol à part pour y tremper les brochettes.

Le conseil de Cyril
Si vous voulez donner un goût plus prononcé à la sauce, remplacez le curcuma par du curry en poudre.

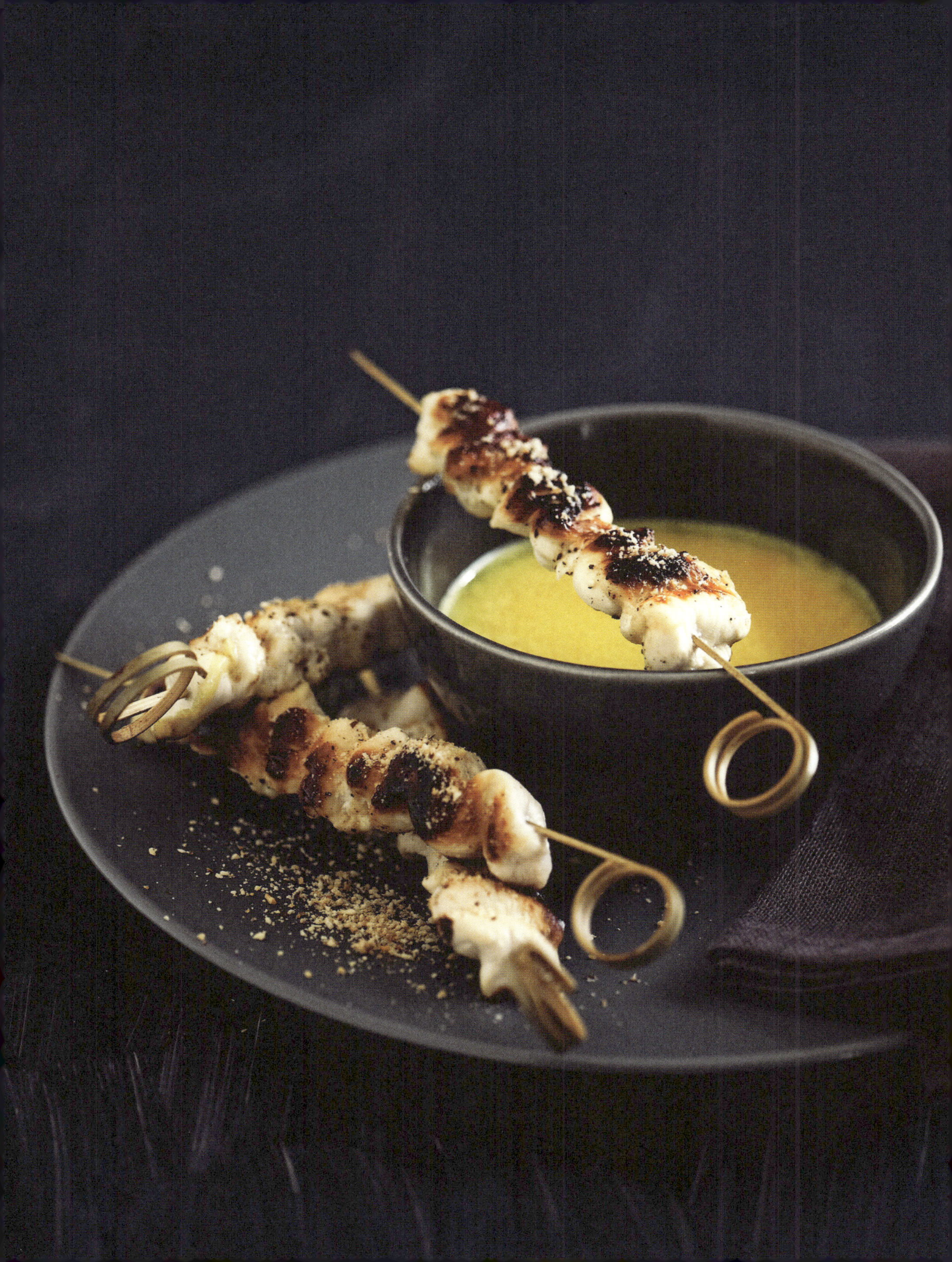

Tartare de saint-jacques à la vanille

Pour **4 personnes** | Préparation **10 minutes** | Réfrigération **30 minutes** | Difficulté ★ | Coût ★★

1 gousse de vanille | 200 g de noix de saint-jacques sans corail | 4 cuil. à soupe d'une bonne huile d'olive | 1 pincée de sel

1 Fendez la gousse de vanille dans le sens de la longueur. Grattez l'intérieur à l'aide d'une petite cuillère pour en retirer les graines. Mélangez ces dernières à l'huile d'olive.

2 Coupez les noix de saint-jacques en petits cubes et mélangez-les à l'huile. Ajoutez le sel et laissez reposer au frais pendant 30 min avant de servir.

Les conseils de Cyril

Pour donner une touche de couleur, vous pouvez ajouter un peu de coriandre hachée ou des dés de tomate, ainsi que quelques gouttes de citron vert.

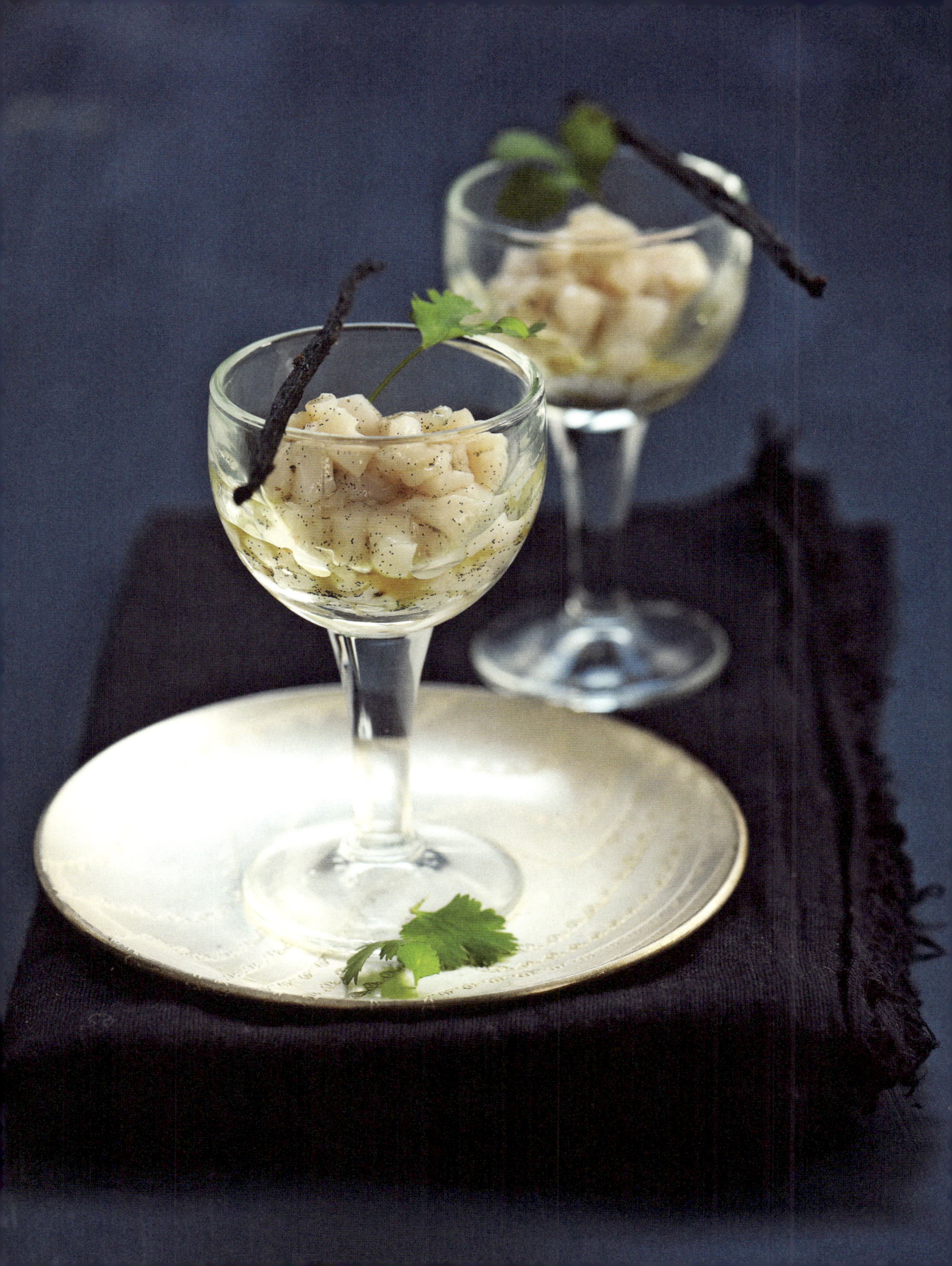

Praires grillées aux noisettes

Pour **4 personnes** | Préparation **10 minutes** | Cuisson **10 minutes**
Difficulté ★ | Coût ★

60 g de beurre salé ramolli | **1 gousse d'ail** |
1 cuil. à soupe de ciboulette hachée | **1 cuil. à soupe de cerfeuil haché** |
40 g de poudre de noisettes | **12 praires soigneusement lavées** | **Poivre**

1. Dans un bol, travaillez le beurre avec l'ail haché, les herbes, la poudre de noisettes et du poivre. Dans une casserole, mettez les praires, ajoutez 2 cuillerées à soupe d'eau et mettez sur le feu, à couvert, afin d'ouvrir les coquillages.

2. Quand ils sont ouverts, retirez-les du feu et égouttez-les. Retirez aussi le « chapeau » des coquillages et répartissez le beurre à la noisette sur les praires. Disposez les praires sur une plaque et passez-les 4 ou 5 min sous le gril du four. Servez chaud, accompagné de pain.

Le conseil de Cyril
Vous pouvez aussi utiliser des palourdes, des moules, ou encore des amandes de mer.

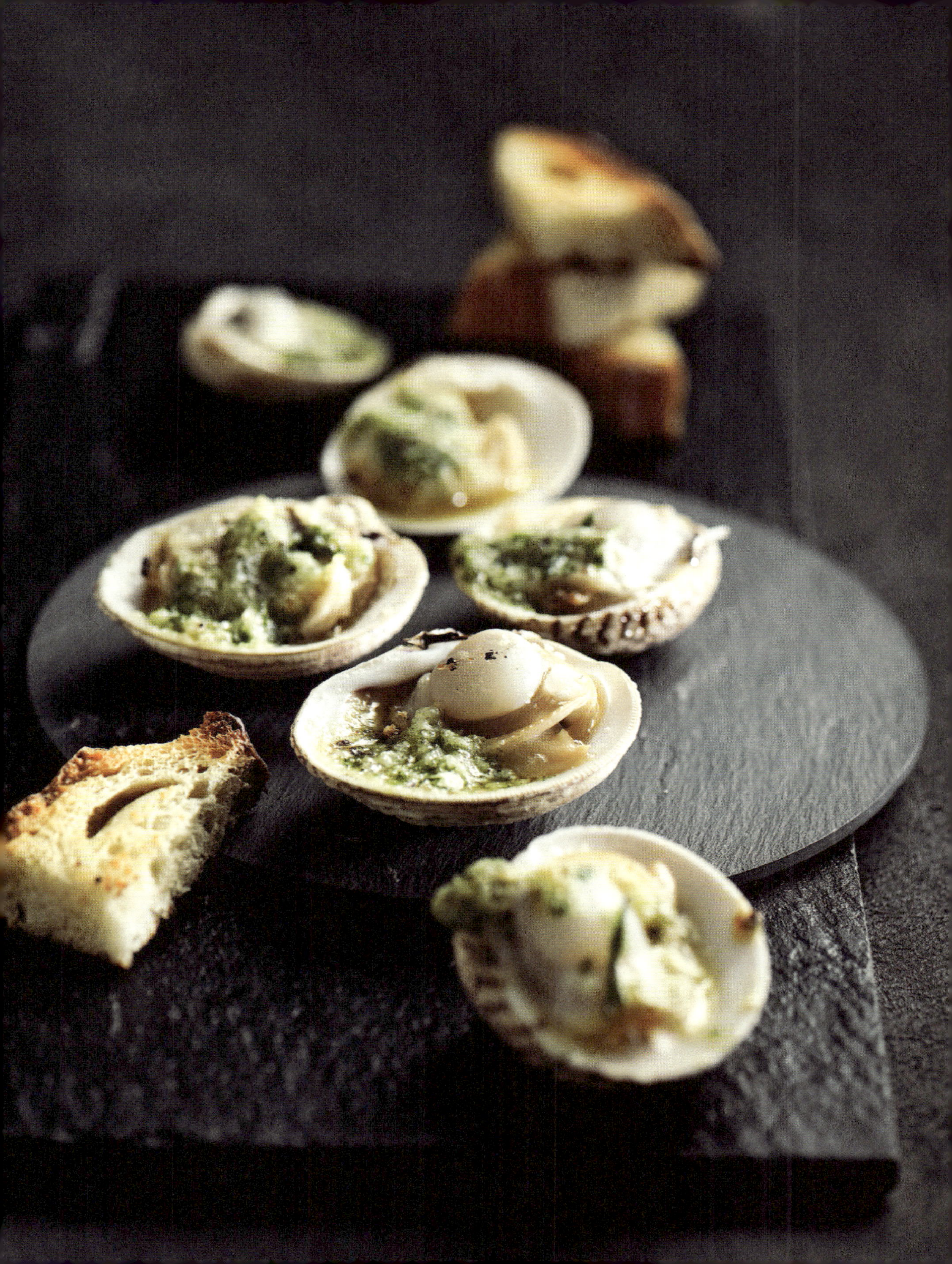

Jus de concombre à la menthe et à l'aneth

Pour **4 personnes** | Préparation **10 minutes**
Difficulté ★ | Coût ★

2 concombres (800 g) | **1 citron vert** | **3 brins de menthe** | **3 brins d'aneth** | **Sel**

Matériel
Mixeur

1 Épluchez les concombres et coupez-les en morceaux. Coupez le citron en deux et pressez-le afin d'en recueillir le jus. Effeuillez et hachez les herbes.

2 Mettez les concombres et le jus du citron dans le bol d'un mixeur, puis réduisez le tout en purée. Versez un peu d'eau, puis mixez à nouveau 2 ou 3 min, jusqu'à obtention d'un jus homogène.

3 Versez le jus dans quatre verres, ajoutez les herbes, salez et servez aussitôt.

Les conseils de Cyril

Remplacez donc l'eau par un peu de lait de chèvre (on en trouve maintenant dans tous les supermarchés) ou par du fromage de chèvre frais délayé dans du lait. Si vous achetez des concombres bio, ne les épluchez pas mais rincez-les bien. Coupez-les ensuite en gros morceaux avant de les mixer avec la peau.

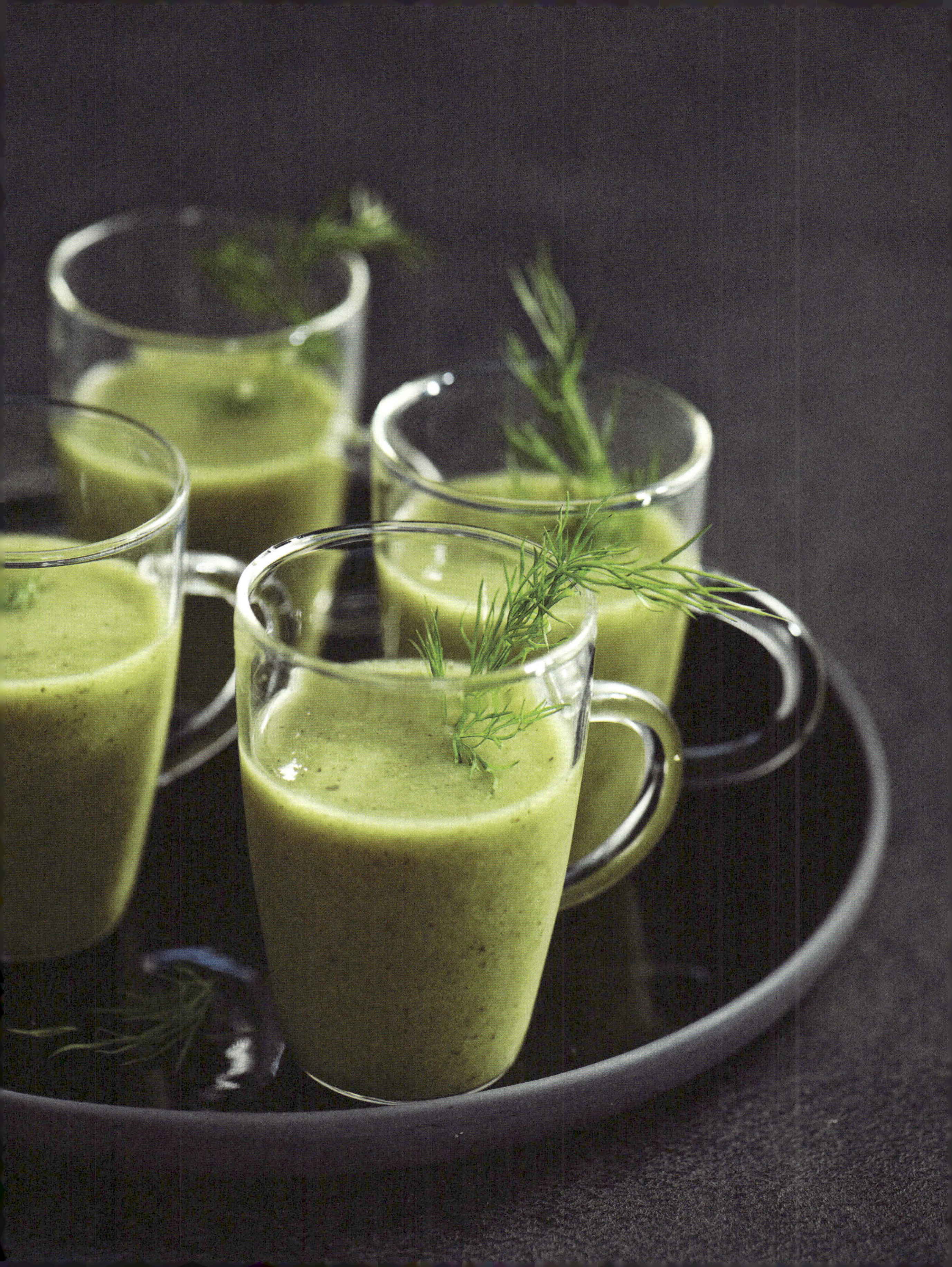

Jus de tomate pimenté à la ciboulette

Pour **4 personnes** | Préparation **10 minutes**
Difficulté ★ | Coût ★

8 belles tomates (1,6 kg) | **½ citron** | **4 pincées de piment d'Espelette en poudre** | **10 brins de ciboulette** | **Sel**

Matériel
Blender

1. Portez un grand volume d'eau à ébullition dans une casserole. Plongez-y les tomates 1 min après les avoir incisées à la base. Sortez-les de l'eau avec une écumoire, puis pelez-les.

2. Pressez le demi-citron afin d'en recueillir le jus. Versez-le dans un blender avec une pincée de sel et le piment d'Espelette. Concassez les tomates et ajoutez-les au reste des ingrédients. Mixez pendant 3 ou 4 min. Si le jus est trop épais, ajoutez quelques glaçons ou de l'eau bien fraîche.

3. Coupez la ciboulette en petits tronçons. Versez le jus de tomate dans des verres et décorez avec la ciboulette.

Les conseils de Cyril
Remplacez la ciboulette par de la coriandre ou, mieux, par un petit morceau de piment vert frais. Choisissez des grosses tomates ; idéalement, prenez des tomates de la variété cœur-de-bœuf.

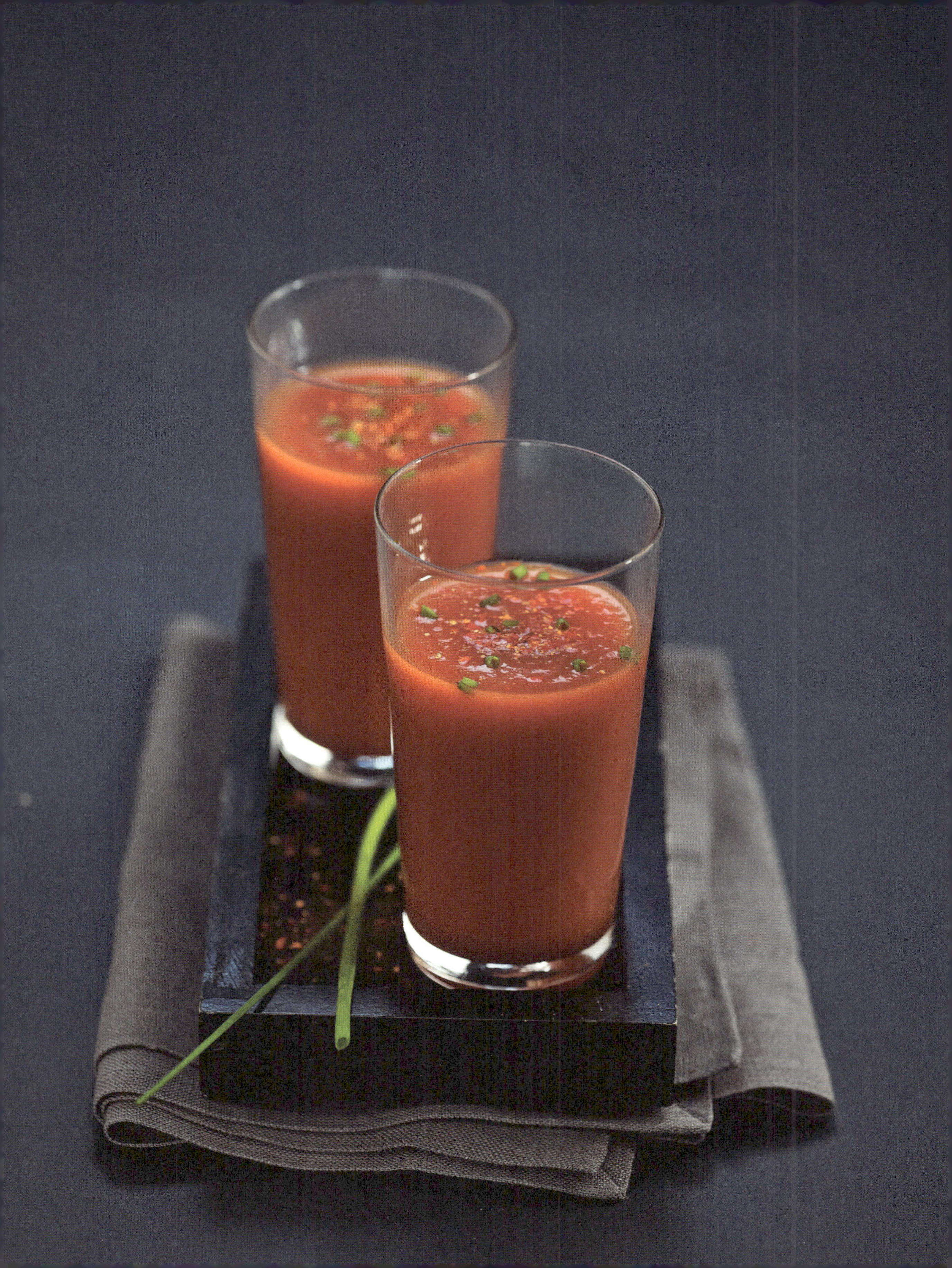

Soupe froide de carotte au cumin

Pour **4 personnes** | Préparation **15 minutes** | Cuisson **35 minutes** |
Réfrigération **Quelques heures**
Difficulté ★ | Coût ★

1 oignon | 1 pomme de terre | 600 g de carottes | 1 cuil. à café
de sucre en poudre | Le jus de 1 orange | Quelques brins de coriandre |
1 pincée de cumin en poudre | 2 cuil. à soupe d'huile d'olive | Sel, poivre

Matériel
Mixeur plongeant

1 Pelez l'oignon et émincez-le. Pelez la pomme de terre et coupez-la en petits dés. Pelez les carottes, puis coupez-les en rondelles.

2 Faites chauffer l'huile d'olive dans une casserole à feu moyen. Faites-y revenir les oignons pendant 5 min. Ajoutez ensuite les carottes, la pomme de terre et 75 cl d'eau. Salez et poivrez bien. Portez à ébullition, puis baissez le feu et laissez mijoter 30 min à petits bouillons.

3 Ajoutez le sucre et le jus d'orange dans la casserole. Mélangez bien le tout. Mixez et versez de l'eau si nécessaire pour obtenir la bonne consistance. Mettez la soupe au réfrigérateur pour quelques heures.

4 Au moment de servir, effeuillez la coriandre et parsemez-en la soupe avec le cumin.

Le conseil de Cyril
Si vous n'aimez pas le goût du cumin, remplacez-le par du curcuma
ou de la coriandre en poudre.

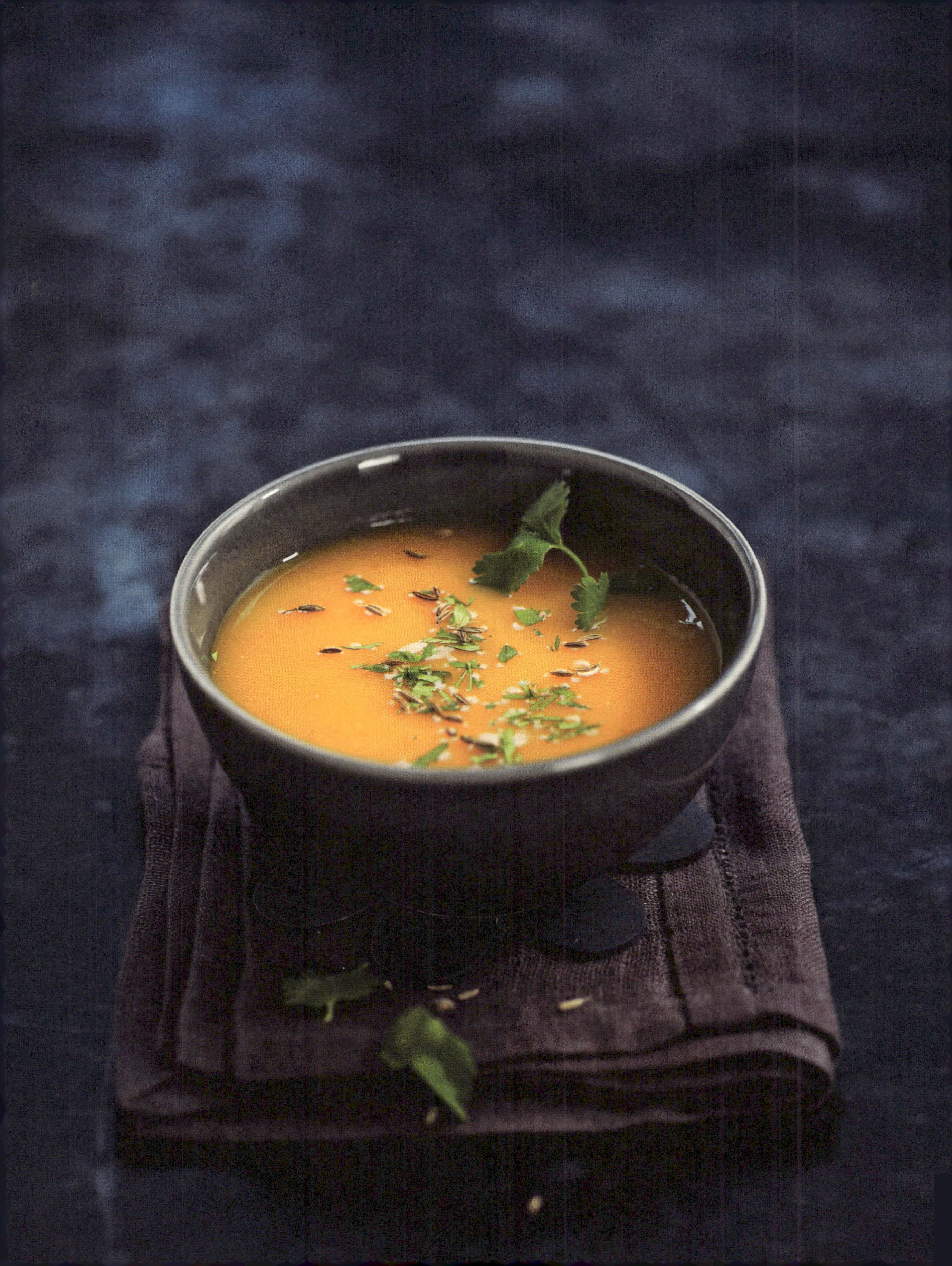

Velouté de poivron à la coriandre

Pour **4 personnes** | Préparation **30 minutes** | Cuisson **30 minutes**
Difficulté ★ | Coût ★★

5 ou 6 beaux poivrons rouges | 4 gousses d'ail | 4 belles pincées de paprika |
30 g de farine | 1 litre de bouillon (légumes, bœuf ou volaille) |
½ botte de coriandre (ou de basilic) | 20 cl de crème fraîche épaisse |
5 cuil. à soupe d'huile d'olive | Sel, poivre blanc

Matériel
Mixeur plongeant

1 Coupez les poivrons en deux, épépinez-les, éliminez la partie blanche, puis faites-les griller au four, côté peau, sur position gril. Sortez les poivrons quand ils sont bien noirs en surface. Laissez-les refroidir, puis pelez-les soigneusement.

2 Pelez et hachez les gousses d'ail. Dans une cocotte ou une casserole, faites chauffer l'huile sur feu moyen. Ajoutez l'ail haché et mélangez. Laissez cuire 1 min, puis ajoutez le paprika et la farine. Comptez encore 1 min environ, puis versez le bouillon très chaud en fouettant vivement.

3 Ajoutez ensuite les poivrons hachés. Salez, poivrez et laissez cuire sur feu doux pendant 25 min environ, en remuant de temps en temps. Si besoin, versez encore un peu de bouillon ou d'eau.

4 Hors du feu, mixez le mélange très finement, puis ajoutez la crème. Salez et poivrez à nouveau si nécessaire. Ne faites plus bouillir. Avant de servir, parsemez de coriandre grossièrement hachée.

Les conseils de Cyril
Testez cette recette en utilisant des poivrons orange et/ou jaunes : effet garanti !
Décorez ce velouté en y ajoutant quelques olives noires hachées.

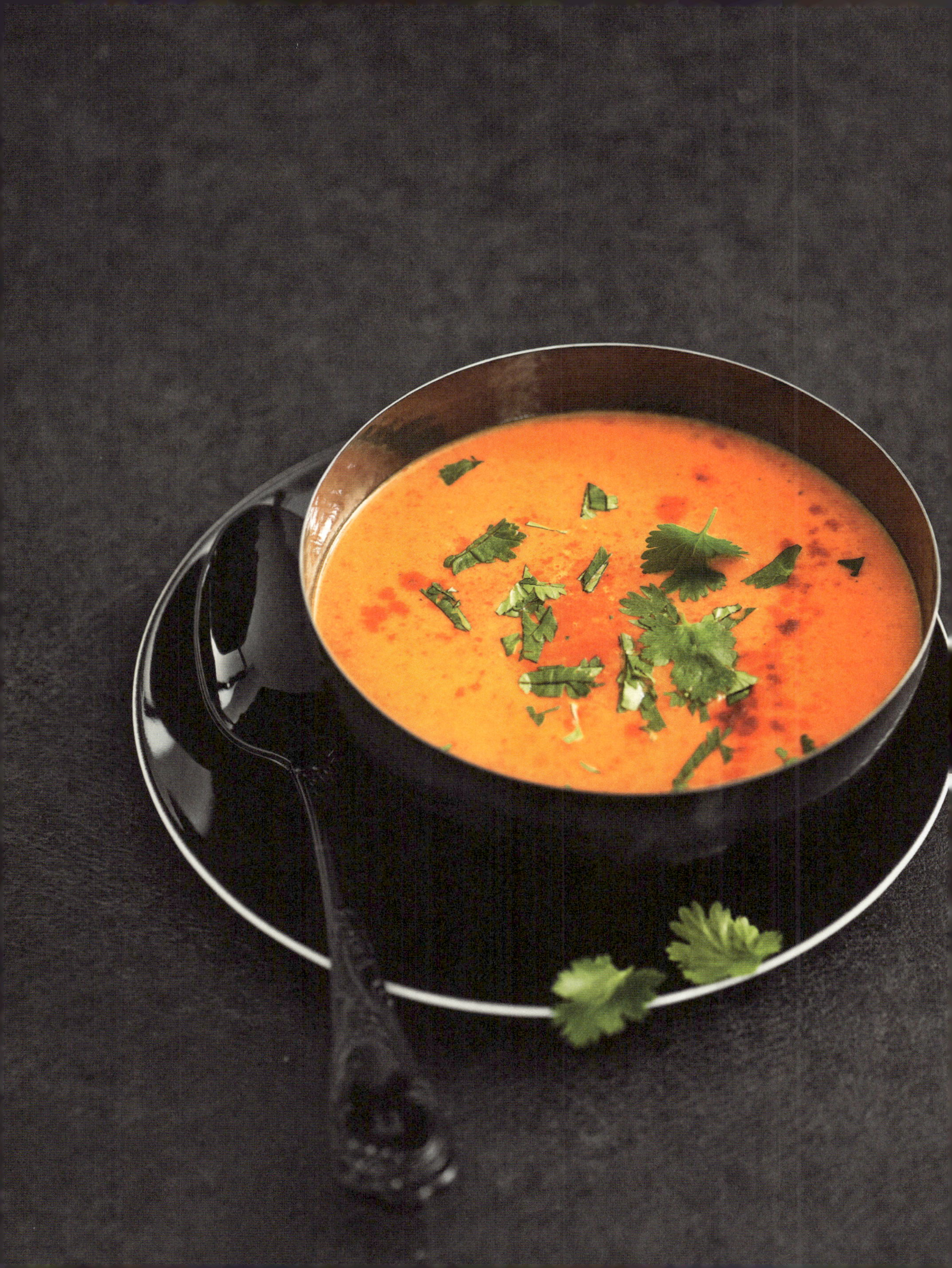

Crème d'avocat au citron vert et au piment

Pour **4 personnes** | Préparation **20 minutes**
Difficulté ★ | Coût ★

4 avocats | 1 gousse d'ail nouveau | ½ piment antillais « lampion » |
4 filets d'anchois à l'huile | 2 citrons verts | ½ botte de coriandre |
5 cl d'huile d'olive | Sel, poivre

Matériel
Mixeur

1. Fendez les avocats en deux, retirez les noyaux et évidez la chair. Épluchez la gousse d'ail. Éliminez les pépins du demi-piment. Égouttez les filets d'anchois, pressez les citrons verts.

2. Assemblez tous ces ingrédients dans un mixeur et réduisez-les en une crème très fine, sans grumeaux. Ajoutez aussi l'huile d'olive, tout en mixant, puis la demi-botte de coriandre hachée.

3. Salez et poivrez modérément, puis servez.

Les conseils de Cyril

Pour cette recette, choisissez des avocats encore très légèrement fermes, pas trop mûrs. Servez cette crème dans des petits verres ou tartinée sur des toasts. Vous pouvez également la présenter dans des tomates cerise coupées en deux et évidées. Elle accompagne aussi bien les poissons blancs peu gras, comme le cabillaud ou le lieu.

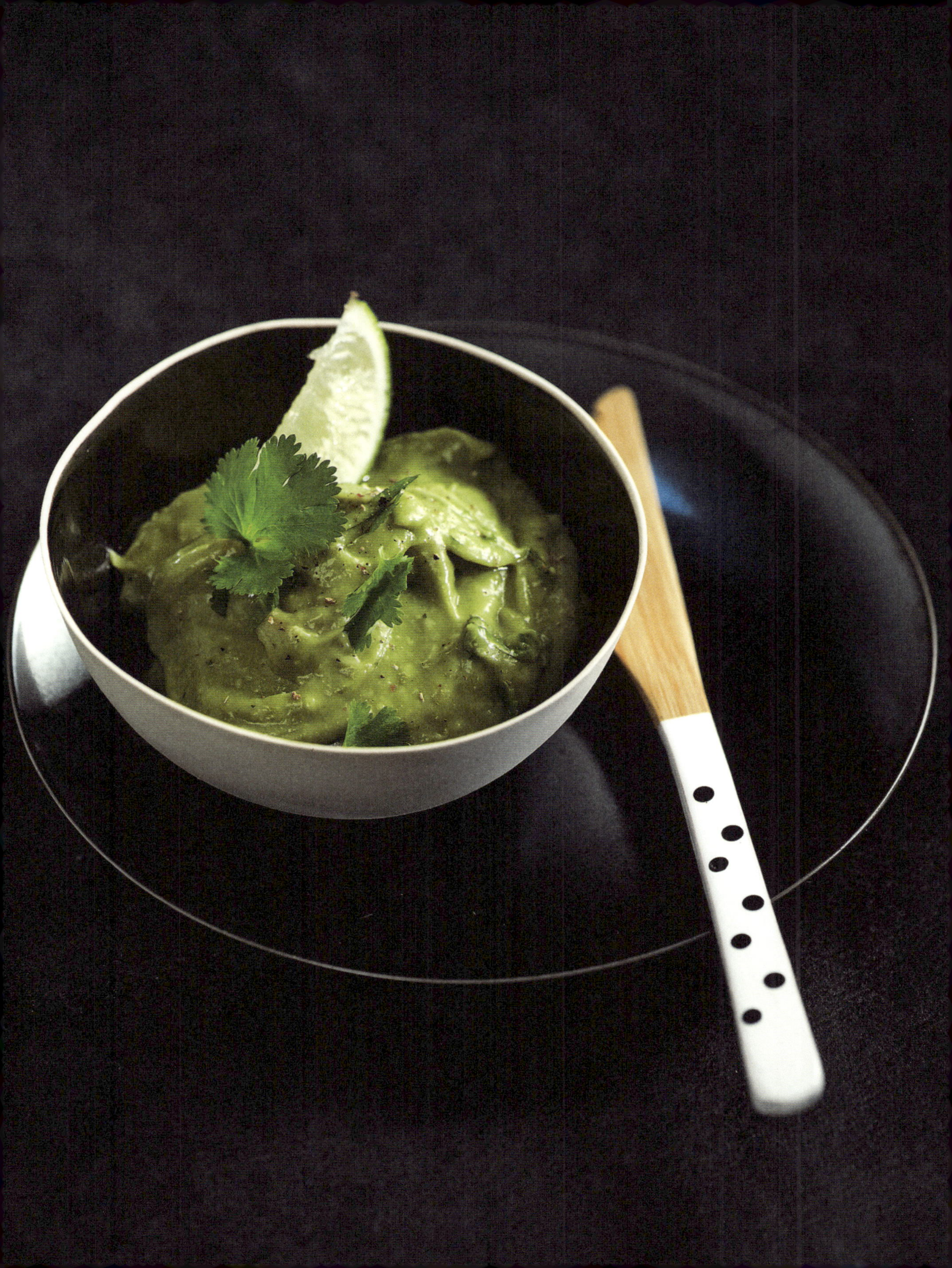

Poivrons confits à l'ail

Pour **4 personnes** | Préparation **10 minutes** | Cuisson **40 minutes** | Repos **1 heure**
Difficulté ★ | Coût ★

1 poivron rouge | **1 poivron vert** | **1 poivron jaune** |
1 gousse d'ail | **15 cl d'huile d'olive** | **Sel, poivre**

1. Allumez le four à 220 °C (th. 7) et enfournez les poivrons en haut du four, jusqu'à ce qu'ils noircissent. Pour cela, tournez les poivrons au fur et à mesure de façon à ce qu'ils deviennent tout noirs. Comptez de 15 à 20 min. Mettez-les ensuite dans un saladier, couvrez et attendez un peu qu'ils refroidissent.

2. Épluchez la gousse d'ail et coupez-la en petites tranches. Épluchez et coupez les poivrons en lamelles en retirant les membranes blanches et les graines.

3. Mettez l'ail et le poivron dans une casserole avec l'huile d'olive et faites cuire à feu très doux pendant 20 min. Salez et poivrez. Laissez refroidir avant de servir.

Le conseil de Cyril
Servez ces poivrons dans un petit bol accompagnés de pain grillé : c'est délicieux !

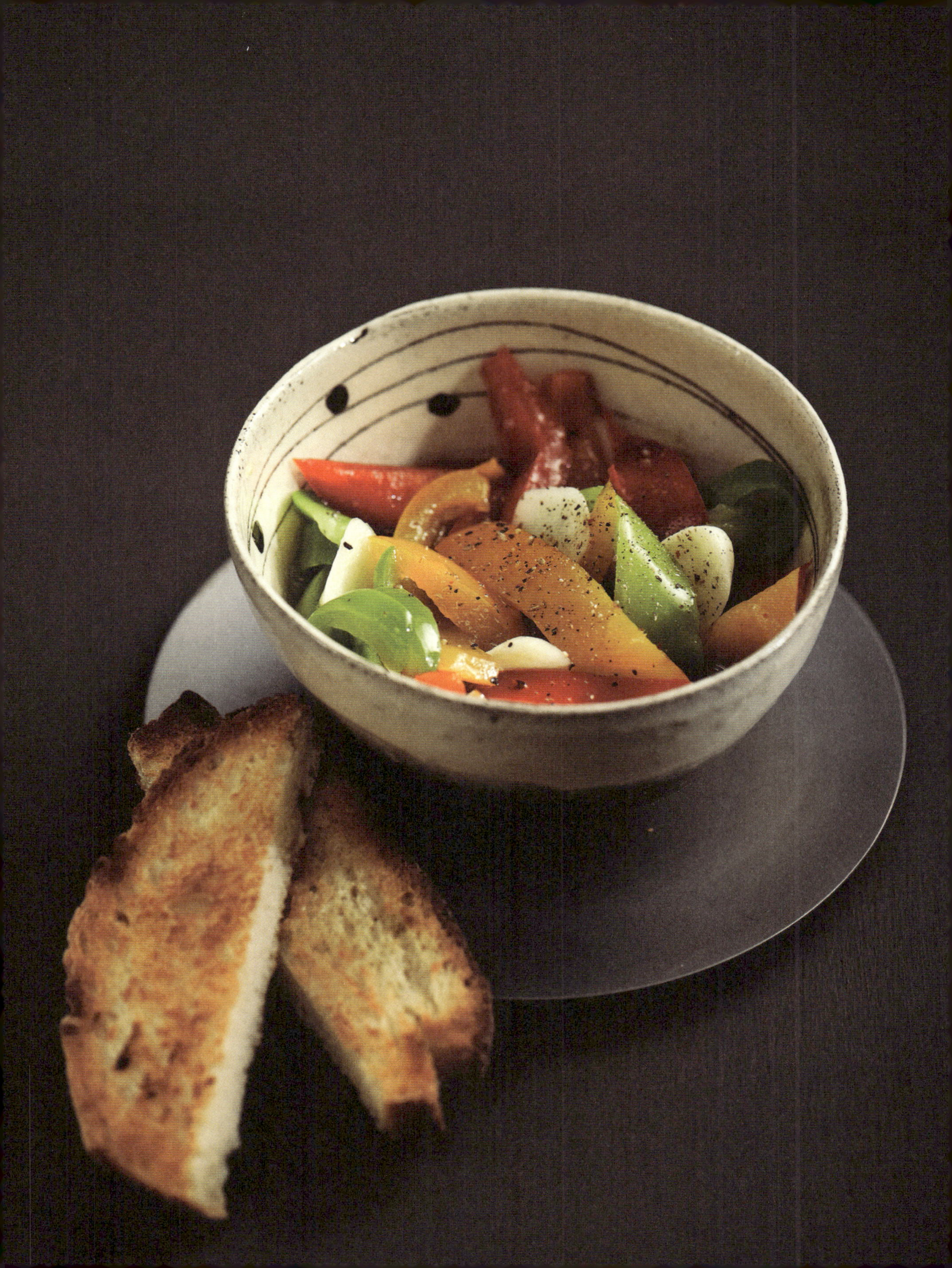

Velouté de courgette et de tomate aux olives

Pour **4 personnes** | Préparation **25 minutes** | Cuisson **25 minutes**
Difficulté ★ | Coût ★

3 courgettes | 4 belles tomates (idéalement de couleurs différentes, en saison) |
1 poivron | 1 oignon | 2 gousses d'ail | 30 cl de jus de tomate |
2 pincées de thym frais | Quelques feuilles de romarin frais |
1 petit morceau de parmesan (pour servir) | Huile d'olive | Sel, poivre du moulin

Matériel
Mixeur plongeant

1. Éliminez les extrémités des courgettes, lavez-les et coupez-les en rondelles. Ôtez le pédoncule des tomates, puis coupez-les en tranches. Épépinez et hachez grossièrement le poivron. Épluchez et hachez l'oignon et l'ail.

2. Dans une cocotte, faites chauffer sur feu assez vif un fond d'huile d'olive, puis ajoutez l'oignon et le poivron. Laissez cuire 2 ou 3 min en remuant.

3. Ajoutez l'ail, les tomates, les courgettes, le jus de tomate et juste ce qu'il faut d'eau froide pour à peine recouvrir les légumes. Salez et poivrez, ajoutez le thym et le romarin préalablement hachés. Comptez 20 min de cuisson sur feu doux.

4. Enlevez un verre de jus de cuisson et mixez très finement le contenu de la cocotte. Si le velouté est trop épais, versez le jus que vous avez enlevé précédemment.

5. Servez le velouté, ajoutez quelques gouttes d'huile d'olive, quelques copeaux de parmesan et 1 ou 2 tours de moulin à poivre.

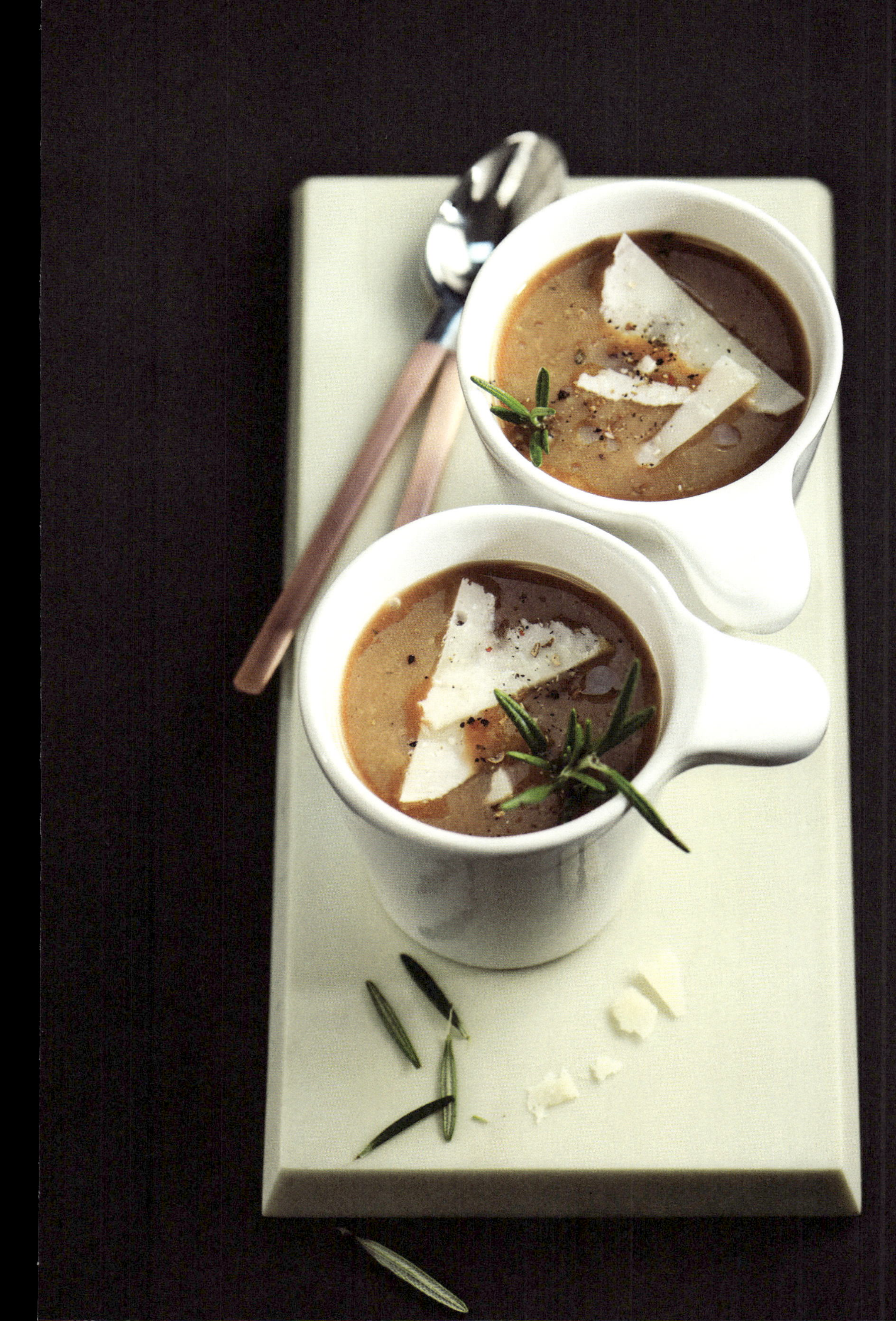

Apéro terro

Apéro terroir et grosse faim

Jus de pomme et de raisin

Pour **4 personnes** | Préparation **10 minutes**
Difficulté ★ | Coût ★

1 grappe de raisin noir ou blanc | **2 pommes**

Matériel
Centrifugeuse

1 Rincez le raisin et détachez les grains. Épluchez les pommes.

2 Passez les fruits à la centrifugeuse et servez aussitôt.

Les conseils de Cyril
Ajoutez un peu de menthe hachée dans votre verre. Vous pouvez aussi ajouter quelques fraises dans le jus.

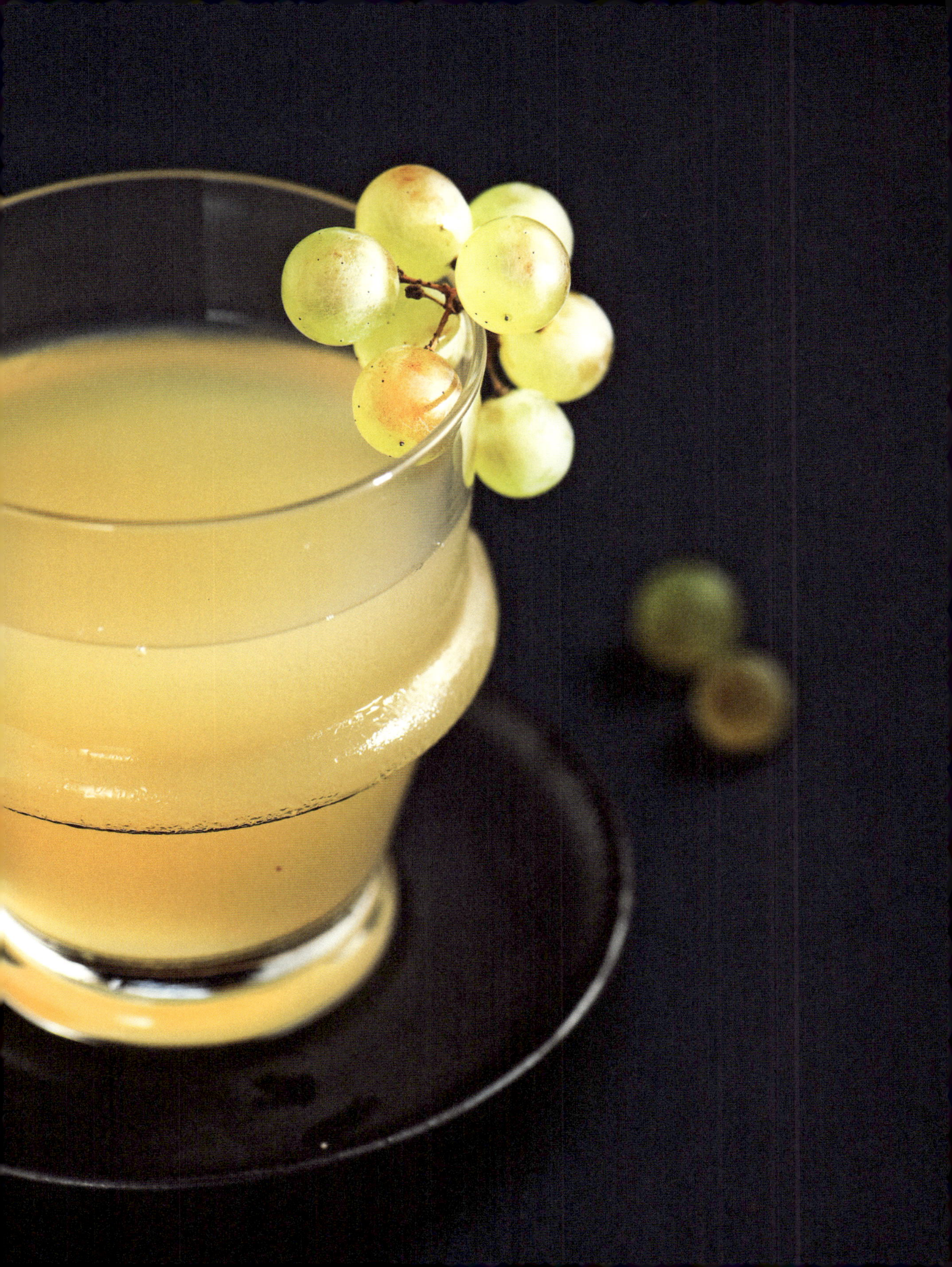

Anchoïade

Pour **4 personnes** | Dessalage **20 minutes** | Préparation **10 minutes**
Difficulté ★ | Coût ★

100 g d'anchois au sel | **2 gousses d'ail** | **1 cuil. à soupe de vinaigre de xérès** | **6 cuil. à soupe d'huile d'olive** | **Poivre**

Matériel
Pilon

1 Faites tremper les anchois salés dans de l'eau froide pendant 20 min. Égouttez-les et épongez-les. Dans une casserole posée sur feu doux, mettez les anchois, les gousses d'ail hachées et du poivre. Écrasez le tout.

2 Ajoutez le vinaigre et montez avec de l'huile d'olive, comme pour une mayonnaise, tout en continuant d'écraser la préparation avec un pilon.

Les conseils de Cyril
Accompagnez cette recette d'une bonne baguette ou d'un bon pain de campagne réchauffé au four.

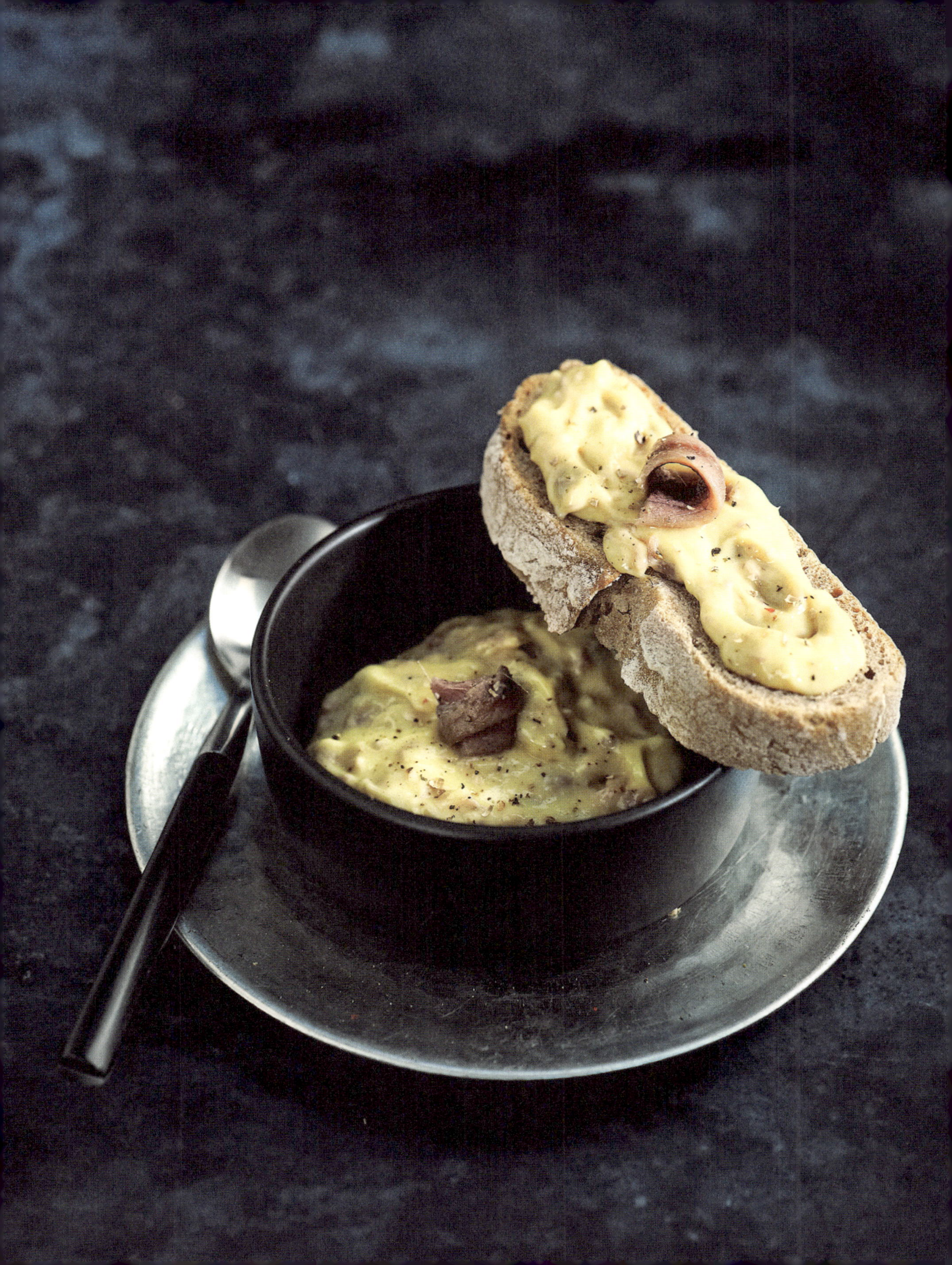

Crème de roquefort à la coppa

Pour **4 personnes** | Préparation **15 minutes** | Réfrigération **1 heure** | Cuisson **5 minutes**
Difficulté ★ | Coût ★

100 g de crème fraîche épaisse | 100 g de roquefort |
8 tranches d'un bon pain de campagne | 16 tranches de coppa

1. Dans une casserole, mélangez la crème fraîche et le roquefort, puis laissez cuire à feu vif pendant 5 min de façon à faire fondre le roquefort. Versez dans un bol et entreposez pendant 1 h au réfrigérateur afin que le mélange se solidifie.

2. Tartinez le pain de crème de roquefort. Disposez ensuite 2 tranches de coppa sur chaque tartine. Coupez-les en quatre et servez immédiatement.

Le conseil de Cyril
Cette base de coppa et de crème de roquefort fait aussi merveille sur de petites pizzas.

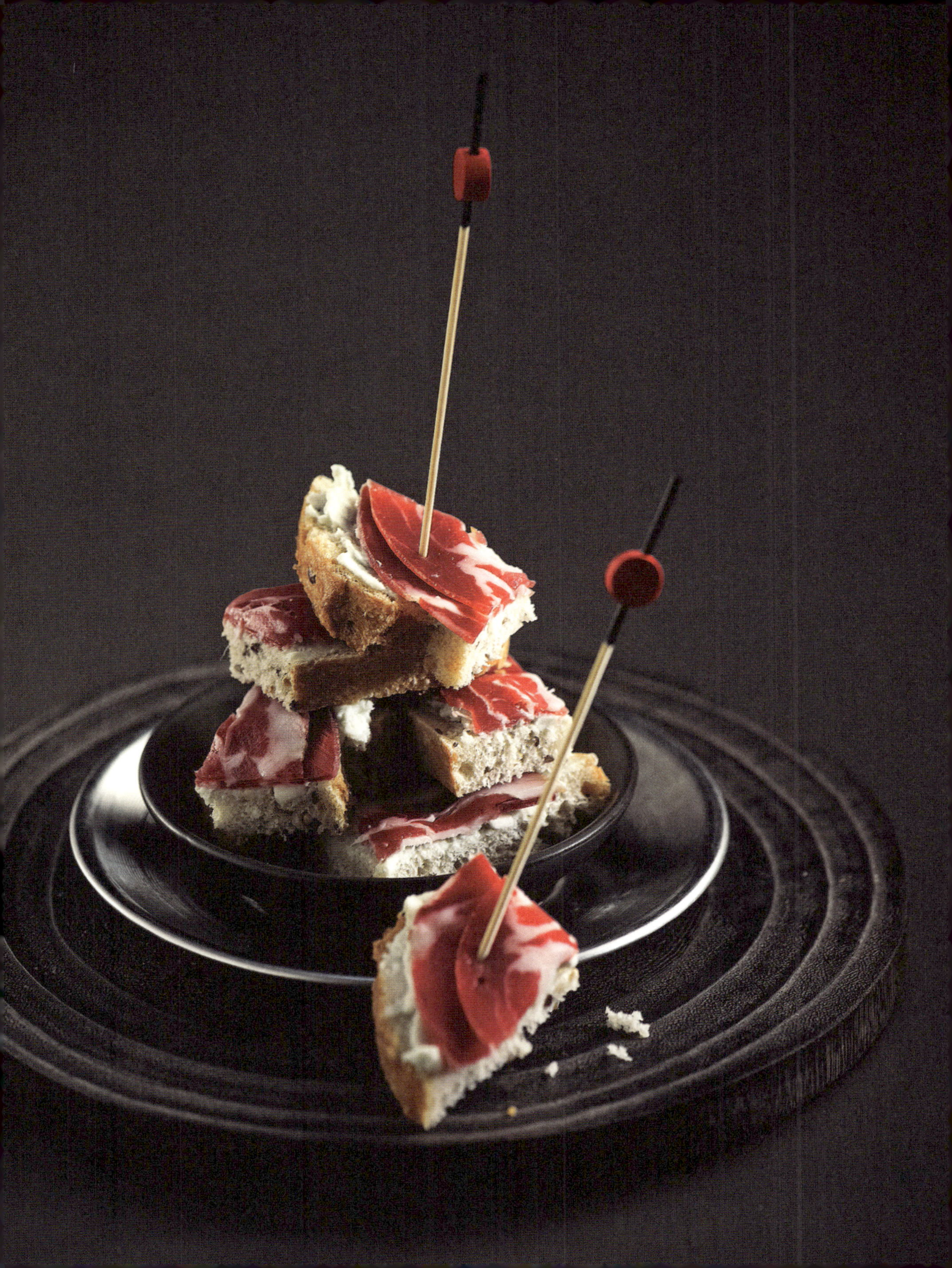

Croquettes de fromage

Pour **4 personnes** | Préparation **10 minutes** | Cuisson **10 minutes**
Difficulté ★ | Coût ★

200 g de fromage de chèvre frais | 1 œuf | 50 g de farine | 50 g de chapelure | 10 cl d'huile d'olive | Poivre

1. À l'aide d'une fourchette, écrasez le fromage. Ajoutez du poivre. Formez des boules de la taille d'une noix.

2. Dans un bol, battez l'œuf. Versez respectivement la farine et la chapelure dans deux assiettes distinctes. Roulez les boules de fromage successivement dans la farine, puis dans l'œuf et enfin dans la chapelure.

3. Faites chauffer l'huile d'olive dans une casserole, puis faites cuire les croquettes de fromage 3 ou 4 min de chaque côté. Égouttez-les sur du papier absorbant et servez aussitôt.

Le conseil de Cyril
Vous pouvez éventuellement ajouter un peu de noix muscade pour aromatiser le fromage.

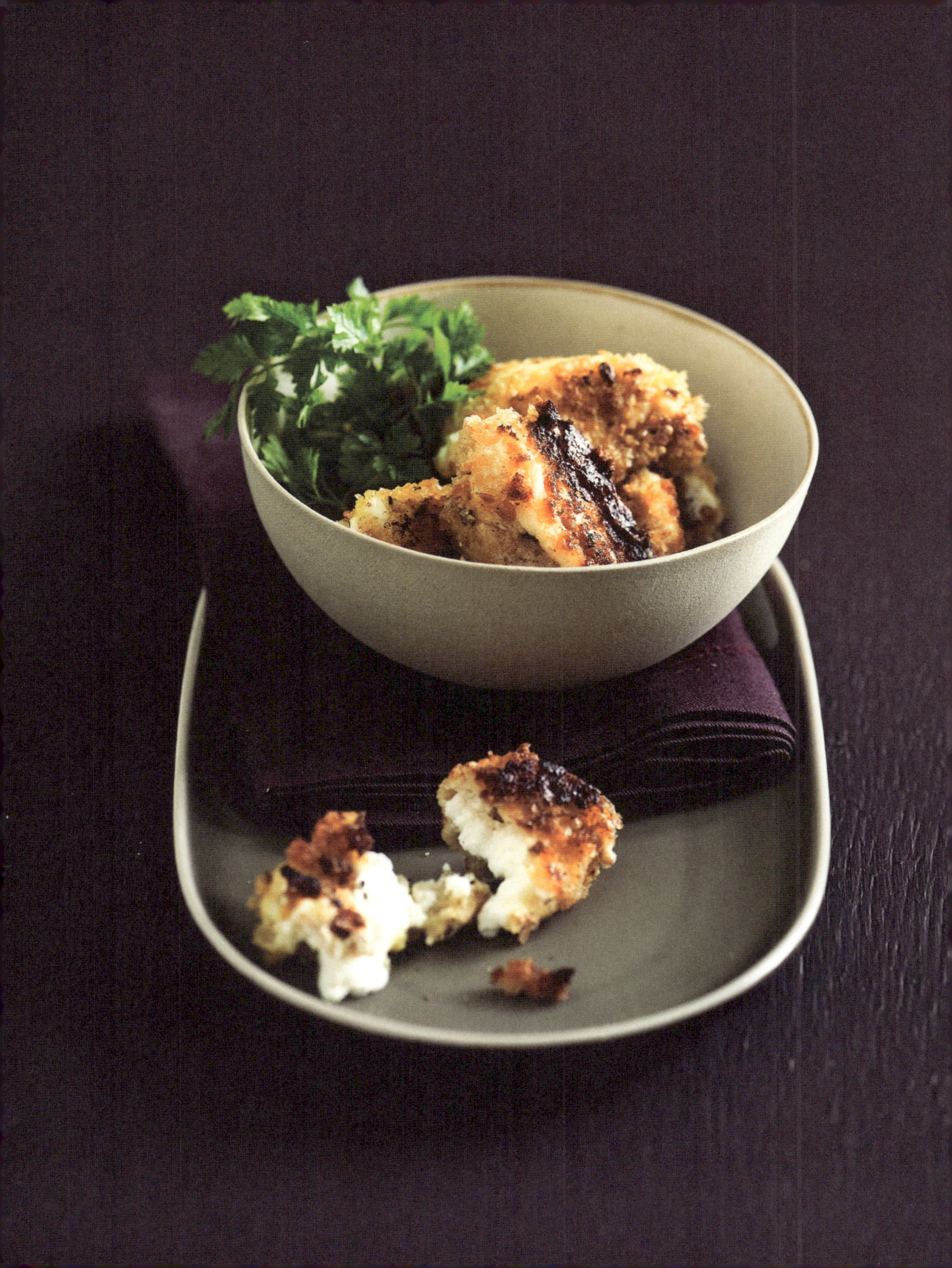

Pruneaux et poitrine de porc fumée

Pour **4 personnes** | Préparation **10 minutes** | Cuisson **15 minutes**
Difficulté ★★ | Coût ★★

12 pruneaux dénoyautés | **12 tranches de poitrine de porc fumée**

Matériel
Cure-dents

1 Préchauffez le four à 220 °C (th. 7). Enroulez chaque pruneau dans une tranche de poitrine. Plantez un cure-dents de façon à maintenir le tout en place.

2 Posez sur une plaque ou dans un plat allant au four, puis enfournez pour 15 min de cuisson. Laissez un peu tiédir et servez aussitôt.

Le conseil de Cyril
Cette recette peut aussi se préparer avec des abricots secs, des bananes séchées ou des figues.

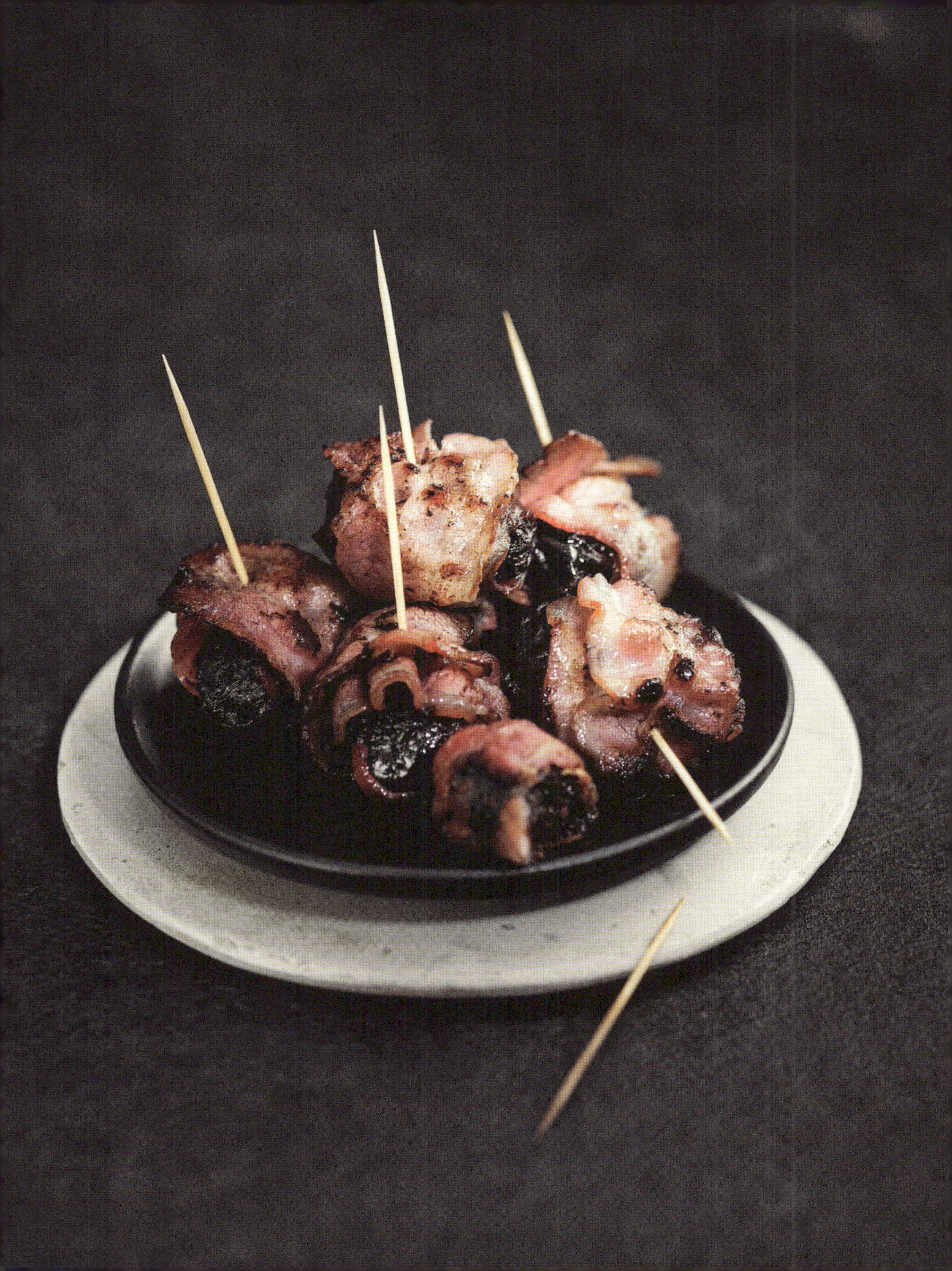

Chèvres marinés à l'huile

Pour **4 personnes** | Préparation **5 minutes** | Cuisson **48 heures**
Difficulté ★ | Coût ★

4 fromages de chèvre secs type pélardon | 1 gousse d'ail épluchée |
1 cuil. à café de poivre | 1 branche de thym | 1 branche de romarin |
2 feuilles de laurier | 25 cl d'huile d'olive | Pain

Matériel
Bocal hermétique

1 Mettez tous les ingrédients dans un bocal hermétique. Fermez puis placez le bocal au réfrigérateur pendant 48 heures, en le retournant aussi souvent que possible.

2 Servez les fromages légèrement égouttés, accompagnés de pain grillé.

Les conseils de Cyril
Si vous le pouvez, préparez les fromages cinq jours à l'avance, ils n'en seront que meilleurs. Conservez également l'huile pour faire des vinaigrettes.

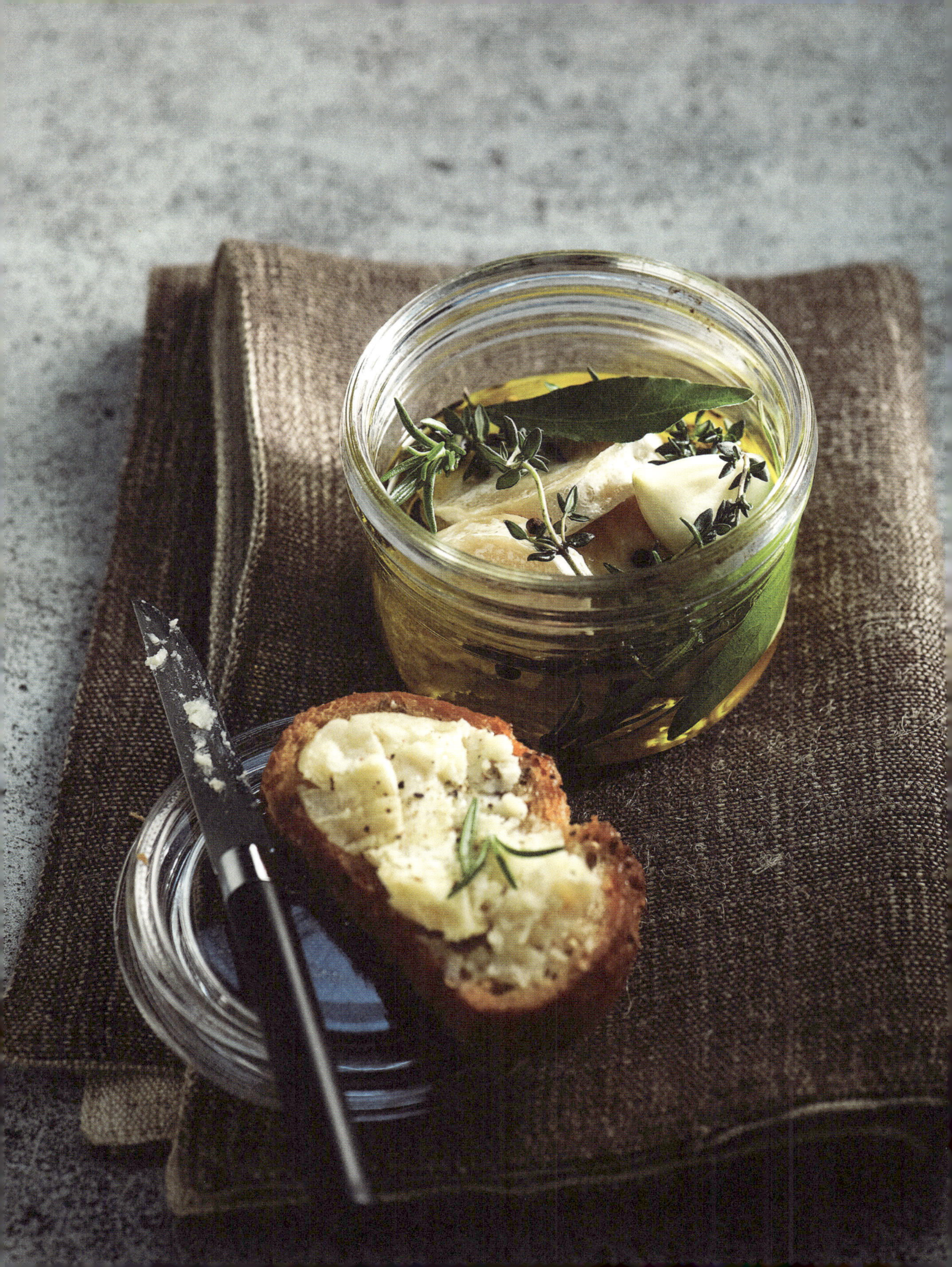

Roulés de veau au jambon de Parme et aux herbes

Pour **4 personnes** | Préparation **10 minutes** | Cuisson **10 minutes**
Difficulté ★ | Coût ★

4 escalopes de veau fines | **4 tranches de jambon de Parme** |
8 feuilles de basilic | **Quelques brins d'estragon** | **Quelques brins de ciboulette** |
½ verre de vin blanc | **2 noix de beurre** | **Huile** | **Sel, poivre**

Matériel
Cure-dents | Papier d'aluminium

1. Coupez les escalopes et les tranches de jambon en trois dans la longueur. Hachez finement les herbes. Salez et poivrez les escalopes. Posez un morceau de jambon sur chaque morceau d'escalope. Parsemez-les d'herbes. Roulez les escalopes et faites-les tenir avec des cure-dents.

2. Faites chauffer un peu d'huile avec le beurre à feu moyen dans une poêle. Faites-y revenir les roulés de veau sur tous les côtés, jusqu'à ce qu'ils soient bien dorés et que la viande soit cuite. Sortez-les ensuite de la poêle et couvrez-les avec du papier d'aluminium.

3. Versez le vin blanc dans la poêle et grattez pour décoller les sucs. Versez cette sauce sur les roulés et servez-les immédiatement.

Les conseils de Cyril
Demandez à votre boucher d'aplatir les escalopes. Vous pouvez aussi garnir les escalopes de fines tranches de mozzarella.

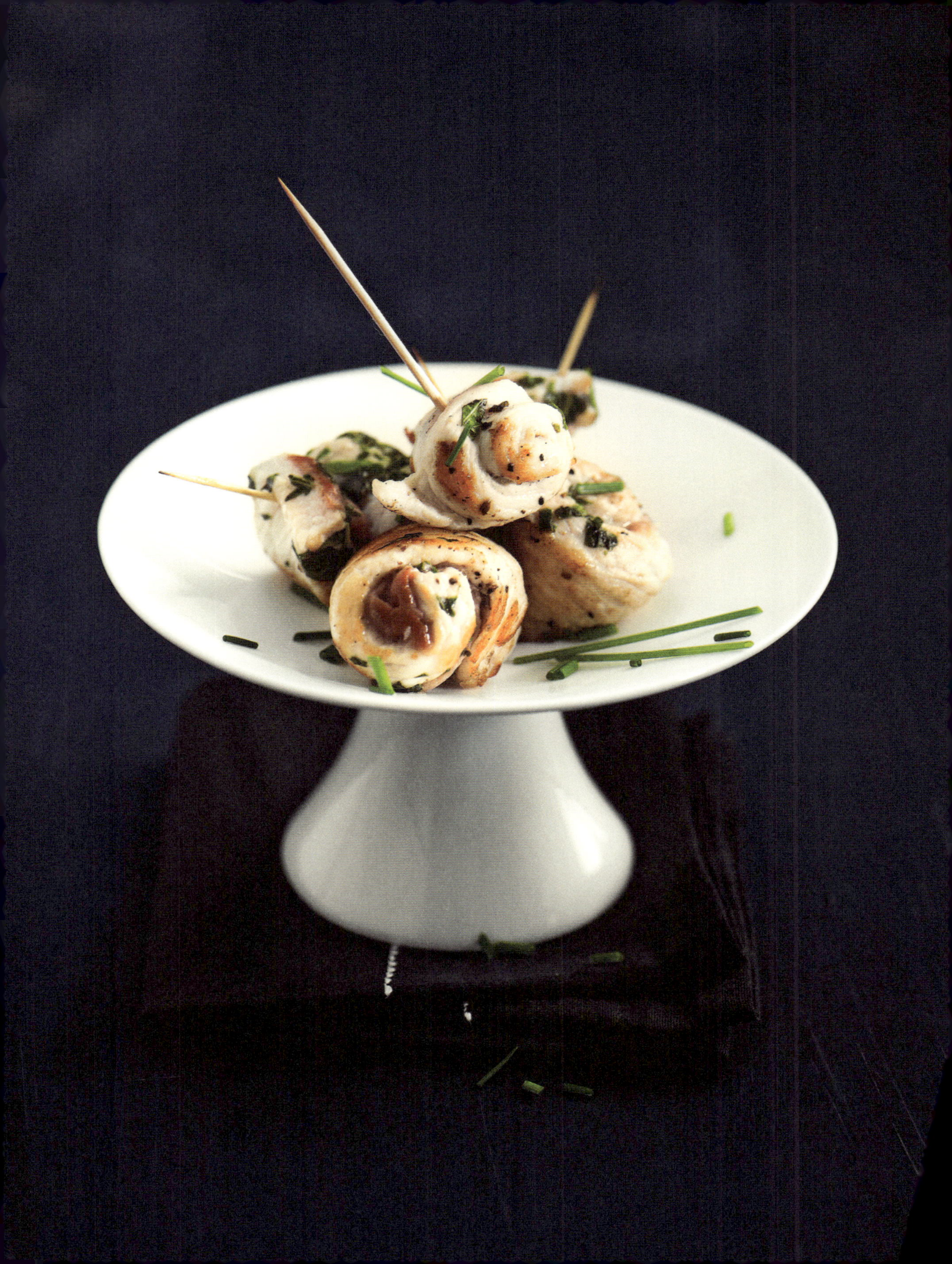

Chorizo au vin rouge

Pour **4 personnes** | Préparation **10 minutes** | Cuisson **25 minutes** | Repos **1 heure**
Difficulté ★★ | Coût ★★

35 cl de vin rouge | 1 feuille de laurier | 1 branche de thym |
1 chorizo ou saucisson épicé

1. Mettez le vin, les aromates et le saucisson entier dans une casserole. Portez à ébullition et laissez cuire à feu doux pendant 15 min. Retirez le chorizo de la sauce et coupez-le en tranches de 2 cm d'épaisseur.

2. Remettez le chorizo dans le vin et faites-le cuire pendant 10 min supplémentaires. Versez dans un grand bol et laissez reposer pendant 1 h avant de servir.

Le conseil de Cyril
Choisissez de préférence du chorizo bellota.

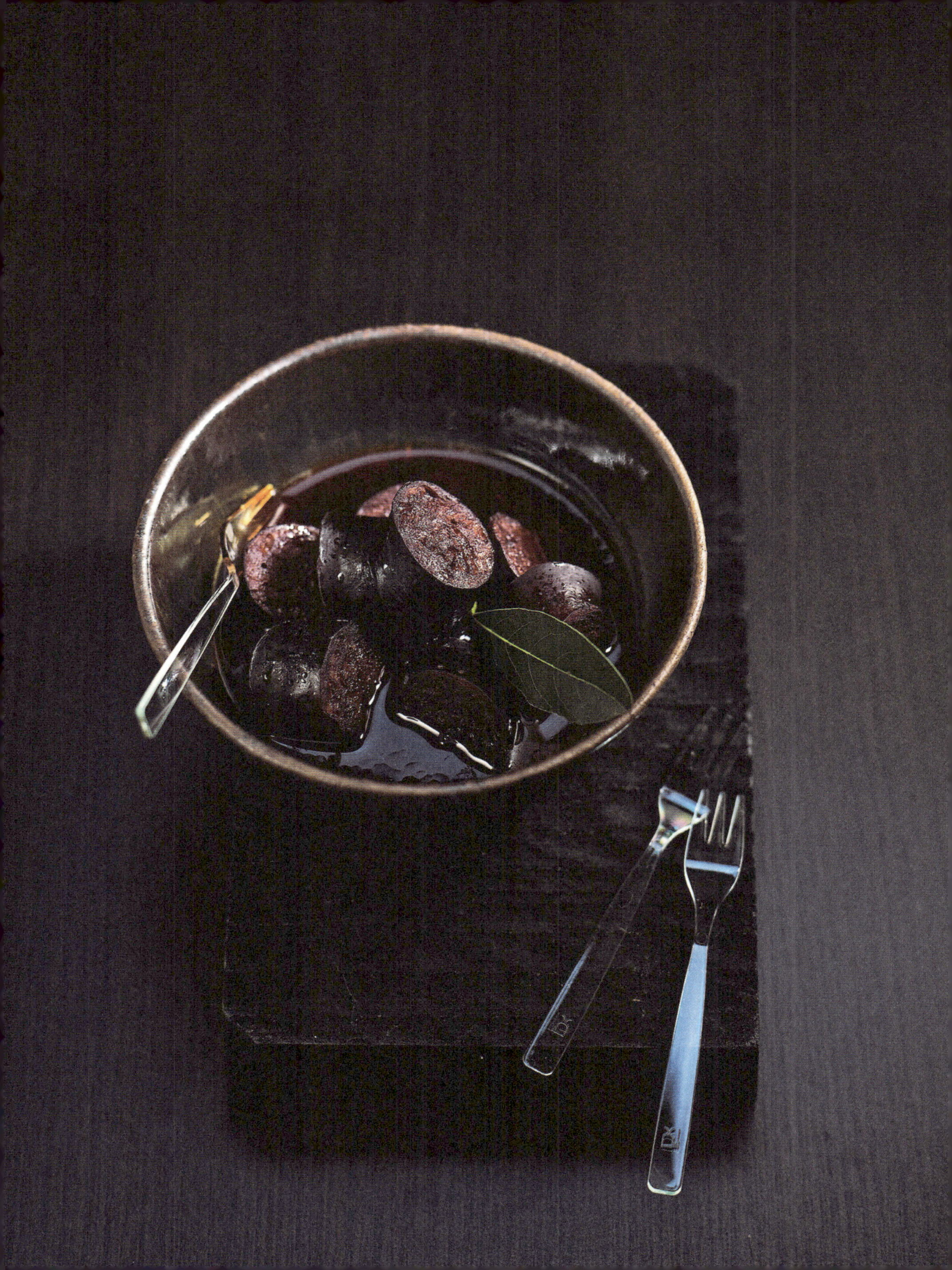

Smoothie à la mangue

Pour **2 personnes** | Préparation **5 minutes**
Difficulté ★ | Coût ★

3 mangues | Le jus de 2 oranges | Le jus de ½ citron vert |
2 cuil. à soupe de sucre en poudre | 5 cl d'eau minérale

Matériel
Blender

1 Ôtez la peau des mangues, que vous aurez choisies bien mûres et juteuses. Coupez-les en deux.

2 Filtrez le jus des oranges et du demi-citron vert pour éliminer les pépins.

3 Dans le bol d'un blender, assemblez les mangues, le jus des oranges et du citron vert, puis le sucre et l'eau minérale. Mixez très finement pour obtenir une boisson légèrement épaisse. Selon les mangues, il peut être nécessaire d'ajouter un peu d'eau ou de jus d'orange pour obtenir la bonne consistance.

Le conseil de Cyril

Ce smoothie est un véritable concentré de bienfaits... temporaires ! En effet, dès que le fruit est mixé, il commence à s'altérer et à perdre une partie de son intérêt nutritionnel. Une règle donc : les smoothies ne se conservent pas, il faut les boire dans les minutes qui suivent leur préparation.

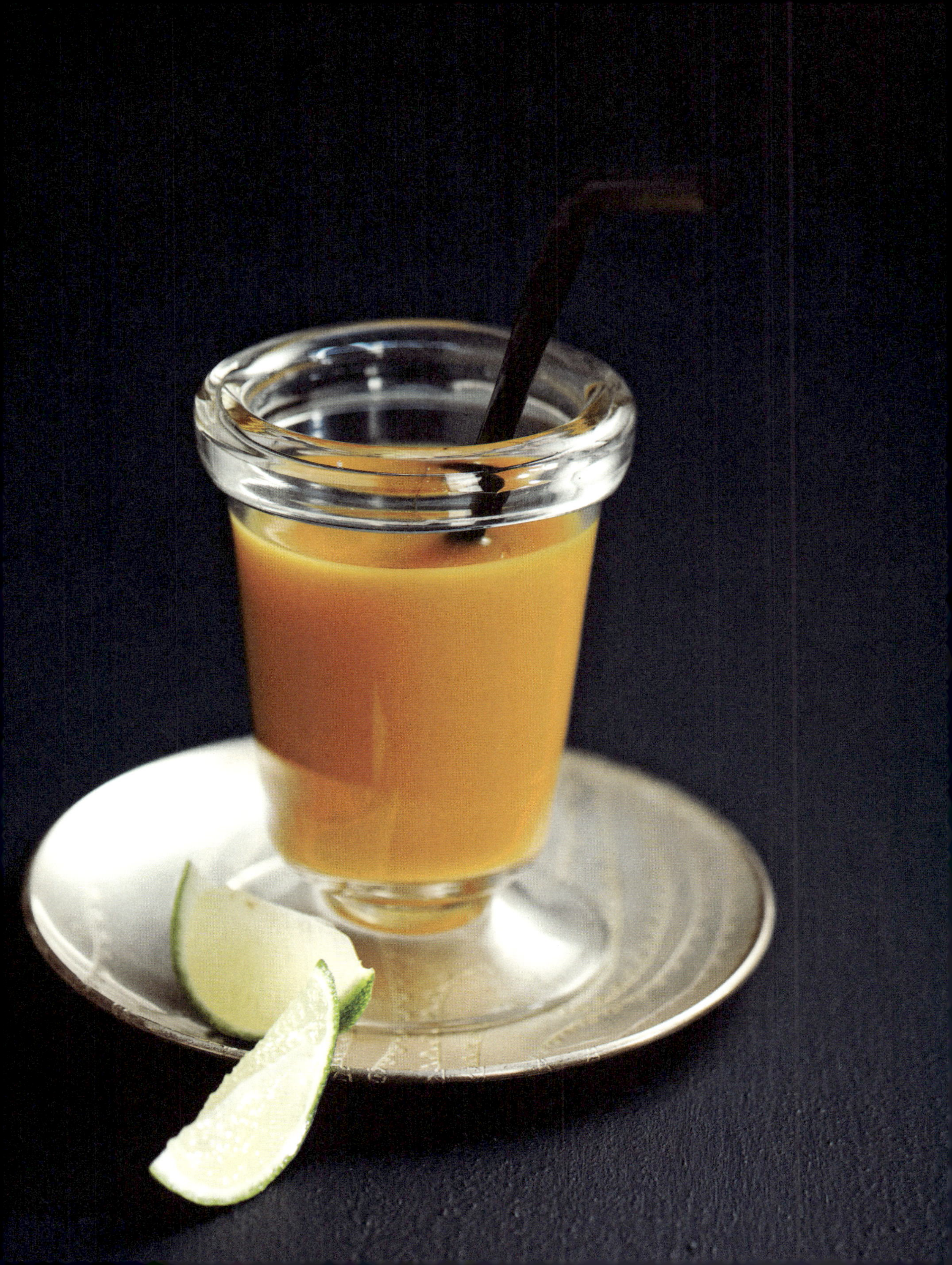

Blinis à l'aneth et rillettes de truite fumée

Pour **6 personnes** | Préparation **40 minutes** | Cuisson **30 minutes**
Difficulté ★★ | Coût ★★

6 brins d'aneth | 500 g de pommes de terre à chair farineuse | 4 œufs | 100 g de farine | 300 g de truite fumée (ou d'un autre poisson fumé) | 200 g de fromage de chèvre frais | Le jus de 1 citron | Huile | Sel, poivre

Matériel
Moulin à légumes

1. Effeuillez l'aneth. Épluchez les pommes de terre. Faites-les cuire dans de l'eau salée, pendant 20 à 30 min, jusqu'à ce que la pointe d'un couteau entre facilement dans la chair. Passez les pommes de terre au moulin à légumes.

2. Séparez les blancs des jaunes d'œufs. Fouettez les blancs en neige pas trop ferme. Mélangez les jaunes avec les pommes de terre. Ajoutez la farine en mélangeant, jusqu'à obtention d'une pâte un peu épaisse. Incorporez délicatement les blancs d'œufs et l'aneth. Salez et poivrez.

3. Faites chauffer une poêle antiadhésive à feu moyen. Étalez-y un peu d'huile avec du papier absorbant. Versez-y un peu de pâte et faites-la dorer pendant environ 1 min de chaque côté. Procédez de la même façon avec le reste de pâte.

4. Hachez grossièrement la truite fumée, mélangez-la avec le chèvre frais et le jus de citron. Servez les blinis tièdes ou froids avec les rillettes de truite fumée.

Le conseil de Cyril
Si vous n'avez pas le temps de préparer les blinis, achetez-les dans le commerce et incorporez l'aneth dans les rillettes de truite fumée.

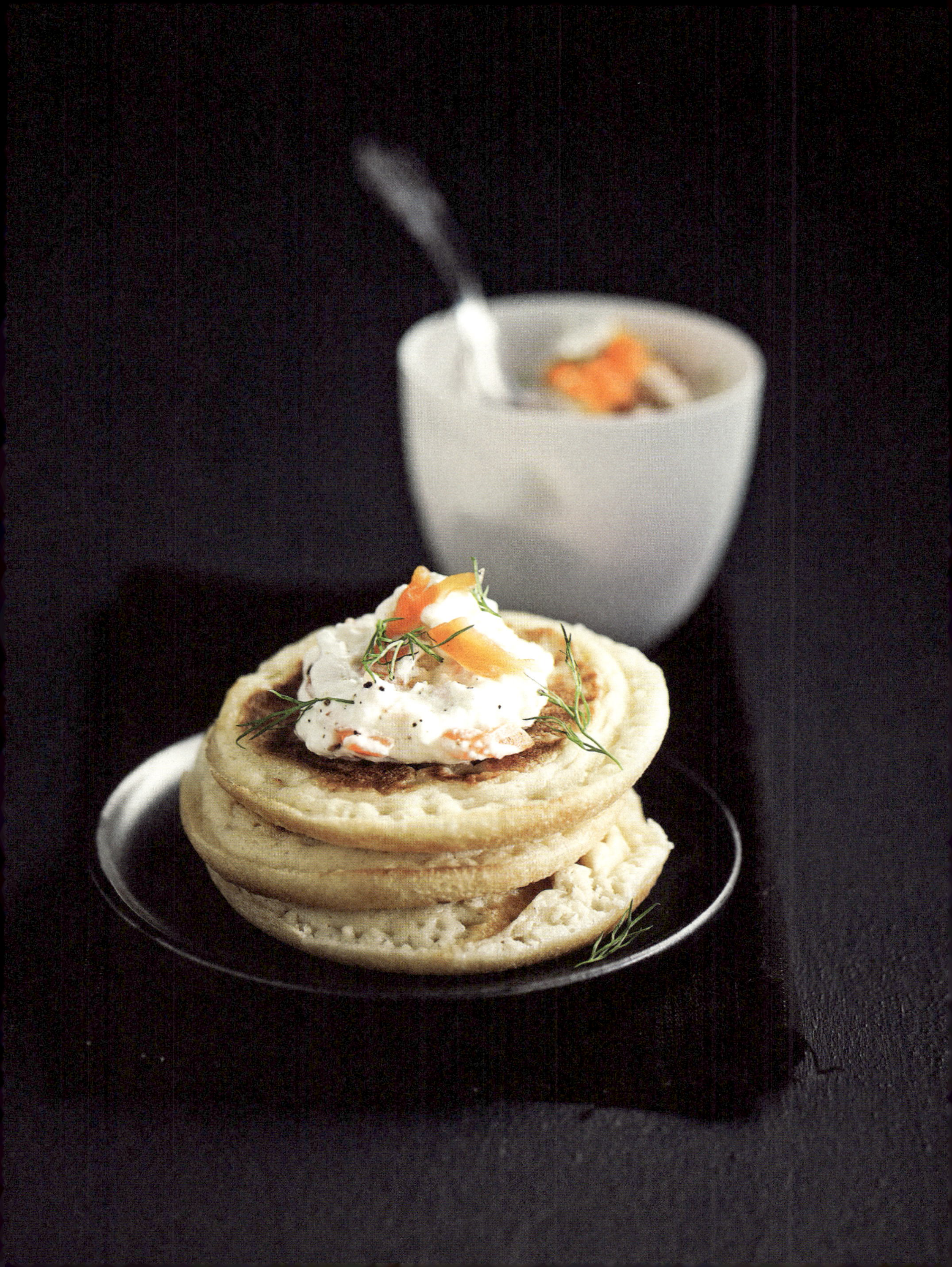

Tartinades au fromage frais

Pour **6 personnes** | Préparation **20 minutes**
Difficulté ★ | Coût ★

320 g de fromage frais type Kiri®, de chèvre frais ou de feta | 100 g de tomates séchées à l'huile (poids égoutté) | 6 feuilles de basilic | 100 g de thon à l'huile (poids égoutté) | ½ cuil. à café de curry en poudre | 10 g de raisins secs | 1 avocat bien mûr | 3 cuil. à soupe de jus de citron | 3 brins de coriandre | Tabasco® ou piment en poudre (à doser selon votre goût) | 2 échalotes | 80 g d'olives dénoyautées | 2 cuil. à soupe de vinaigre | 4 brins d'estragon | Pain de campagne

Matériel
Mixeur

1. Mixez 80 g de fromage frais avec les tomates séchées et le basilic.

2. Mixez 80 g de fromage frais avec le thon et le curry. Hachez grossièrement les raisins secs et incorporez-les au mélange de thon.

3. Coupez l'avocat en deux et récupérez sa chair. Effeuillez la coriandre. Mixez 80 g de fromage frais avec la chair d'avocat, le jus de citron, les feuilles de coriandre et le Tabasco® ou le piment.

4. Pelez les échalotes et coupez-les en quatre. Mixez 80 g de fromage frais avec les échalotes, les olives, le vinaigre et l'estragon.

5. Faites griller le pain. Tartinez les tranches des différentes préparations au fromage frais.

Les conseils de Cyril

Servez les tartinades dans de petits verres transparents pour profiter de leurs couleurs. Vous pouvez aussi les utiliser pour tremper des bâtonnets de crudités.

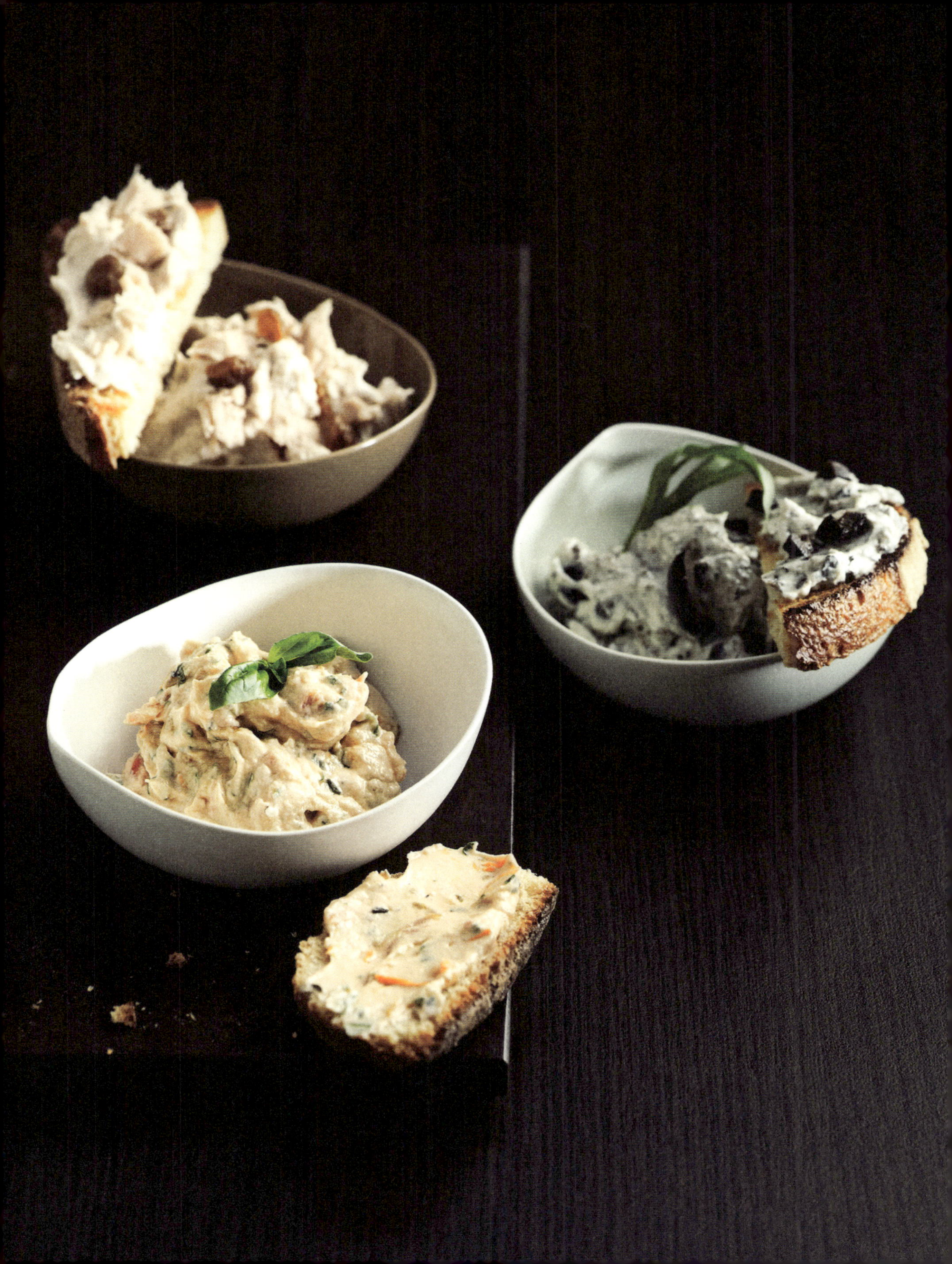

Crabcakes aux herbes

Pour **4 personnes** | Préparation **20 minutes** | Cuisson **30 minutes**
Difficulté ★★ | Coût ★★

1 gousse d'ail | 1 oignon | 150 g de mie de pain rassise | 1 œuf |
1 cuil. à soupe de mayonnaise | 1 cuil. à soupe de Worcestershire sauce |
18 brins de ciboulette | 12 feuilles de menthe | 12 feuilles de basilic |
200 g de chair de crabe | 2 cuil. à soupe d'huile d'arachide | Sel, poivre

Matériel
Mixeur

1 Préchauffez le four à 180 °C (th. 6). Pelez l'ail et l'oignon. Hachez-les finement. Faites chauffer l'huile à feu moyen dans une poêle. Faites revenir l'oignon 5 min, puis ajoutez l'ail et laissez cuire encore 1 min.

2 Passez la mie de pain au mixeur. Dans un saladier, mélangez l'œuf avec la mayonnaise et la Worcestershire sauce. Émincez les herbes. Ajoutez dans la sauce le crabe émietté, les herbes, l'ail, l'oignon, la mie de pain, du sel et du poivre. Mélangez bien.

3 Avec les mains, formez 12 boules avec le mélange. Posez-les sur une plaque de cuisson antiadhésive ou recouverte de papier sulfurisé. Enfournez pour 20 min de cuisson. Retournez délicatement les crabcakes à mi-cuisson. Servez chaud.

Le conseil de Cyril
Vous pouvez servir les crabcakes avec une sauce rémoulade ou une sauce tartare.

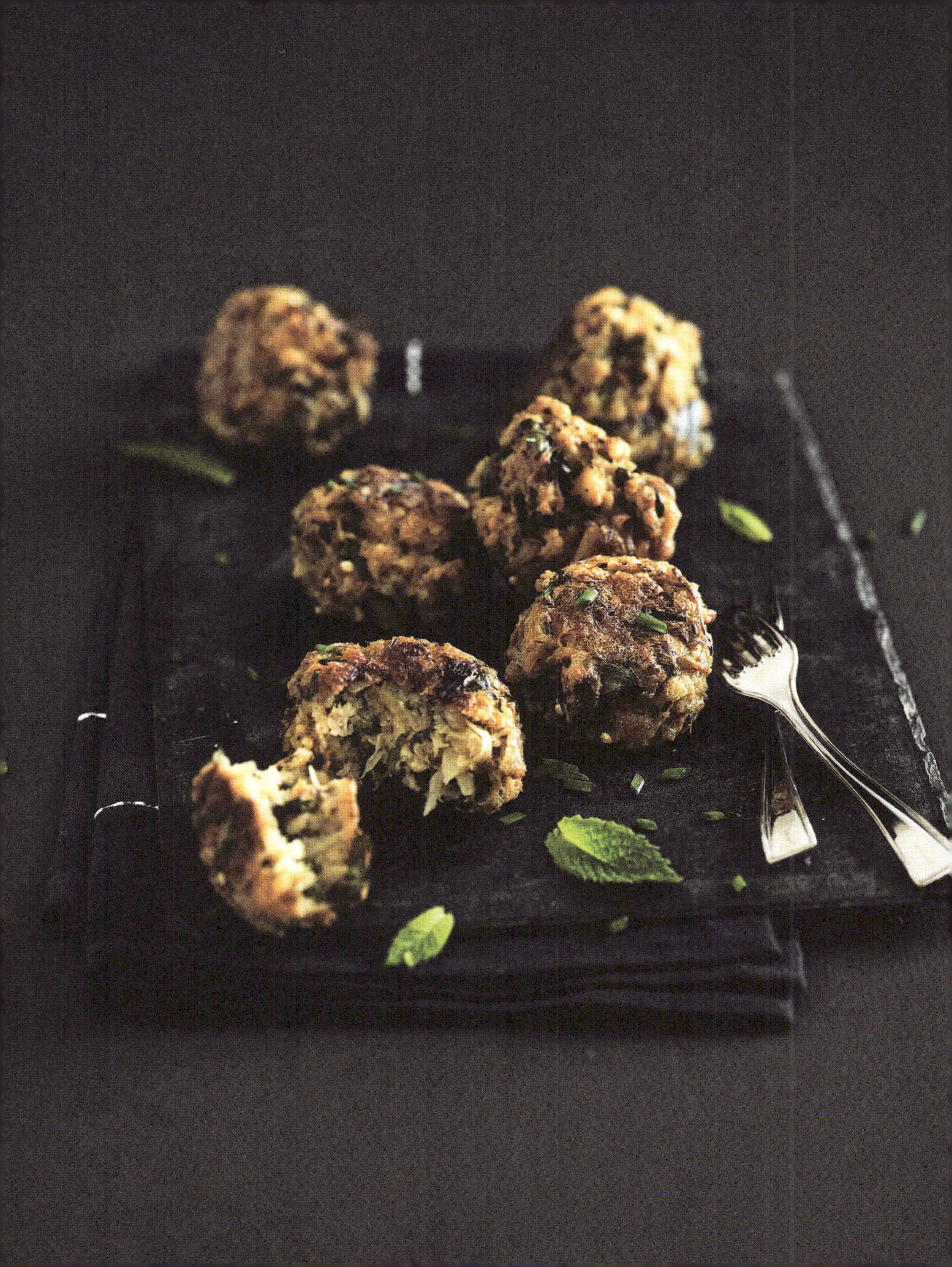

Pain à la tomate avec mozzarella, jambon et anchois

Pour **4 personnes** | Préparation **10 minutes**
Difficulté ★ | Coût ★

1 boule de mozzarella di buffala | 50 g d'anchois marinés |
4 tranches de jambon Serrano |

Pain à la tomate
3 tomates | 3 gousses d'ail | 12 tranches d'un bon pain de campagne |
12 cuil. à café d'huile d'olive | Sel

1 Préparez le pain à la tomate. Ébouillantez les tomates pendant 30 sec, puis pelez-les et hachez la chair. Épluchez les gousses d'ail. Faites griller le pain, puis frottez-le avec l'ail tant qu'il est encore chaud. Répartissez ensuite la tomate. Sur chaque tranche, versez 1 cuillerée à café d'huile d'olive et un peu de sel.

2 Coupez la mozzarella en 8 tranches. Répartissez-la sur 4 tranches de pain à la tomate.

3 Procédez de la même manière avec les anchois et le jambon. Servez aussitôt.

Les conseils de Cyril
Quelques idées d'accompagnement : de la roquette, du fromage de brebis sec, du manchego (fromage espagnol), de la feta, du chorizo, des saucissons corses, de la coppa, du thon fumé, du haddock…

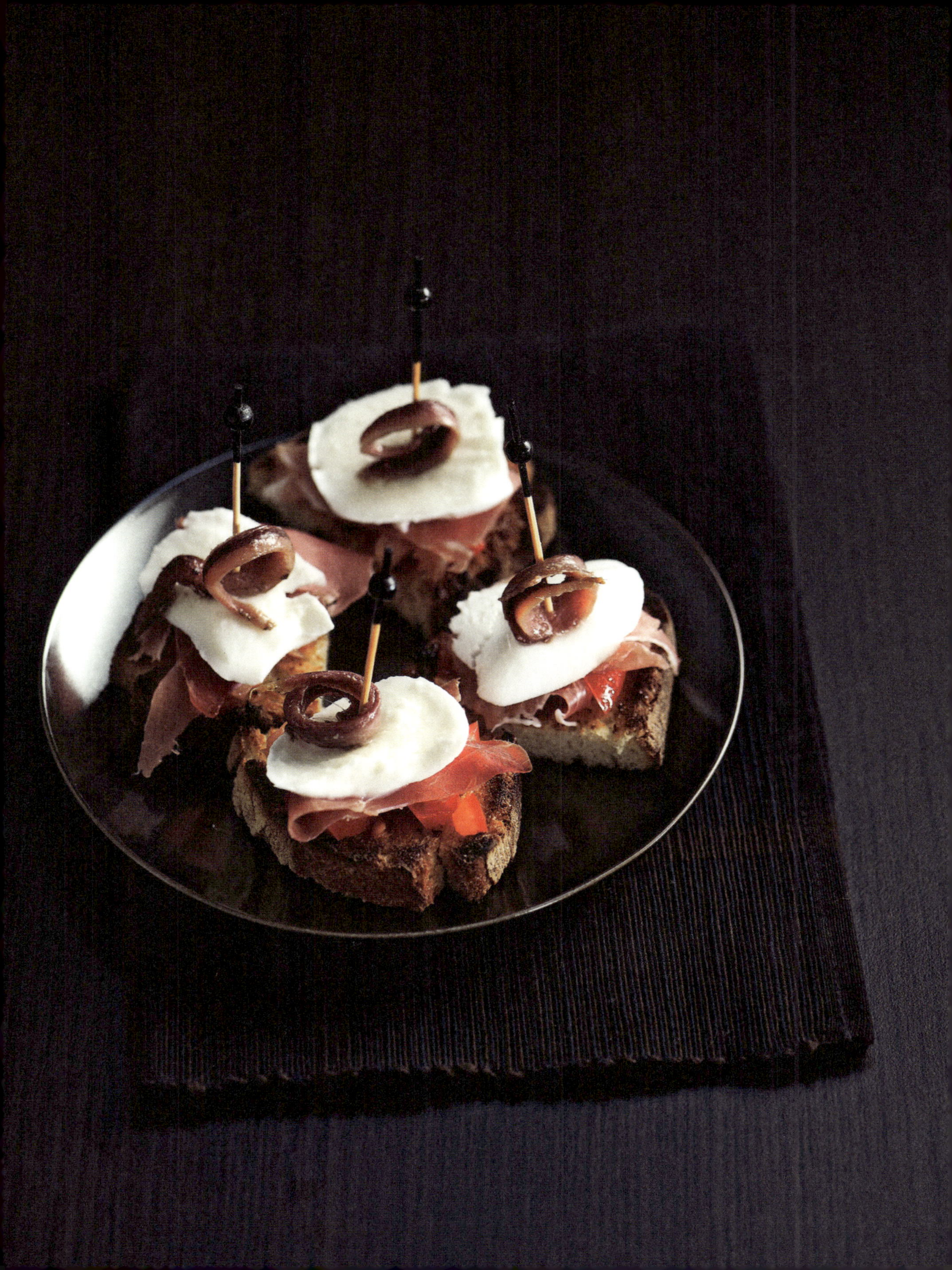

Pilons de poulet au sirop d'érable

Pour **6 personnes** | Préparation **10 minutes** | Cuisson **35 minutes**
Difficulté ★ | Coût ★

12 cuil. à soupe de sirop d'érable | 2 cuil. à soupe de vinaigre |
4 cuil. à soupe de ketchup | 6 pilons de poulet | 100 g de cacahuètes | Sel, poivre

Matériel
Mixeur

1 Préchauffez le four à 200 °C (th. 6-7). Versez le sirop d'érable avec le ketchup, le vinaigre et un peu de sel dans une casserole. Faites réduire cette sauce 3 ou 4 min à feu moyen.

2 Salez et poivrez les pilons de poulet. Posez-les dans un plat allant au four. Badigeonnez-les de tous côtés avec la sauce. Enfournez pour 30 min de cuisson. À mi-cuisson, sortez les pilons. Badigeonnez-les à nouveau avec la sauce et retournez-les.

3 Mixez les cacahuètes. À la sortie du four, parsemez les pilons de cacahuètes hachées. Servez les pilons chauds ou tièdes avec la sauce restante au sirop d'érable pour les tremper.

Le conseil de Cyril
Vous pouvez remplacer le vinaigre dans la sauce par du jus de citron.

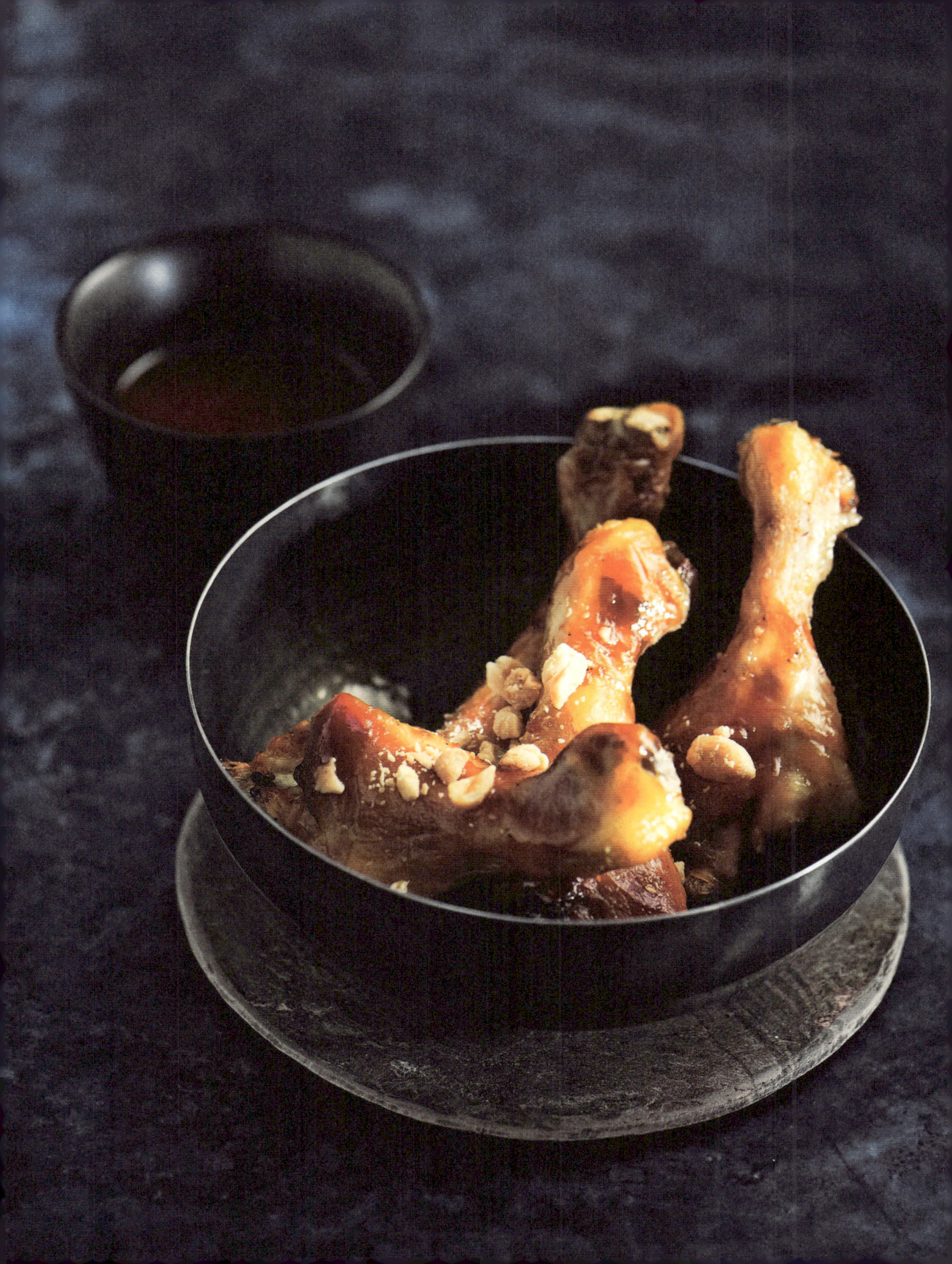

Bruschettas aux poivrons rouges

Pour **4 personnes** | Préparation **10 minutes** | Cuisson **10 minutes** |
Réfrigération **1 heure**
Difficulté ★ | Coût ★

4 poivrons rouges | 1 gousse d'ail | 1 cuil. à soupe de vinaigre de vin rouge |
8 tranches de pain de campagne | 3 cuil. à soupe d'huile d'olive | Sel, poivre

Matériel
Sacs en plastique

1 Préchauffez le gril du four. Posez les poivrons sur une plaque. Faites-les griller de tous les côtés, jusqu'à ce que leur peau soit noire et forme des cloques. Comptez 10 min environ. Sortez-les du four et enfermez-les dans des sacs en plastique.

2 Quand les poivrons sont tièdes, sortez-les des sacs. Pelez-les avec les doigts. Coupez-les en deux, retirez leur pédoncule et épépinez-les. Coupez leur chair en lanières.

3 Écrasez la gousse d'ail. Mettez les lanières de poivron dans un plat avec l'ail écrasé, l'huile d'olive et le vinaigre. Salez et poivrez. Mélangez et laissez reposer au moins 1 h au réfrigérateur.

4 Au moment de servir, toastez le pain de campagne. Posez les lanières de poivron sur le pain et servez.

Le conseil de Cyril
Vous pouvez aussi servir ces poivrons sans pain, en salade.

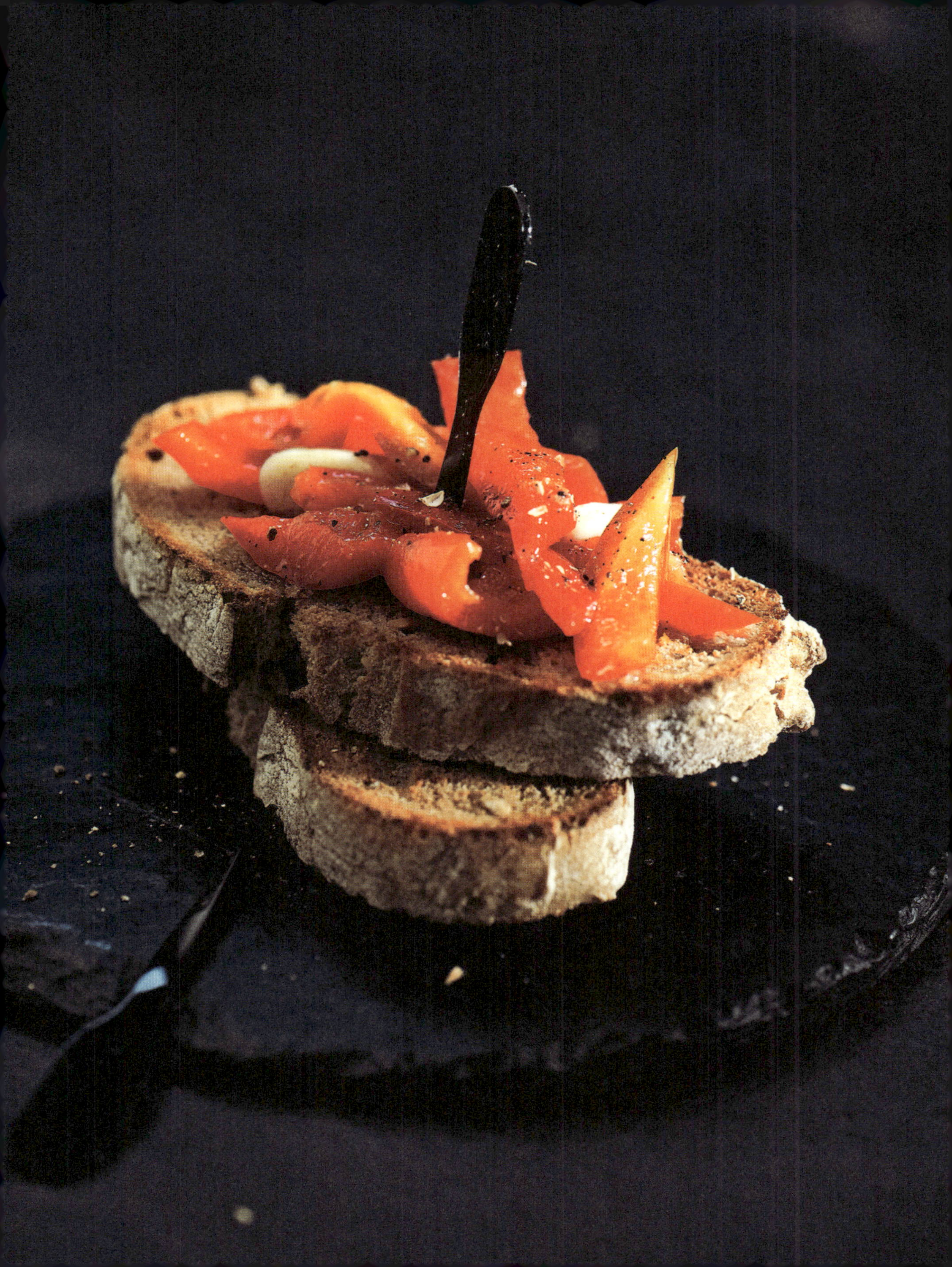

Palourdes grillées au beurre de basilic et à la noisette

Pour **4 personnes** | Préparation **8 minutes** | Cuisson **7 minutes**
Difficulté ★ | Coût ★★

**40 g de beurre salé + 1 noisette | 1 gousse d'ail | 4 brins de basilic |
1 kg de palourdes (6 par personne, soit 24 au total) | 50 g de poudre de noisettes |
Poivre du moulin**

1. Sortez le beurre et laissez-le à température ambiante. Épluchez et hachez l'ail. Effeuillez et hachez le basilic, puis versez le tout sur le beurre ramolli. À l'aide d'une fourchette, mélangez bien et poivrez.

2. Rincez les palourdes sous l'eau froide. Mettez-les dans une casserole couverte et laissez-les cuire 2 ou 3 min à feu doux et sans eau (les palourdes vont alors s'entrouvrir). Laissez-les tiédir et ouvrez-les. Conservez la moitié de la coquille dans laquelle vous mettrez la chair du coquillage. Déposez sur chaque coquillage 1 noix de beurre, puis 1 pincée de poudre de noisettes. Posez le tout sur une plaque allant au four.

3. Faites chauffer le gril du four. Enfournez les palourdes pour 3 ou 4 min de cuisson. Le beurre doit fondre et la poudre de noisettes dorer. Servez chaud.

Les conseils de Cyril

Cette recette très originale peut tout aussi bien être réalisée avec des coques, des moules ou des praires. Vous pouvez également remplacer la poudre de noisettes par de la poudre d'amandes.

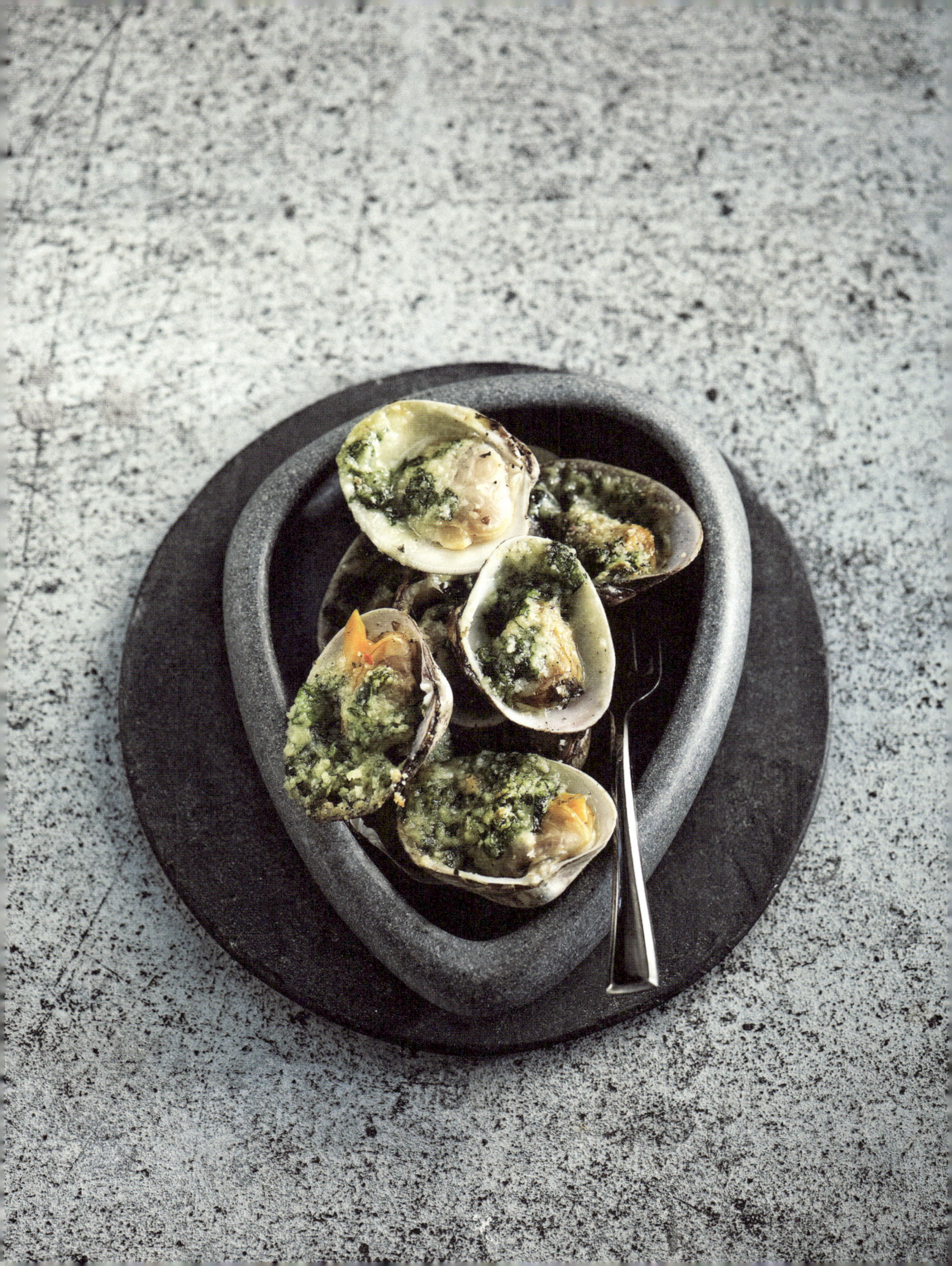

Croustillants d'espadon au pesto de roquette

Pour **4 personnes** | Préparation **25 minutes** | Marinade **20 minutes** | Cuisson **10 minutes**
Difficulté ★ | Coût ★

200 g d'espadon | 4 feuilles de brick | 4 cuil. à soupe d'huile d'olive |

Pesto de roquette
75 g de roquette nettoyée | 25 g de pignons de pin | 25 g de parmesan |
1 gousse d'ail épluchée | 4 cuil. à soupe d'huile d'olive | Sel, poivre

Matériel
Mixeur

1. Préparez le pesto de roquette. Dans un mixeur, rassemblez les ingrédients du pesto et faites tourner pendant 1 ou 2 min.

2. Découpez l'espadon en bâtonnets (il vous en faut au moins 12). Mélangez-les au pesto et laissez mariner au frais pendant 20 min.

3. Découpez les feuilles de brick en 3 bandes. Posez au centre un bâtonnet d'espadon au pesto. Rabattez les côtés et roulez la feuille comme pour un nem. Faites ensuite cuire les croustillants dans une poêle avec de l'huile d'olive chaude. Comptez 2 ou 3 min de chaque côté. Servez chaud.

Le conseil de Cyril
Vous pouvez éventuellement remplacer les pignons de pin par des amandes dans la recette du pesto de roquette.

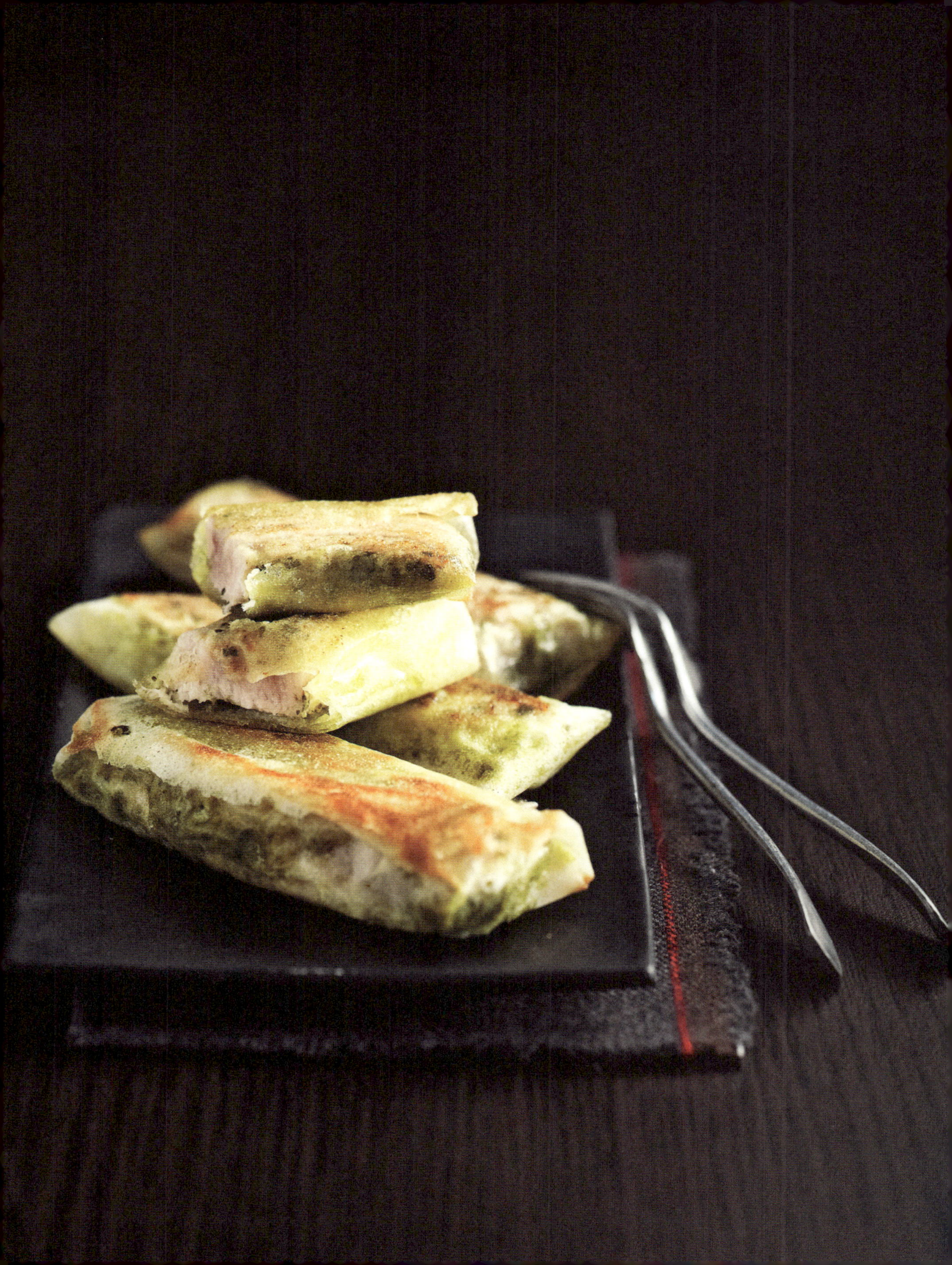

CUISIN

CUISINE FRAÎCHEUR

variées e

Salades variées et autres légumes

Salade de poivrons grillés, salade de fèves au cumin

Pour **2 personnes** | Préparation + Cuisson **55 minutes**
Difficulté ★ | Coût ★

1 poivron rouge | 1 poivron vert | 1 poivron jaune | 1 gousse d'ail |
100 g de fèves épluchées | Le jus de ½ citron | 2 pincées de cumin |
15 cl d'huile d'olive | Sel, poivre

1. Allumez le four à 200 °C (th. 6-7) et mettez les poivrons à cuire dans la partie haute jusqu'à ce que la peau noircisse. Tournez les poivrons au fur et à mesure de façon à ce qu'ils soient complètement noirs. Mettez-les alors dans un saladier avec un couvercle et attendez un peu qu'ils refroidissent.

2. Épluchez la gousse d'ail et coupez-la en lamelles. Mettez l'ail dans une casserole avec les deux tiers de l'huile d'olive, puis faites cuire à feu très doux. Salez et poivrez.

3. Épluchez les poivrons. Coupez-les en deux et retirez les graines, les pédoncules et les membranes blanches. Détaillez-les ensuite en lanières et mettez le tout dans l'huile d'olive chaude avec l'ail. Laissez confire le temps de préparer le reste de la recette.

4. Faites cuire les fèves dans de l'eau salée (3 ou 4 min). Quand elles sont cuites, égouttez-les et rafraîchissez-les à l'eau froide. Mettez-les dans un bol, ajoutez le reste d'huile d'olive, le jus de citron, du sel, du poivre et le cumin. Servez ces deux salades bien froides en entrée ou en accompagnement.

Le conseil de Cyril

Si votre cumin n'est plus assez fort, il suffit de le faire revenir à sec dans une poêle pendant quelques instants afin de le torréfier.

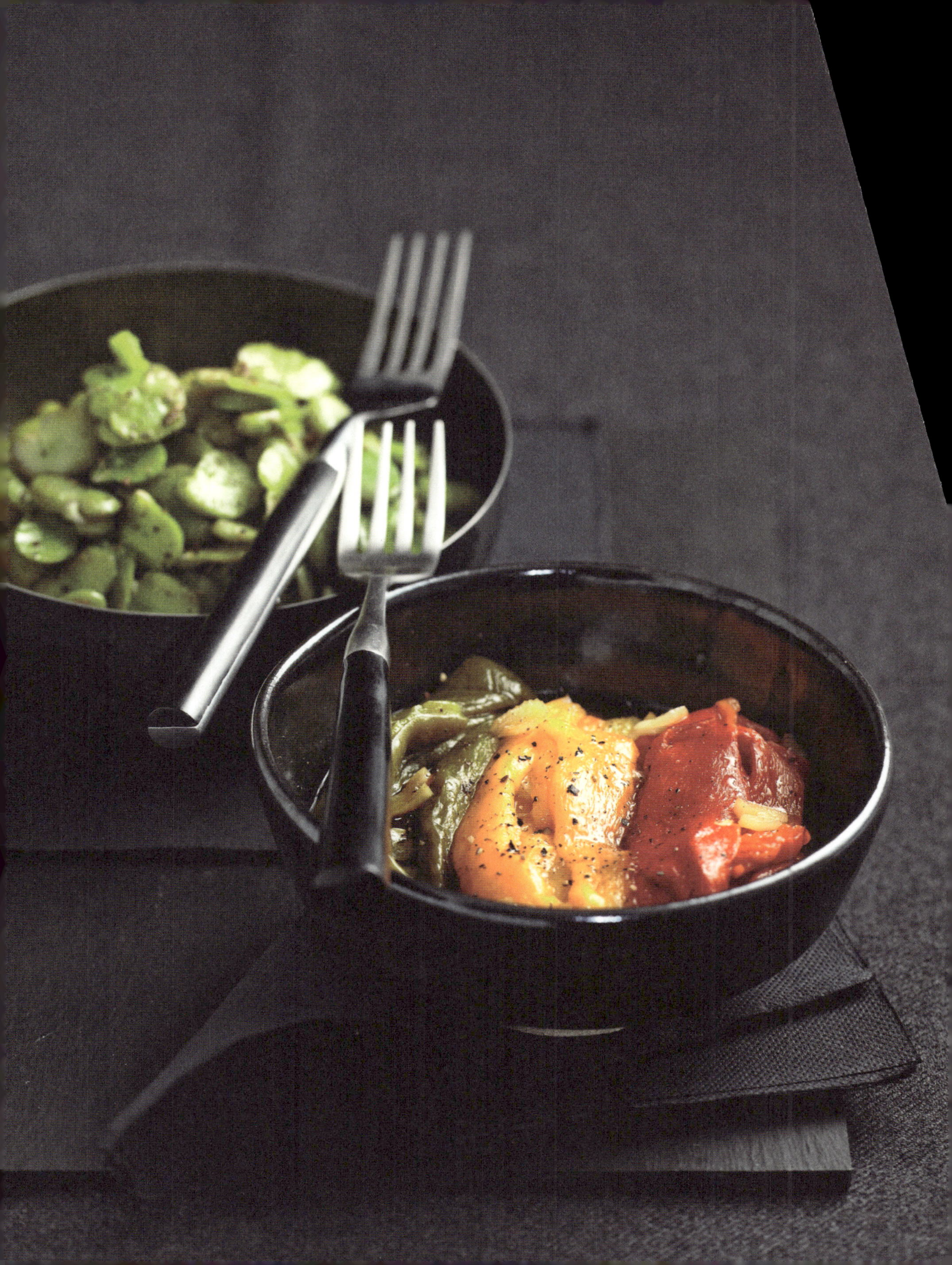

… les légumes

…e de haricots verts au parmesan, à la mozzarella et aux anchois

Pour **4 personnes** | Préparation **25 minutes** | Cuisson **5 minutes**
Difficulté ★ | Coût ★★

500 g de haricots verts extra-fins frais | 2 boules de mozzarella |
10 filets d'anchois à l'huile | 50 g de parmesan | 2 oignons nouveaux |
4 cuil. à soupe de vinaigre balsamique | 8 cuil. à soupe d'huile d'olive | Sel, poivre

1. Équeutez les haricots. Faites bouillir une grande casserole d'eau salée. Plongez les haricots dans l'eau puis comptez environ 30 sec de cuisson à partir de la reprise de l'ébullition. Égouttez les haricots, refroidissez-les à l'eau courante puis égouttez-les à nouveau.

2. Coupez les boules de mozzarella en tranches et les filets d'anchois en deux, puis détaillez le parmesan en copeaux à l'aide d'un couteau économe. Épluchez les oignons nouveaux et hachez-les en tranches fines.

3. Dans un saladier, fouettez un court moment le vinaigre et l'huile d'olive avec du sel, du poivre et les oignons. Ajoutez tous les autres ingrédients de la recette à la vinaigrette, mélangez délicatement et servez sans attendre.

Le conseil de Cyril

Ajoutez quelques poivrons rouges et verts pelés ou des aubergines grillées : cette salade n'en sera que plus savoureuse.

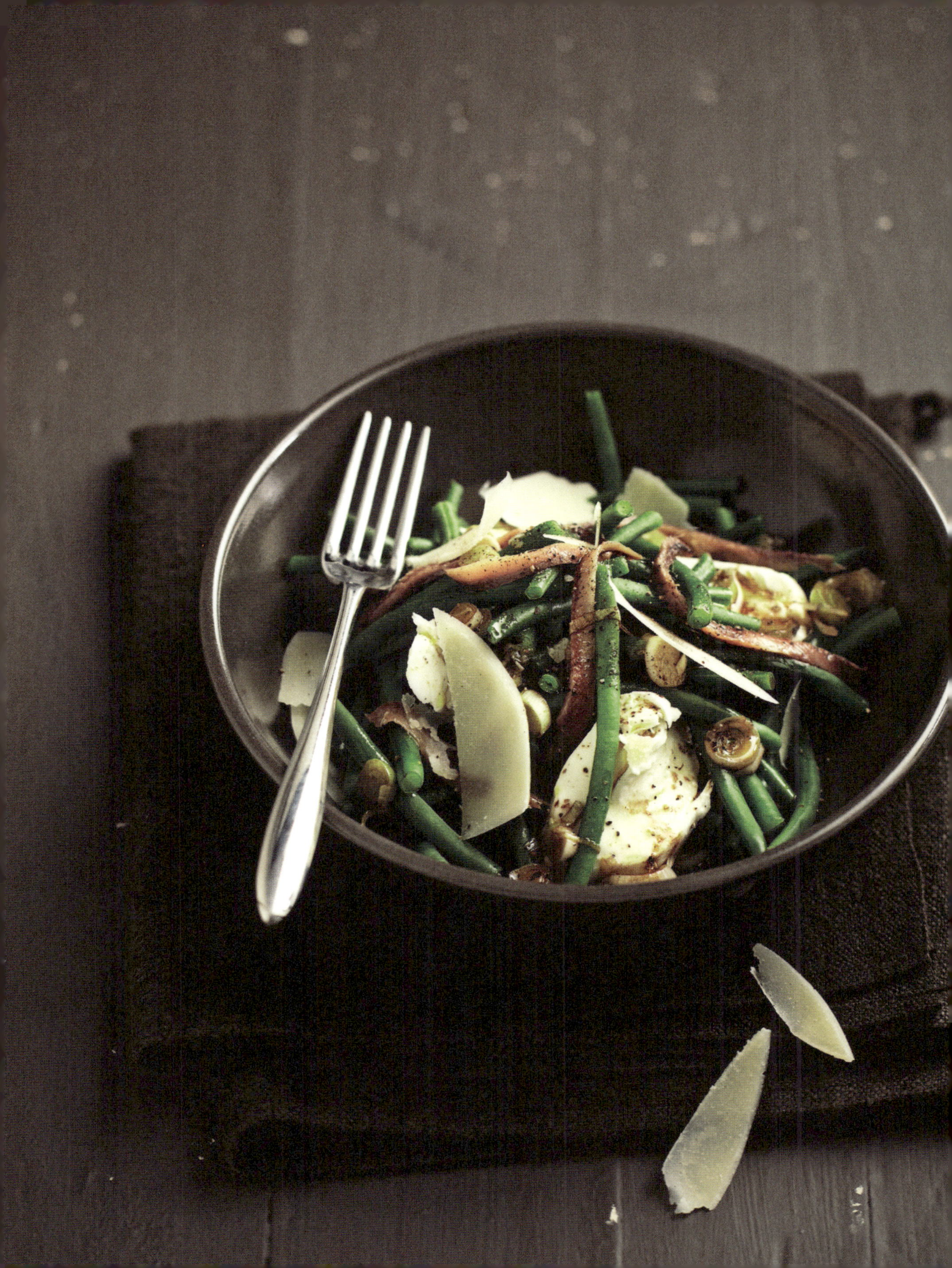

Grande salade de pommes de terre et de pétoncles à l'estragon

Pour **4 personnes** | Préparation **35 minutes** | Cuisson **30 minutes**
Difficulté ★ | Coût ★★

400 g de pétoncles surgelés | 500 g de pommes de terre | 1 échalote |
1 botte d'estragon | 1 citron | 8 cuil. à soupe d'huile d'olive | Sel, poivre

Matériel
Presse-agrumes

1. Faites cuire les pommes de terre dans une casserole d'eau bouillante pendant 30 min environ, selon leur taille. Égouttez-les, pelez-les puis coupez-les en tranches.

2. Épluchez et hachez l'échalote. Effeuillez et hachez grossièrement l'estragon. Pressez le citron.

3. Faites bouillir une casserole d'eau salée et plongez-y les pétoncles. Comptez 30 sec (sans attendre que l'eau se remette à bouillir) et égouttez-les.

4. Dans un saladier, assemblez les pommes de terre, l'échalote, l'estragon, le jus de citron, les pétoncles, l'huile d'olive, du sel et du poivre. Mélangez délicatement et servez aussitôt.

Les conseils de Cyril

Les pétoncles sont de toutes petites coquilles Saint-Jacques que vous trouverez facilement chez votre poissonnier. Surtout, ne les cuisez pas trop sinon ils deviennent caoutchouteux. Vous pouvez aussi les manger crus, marinés ou en tartare.

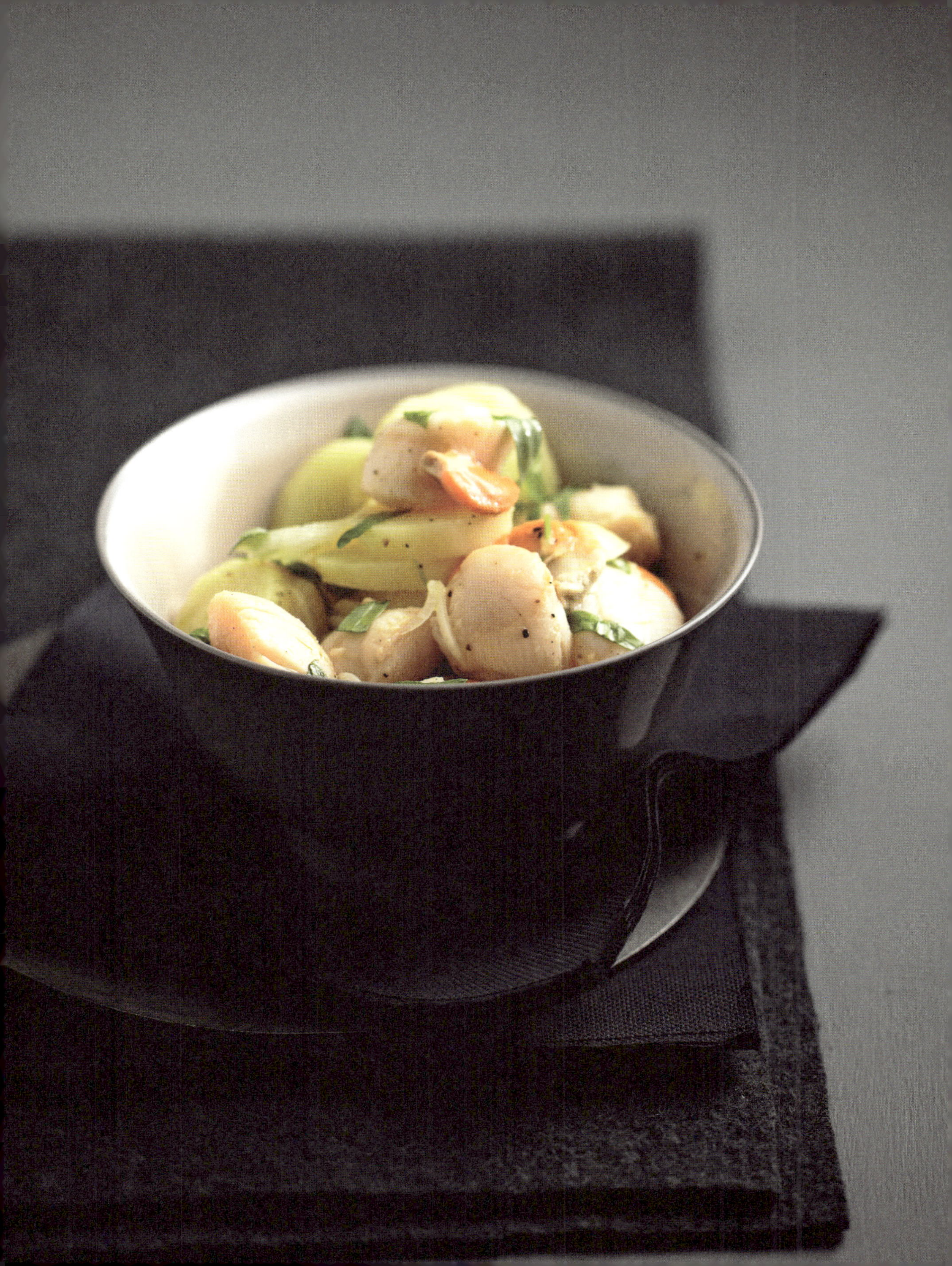

Salade de farfalle au pesto maison

Pour **8 personnes** | Préparation **10 minutes** | Cuisson **15 minutes**
Difficulté ★ | Coût ★

800 g de farfalle | 40 g de pignons de pin | 1 gousse d'ail | 80 g de feuilles de basilic | 60 g de parmesan | 25 cl d'huile d'olive de bonne qualité | Sel

Matériel
Robot-mixeur

1 Faites cuire les pâtes dans une grande quantité d'eau bouillante salée en respectant le temps de cuisson indiqué sur l'emballage. Égouttez-les, puis versez immédiatement dessus 5 cl d'huile d'olive et mélangez pour que les pâtes ne collent pas.

2 Préparez la sauce. Faites chauffer une poêle sans matière grasse et faites-y griller légèrement les pignons de pin. Pelez la gousse d'ail. Effeuillez le basilic.

3 Assemblez le basilic, l'ail, le parmesan et les pignons de pin dans le bol d'un robot, puis mixez une première fois. Ajoutez 20 cl d'huile et continuez de mixer jusqu'à ce que le mélange soit homogène.

4 Versez le pesto sur les pâtes, remuez bien et salez si nécessaire. Servez.

Le conseil de Cyril
Pour donner à la salade une texture plus croquante, vous pouvez ajouter des pignons de pin grillés entiers.

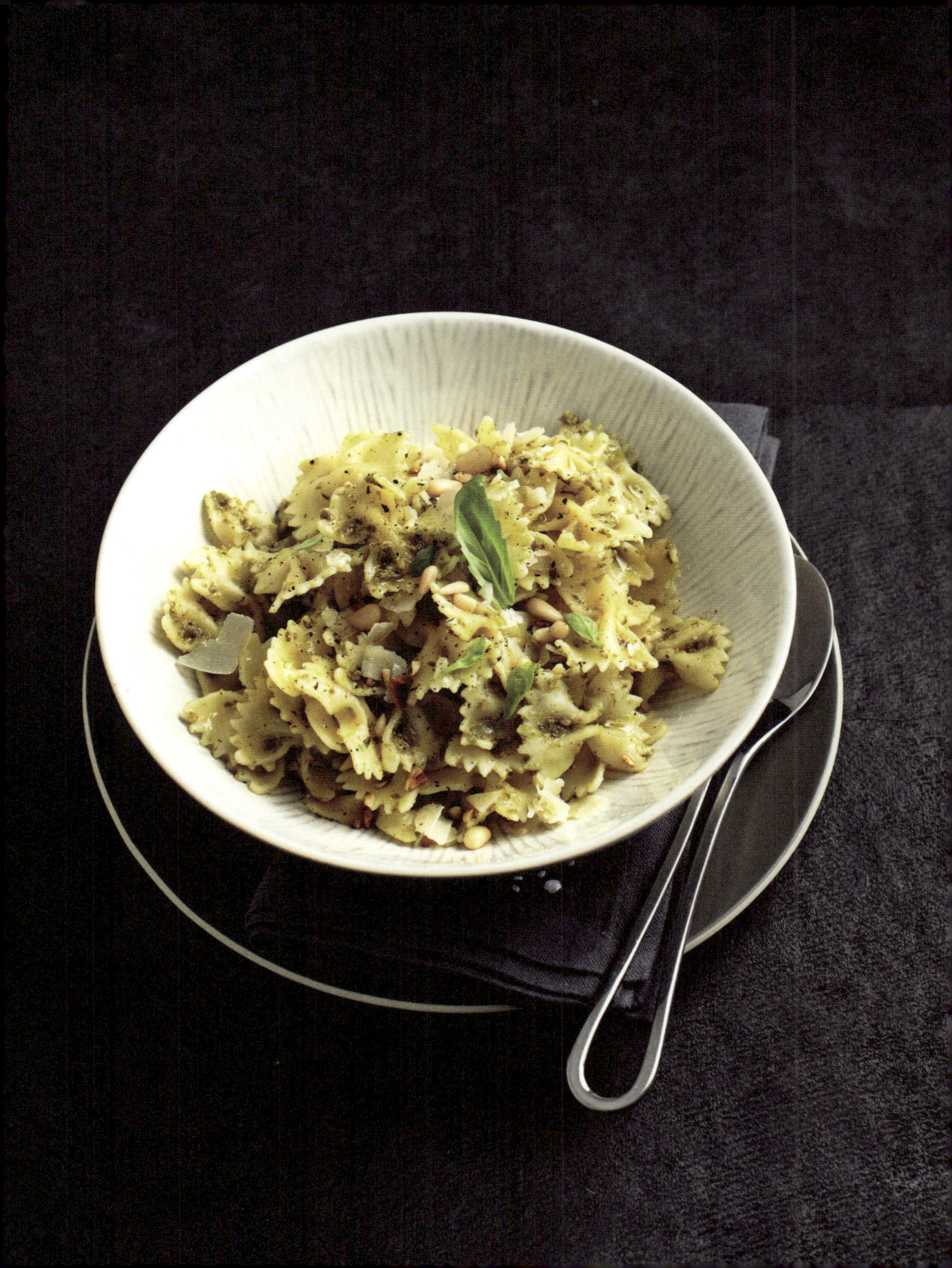

Salade de pousses d'épinard aux œufs mollets et aux champignons

Pour **4 personnes** | Préparation **20 minutes** | Cuisson **5 minutes**
Difficulté ★ | Coût ★

4 œufs | 1 cuil. à café de moutarde à l'ancienne | 2 cuil. à soupe de vinaigre de cidre | 200 g de champignons de Paris | 1 pomme verte | 1 échalote | Quelques brins de ciboulette | 200 g de pousses d'épinard | 6 cuil. à soupe d'huile | Sel, poivre

1. Portez de l'eau à ébullition dans une grande casserole. Faites-y cuire les œufs pendant 5 min, puis plongez-les dans de l'eau froide. Mélangez la moutarde et le vinaigre de cidre, puis salez. Incorporez ensuite l'huile en petit filet. Poivrez.

2. Éliminez la base des champignons de Paris et émincez-les. Pelez la pomme, retirez le trognon et coupez-la en fines tranches. Pelez l'échalote et débitez-la en petits dés. Coupez la ciboulette en petits tronçons.

3. Dans un saladier, mélangez les pousses d'épinard, les champignons, la pomme et l'échalote avec la vinaigrette. Répartissez la salade sur quatre assiettes. Retirez la coquille des œufs et posez-les sur les salades. Parsemez-les de ciboulette.

Le conseil de Cyril
Si vous préférez les œufs durs, faites-les cuire 5 min de plus.

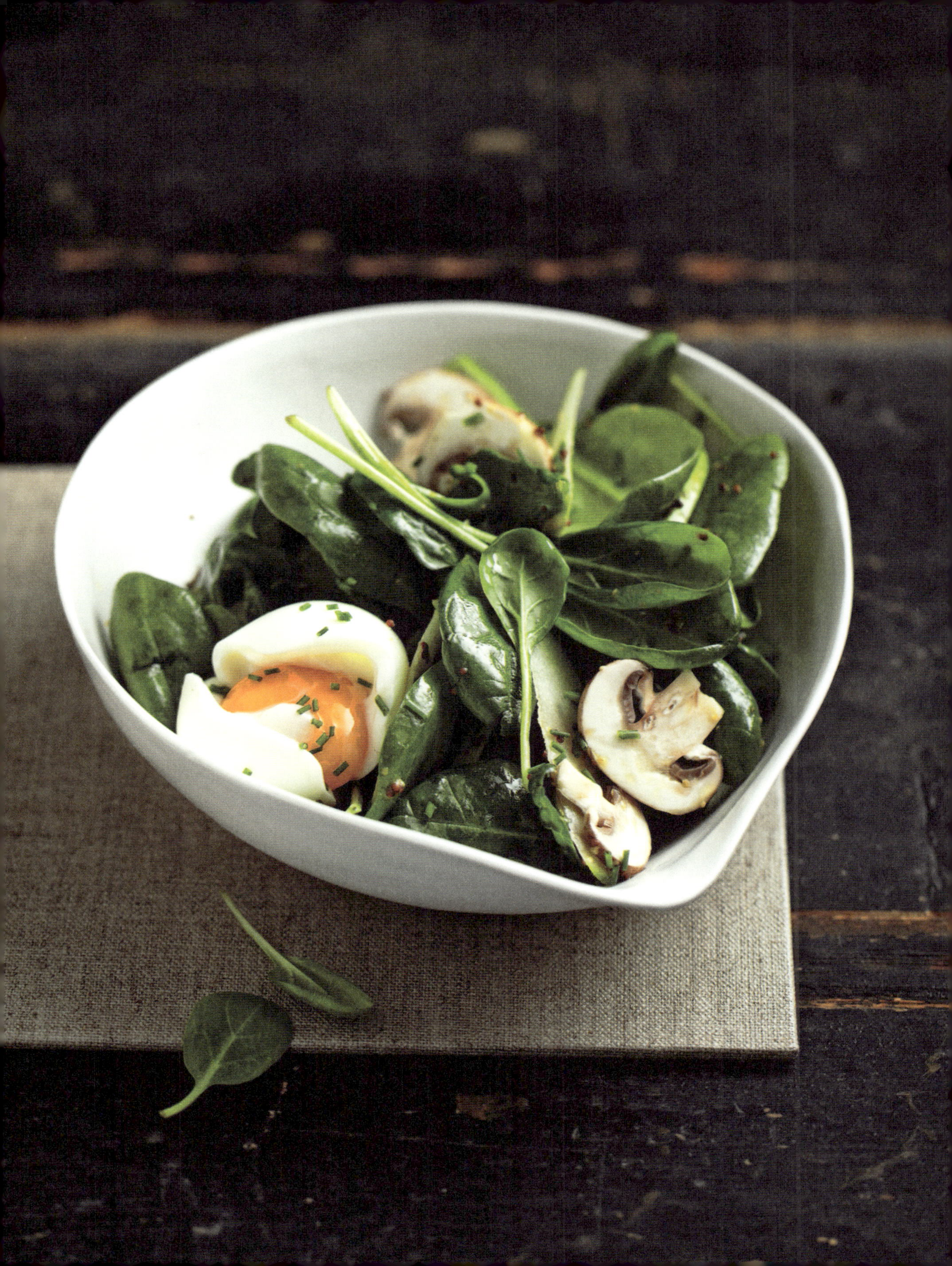

Salade de pâtes aux aubergines grillées et au jambon de Parme

Pour **4 personnes** | Préparation **25 minutes** | Cuisson **15 à 20 minutes**
Difficulté ★ | Coût ★

250 g de grosses pâtes | **250 g d'aubergines grillées** | **1 gousse d'ail** | **2 tomates** | **1 ½ citron** | **3 cuil. à soupe de basilic ciselé** | **6 tranches de jambon de Parme** | **10 cuil. à soupe d'huile d'olive** | **Sel, poivre**

Matériel
Presse-agrumes

1. Faites cuire les pâtes dans un bon volume d'eau bouillante salée en respectant le temps indiqué sur l'emballage. Égouttez-les, refroidissez-les à l'eau courante puis égouttez-les à nouveau et mélangez-les avec 2 cuillerées à soupe d'huile d'olive. Coupez les aubergines en dés plus ou moins réguliers.

2. Épluchez et hachez la gousse d'ail. Coupez les tomates en dés. Pressez les citrons, puis mélangez le jus avec le reste d'huile d'olive, l'ail, le basilic, du sel et du poivre. Enlevez le gras du jambon de Parme avant de le couper en lanières.

3. Dans un saladier, mélangez les pâtes, les aubergines, les tomates, la vinaigrette et le jambon. Salez, poivrez et servez aussitôt dans des assiettes creuses.

Les conseils de Cyril

Vous trouverez des aubergines grillées assez facilement dans le commerce.
Bien sûr, vous pouvez les préparer vous-même si vous avez le temps.
Vous pouvez aussi ajouter des poivrons grillés et pelés dans cette salade.

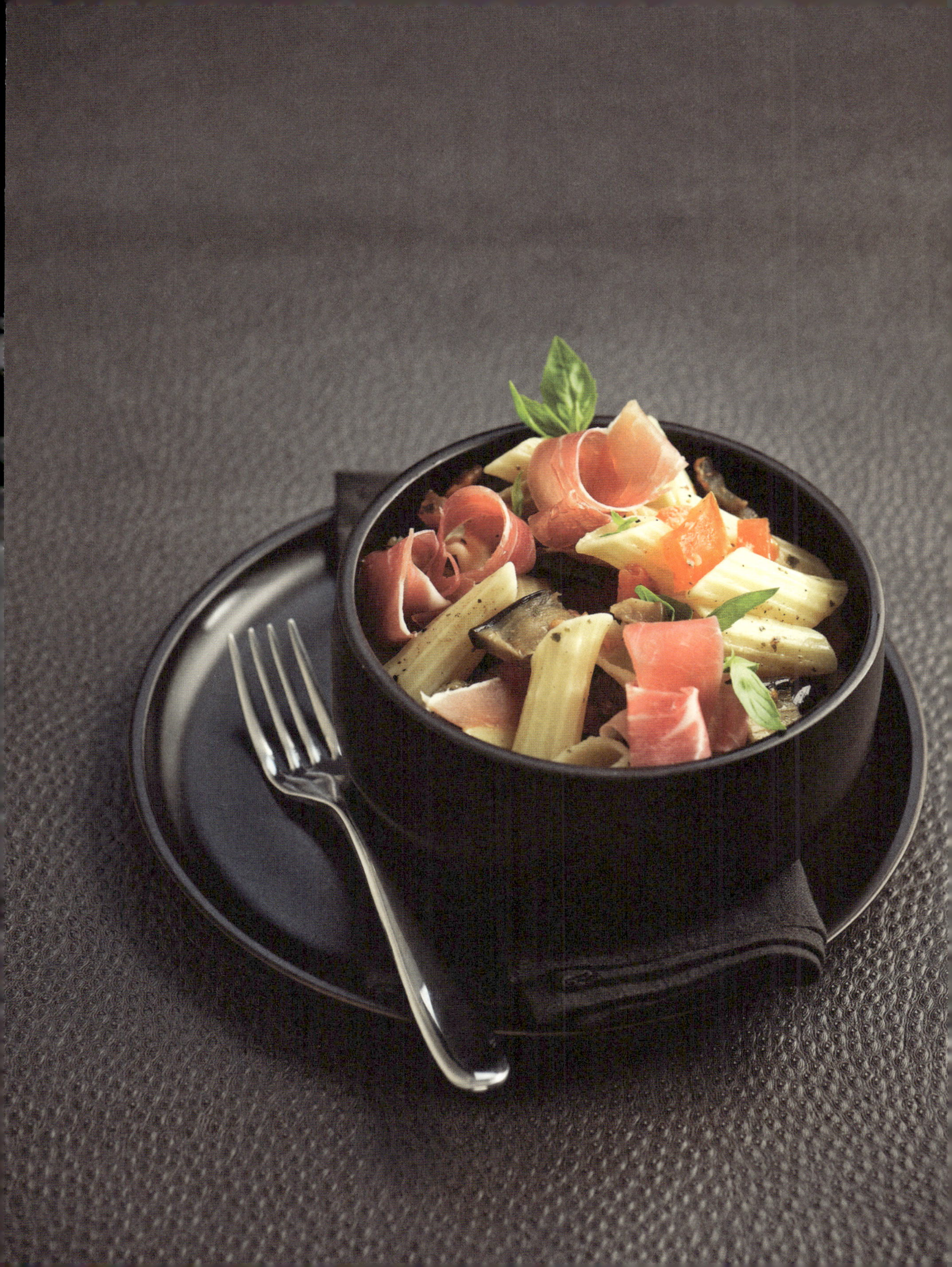

Salade de champignons à la mimolette et aux herbes

Pour **4 personnes** | Préparation **15 minutes**
Difficulté ★ | Coût ★

250 g de champignons de Paris | 80 g de mimolette vieille | 8 brins d'estragon |
4 feuilles de menthe | 4 feuilles de basilic | 1 échalote |
8 cuil. à soupe d'huile de noix | 2 cuil. à soupe de vinaigre | Sel, poivre

1 Retirez le bout des queues des champignons. Coupez-les en fines lamelles. Faites des copeaux de mimolette avec un couteau économe. Effeuillez l'estragon. Coupez la menthe et le basilic en fines lanières. Pelez l'échalote et coupez-la en petits dés.

2 Mélangez l'huile et le vinaigre, ajoutez du sel et du poivre. Mélangez tous les ingrédients dans un saladier. Servez aussitôt.

Le conseil de Cyril
Vous pouvez remplacer le vinaigre par du jus de citron et ajouter les zestes dans la salade.

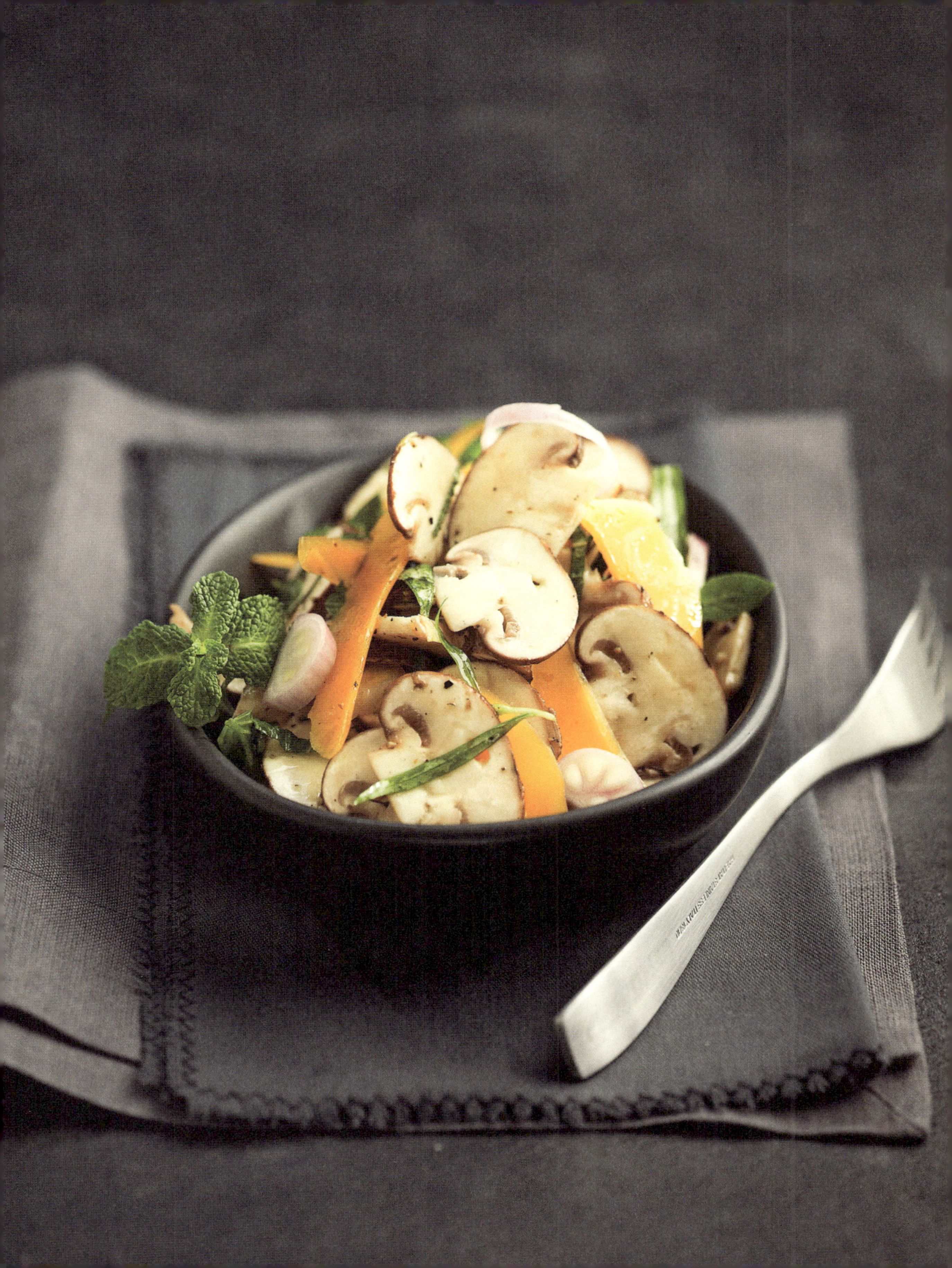

Salade de légumes croquants et de penne au vinaigre

Pour **4 personnes** | Préparation **20 minutes** | Cuisson **30 minutes**
Difficulté ★★ | Coût ★

150 g de penne | **1 fenouil** | **1 poivron** | **1 oignon** | **2 carottes** | **10 cuil. à soupe de vinaigre** | **Herbes aromatiques fraîches (basilic, ciboulette, etc.)** | **Huile d'olive** | **Sel, poivre**

1 Faites cuire les pâtes de 10 à 12 min dans une casserole d'eau bouillante salée, égouttez-les et refroidissez-les à l'eau courante. Égouttez-les à nouveau. Placez-les dans un saladier, ajoutez un peu d'huile d'olive et mélangez avec les doigts afin que les pâtes ne collent pas entre elles.

2 Retirez la première « peau » du fenouil puis coupez le poivron en deux et épépinez-le. Épluchez l'oignon et les carottes. Coupez tous ces légumes en tranches plus ou moins régulières de 1 cm d'épaisseur.

3 Dans une grande poêle, faites chauffer 1 bon trait d'huile d'olive à feu assez vif. Ajoutez les carottes, salez et poivrez, puis faites cuire pendant 5 min. Ajoutez tous les autres légumes, salez et poivrez. Faites cuire 10 min en mélangeant.

4 Ajoutez les trois quarts du vinaigre, couvrez et laissez cuire 5 min. Goûtez les légumes : ils doivent être cuits mais rester légèrement fermes. Ôtez du feu et laissez refroidir.

5 Mélangez les pâtes, les légumes, le reste du vinaigre, 1 bon trait d'huile d'olive et les herbes hachées. Servez sans attendre.

Le conseil de Cyril

Faites varier la saveur de cette recette en changeant de vinaigre ou en utilisant du jus de citron vert.

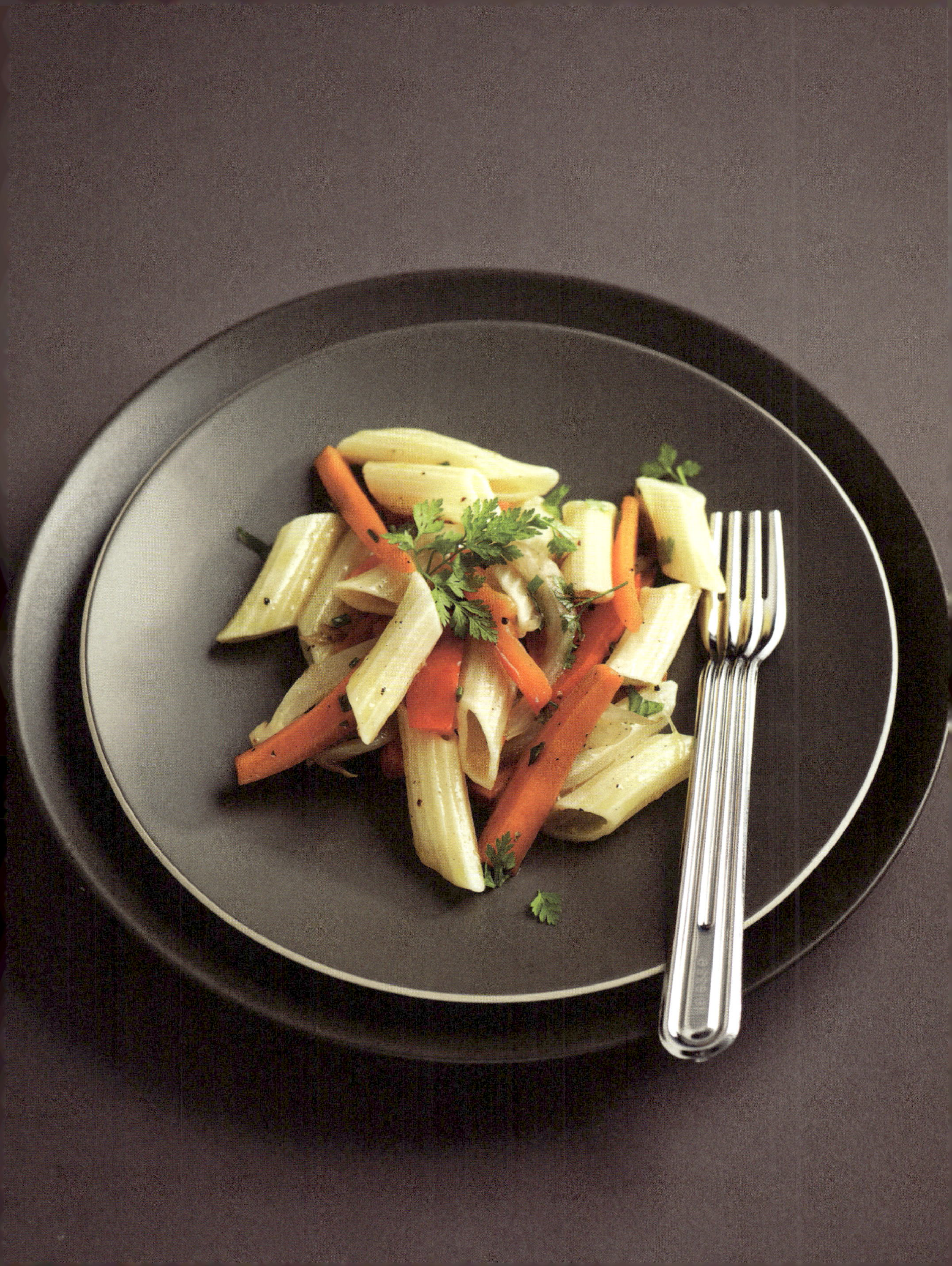

Salade de chou rouge aux noix, aux raisins secs et aux œufs durs

Pour **4 personnes** | Préparation **35 minutes** | Cuisson **10 minutes** | Repos **1 heure**
Difficulté ★ | Coût ★

8 œufs | ½ chou rouge (plus ou moins selon sa taille) | 2 branches de céleri |
100 g de raisins secs | 80 g de cerneaux de noix | 2 échalotes |
6 cuil. à soupe de vinaigre de xérès | 2 cuil. à soupe de miel liquide |
12 cuil. à soupe d'huile d'olive | Sel, poivre

Matériel
Robot ménager électrique (facultatif)

1 Faites cuire les œufs dans une casserole d'eau bouillante pendant 10 min, jusqu'à ce qu'ils soient durs, laissez-les refroidir un peu puis ôtez les coquilles. Avec un couteau en acier inoxydable ou, mieux, avec un robot électrique, hachez finement le chou rouge et les branches de céleri. Placez-les dans un saladier puis ajoutez les raisins secs et les cerneaux de noix. Mélangez bien.

2 Épluchez les échalotes et hachez-les finement. Dans un saladier, fouettez un instant le vinaigre, l'huile d'olive, le miel et les échalotes.

3 Ajoutez la vinaigrette aux légumes et mélangez. Goûtez, rectifiez l'assaisonnement en sel et en poivre puis laissez reposer 1 h. Répartissez la salade dans quatre assiettes puis coupez les œufs en quartiers et déposez-les par-dessus.

Les conseils de Cyril

Cette délicieuse salade « santé » peut se préparer également avec du chou blanc. Si les choux sont petits, laissez-les entiers. Comptez au moins 120 g par personne. Si vous n'avez pas d'œufs, vous pouvez les remplacer par du poisson froid, du poulet froid, du rôti froid ou du jambon sec.

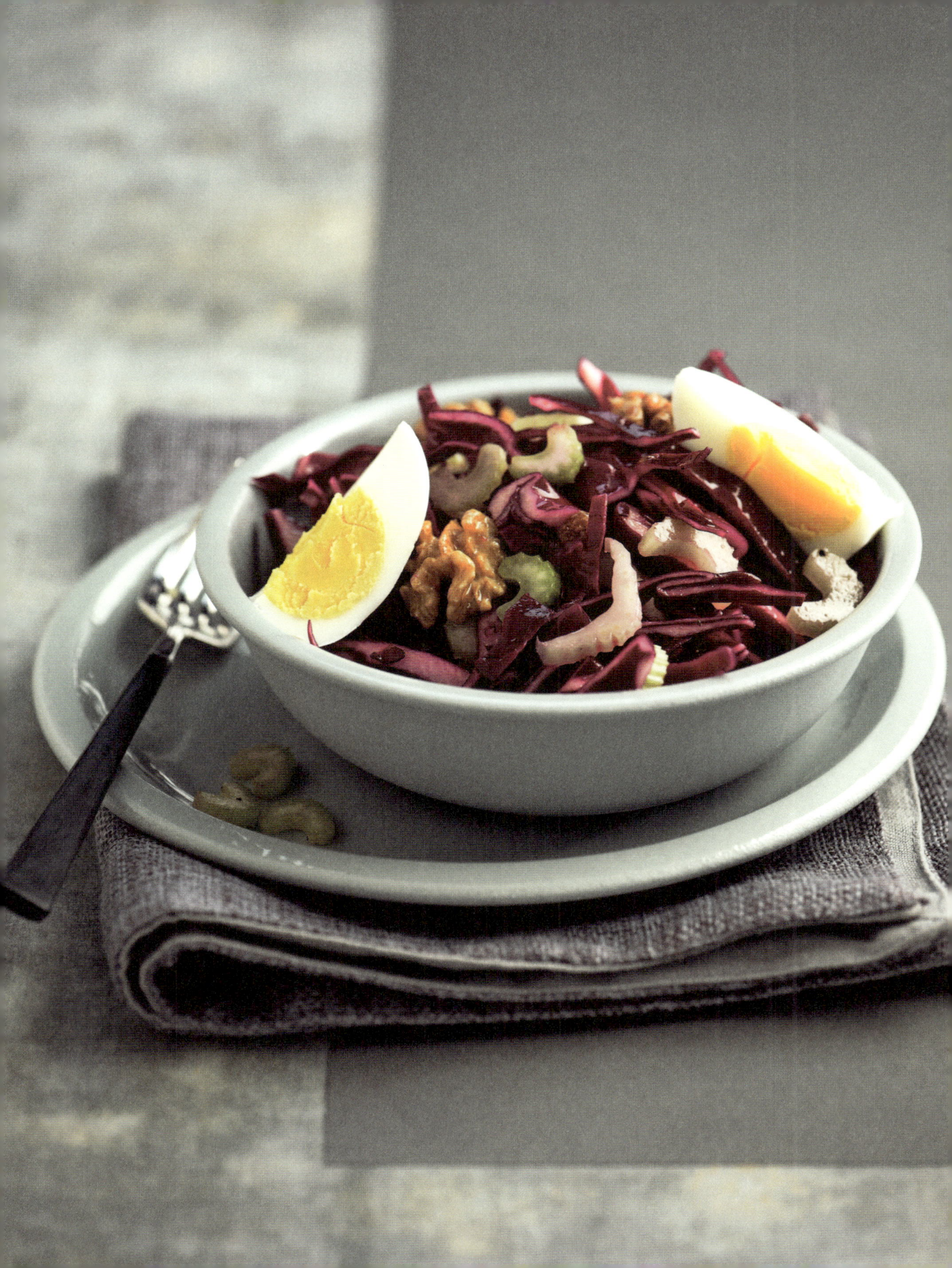

Salade de penne aux figues, au fromage de chèvre et au jambon de Parme

Pour **4 personnes** | Préparation **10 minutes** | Cuisson **15 minutes**
Difficulté ★ | Coût ★★

400 g de penne | 9 cuil. à soupe d'huile d'olive | 3 cuil. à soupe de vinaigre balsamique blanc, si possible (ou du balsamique noir) | 2 cuil. à soupe de jus de citron | 50 g d'amandes effilées | 8 figues fraîches | 4 crottins de Chavignol | 4 tranches de jambon de Parme | Sel

1. Faites cuire les pâtes dans une grande casserole d'eau bouillante salée en respectant le temps de cuisson indiqué sur l'emballage.

2. Pendant la cuisson des pâtes, mélangez l'huile d'olive avec le vinaigre, le jus de citron et du sel. Faites dorer les amandes dans une poêle antiadhésive sans matière grasse. Ôtez les pédoncules des figues, puis coupez-les en huit dans la hauteur. Coupez les crottins en huit et le jambon de Parme en fines lanières.

3. Égouttez les pâtes. Versez tout de suite dessus la sauce à l'huile d'olive et mélangez bien pour qu'elles ne collent pas. Laissez-les tiédir.

4. Répartissez les pâtes sur les assiettes de service. Posez dessus les figues, les morceaux de crottin, les lamelles de jambon de Parme et les amandes grillées. Servez.

Le conseil de Cyril
Si ce n'est pas la saison des figues fraîches, vous pouvez les remplacer par des figues sèches.

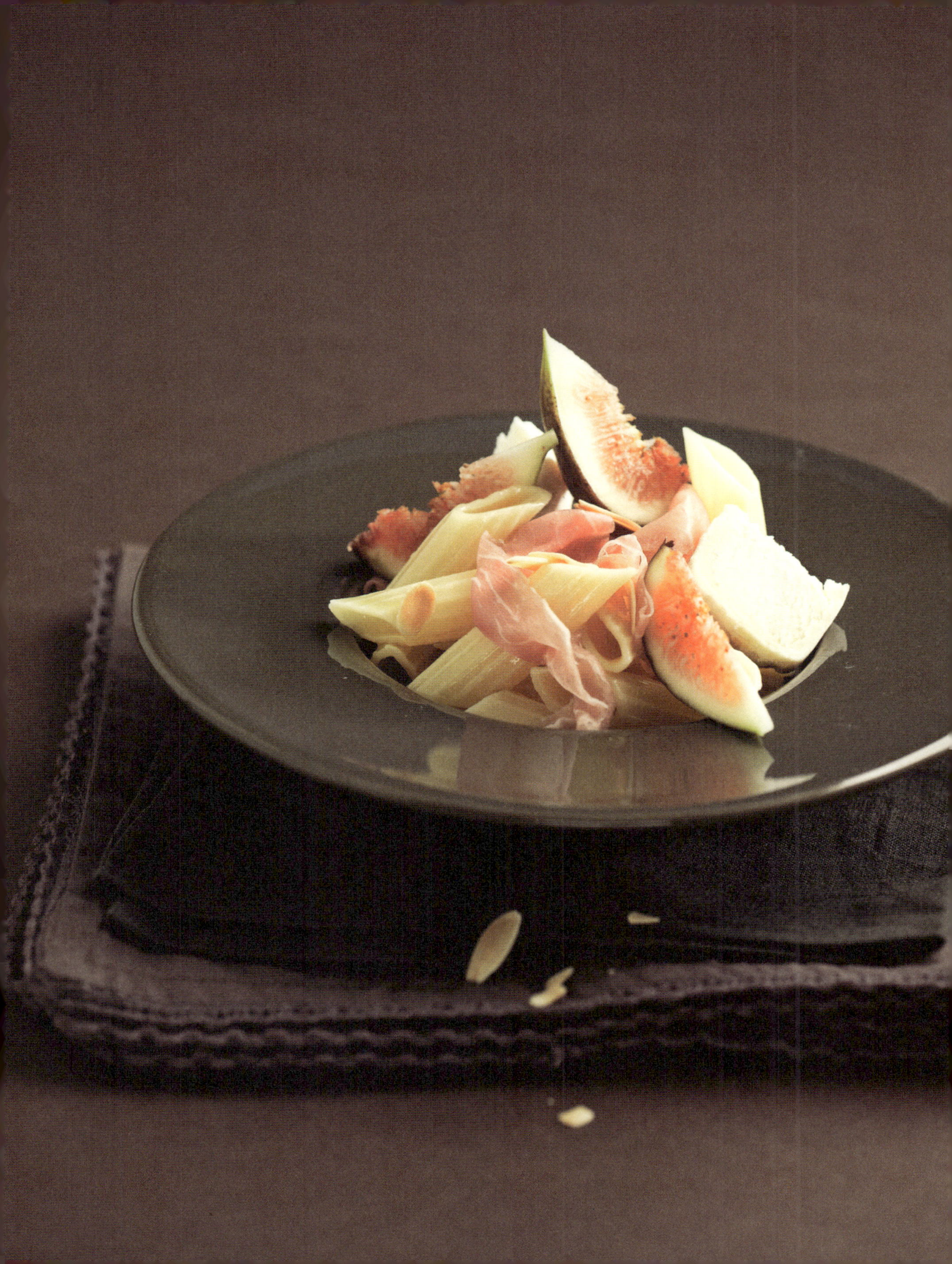

Salade niçoise au thon poêlé

Pour **4 personnes** | Préparation **30 minutes** | Cuisson **40 minutes**
Difficulté ★★ | Coût ★★

400 g de pommes de terre | 300 g de haricots verts | 4 tomates bien mûres |
1 poivron vert | 2 œufs | 1 laitue | 16 olives noires | Le jus de 1 citron | 4 pavés
de thon albacore | 16 filets d'anchois | 10 cuil. à soupe d'huile d'olive | Sel, poivre

1. Nettoyez, épluchez et faites cuire les pommes de terre dans de l'eau salée pendant 20 min. Nettoyez, équeutez et faites cuire les haricots verts pendant 5 à 10 min dans de l'eau salée (ils doivent rester croquants). Retirez les pédoncules des tomates et plongez-les 1 min dans de l'eau bouillante ; passez-les sous l'eau froide et épluchez-les. Égouttez les haricots et les pommes de terre. Retirez le pédoncule et les graines du poivron.

2. Faites cuire les œufs pendant 5 min dans de l'eau bouillante. Ôtez la coquille. Nettoyez la laitue. Dénoyautez les olives. Coupez les pommes de terre en rondelles de 3 mm d'épaisseur. Coupez finement le poivron en bâtonnets, puis les œufs et les tomates en quartiers. Versez le jus de citron dans un bol. Ajoutez 8 cuillerées à soupe d'huile d'olive, du sel et du poivre.

3. Dans une poêle, faites chauffer l'huile d'olive restante. Faites-y cuire les pavés de thon 2 ou 3 min de chaque côté. Sortez les pavés et posez-les dans une assiette. Versez la vinaigrette dans la poêle afin qu'elle tiédisse.

4. Recouvrez un grand plat avec les feuilles de laitue. Ensuite, disposez en petits tas les ingrédients suivants : pommes de terre, haricots verts, tomates, poivrons. Répartissez ensuite les œufs, les olives et les anchois et terminez par les tranches de thon poêlées. Arrosez de vinaigrette tiède et servez aussitôt.

Les conseils de Cyril

Vous pouvez hacher un peu d'herbes (du basilic ou du persil plat) et les ajouter dans la vinaigrette. Vous pouvez également présenter cette salade dans des assiettes individuelles.

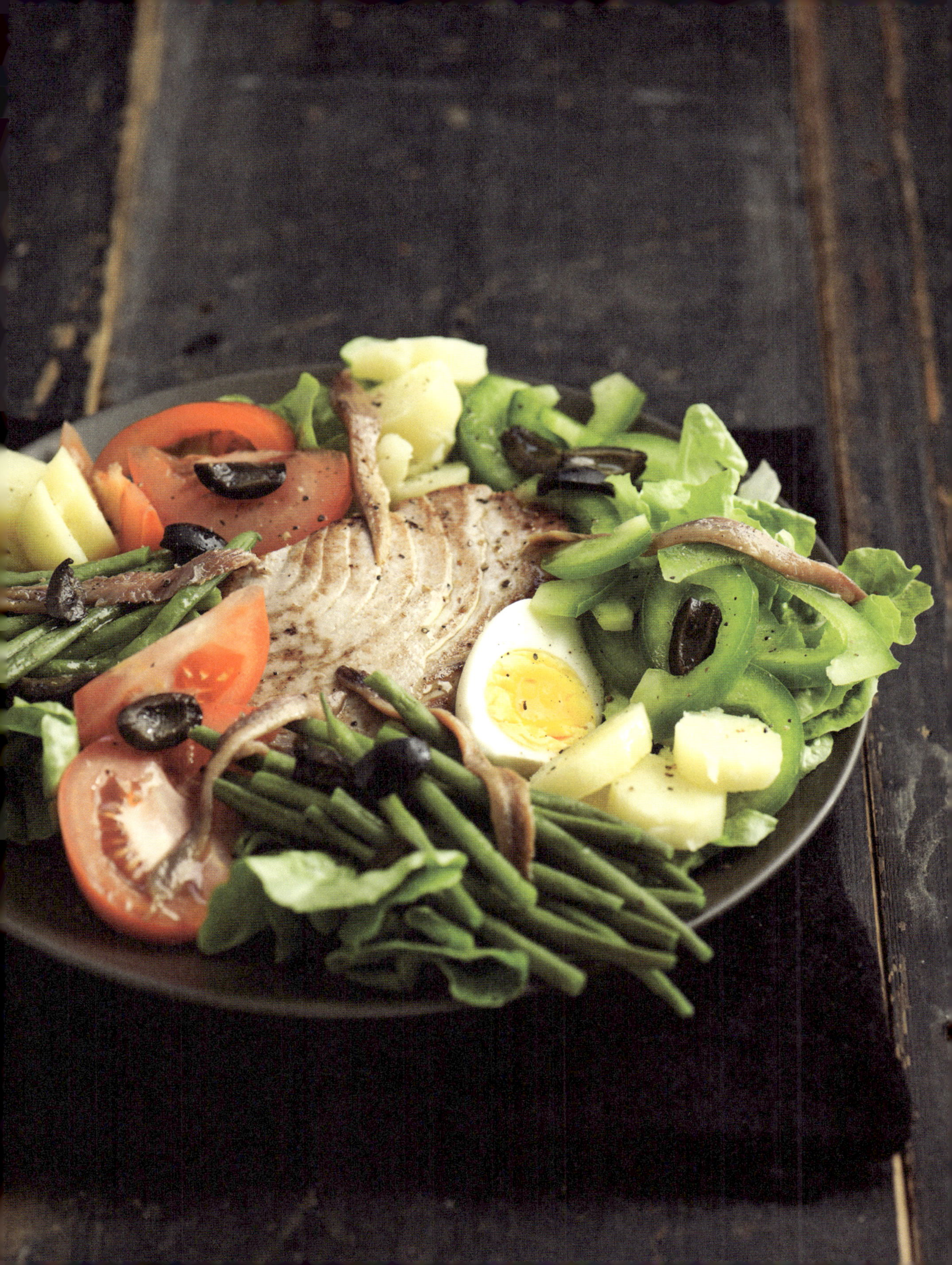

Carottes râpées

Pour **4 personnes** | Préparation **15 minutes**
Difficulté ★★ | Coût ★

800 g de carottes | **3 cm de racine de gingembre** | **2 citrons verts** | **10 cl d'huile d'olive** | **1 botte de coriandre** | **Sel, poivre**

Matériel
Râpe à légumes | **Presse-agrumes**

1. Épluchez les carottes et le gingembre. Râpez les carottes et faites de même pour le gingembre (utilisez alors la râpe la plus fine que vous ayez). Mélangez ces deux ingrédients.

2. Pressez les citrons verts et versez le jus ainsi obtenu sur les carottes. Ajoutez l'huile d'olive. Salez et poivrez. Effeuillez et hachez la coriandre, puis ajoutez-la aux carottes. Mélangez bien et servez aussitôt.

Le conseil de Cyril

Pour rendre cette recette encore plus originale, faites donc griller un peu de graines de sésame dans une poêle et ajoutez-les, tièdes, aux carottes.

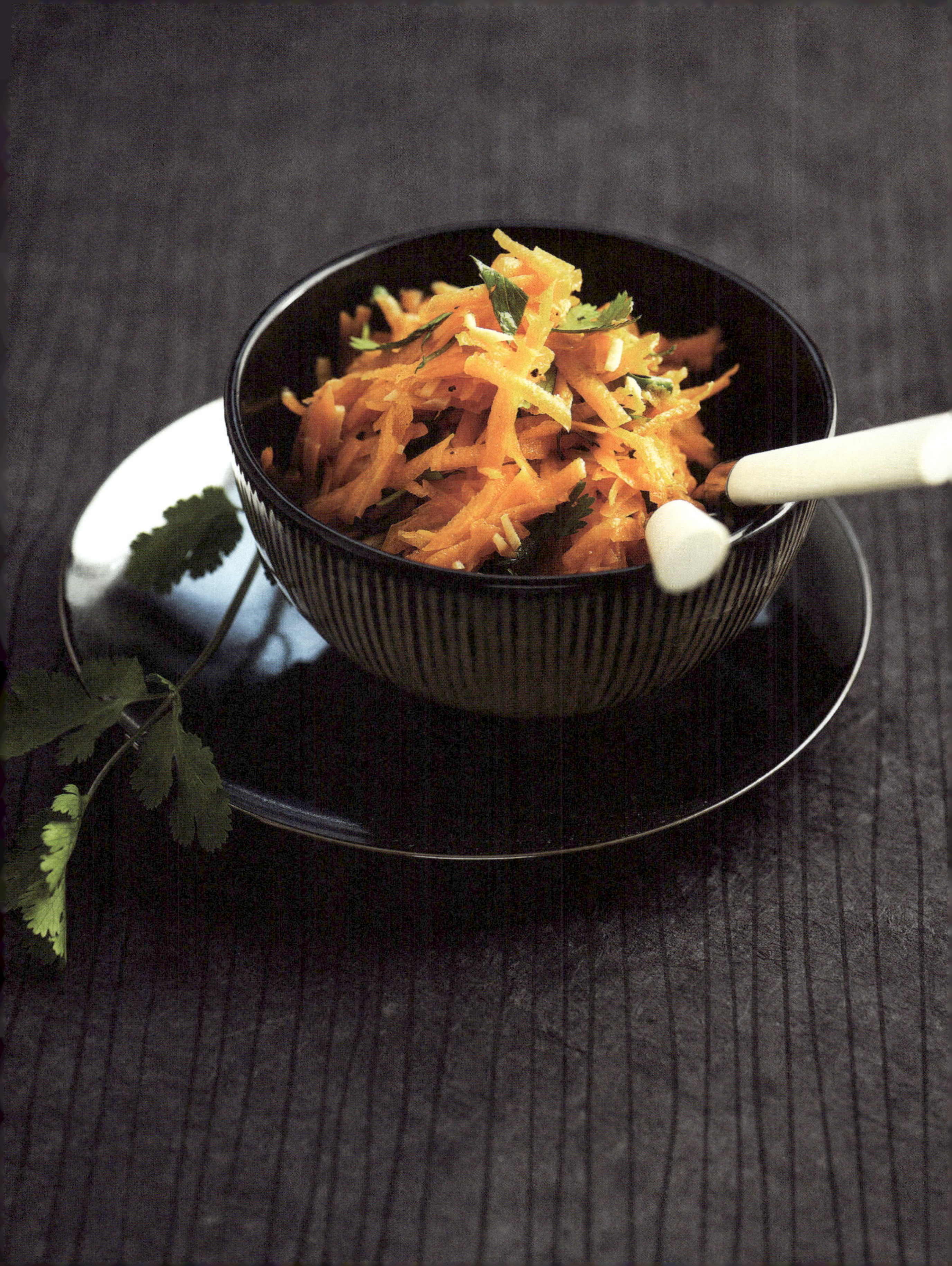

Taboulé, l'original

Pour **4 personnes** | Préparation **20 minutes** | Repos **30 minutes**
Difficulté ★ | Coût ★

2 belles tomates | ¼ de concombre | 4 oignons nouveaux | 2 grosses bottes de persil plat | ¼ de citron confit | Le jus de 1 citron | 150 g de semoule cuite | 1 cuil. à café de cumin | 8 cuil. à soupe d'huile d'olive | Sel, poivre

1. Coupez les tomates et le concombre en dés plus ou moins réguliers. Hachez les oignons nouveaux, le persil et le citron confit.

2. Dans un saladier, assemblez les tomates, le concombre, les oignons, le persil, le jus de citron, le citron confit, la semoule, le cumin, l'huile d'olive, du sel et du poivre. Mélangez délicatement pour ne pas écraser les ingrédients. Goûtez et ajoutez, selon votre goût, du jus de citron, de l'huile d'olive, du sel et/ou du poivre.

3. Idéalement, laissez reposer le taboulé 30 min, puis servez-le bien frais, en entrée ou pour accompagner une viande.

Les conseils de Cyril

Dans la recette d'origine du taboulé, on met beaucoup plus de persil que de semoule, ne vous en étonnez donc pas en préparant cette recette ! Par ailleurs, saviez-vous que le persil est l'un des végétaux les plus riches en vitamine C ?

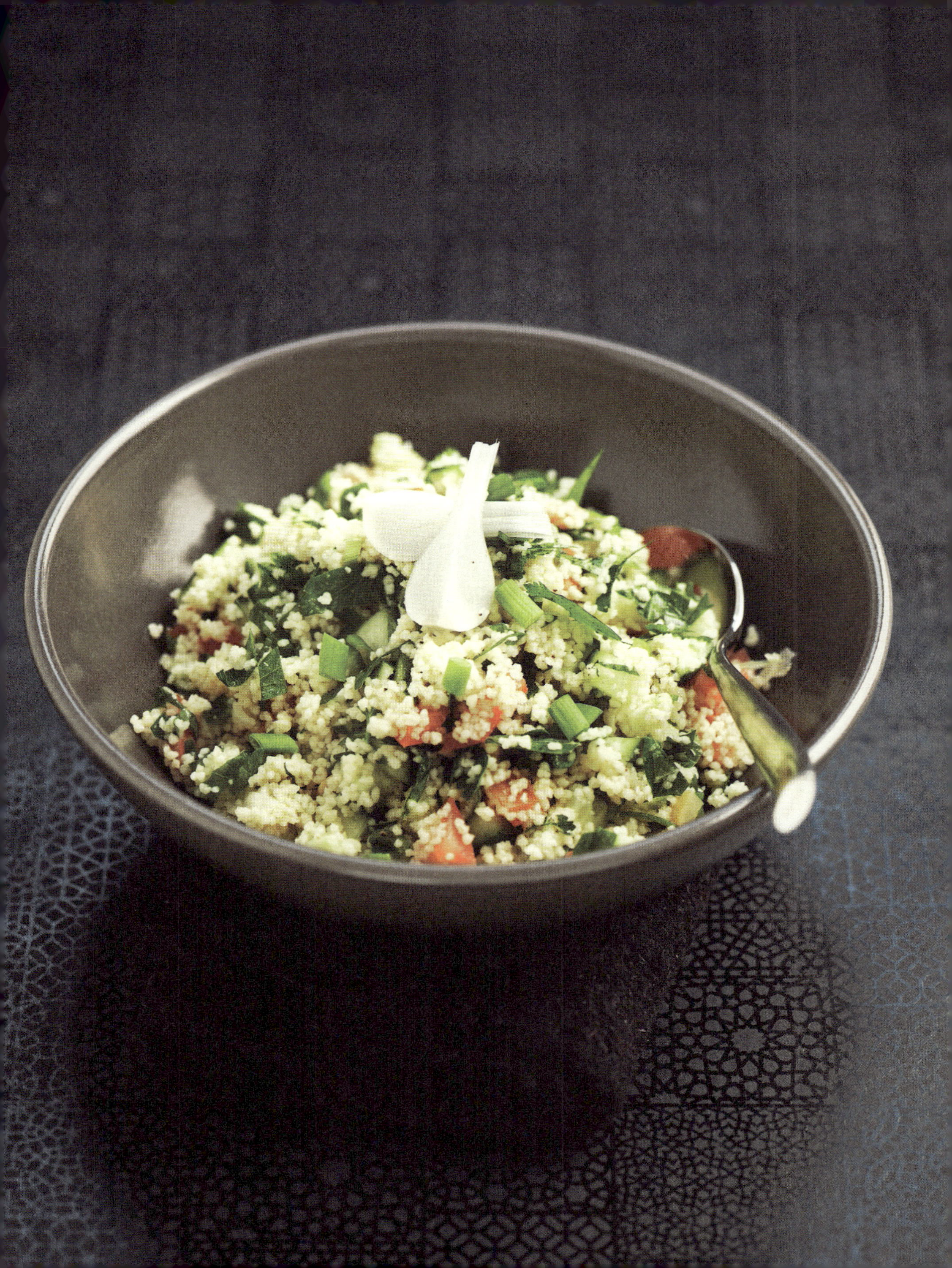

Gaspacho de melon et de tomate à la pancetta

Pour **4 personnes** | Préparation **20 minutes** | Réfrigération **2 heures** | Cuisson **5 minutes**
Difficulté ★ | Coût ★

1 melon | 6 tomates grappe | 1 oignon blanc frais | 2 cuil. à soupe de vinaigre de xérès | 2 cuil. à soupe d'huile d'olive | 8 tranches de pancetta | Sel, poivre

Matériel
Robot-mixeur

1. Coupez le melon en deux, épépinez-le et évidez-le avec une cuillère. Coupez les tomates en quatre et épépinez-les. Retirez la partie verte de l'oignon, pelez-le si nécessaire et coupez-le en quatre.

2. Mettez le melon, la tomate, l'oignon, le vinaigre et l'huile dans le bol d'un robot. Mixez le tout jusqu'à ce que la préparation soit bien lisse. Goûtez et rectifiez éventuellement l'assaisonnement avec un peu de vinaigre, de sel et de poivre.

3. Placez le gaspacho au frais pendant 2 h. Faites chauffer une poêle sans matière grasse et faites-y dorer les tranches de pancetta des deux côtés, jusqu'à ce qu'elles soient bien croustillantes. Égouttez-les sur du papier absorbant.

4. Servez les gaspachos dans des verres et plantez les tranches de pancetta dedans.

Le conseil de Cyril
Vous pouvez décorer les gaspachos avec des dés de tomate ou de melon.

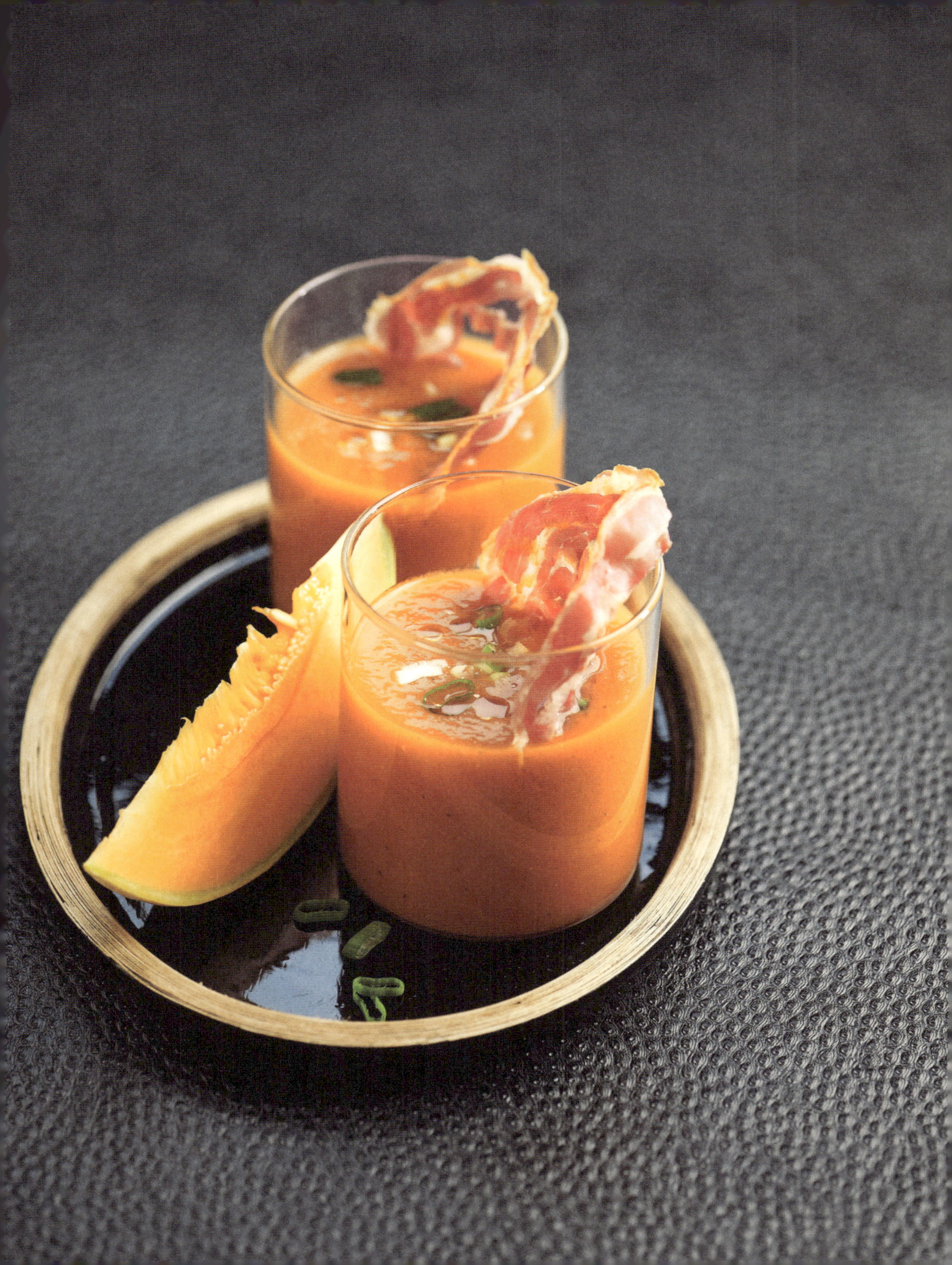

Brochettes de tomates confites, de mozzarella et d'olives noires

Pour **4 personnes** | Préparation **10 minutes**
Difficulté ★ | Coût ★

12 tomates confites | **12 billes de mozzarella di Buffala** |
12 olives noires à la grecque

Matériel
12 mini-piques à brochettes

1 Égouttez les tomates confites, les billes de mozzarella et les olives noires.

2 Montez les brochettes en piquant sur chacune 1 tomate, 1 bille de mozzarella et enfin 1 olive noire. Servez.

Le conseil de Cyril
Pour varier, préparez des brochettes de tomates cerise, œufs de caille et anchois marinés... tout aussi simple et délicieux.

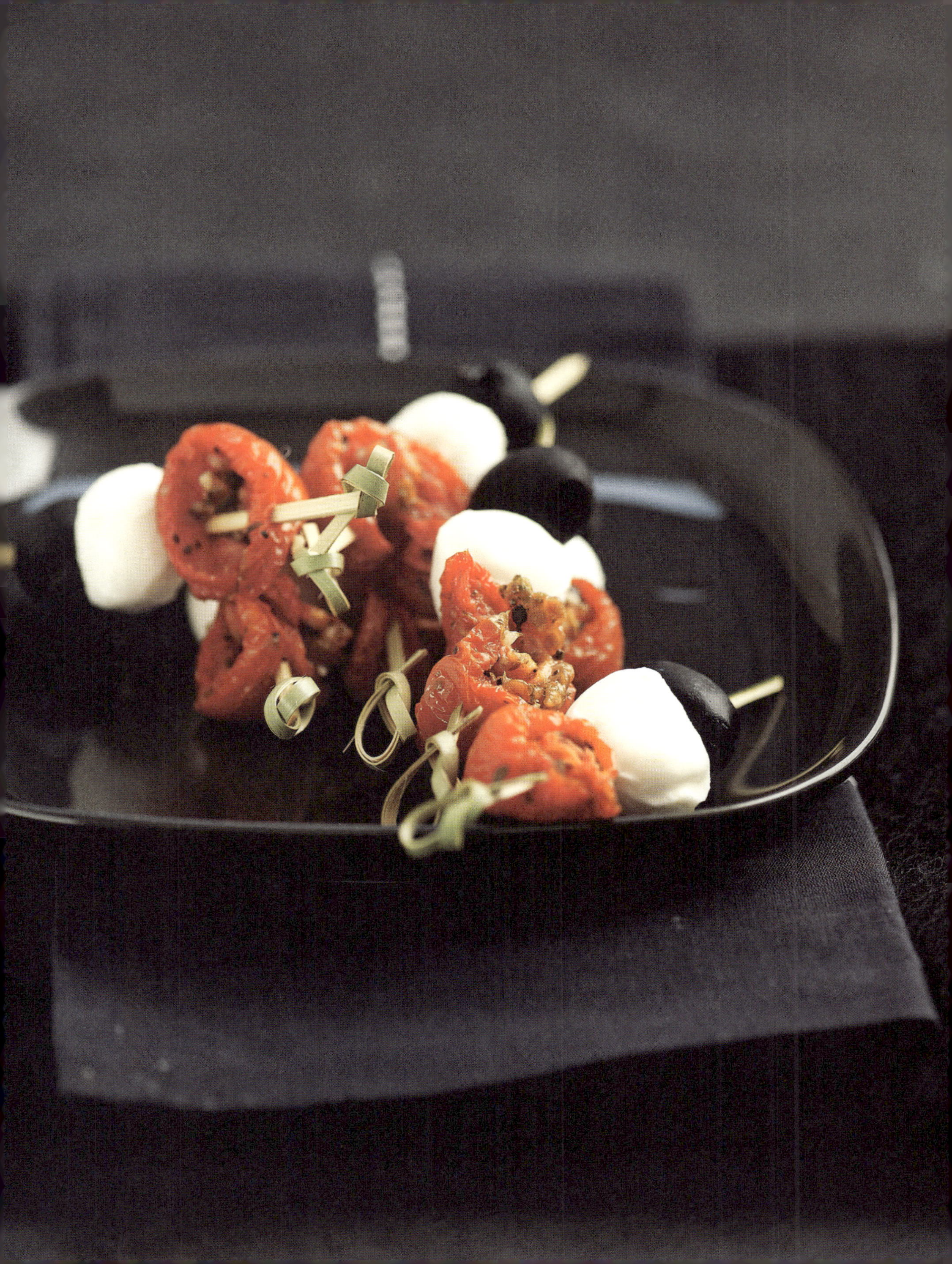

Caviar d'aubergine

Pour **6 personnes** | Préparation **35 minutes** | Cuisson **40 minutes** | Repos **1 heure**
Difficulté ★ | Coût ★

6 belles aubergines | 3 gousses d'ail | 1 botte de basilic | 1 branche de thym |
1 citron | 10 cl d'huile d'olive | Sel, poivre de Cayenne

Matériel
Robot-mixeur | Presse-agrumes

1 Préchauffez le four à 180 °C (th. 6). Coupez les aubergines dans le sens de la longueur puis enfournez-les pour 40 min de cuisson.

2 Laissez les aubergines refroidir un moment avant de récupérer les chairs cuites à l'aide d'une cuillère à soupe. Mixez-les. Épluchez les gousses d'ail et hachez-les. Effeuillez le basilic et émincez-le. Effeuillez le thym. Pressez le citron.

3 Dans un saladier, mélangez l'ail, le jus de citron, l'huile, le basilic et le thym. Mélangez la pulpe d'aubergine cuite à la sauce ainsi obtenue. Salez et poivrez. Laissez au frais au moins 1 h avant de déguster.

Les conseils de Cyril

Le caviar d'aubergine se déguste glacé sur des toasts de pain de campagne encore chauds. Prenez le soin d'éliminer les germes des gousses d'ail : ils ne se digèrent pas.

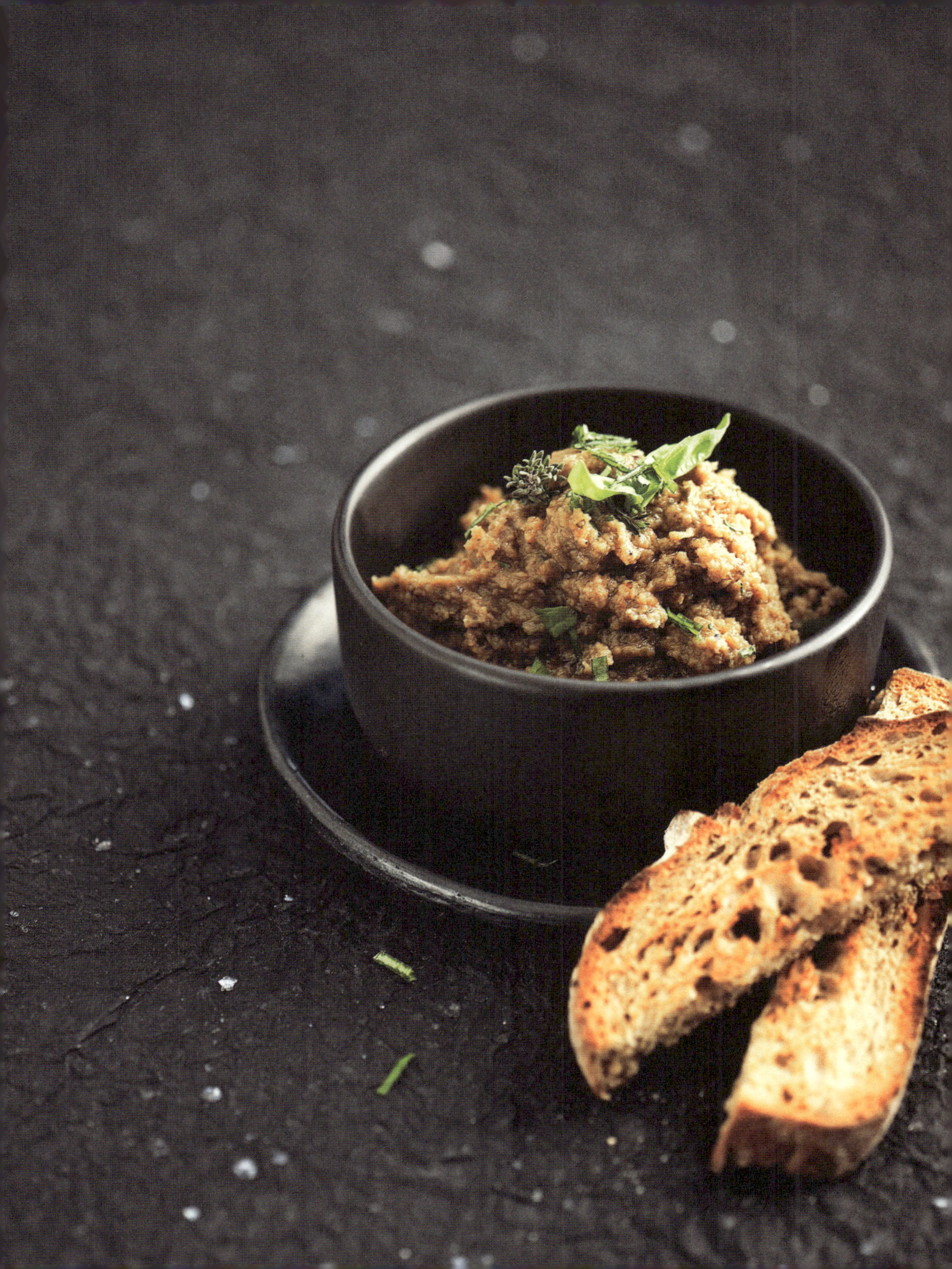

Melon en gelée de porto

Pour **2 personnes** | Préparation **10 minutes**
Difficulté ★ | Coût ★

2 feuilles de gélatine | 20 cl de porto | 1 melon

Matériel
Plat carré ou rectangulaire antiadhésif | Cuillère à pomme parisienne

1. Trempez les feuilles de gélatine dans un peu d'eau froide afin qu'elles ramollissent. Faites légèrement chauffer le porto dans une casserole, puis faites-y dissoudre la gélatine. Versez le tout dans le plat carré ou rectangulaire. Laissez au réfrigérateur pendant 1 h.

2. Coupez le melon en deux. Retirez les graines puis, à l'aide d'une cuillère à pomme parisienne, réalisez des billes de melon. Remettez les billes dans les demi-melons et gardez au frais.

3. Démoulez la gelée de porto et coupez-la en petits cubes. Répartissez-les dans les demi-melons et servez aussitôt.

Le conseil de Cyril
Pour relever ces amuse-bouches, saupoudrez-les d'un peu de piment d'Espelette.

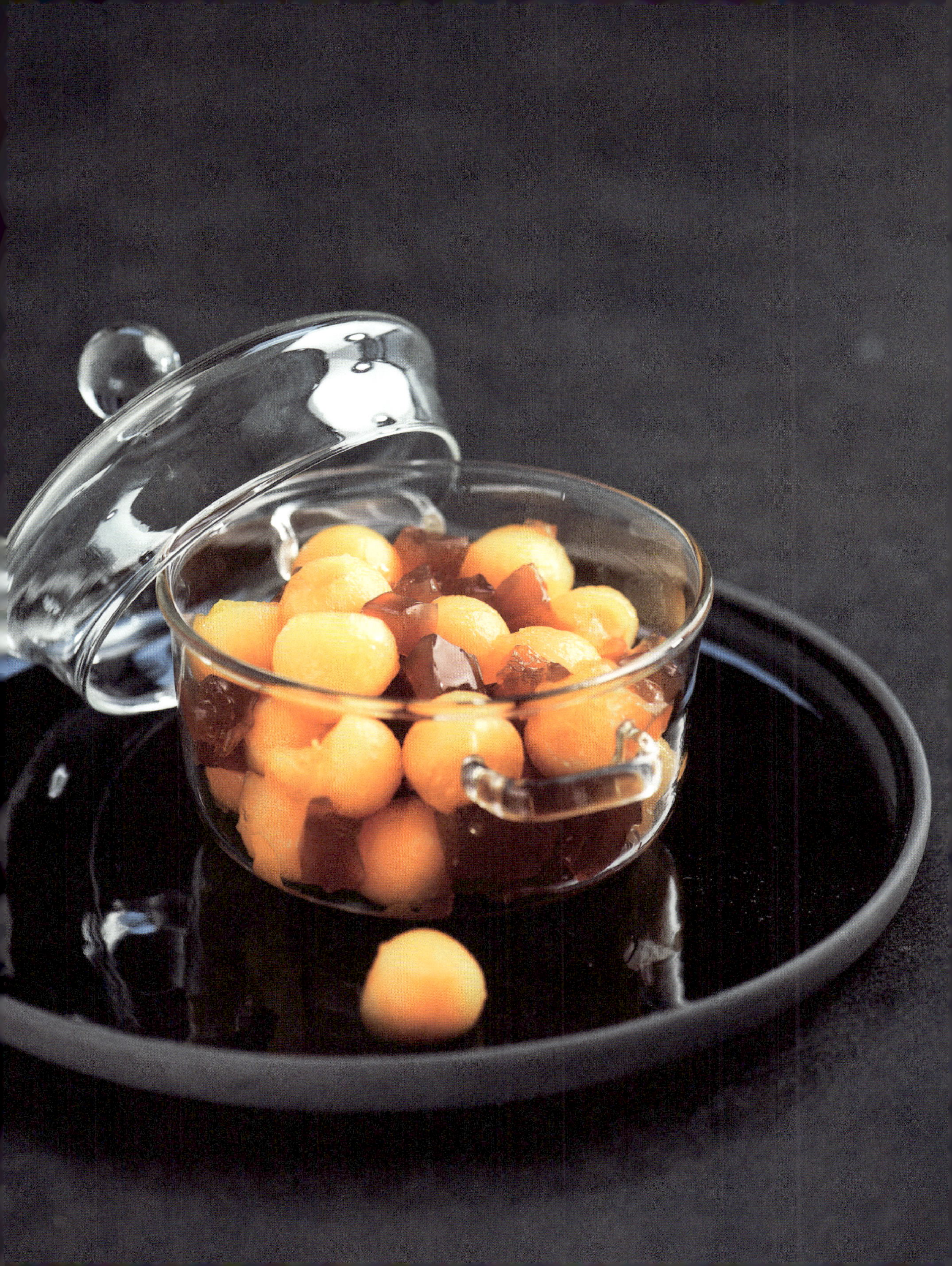

Jus de carotte et de melon au citron

Pour **4 personnes** | Préparation **10 minutes**
Difficulté ★ | Coût ★

2 carottes (250 g) | ½ citron | ½ melon de Cavaillon (400 g) |
4 pincées de sel de céleri

Matériel
Centrifugeuse | Presse-agrumes | Blender

1. Épluchez les carottes, coupez-les en morceaux et passez-les à la centrifugeuse. Pressez le demi-citron afin d'en recueillir le jus. Versez-le dans le jus de carotte.

2. Retirez les graines du demi-melon. Évidez-le et mettez la chair dans le bol d'un blender. Versez-y le jus de carotte et mixez pendant 3 ou 4 min, jusqu'à obtention d'un jus lisse et complètement homogène. Si le jus est trop épais, n'hésitez pas à y ajouter un peu d'eau ou des glaçons. Répartissez le jus dans quatre verres et saupoudrez d'un peu de sel de céleri.

Variantes
Remplacez les carottes par de la pastèque et le sel de céleri par du piment d'Espelette. Vous pouvez aussi légèrement alcooliser le jus avec un vin doux, type muscat de beaumes-de-venise. Pour transformer le jus en dessert, supprimez le sel de céleri, versez le jus dans un bol et ajoutez une boule de glace à la vanille.

Le conseil de Cyril
Le melon de Cavaillon est très sucré. Vous pouvez bien sûr choisir du melon jaune ou du melon vert.

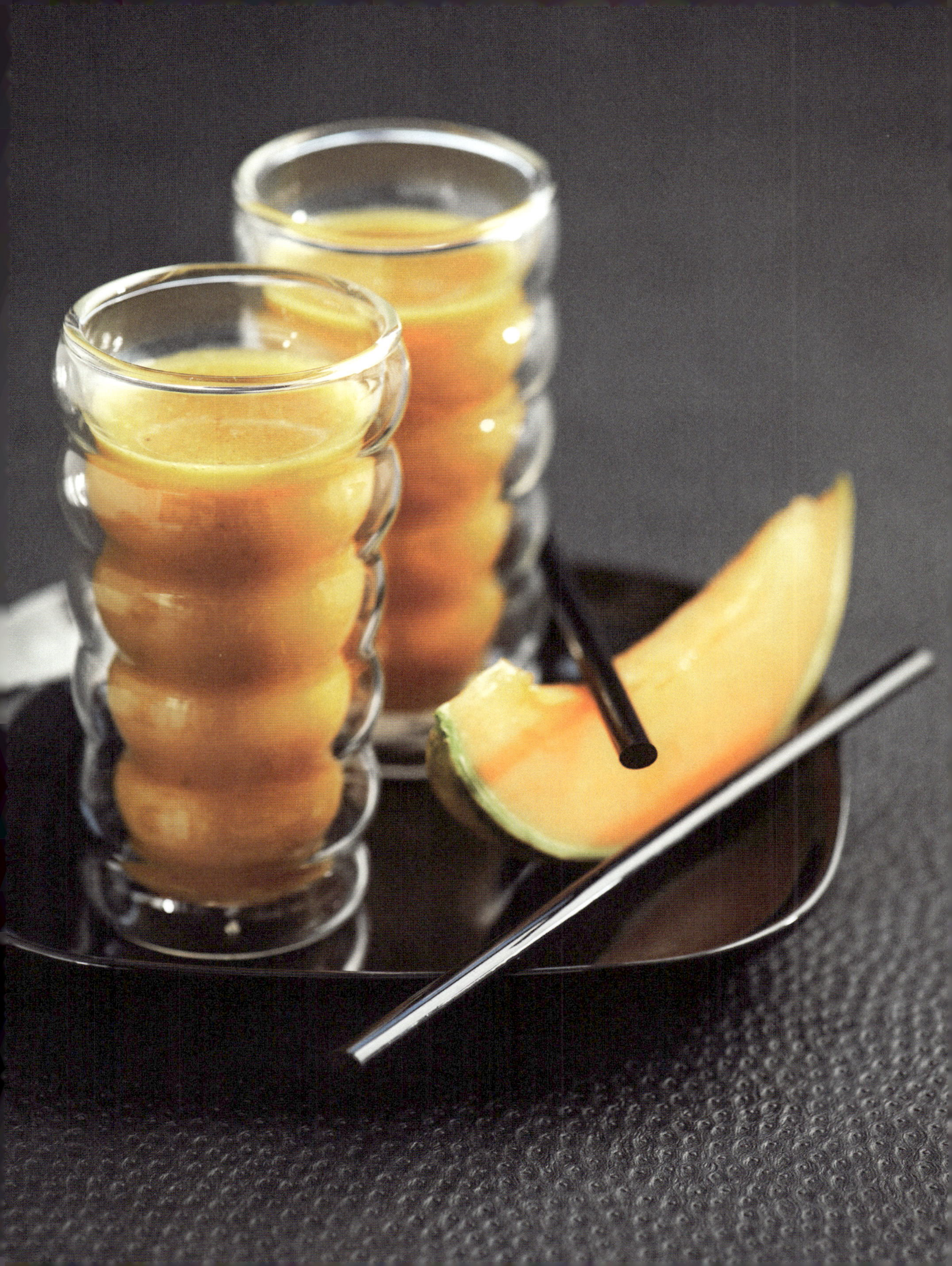

Fenouils râpés au citron et à l'huile d'olive

Pour **4 personnes** | Préparation **15 minutes** | Repos **30 minutes**
Difficulté ★ | Coût ★

1 bel oignon rouge | Le jus de 2 citrons | 2 cuil. à soupe de miel liquide |
1 botte de ciboulette | 2 beaux bulbes de fenouil | 1 belle pomme Pink Lady |
12 cuil. à soupe d'huile d'olive | Sel, poivre

1 Épluchez l'oignon rouge et hachez-le finement. Dans un saladier, fouettez un instant le jus de citron, l'huile d'olive et le miel, puis ajoutez l'oignon et la ciboulette préalablement ciselée. Mettez de côté cette vinaigrette.

2 Lavez les fenouils et, si besoin, débarrassez-les de leur première enveloppe. Pelez et épépinez la pomme. Râpez assez finement les fenouils et la pomme.

3 Dans un saladier, assemblez les légumes et la pomme, puis la vinaigrette. Salez, poivrez et mélangez. Goûtez, ajoutez un peu plus de sel, de poivre ou de miel, selon votre goût. Si possible, laissez la salade reposer pendant 30 min avant de la déguster.

Les conseils de Cyril

Adoucissez encore un peu cette recette (sans perdre de vitamine C) en remplaçant 1 citron par 1 orange. Vous pouvez aussi l'agrémenter avec ¼ d'ananas frais finement haché.

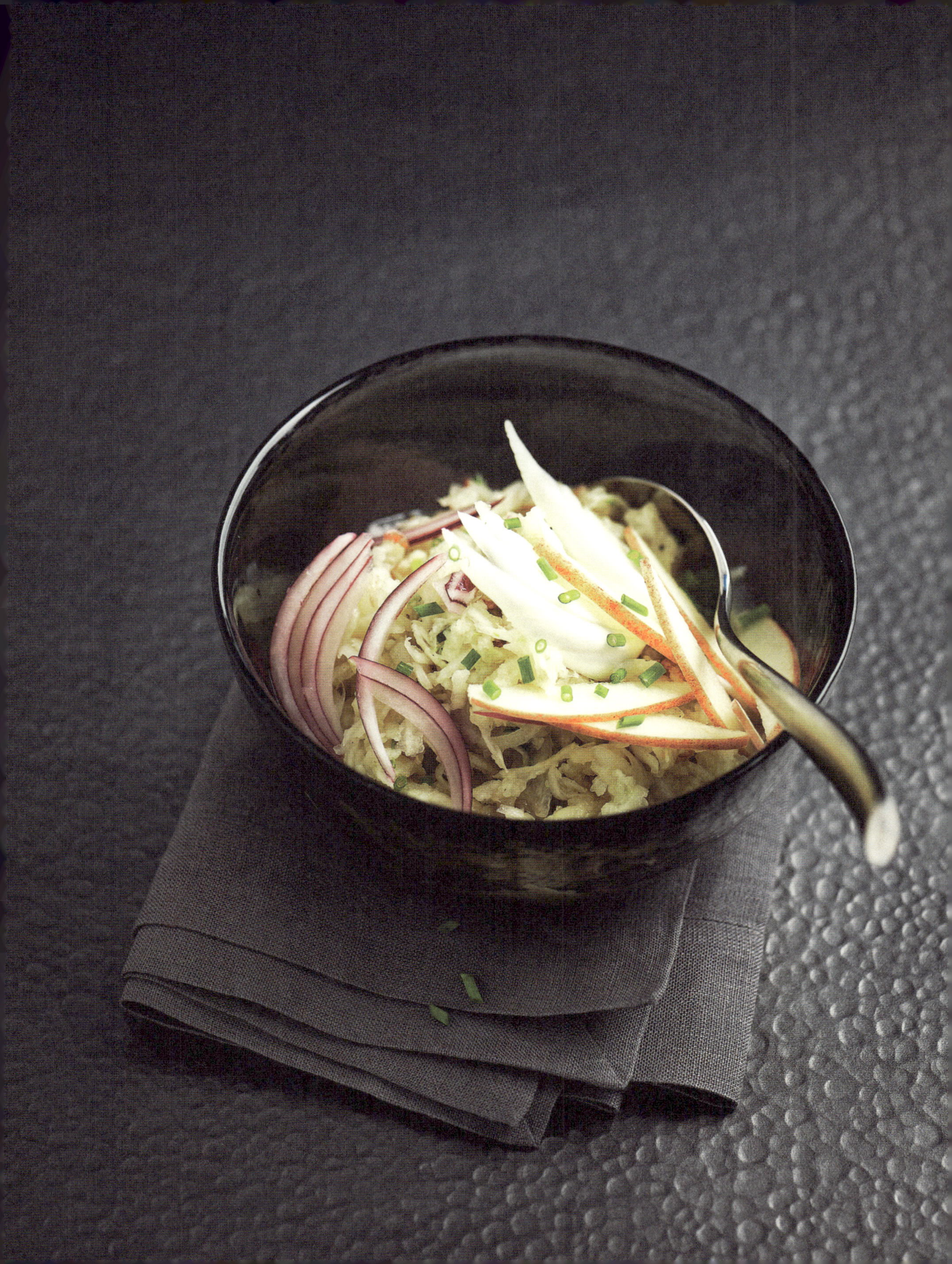

Carottes au cumin, à l'ail et aux œufs de caille

Pour **4 personnes** | Préparation **10 minutes** | Cuisson **10 minutes** | Repos **1 heure**
Difficulté ★ | Coût ★

4 carottes | 1 gousse d'ail | 1 cuil. à soupe de vinaigre blanc | 1 cuil. à soupe de cumin en poudre | 4 œufs de caille durs | 3 cuil. à soupe d'huile d'olive | Sel, poivre

1. Épluchez les carottes et coupez-les en rondelles. Épluchez et hachez la gousse d'ail.

2. Dans une casserole, faites cuire les rondelles de carotte dans un grand volume d'eau salée pendant 10 min. Elles doivent être fondantes et la pointe d'un couteau doit pouvoir s'y enfoncer sans résistance. Égouttez-les.

3. Dans un bol, mélangez du sel et du poivre avec le vinaigre blanc, l'huile d'olive, le cumin et l'ail. Versez sur les carottes et mélangez bien. Répartissez les carottes dans de petites assiettes et déposez au centre de chacune 1 œuf de caille. Servez immédiatement.

Le conseil de Cyril
Si vous le souhaitez, parsemez les carottes de graines de cumin.

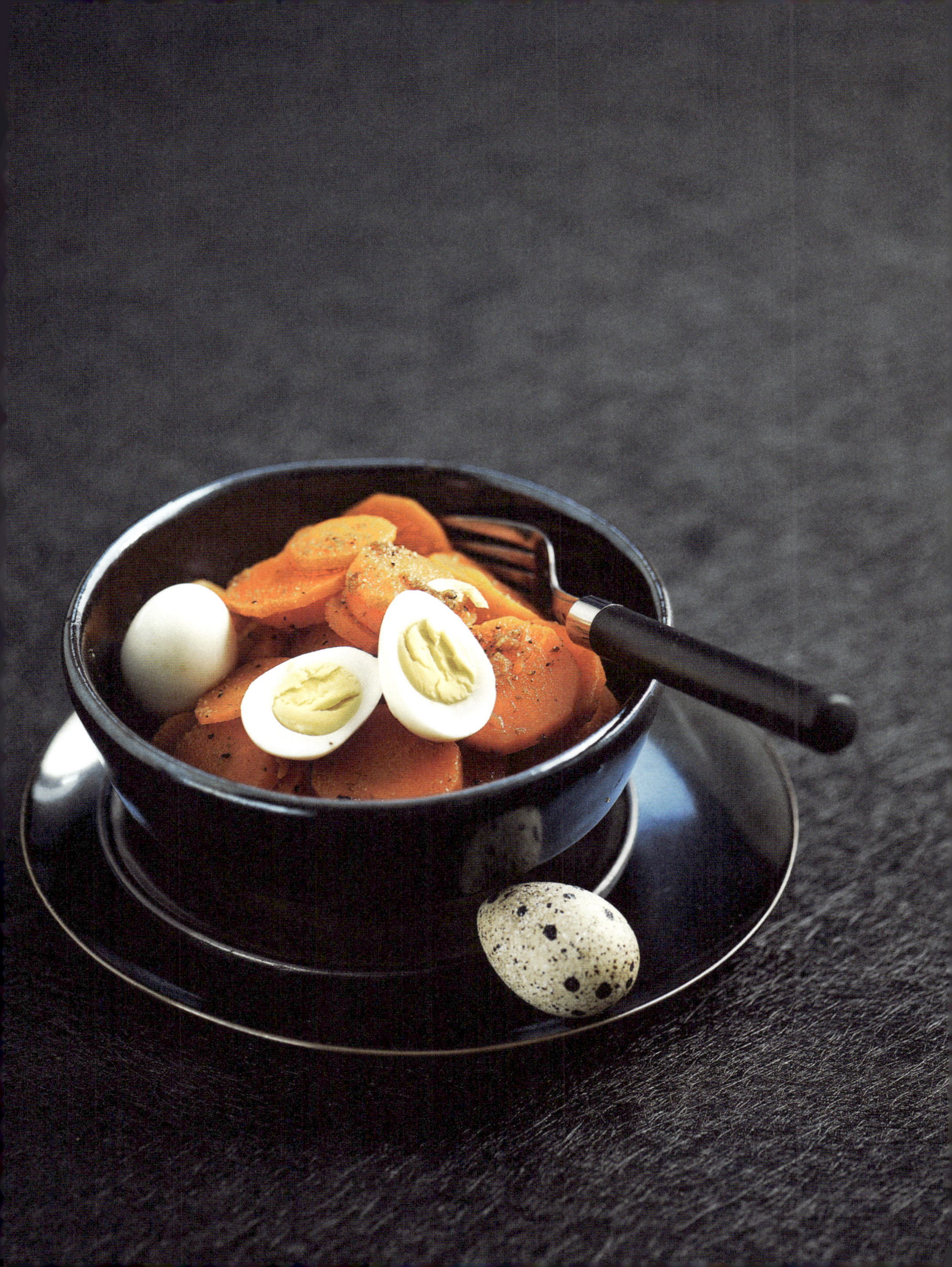

Soupe de concombre et d'avocat à la coriandre

Pour **4 personnes** | Préparation **10 minutes** | Repos **1 heure**
Difficulté ★ | Coût ★

1 concombre | 1 avocat | 1 cube de bouillon de volaille | 1 botte de coriandre | Sel, poivre

Matériel
Robot-mixeur

1. Épluchez le concombre et l'avocat. Délayez le cube de bouillon dans 25 cl d'eau chaude.

2. Assemblez tous les ingrédients dans le bol d'un robot et faites tourner à pleine puissance pendant 3 ou 4 min.

3. Rectifiez l'assaisonnement en sel et poivre si besoin. Versez la soupe dans de jolis verres et laissez reposer au frais pendant 1 h.

Le conseil de Cyril
Pour un petit côté croquant, ajoutez à la soupe quelques petits dés de concombre.

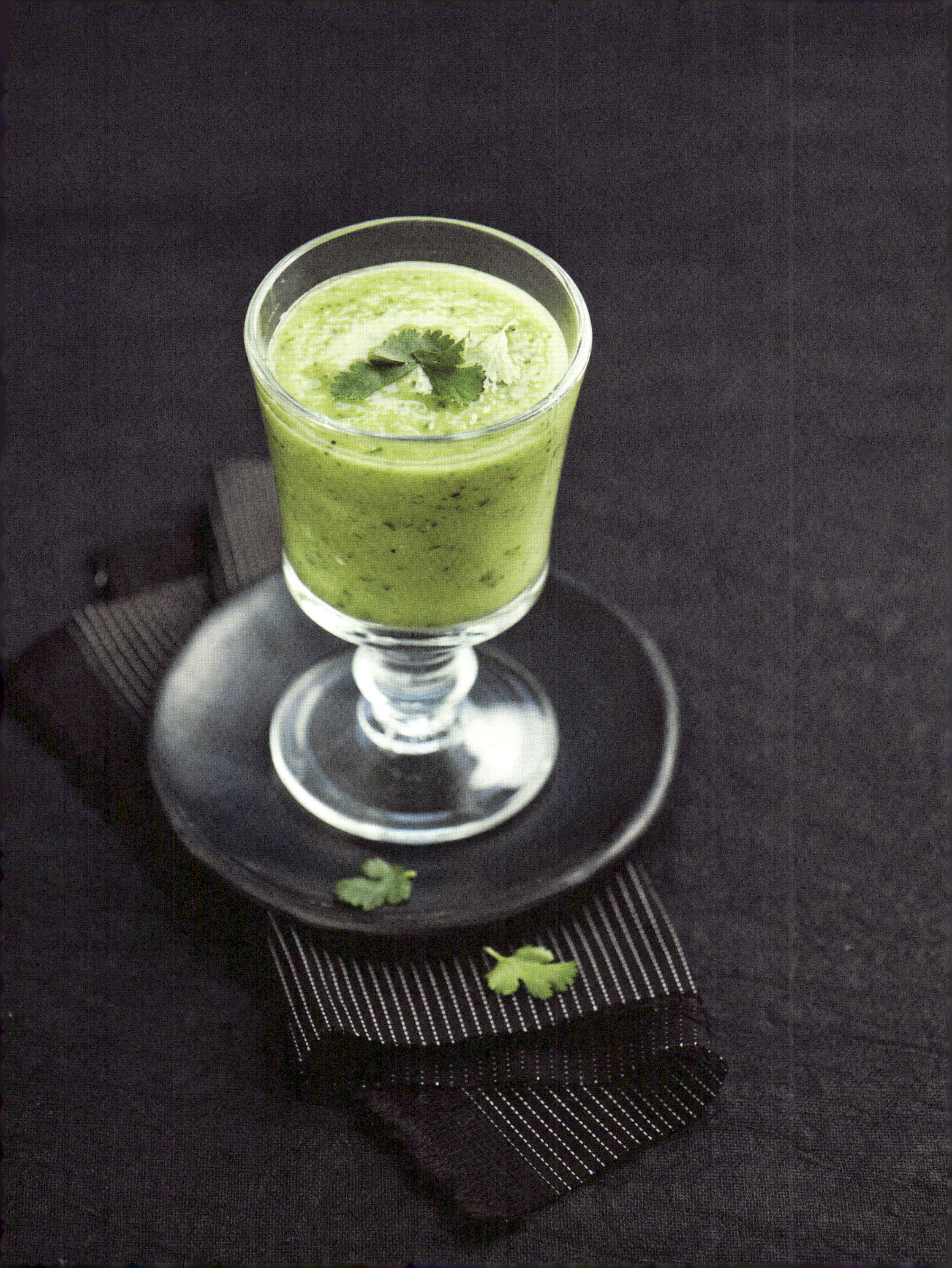

Gaspacho aux œufs durs

Pour **4 personnes** | Préparation **10 minutes** | Repos **1 heure**
Difficulté ★ | Coût ★

600 g de tomates | **1 tranche de pain de campagne rassis** | **2 cuil. à soupe de vinaigre de xérès** | **3 œufs durs** | **2 tranches de jambon Serrano** | **10 cl d'huile d'olive** | **Sel, poivre**

Matériel
Robot-mixeur

1. Portez à ébullition une casserole d'eau, puis ébouillantez les tomates pendant 30 sec. Pelez-les.

2. Dans un robot, assemblez les tomates, le pain, l'huile d'olive, le vinaigre, les œufs durs, du sel et du poivre. Faites tourner pendant 2 ou 3 min.

3. Taillez le jambon en fins lardons. Répartissez le gaspacho dans de jolis verres transparents. Parsemez de jambon et laissez reposer au frais pendant 1 h avant de servir.

Le conseil de Cyril
J'aime servir les gaspachos accompagnés de pain grillé à la tomate.

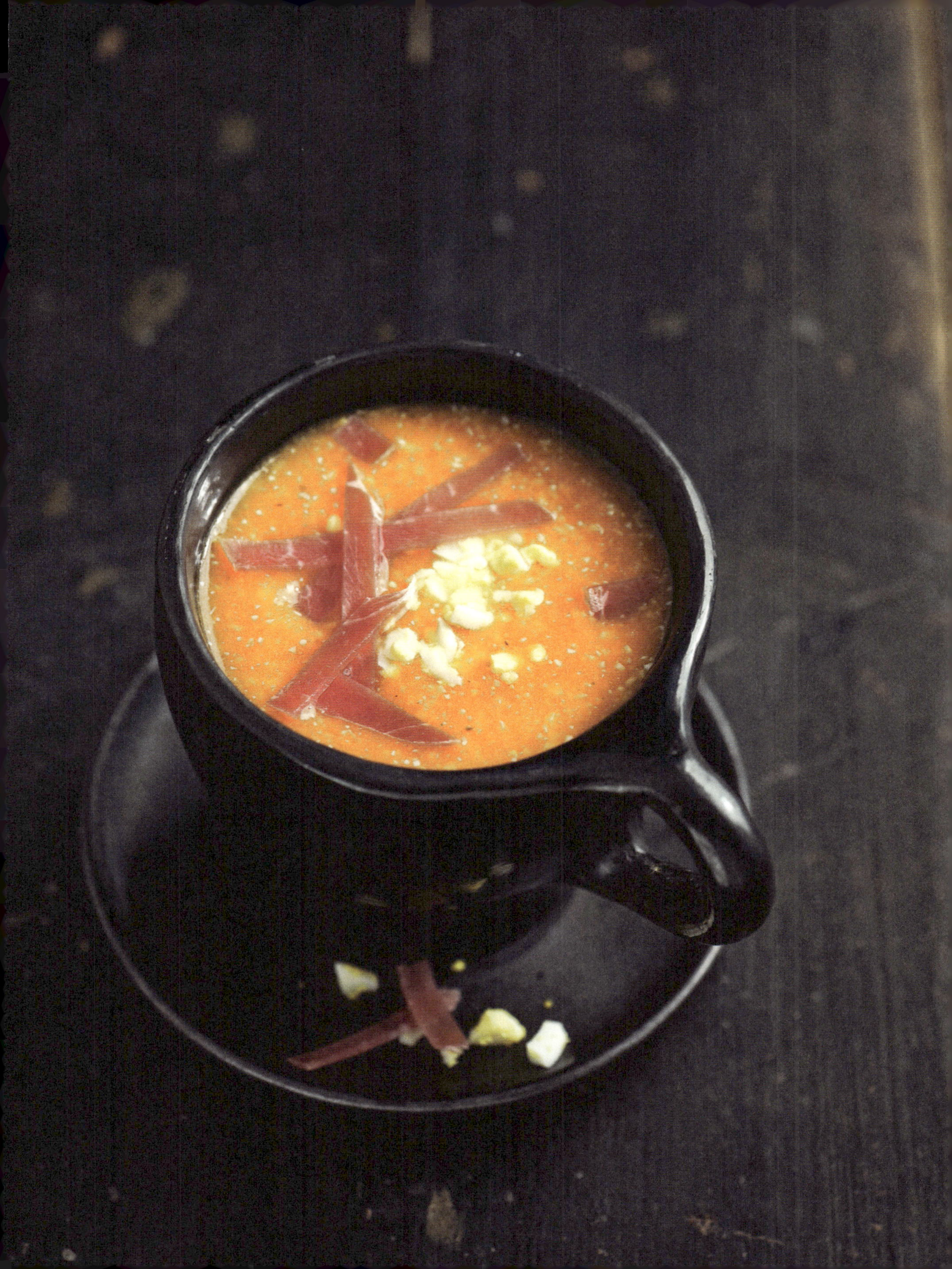

Jus de tomate au basilic

Pour **4 personnes** | Préparation **10 minutes**
Difficulté ★ | Coût ★

8 belles tomates (1,6 kg) | **½ citron** | **4 cuil. à café d'huile d'olive** |
10 brins de basilic | **Sel**

Matériel
Presse-agrumes | Blender

1. Portez un grand volume d'eau à ébullition dans une casserole. Plongez-y les tomates 1 min après les avoir incisées à la base. Retirez-les de l'eau avec une écumoire, puis pelez-les.

2. Pressez le demi-citron afin d'en recueillir le jus. Versez-le dans un blender avec 1 pincée de sel et l'huile d'olive. Concassez les tomates et ajoutez-les au reste des ingrédients. Mixez pendant 3 ou 4 min. Si le jus est trop épais, ajoutez quelques glaçons ou de l'eau bien fraîche.

3. Effeuillez le basilic et hachez-le. Versez le jus de tomate dans des verres et décorez avec le basilic.

Variante
Il ne manque plus que des petits morceaux de mozzarella di buffala pour obtenir un jus de tomate-mozzarella-basilic déstructuré.

Les conseils de Cyril
Ajoutez une pointe de poivre et quelques gouttes de Worcestershire sauce. Par ailleurs, vous pouvez remplacer le basilic par des feuilles de céleri-branche hachées.

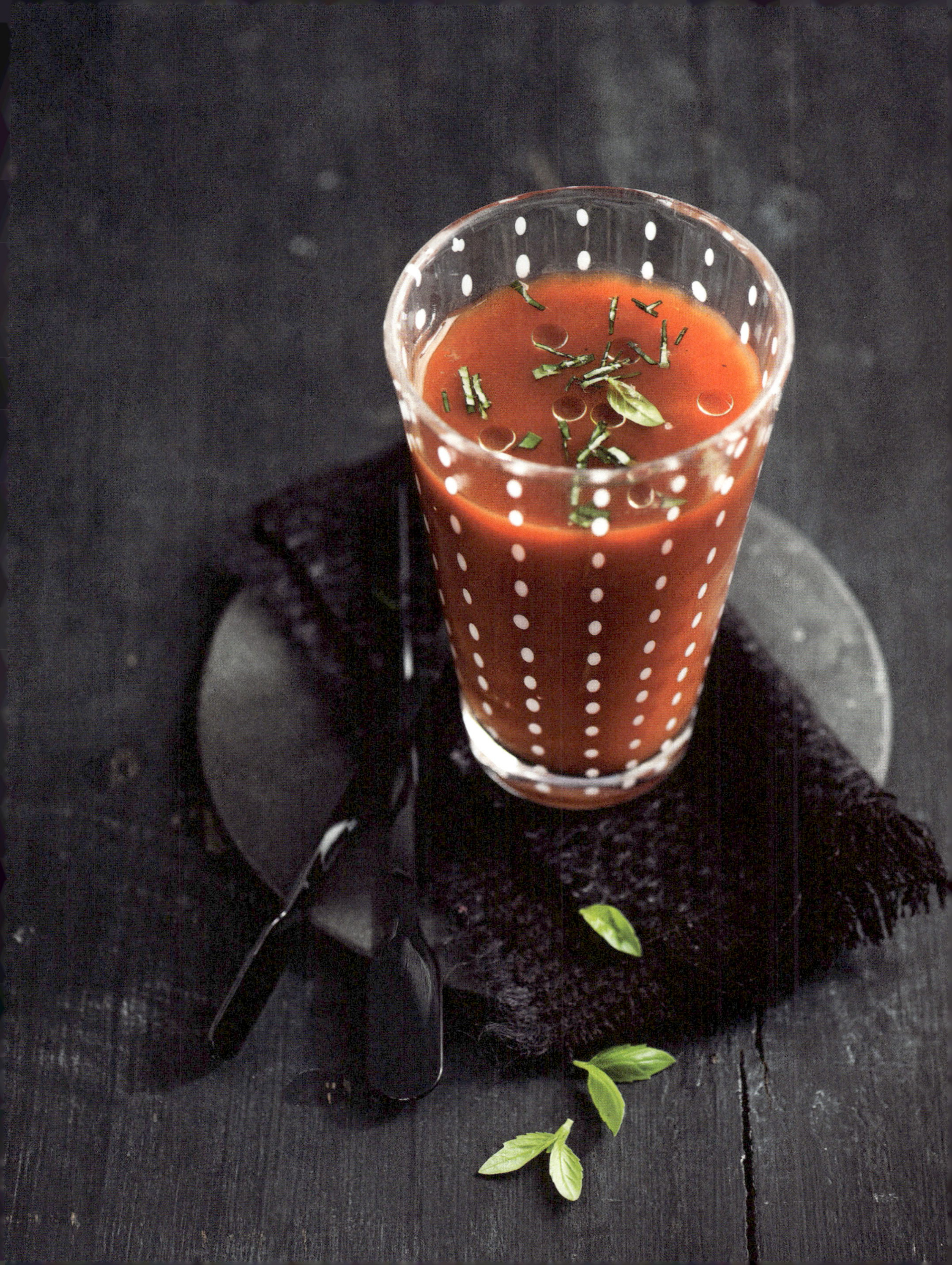

Tartares & Co.

Tartare de saumon à l'aneth

Pour **4 personnes** | Préparation **20 minutes** | Congélation **30 minutes**
Difficulté ★ | Coût ★★

400 g de saumon sans peau ni arêtes | **1 citron** | **1 cuil. à café rase de sucre en poudre** | **4 cuil. à soupe d'aneth haché** | **1 cuil. à café de moutarde forte** | **6 cuil. à soupe d'huile d'olive** | **Sel, poivre**

Matériel
Presse-agrumes

1 Détaillez les pavés de saumon en petits morceaux, dés ou lanières. Pressez le citron.

2 Dans un saladier, mélangez les morceaux de saumon, le jus de citron, l'huile d'olive, le sucre en poudre, l'aneth et la moutarde. Salez et poivrez généreusement, puis mélangez.

3 Placez le tartare dans un saladier et laissez-le dans le congélateur pendant 30 min pour le servir très frais. Sinon, servez sans attendre avec une salade verte et des pommes de terre en robe-des-champs.

Les conseils de Cyril
Ne préparez cette recette qu'avec du saumon frais de très bonne qualité, sinon renoncez. Pensez aussi aux filets de truite, bon marché, que l'on trouve assez facilement.

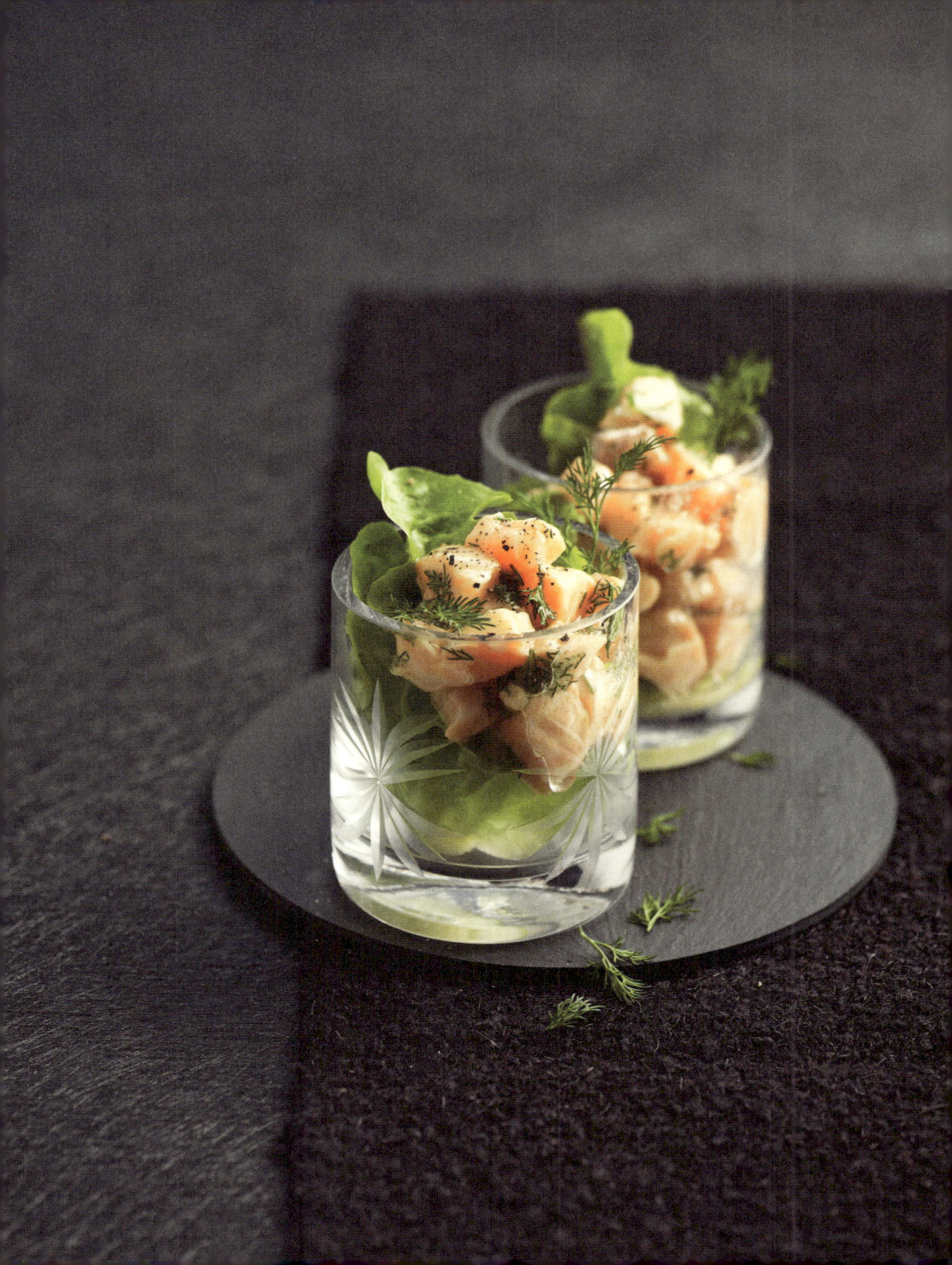

Tartare de thon au lait de coco

Pour **4 personnes** | Préparation **20 minutes** | Repos **10 minutes**
Difficulté ★ | Coût ★★

8 citrons verts | 240 g de pavé de thon en tranches épaisses | 2 carottes | 20 cl de lait de coco | 4 brins de coriandre | Sel, poivre

Matériel
Presse-agrumes

1 Pressez les citrons verts et versez le jus dans un grand plat. Posez les tranches de thon dans le jus de citron. Laissez reposer 10 min. Pendant ce temps, épluchez les carottes et râpez-les.

2 Sortez le thon du jus de citron. Épongez les pavés avec du papier absorbant puis coupez-les en cubes.

3 Dans des bols, répartissez dans le fond les carottes râpées. Disposez ensuite le thon, versez par-dessus le lait de coco et terminez en déposant les feuilles d'un brin de coriandre par bol. Salez et poivrez. Servez aussitôt.

Le conseil de Cyril
De l'espadon conviendrait aussi très bien à cette recette où le citron, grâce à son acidité, permet de cuire la chair du poisson.

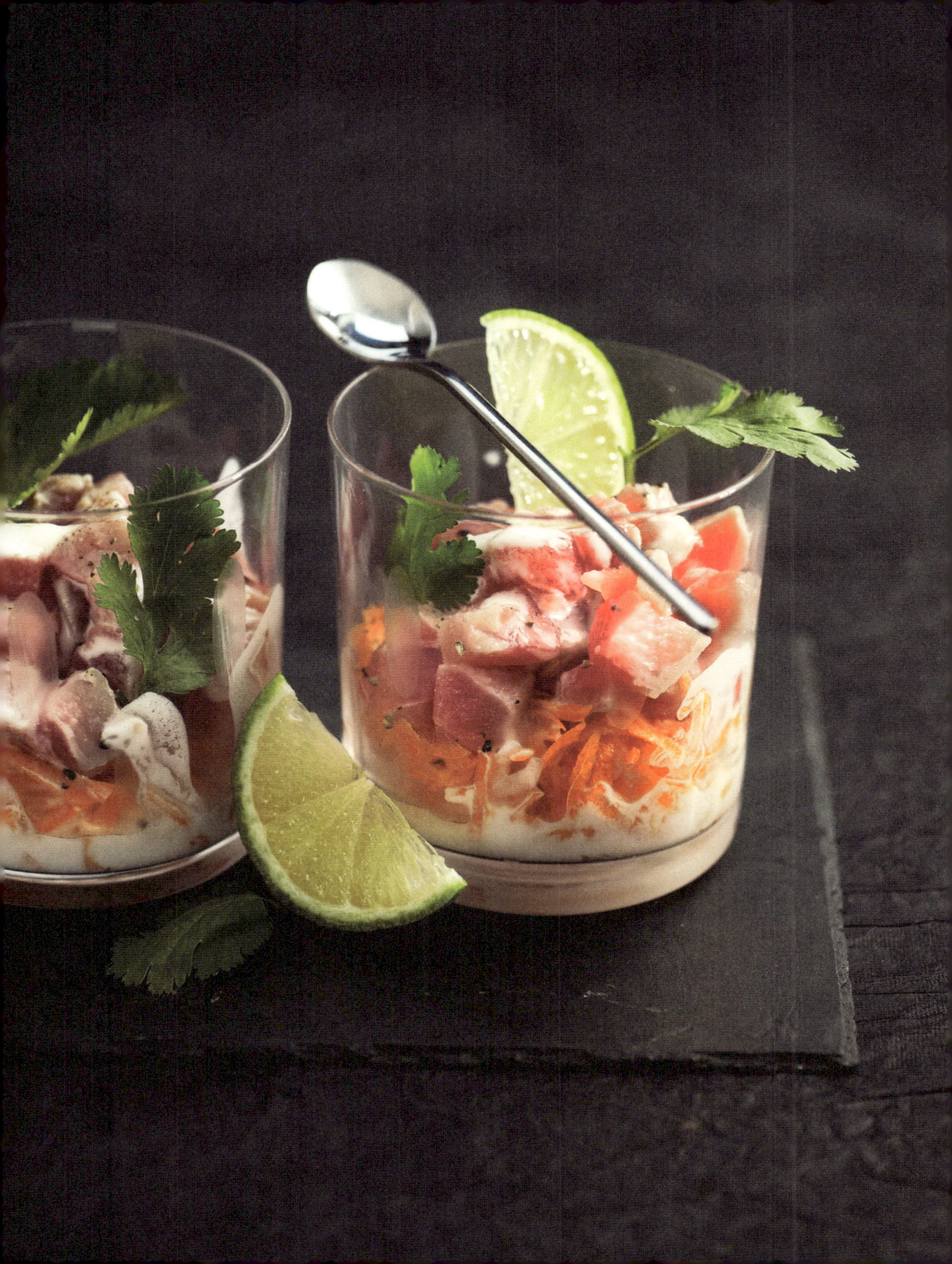

Hachis de pétoncle au citron vert

Pour **4 personnes** | Préparation **25 minutes**
Difficulté ★ | Coût ★

400 g de pétoncles | Le jus de 1 citron vert | ½ cuil. à café de zeste de citron vert haché | 2 cuil. à soupe de flocons de pomme de terre | 1 botte de ciboulette ciselée | 3 cuil. à soupe d'huile d'olive | Sel, poivre

1. Entre vos mains, pressez fortement les pétoncles pour en chasser le maximum d'eau. Hachez-les assez grossièrement à l'aide d'un gros couteau.

2. Placez les pétoncles hachés dans un saladier. Ajoutez le jus de citron vert, le zeste haché, les flocons de pomme de terre, la ciboulette, l'huile d'olive, du sel et du poivre.

3. Remplissez des verres avec le mélange ainsi préparé en pressant légèrement. Servez aussitôt.

Les conseils de Cyril

Cette entrée, qui se déguste à la cuillère, doit être servie très fraîche. Si vous avez des petits moules souples, vous pouvez les remplir de hachis, les laisser prendre au frais quelques heures, puis les démouler et les servir avec un coulis de tomate.

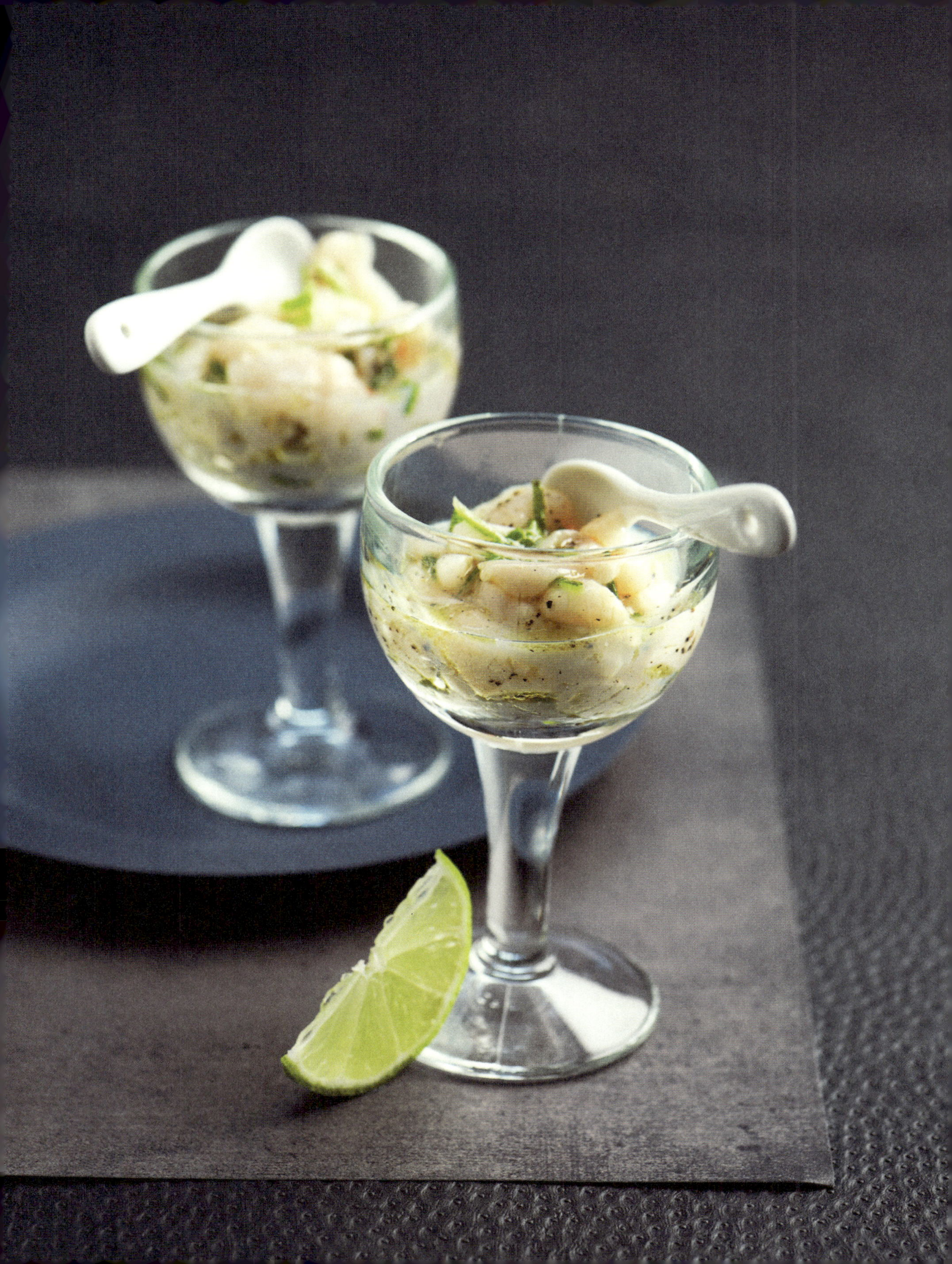

Tartare de thon en crumble à la tapenade

Pour **4 personnes** | Préparation **30 minutes** | Cuisson **10 minutes**
Difficulté ★★ | Coût ★★★

25 g de beurre | 25 g de feta | 25 g de tapenade | 50 g de chapelure |
500 g de filet de thon albacore sans la peau et sans arêtes | 1 orange |
1 poivron rouge | 2 oignons nouveaux | 4 cuil. à soupe d'huile d'olive | Sel

Matériel
Papier sulfurisé (facultatif) | Presse-agrumes

1. Préchauffez le four à 180 °C (th. 6). Coupez le beurre en petits morceaux. Placez-les dans un bol avec la feta, la tapenade et la chapelure. Malaxez le tout avec les doigts. Le résultat doit être assez granuleux.

2. Étalez grossièrement la pâte à crumble sur une plaque à pâtisserie antiadhésive ou sur une plaque couverte de papier sulfurisé. Enfournez pour 10 min de cuisson.

3. Coupez la chair du thon en cubes de 1 cm de côté environ. Prélevez le zeste de l'orange, coupez-la en deux et pressez-en la moitié. Mélangez le jus obtenu avec l'huile d'olive. Coupez le poivron en deux, retirez-lui les graines et les membranes blanches et coupez-le en petits dés. Ôtez les extrémités des oignons en laissant 3 cm de vert. Retirez une couche de la peau des oignons si elle est abîmée. Coupez la partie blanche en petits dés et émincez finement le vert.

4. Mélangez les cubes de thon avec le poivron, les oignons, les zestes d'orange et la sauce à l'orange. Salez. Versez ce mélange dans des verres ou des bols et placez-les au frais.

5. Sortez le crumble à la tapenade du four et laissez-le refroidir. Émiettez-le grossièrement. Au moment de servir, répartissez les miettes de crumble sur le tartare de thon.

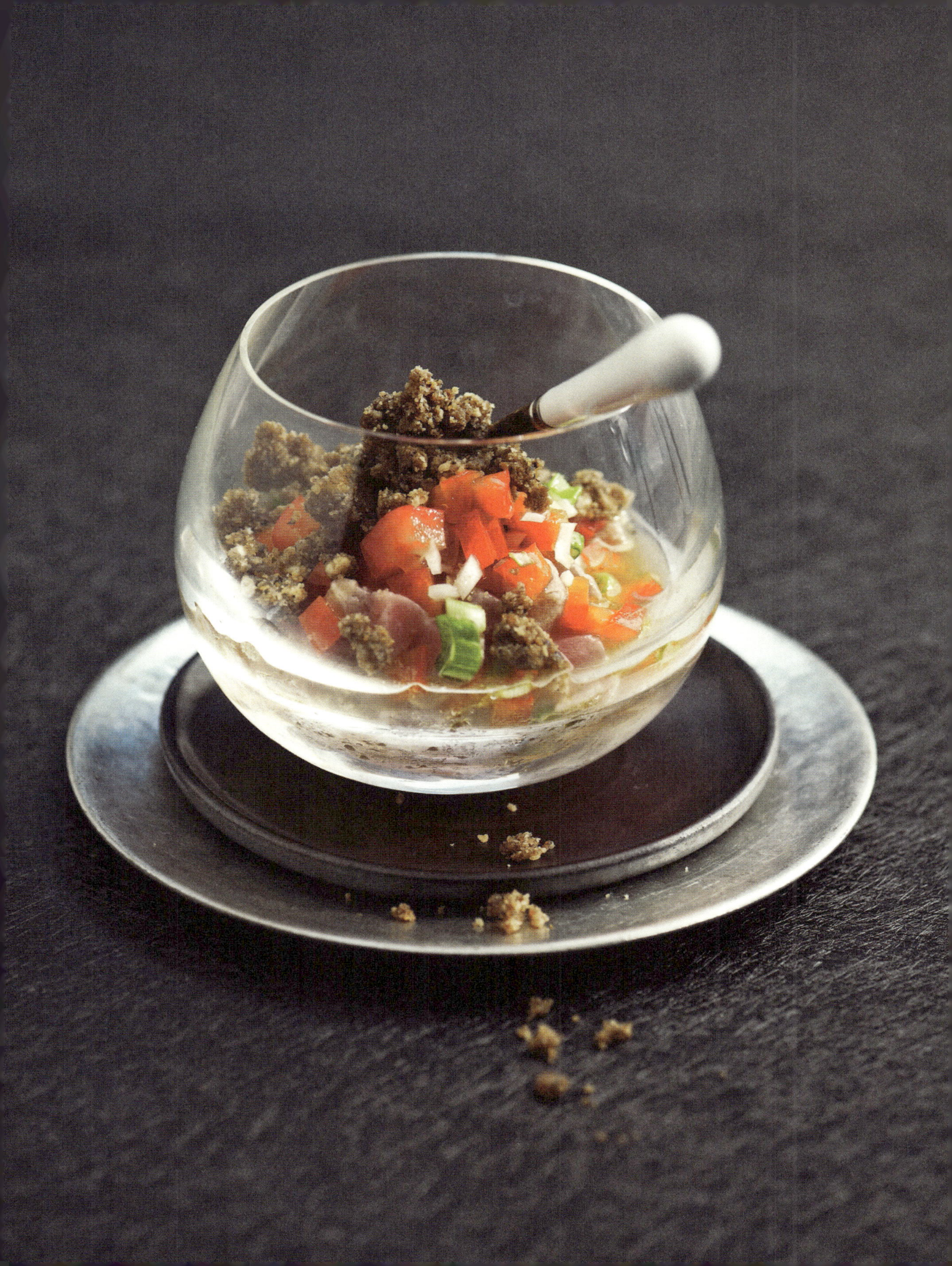

Tartare de loup et crème au citron vert

Pour **4 personnes** | Préparation **15 minutes**
Difficulté ★★ | Coût ★★

1 citron vert non traité | 100 g de crème fraîche épaisse | 200 g de filet de loup sans la peau et sans arêtes | 4 tranches d'un bon pain de campagne | 4 cuil. à soupe d'huile d'olive | Sel, poivre

Matériel
Râpe fine | **Presse-agrumes**

1 À l'aide d'une râpe fine, récupérez en frottant le zeste du citron. Mélangez-le ensuite à la crème fraîche. Pressez le citron. Hachez le filet de loup.

2 Salez et poivrez les morceaux de loup. Ajoutez l'huile d'olive et la moitié du jus de citron.

3 Faites griller les tranches de pain. Tartinez chaque tranche de crème fraîche. Répartissez ensuite le hachis de poisson et arrosez de quelques gouttes de jus de citron. Servez aussitôt.

Les conseils de Cyril
Vous pouvez également servir ce tartare en verrine et le déguster à la petite cuillère. Dans ce cas, parsemez-le de quelques zestes de citron vert pour la décoration.

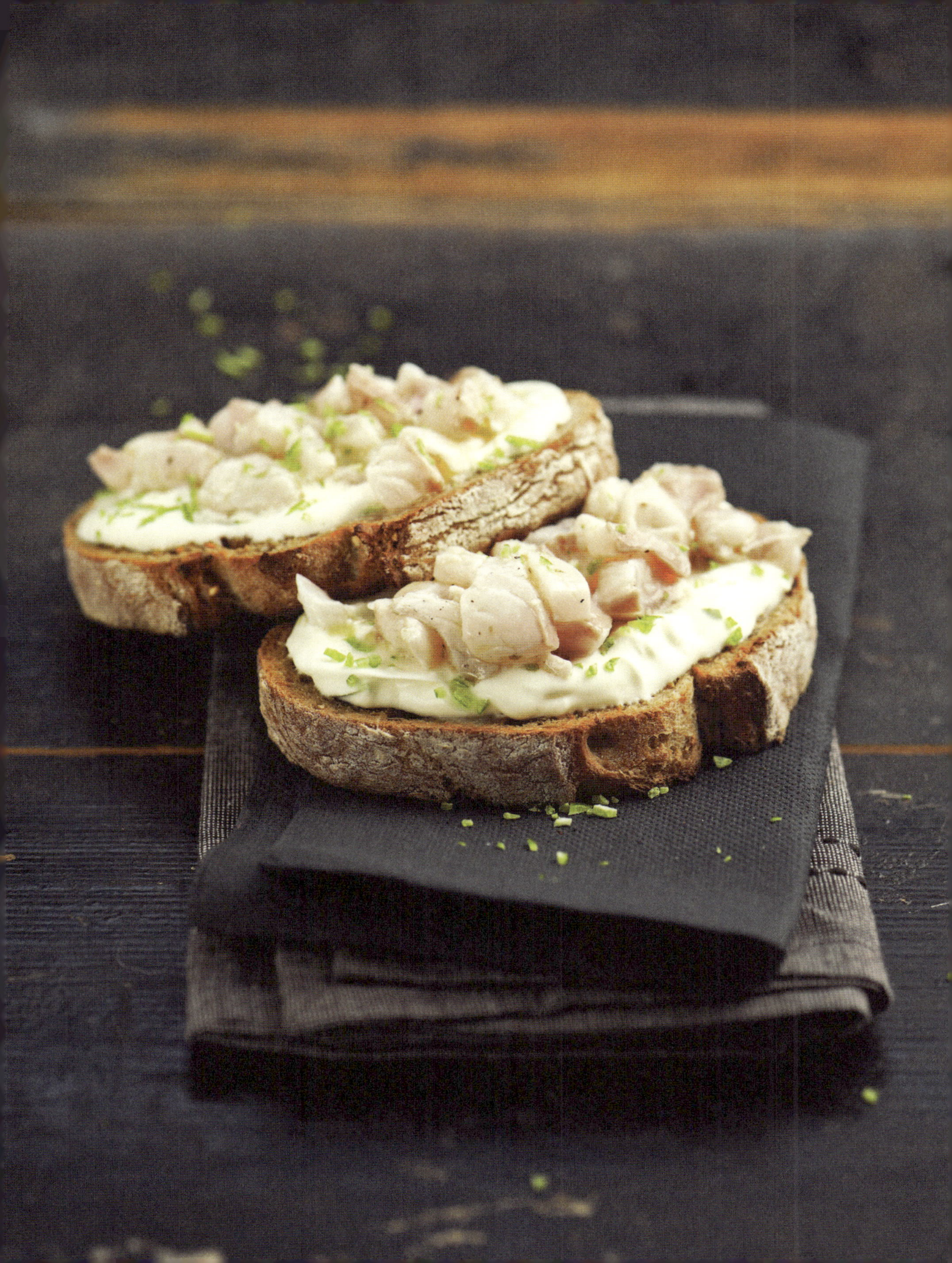

Tartare de thon et gaspacho andalou

Pour **4 personnes** | Préparation **10 minutes**
Difficulté ★ | Coût ★★

200 g de thon | Le jus de ½ citron | 6 cuil. à soupe d'huile d'olive | Sel, poivre

Gaspacho
300 g de tomates | ½ tranche de pain de campagne rassis | 5 cl d'huile d'olive |
1 cuil. à soupe de vinaigre de xérès | ½ dose de safran en poudre |
Le vert de 1 oignon nouveau | 50 g de poivron à l'huile d'olive | Sel, poivre

Matériel
Robot-mixeur

1 Préparez le gaspacho. Portez une casserole d'eau à ébullition, puis ébouillantez les tomates pendant 30 sec. Pelez-les. Dans un mixeur, assemblez les tomates, le pain, l'huile d'olive, le vinaigre, le safran, du sel et du poivre. Faites tourner pendant 2 ou 3 min. Hachez le vert de l'oignon nouveau et coupez le poivron en dés.

2 Coupez le thon en cubes de 0,5 cm de côté. Mélangez-les avec le jus de citron, l'huile d'olive, du sel et du poivre.

3 Dans de petites assiettes creuses, versez une petite louche de gaspacho avec les morceaux d'oignon et de poivron. Remplissez un ramequin de tartare de thon et retournez-le au centre de l'assiette. Répétez l'opération pour les autres assiettes. Servez aussitôt accompagné de pain grillé.

Le conseil de Cyril
Si vous n'aimez pas le thon cru, vous pouvez tout à fait le cuire en le faisant griller en cubes dans une poêle sans matière grasse, l'assaisonnement pouvant rester le même.

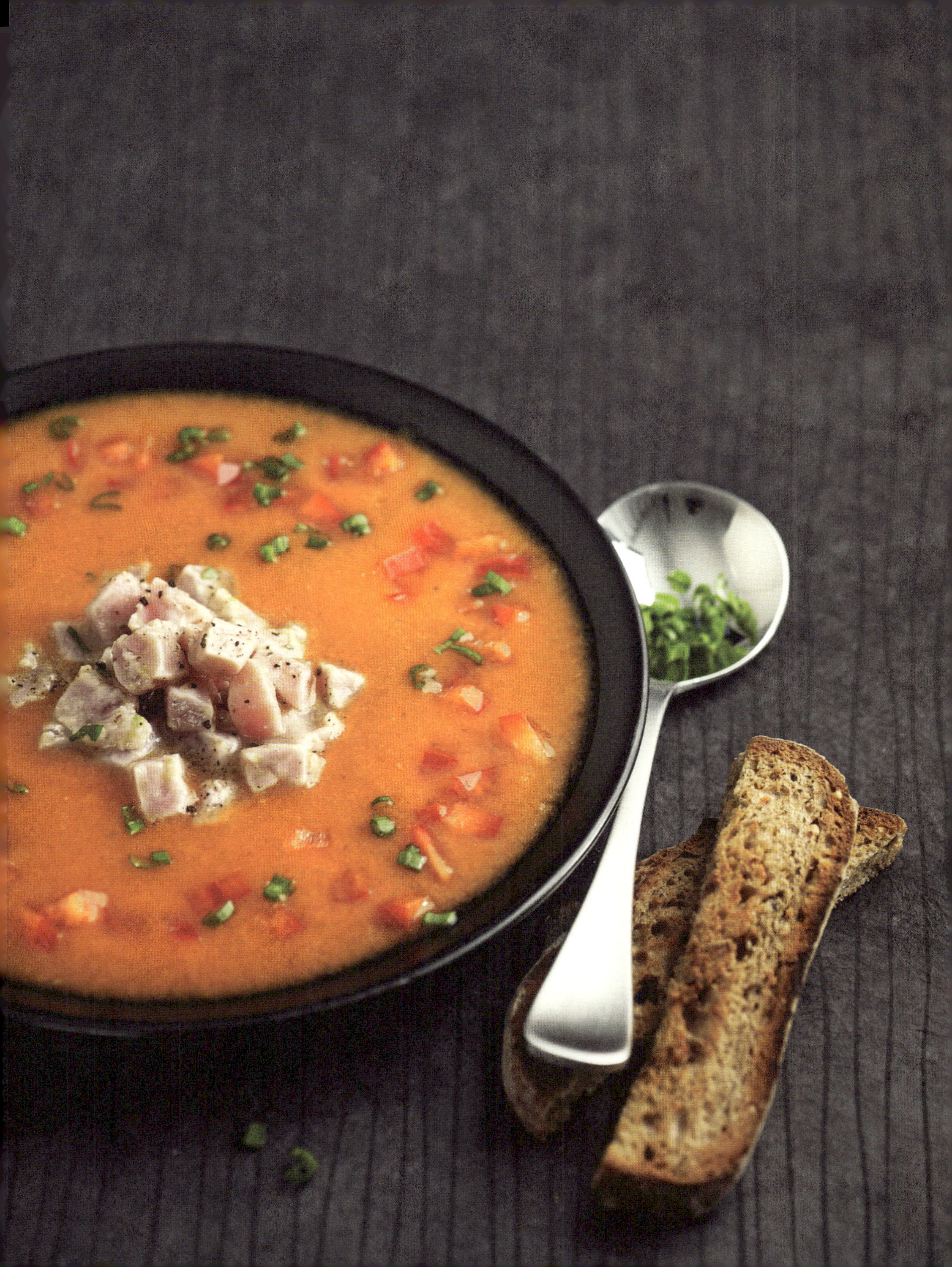

Tartare de thon et d'avocat

Pour **4 personnes** | Congélation **30 minutes** | Préparation **35 minutes**
Difficulté ★ | Coût ★★★

600 g de pavés de thon sans peau ni arêtes | 2 tomates |
2 avocats pas trop mûrs | 2 échalotes | 1 citron vert | 4 cuil. à soupe de basilic |
4 cuil. à soupe d'huile d'olive | 4 pincées de poivre de Cayenne | Sel et gros sel

Matériel
Presse-agrumes

1. Placez le thon pendant 30 min dans le congélateur. Coupez-le ensuite en dés ou hachez-le grossièrement quand il est presque glacé. De cette manière, la chair est plus ferme et ne s'écrase pas pendant cette opération. Placez le poisson dans un saladier et mettez-le de côté dans le réfrigérateur.

2. Épépinez les tomates et coupez-les en dés. Pelez les avocats, éliminez les noyaux et coupez-les en dés. Pelez et hachez les échalotes, puis pressez le citron. Mélangez les échalotes et le jus de citron dans un bol.

3. Sortez le thon du réfrigérateur et ajoutez-y les tomates, les avocats, les échalotes, le jus de citron vert, le basilic, l'huile d'olive et le poivre de Cayenne. Salez et mélangez délicatement avec une cuillère. Présentez le tartare en dômes dans des assiettes ou des bols. Terminez la recette avec quelques grains de gros sel et servez très frais.

Les conseils de Cyril

N'hésitez pas à utiliser aussi de la daurade ou du bar. Ne laissez pas le tartare trop longtemps dans le jus de citron, sinon la chair du poisson risque de commencer à « cuire ».

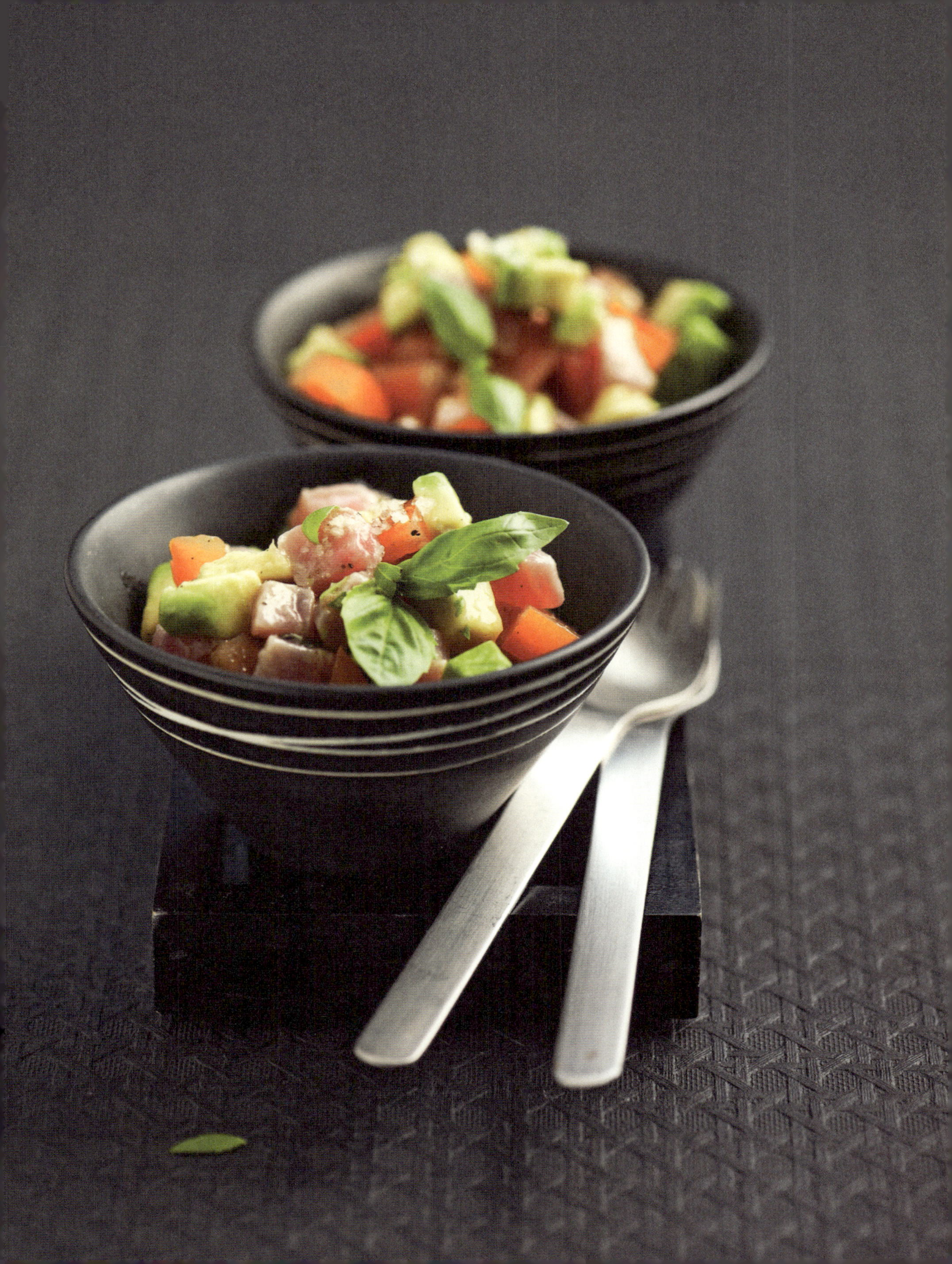

Sardines marinées et grillées

Pour **6 personnes** | Préparation **10 minutes** | Marinade **1 heure** | Cuisson **15 minutes**
Difficulté ★ | Coût ★

5 citrons verts | ½ piment rouge | 1 noix de racine de gingembre |
2 oignons nouveaux | Quelques brins de coriandre | 4 gousses d'ail |
18 sardines | Huile d'olive | Sel, poivre

Matériel
Presse-agrumes

1. Pressez 3 citrons verts. Épépinez le demi-piment rouge. Hachez le gingembre, les oignons, la coriandre et les gousses d'ail épluchées. Mélangez tous ces ingrédients avec le jus des citrons, salez un peu et ajoutez quelques gouttes d'huile d'olive.

2. Faites vider les sardines par le poissonnier. Incisez-les deux à trois fois sur le dos avec un couteau, puis faites-les mariner pendant 1 h avec le jus de citron aromatisé.

3. Égouttez les sardines en conservant la marinade, puis faites-les griller, au barbecue de préférence. Placez les sardines sur votre plat de service.

4. Faites bouillir la marinade un instant dans une petite casserole, puis versez-la sur les sardines. Servez très chaud avec 2 citrons verts coupés en quartiers.

Les conseils de Cyril

Faites attention à la fraîcheur des sardines : elles doivent être présentées sur de la glace, être parfaitement rigides, argentées, brillantes et surtout complètement inodores. Rejetez les poissons décolorés et d'aspect sec. Sachez que les meilleures viennent peut-être de la mer Méditerranée. Vous aurez le choix entre plusieurs calibres. Rappelez-vous surtout que plus les sardines sont grosses, plus elles sont grasses et plus elles doivent être cuites et colorées pour ne pas être trop lourdes.

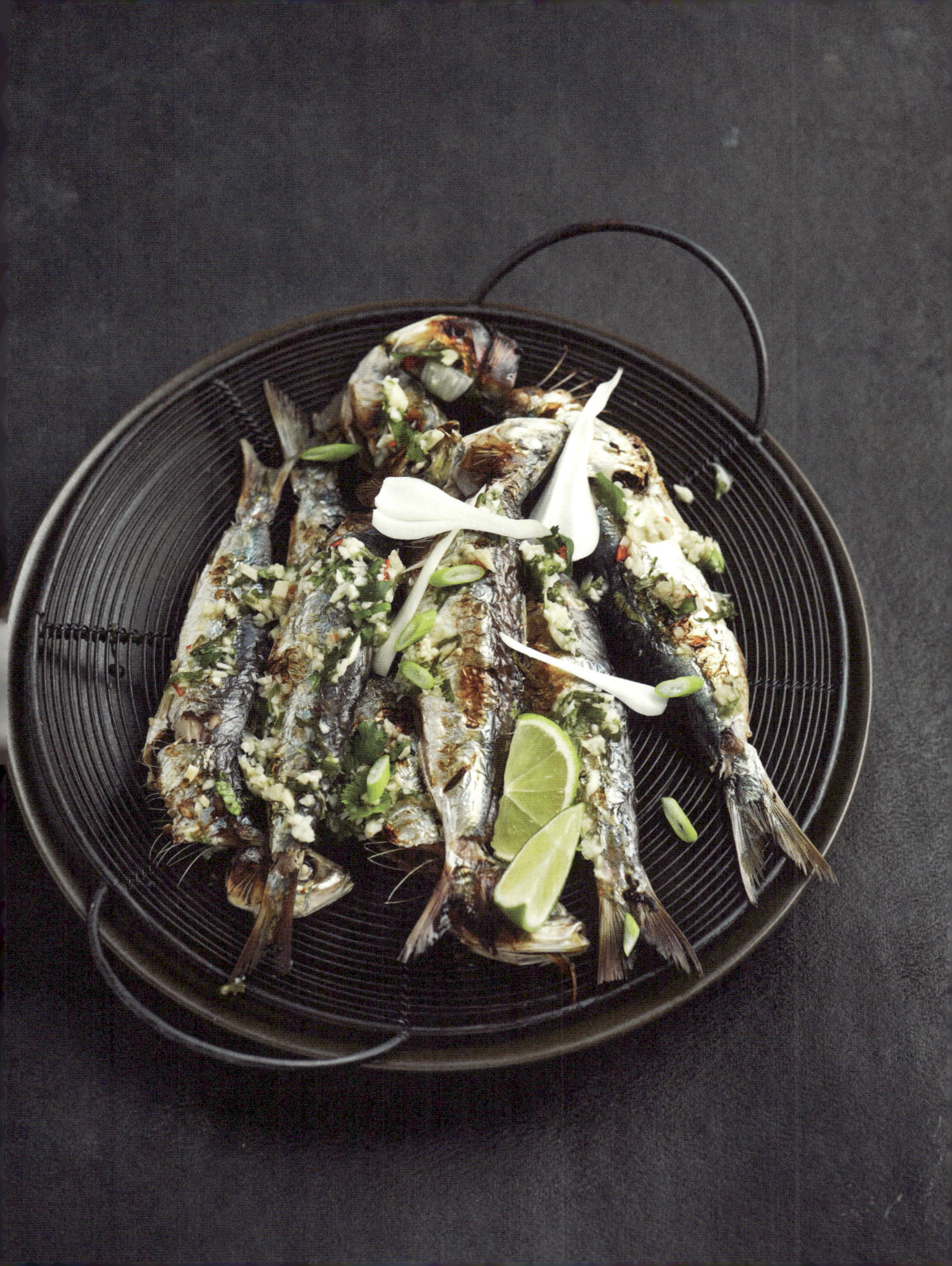

Saumon froid et mayonnaise aux herbes

Pour **4 personnes** | Préparation **25 minutes** | Cuisson **10 minutes**
Difficulté ★ | Coût ★★

1 jaune d'œuf | 1 cuil. à café de moutarde de Dijon | 35 cl d'huile de tournesol |
2 oignons nouveaux | 2 échalotes | 1 botte de ciboulette | 1 botte d'estragon |
1 botte de coriandre | ½ botte de persil | 4 beaux pavés de saumon | Sel, poivre

Matériel
Cuit-vapeur (facultatif)

1. Dans un saladier, mélangez le jaune d'œuf, la moutarde et 1 cuillerée à soupe d'eau froide. Ajoutez ensuite l'huile lentement, en fouettant, pour monter une belle mayonnaise bien ferme.

2. Épluchez et hachez les oignons et les échalotes. Hachez aussi toutes les herbes. Ajoutez tous ces ingrédients à la mayonnaise. Salez et poivrez.

3. Faites cuire les pavés de saumon assaisonnés dans un cuit-vapeur (idéalement), sinon dans une casserole d'eau frémissante, pendant 10 min. Égouttez les pavés, laissez-les refroidir et servez-les avec la sauce et une belle salade verte.

Le conseil de Cyril

Tous les poissons gras contiennent de la vitamine D : le saumon, le maquereau, les sardines et la daurade. Pensez à les mettre plus souvent à votre menu. Ils sont aussi riches en graisses bénéfiques pour la santé cardio-vasculaire.

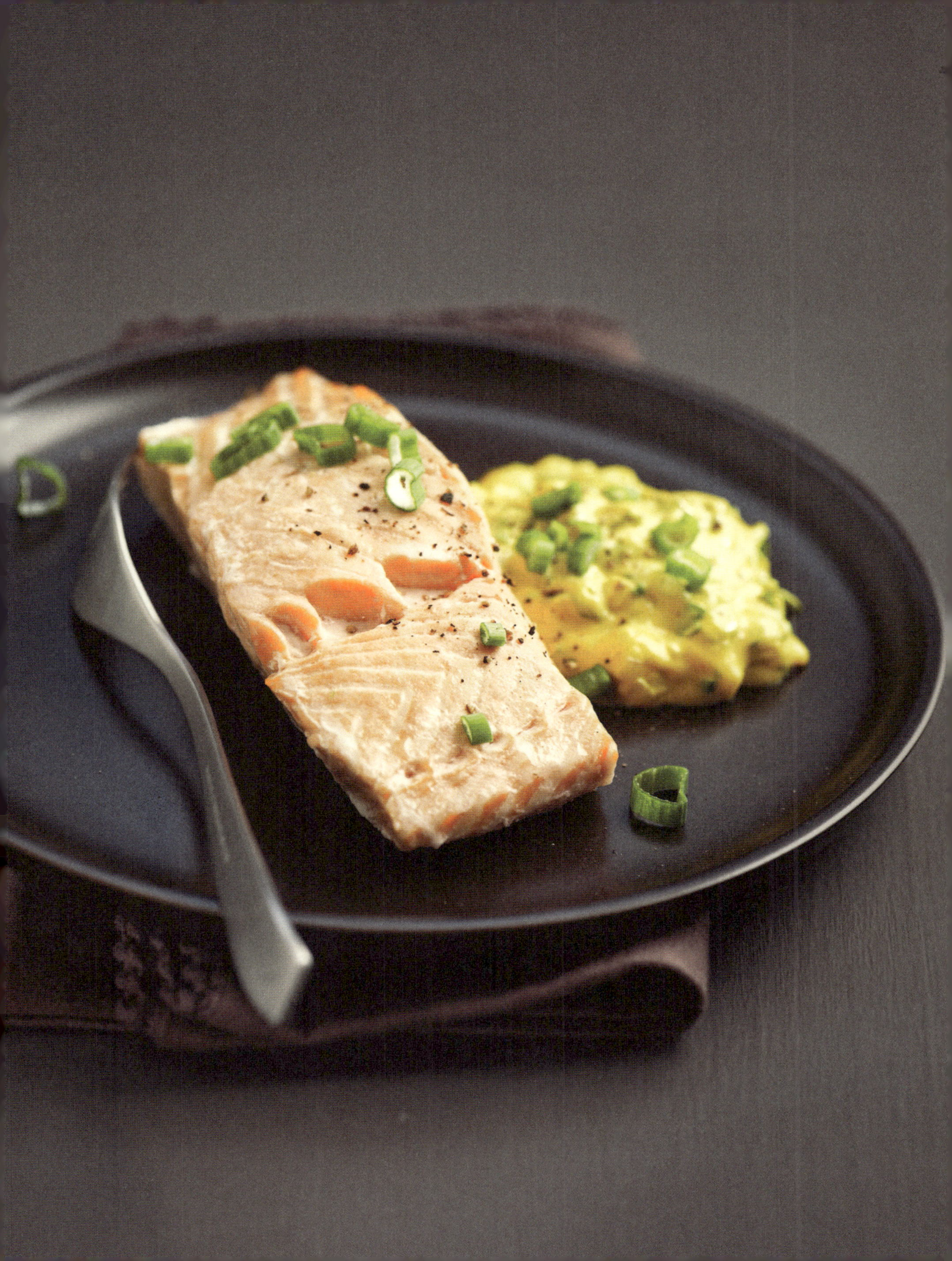

Salade de poulpe

Pour **4 personnes** | Préparation **20 minutes** | Cuisson **40 minutes** |
Réfrigération **2 heures**
Difficulté ★ | Coût ★

1 poulpe de 300 à 400 g nettoyé et vidé | 1 oignon | 1 gousse d'ail |
½ botte de persil plat | 10 cl de vin blanc | Le jus de ½ citron |
6 cuil. à soupe d'huile d'olive | Sel, poivre

1 Coupez le poulpe en lanières (tête et corps). Mettez la chair dans une casserole remplie d'eau froide salée. Faites cuire à feu doux pendant 30 min. Égouttez. Épluchez et hachez l'oignon et la gousse d'ail. Hachez le persil.

2 Dans une poêle, faites chauffer la moitié de l'huile d'olive. Faites-y revenir l'ail et l'oignon.

3 Ajoutez le poulpe et laissez cuire à feu doux pendant 5 min. Versez le vin blanc et laissez cuire jusqu'à évaporation totale du liquide. Coupez le feu, ajoutez le reste d'huile d'olive, le jus de citron, le persil, du sel et du poivre. Entreposez 2 h au réfrigérateur avant de servir.

Le conseil de Cyril
Vous pouvez ajouter un peu de cerfeuil et des dés de tomate, cela donnera un goût très agréable et de la couleur.

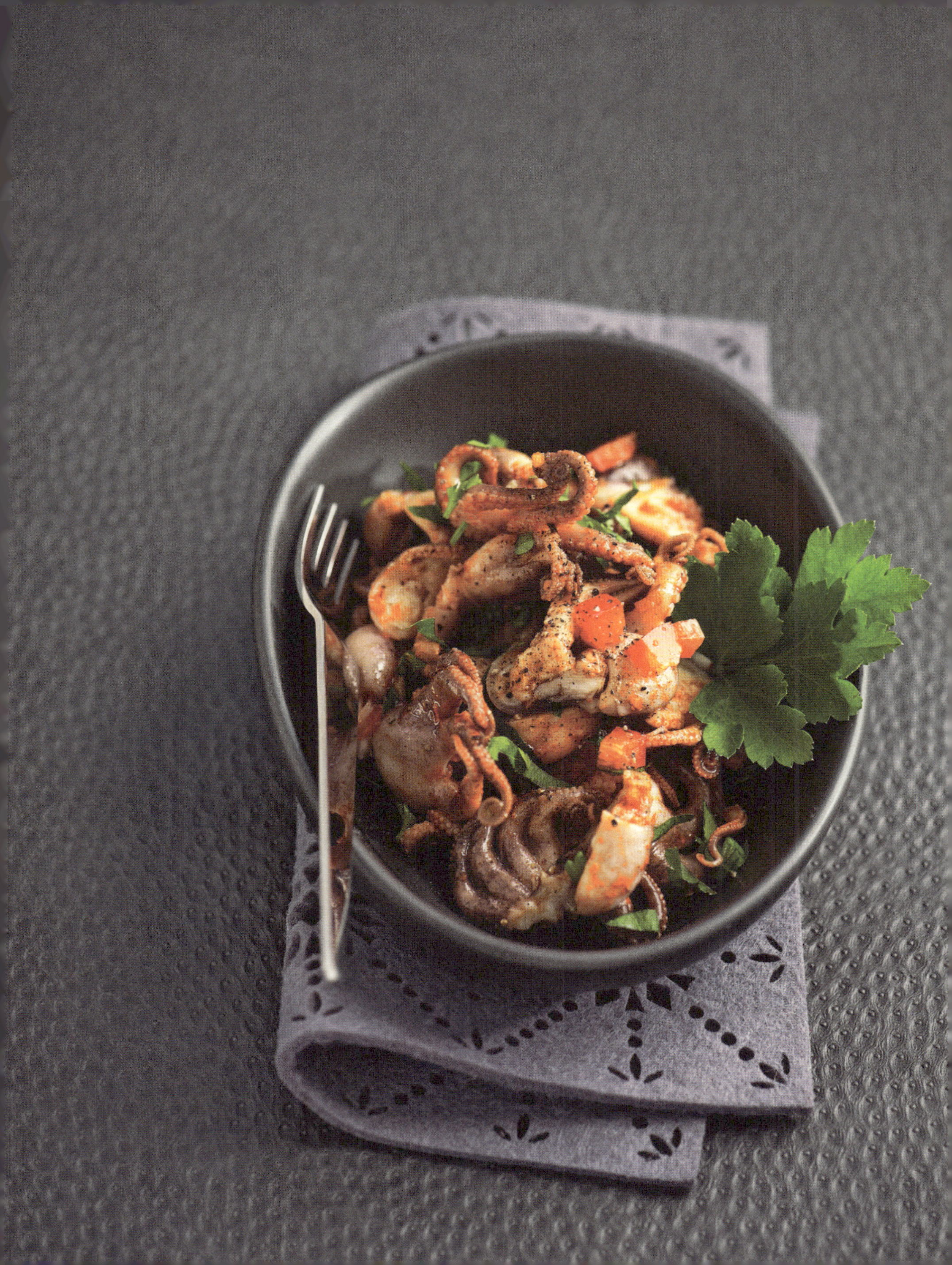

Tartare de bœuf aux poivrons et à l'huile d'olive

Pour **4 personnes** | Préparation **15 minutes** | Réfrigération **30 minutes**
Difficulté ★ | Coût ★

1 gousse d'ail | 1 échalote | 1 poivron rouge | 500 g de bœuf très maigre haché par le boucher | 2 cuil. à soupe de basilic ciselé + pour le décor | 6 cuil. à soupe d'huile d'olive | 3 cuil. à soupe de jus de citron | Quelques gouttes de Tabasco® | Sel, poivre

1 Épluchez la gousse d'ail et l'échalote puis hachez-les finement. Épépinez le poivron puis hachez-le également.

2 Placez le bœuf dans un saladier, ajoutez l'échalote, l'ail, le basilic, le poivron, l'huile d'olive, le jus de citron, le Tabasco®, du sel et un peu de poivre.

3 Mélangez bien tous ces ingrédients avec une cuillère, goûtez et rectifiez éventuellement l'assaisonnement. Placez le saladier dans le réfrigérateur pendant au moins 30 min.

4 Répartissez le tartare dans les assiettes en petits dômes. Parsemez-les d'un peu de basilic et servez très frais, sans attendre.

Les conseils de Cyril

Faites bien hacher la viande de bœuf devant vous en choisissant des morceaux très maigres. Ayez toujours sous la main un peu de basilic : idéal pour parfumer de nombreuses recettes et tellement pratique !

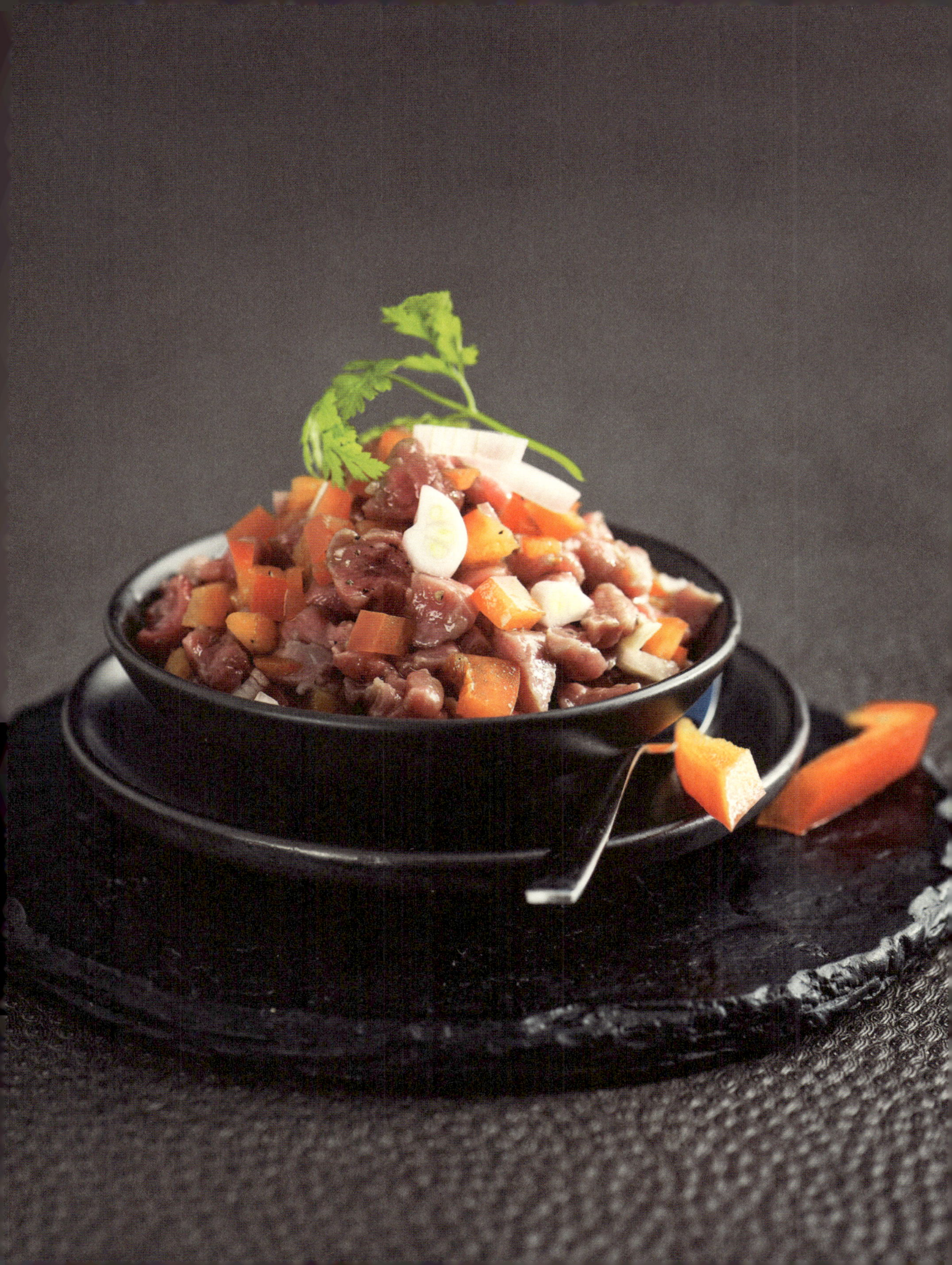

Rôti de bœuf froid à la ciboulette

Pour **4 personnes** | Préparation **35 minutes**
Difficulté ★ | Coût ★

600 g de rôti de bœuf froid | 3 cm de blanc de poireau | 15 cl de sauce soja |
1 cuil. à soupe de gingembre haché | 2 cuil. à soupe de ciboulette ciselée |
1 cuil. à soupe d'huile de sésame | Poivre

1 Coupez le rôti de bœuf en tranches fines, puis disposez-les dans quatre assiettes. Poivrez-les. Lavez et hachez le blanc de poireau.

2 Dans un bol, mélangez la sauce soja, le poireau, le gingembre, la ciboulette et l'huile de sésame. Fouettez quelques instants pour bien mélanger les ingrédients.

3 Avec une cuillère à soupe, nappez les tranches de bœuf en répartissant la sauce aussi équitablement que possible. Laissez mariner quelques minutes puis servez avec une belle salade ou du riz blanc nature.

Les conseils de Cyril

Pour réussir cette recette, choisissez bien une sauce soja de marque japonaise, en évitant les succédanés, bien moins bons et souvent trop sucrés. On trouve maintenant de l'huile de sésame assez facilement. Ayez-en sous la main : elle vous servira à parfumer de très nombreuses recettes.

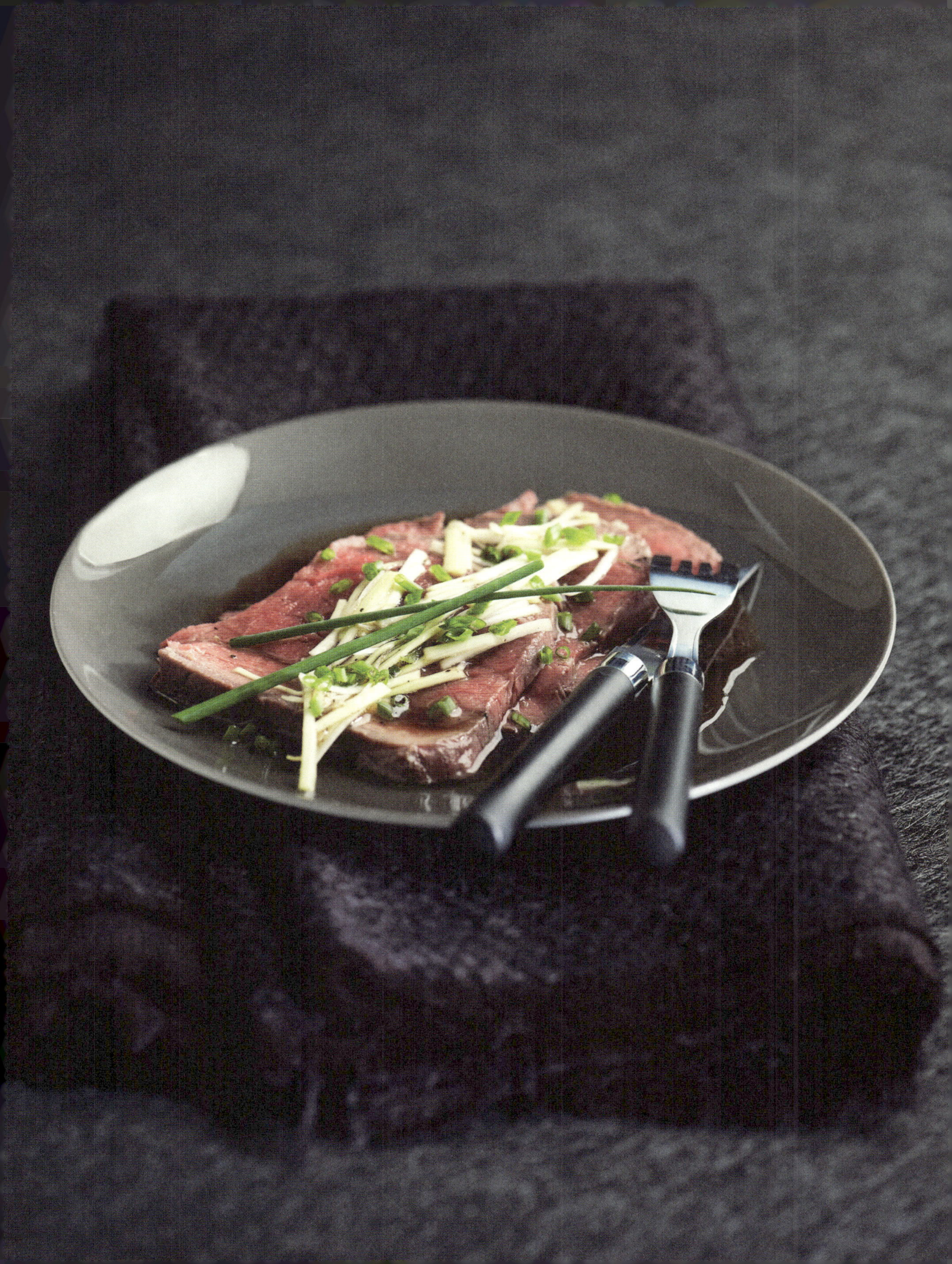

Tartare de bœuf à la japonaise

Pour **4 personnes** | Préparation **10 minutes** | Réfrigération **1 heure**
Difficulté ★ | Coût ★★

1 gousse d'ail | 1 botte de ciboulette | 400 g de bœuf très maigre haché par le boucher | 1 cuil. à soupe de graines de sésame | 6 cuil. à soupe de sauce soja | 2 cuil. à soupe de vinaigre de xérès | 1 cuil. à café de sucre en poudre | Poivre

Matériel
Film alimentaire

1 Épluchez et hachez la gousse d'ail. Lavez et hachez finement la ciboulette.

2 Dans un saladier, assemblez la viande puis ajoutez les graines de sésame, la sauce soja, le vinaigre, le sucre en poudre, l'ail et la ciboulette. Poivrez généreusement.

3 Avec une cuillère à soupe, remplissez quatre verres ou bols préalablement chemisés de film alimentaire (pour faciliter le démoulage). Tassez légèrement.

4 Placez au réfrigérateur pendant 1 h puis démoulez délicatement. Servez avec une salade verte.

Le conseil de Cyril
Pour vraiment bien faire, ajoutez 1 ou 2 cuillerées à soupe d'huile de sésame. Vous en trouverez dans les épiceries asiatiques et elle vous servira dans d'autres recettes ou, tout simplement, pour parfumer riz, pâtes, légumes et salades.

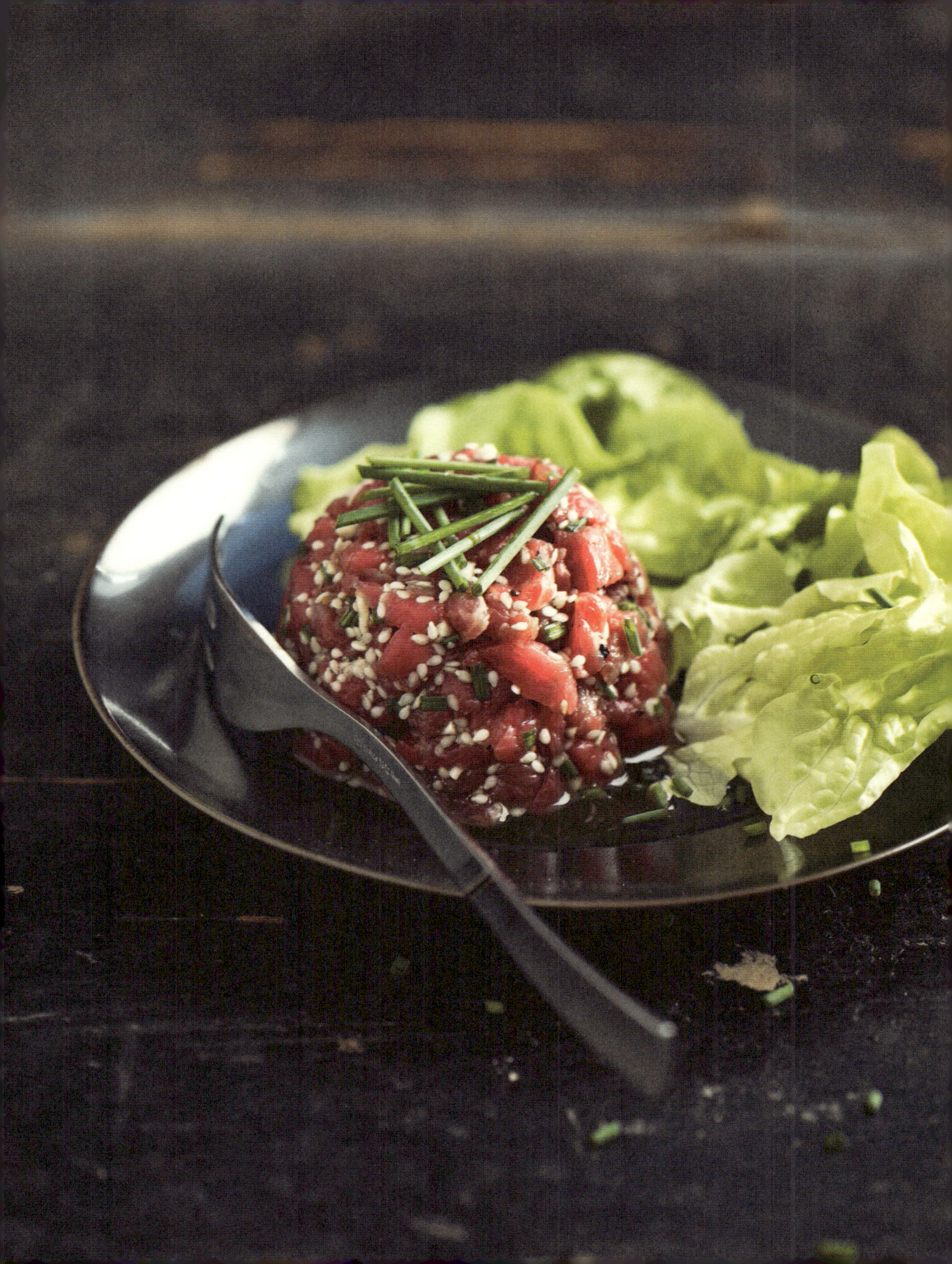

Douceurs

Douceurs et jus de fruits

Carpaccio d'ananas au basilic et au citron vert

Pour **4 personnes** | Préparation **20 minutes**
Difficulté ★ | Coût ★

1 citron vert non traité | 2 cuil. à soupe de cassonade | 1 ananas victoria | 2 brins de basilic

Matériel
Râpe fine | Presse-agrumes

1. Râpez la peau du citron pour en récupérer le zeste. Mélangez-le à la cassonade, puis pressez le citron.

2. Ôtez l'écorce de l'ananas à l'aide d'un bon couteau et retirez tous les yeux noirs. Effeuillez et coupez en petites lamelles les feuilles de basilic.

3. Coupez en très fines tranches l'ananas et répartissez-les sur des assiettes. Versez un peu de jus de citron, puis parsemez le tout de basilic et de zestes de citron sucrés.

Le conseil de Cyril
Vous pouvez remplacer le basilic par de la menthe et, pour les plus gourmands, servir ce dessert avec une boule de sorbet au citron vert.

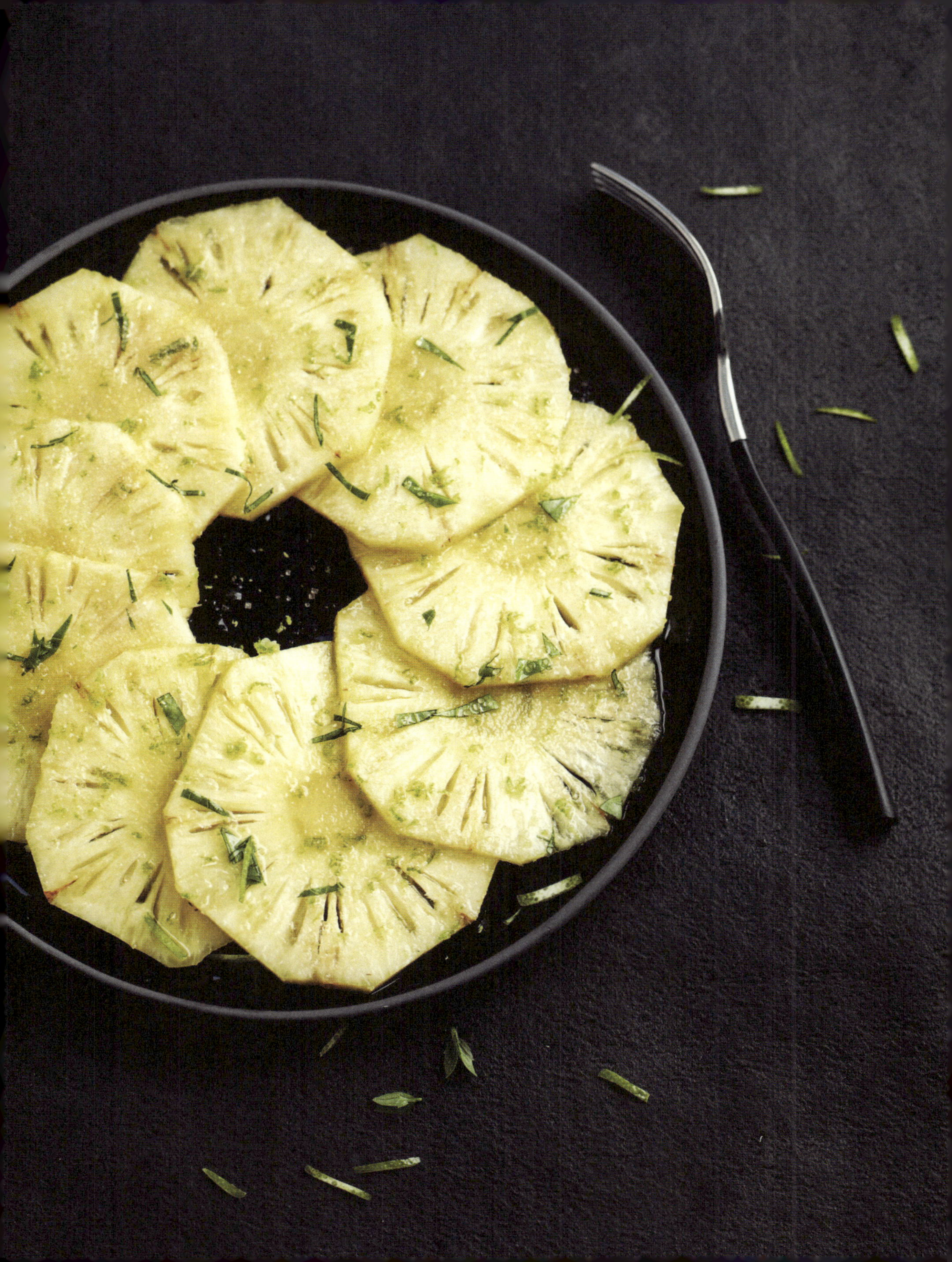

Jus de pomme, de poire et de kiwi

Pour **4 personnes** | Préparation **10 minutes**
Difficulté ★ | Coût ★

2 kiwis | 2 pommes | 2 poires mûres

Matériel
Centrifugeuse

1 Épluchez les kiwis, les pommes et les poires.

2 Passez tous les fruits à la centrifugeuse et servez aussitôt ce jus car la pomme et la poire s'oxydent très vite.

Le conseil de Cyril
Si vous ne possédez pas de centrifugeuse, utilisez un mixeur pour transformer les fruits en purée. Versez ensuite cette purée dans une mousseline et pressez afin d'en extraire le jus.

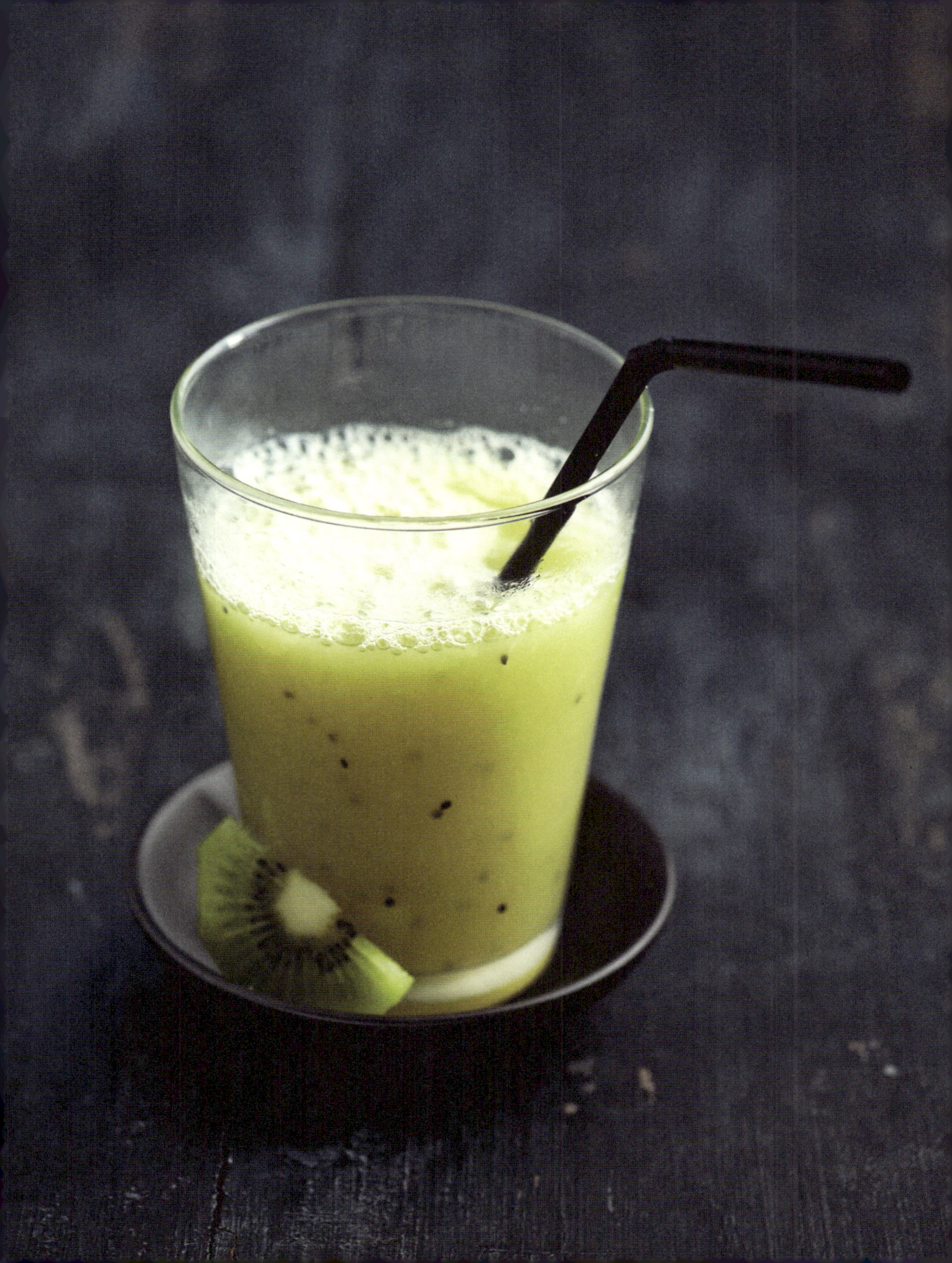

Brochettes de melon et de pastèque

Pour **4 personnes** | Préparation **15 minutes**
Difficulté ★ | Coût ★

1 melon de Cavaillon | 1 tranche de pastèque | 1 brin de menthe

Matériel
Cuillère à pomme parisienne | 20 petites piques à brochettes

1. Coupez le melon en deux et ôtez les pépins. Faites de même avec la pastèque. À l'aide d'une cuillère à pomme parisienne, formez 40 billes de melon et 40 billes de pastèque.

2. Composez les brochettes en alternant 2 billes de melon et 2 billes de pastèque. Disposez-les dans un plat.

3. Coupez les feuilles de menthe en très fines lanières et parsemez-en les brochettes.

Le conseil de Cyril
Vous pouvez utiliser du melon vert ou jaune et ajouter des framboises, des myrtilles ou des tomates cerise.

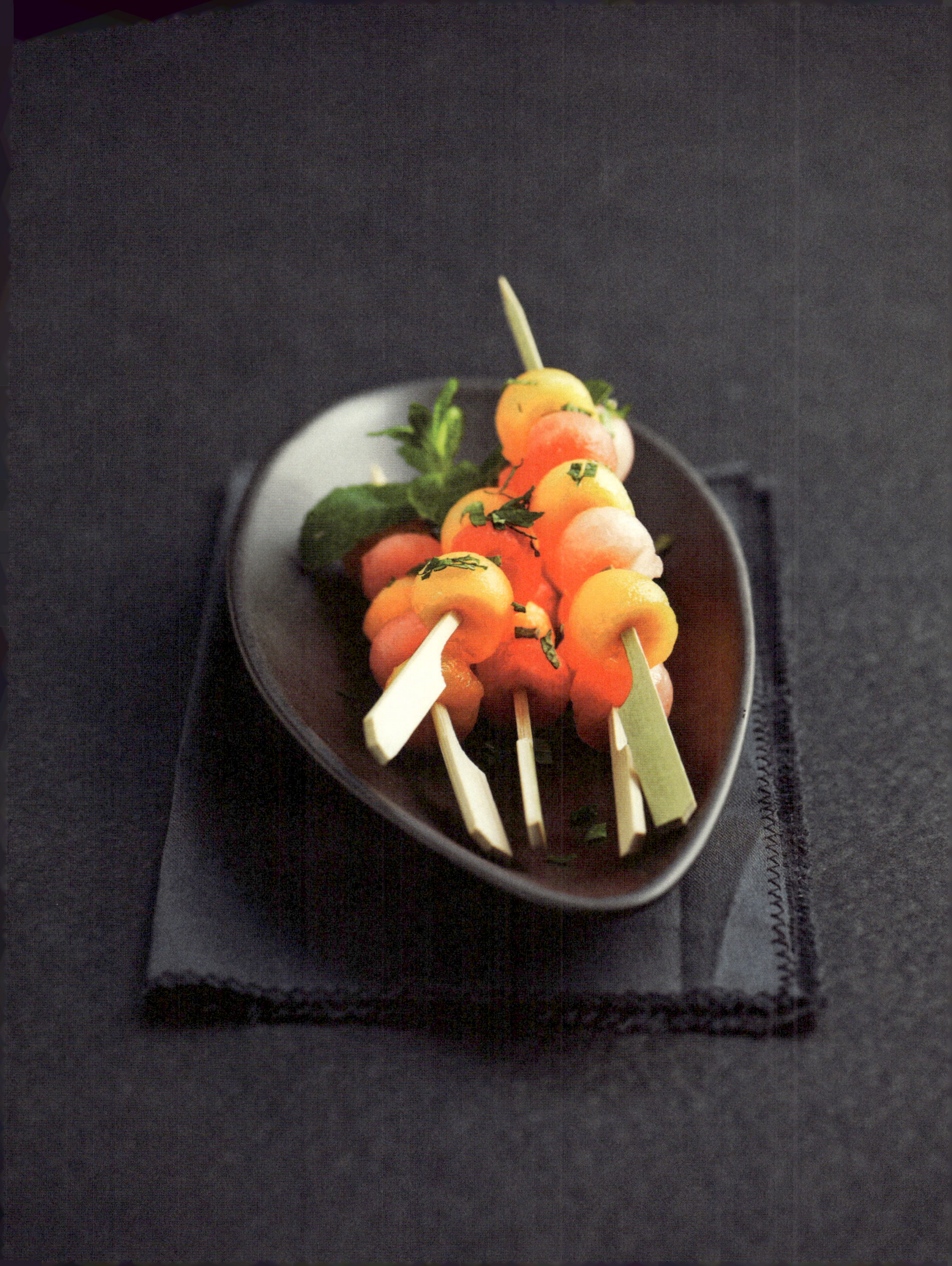

Petits pots de compote de pommes et fromage blanc à la vanille

Pour **4 personnes** | Préparation **15 minutes** | Cuisson **15 minutes** |
Réfrigération **30 minutes**
Difficulté ★ | Coût ★

2 pommes golden | 1 cuil. à café de cassonade | 1 noisette de beurre |
250 g de fromage blanc | 1 cuil. à soupe de sucre glace |
2 pincées de vanille en poudre

Matériel
Moulin à légumes

1. Épluchez et coupez les pommes en quartiers, puis en gros morceaux.

2. Mettez les pommes dans une casserole avec la cassonade et le beurre. Couvrez et faites cuire à feu doux pendant 15 min.

3. À l'aide d'un moulin à légumes, réduisez les pommes en compote et répartissez-la dans des verres. Placez-les au réfrigérateur pendant 30 min.

4. Dans un saladier, mélangez le fromage blanc avec le sucre glace et la vanille. Répartissez cette préparation sur la compote de pommes et servez aussitôt.

Les conseils de Cyril

Vous pouvez ajouter un peu de cannelle dans les pommes. Vous pouvez aussi remplacer les pommes par des bananes, des poires ou des pêches.

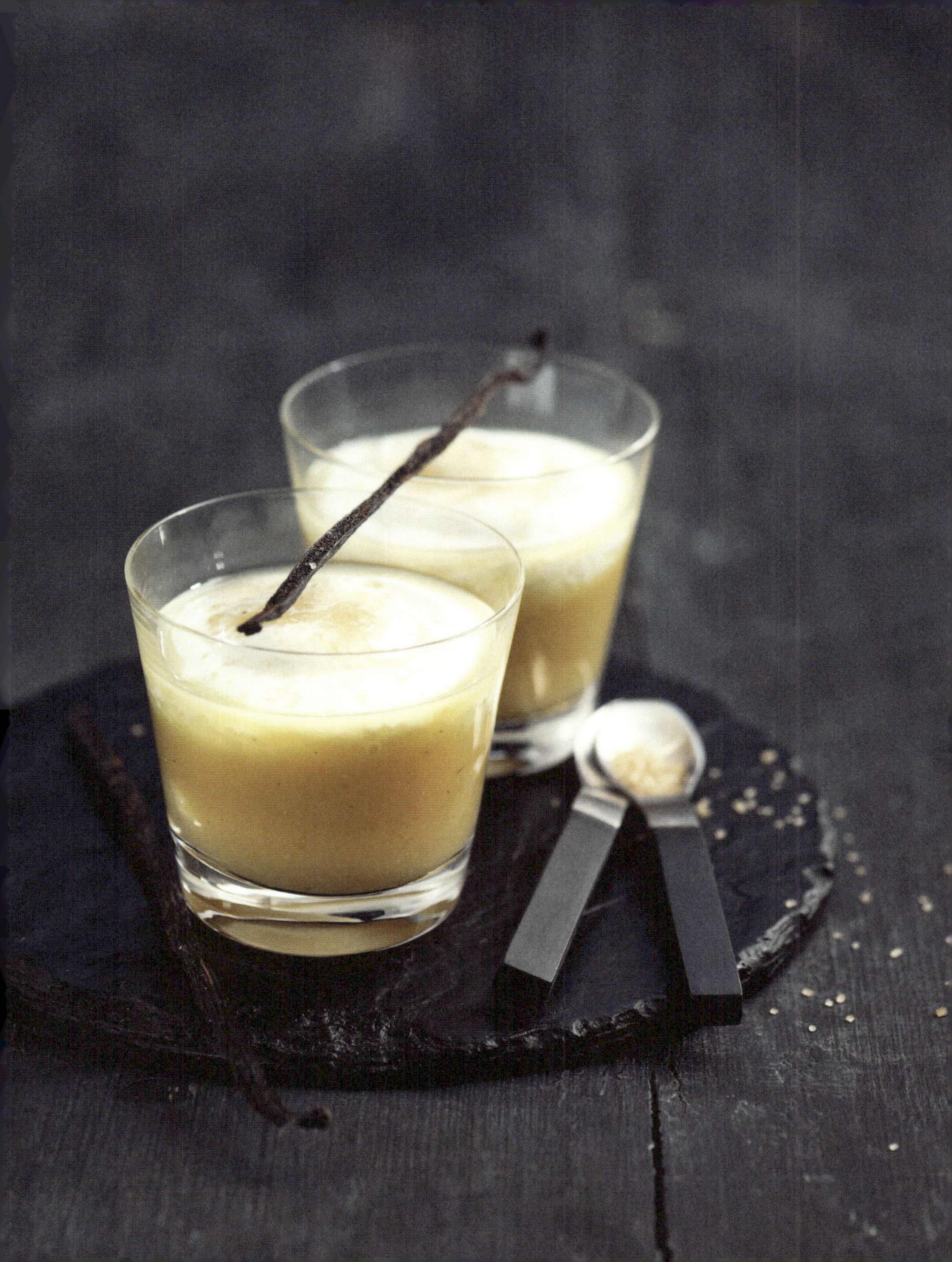

Smoothie solaire

Pour **4 personnes** | Préparation **10 minutes**
Difficulté ★ | Coût ★

1 melon jaune (800 g) | 25 cl de lait | 2 cuil. à soupe de miel

Matériel
Blender

1. Coupez le melon en deux et retirez-en les graines. Évidez-le, puis mettez la chair dans un blender avec le lait et le miel.

2. Actionnez le robot et laissez tourner pendant 2 ou 3 min, jusqu'à obtention d'un smoothie lisse et homogène.

Variante
Remplacez le melon jaune par 2 pêches jaunes et 2 abricots. Ébouillantez les pêches pendant 1 min, puis pelez-les et dénoyautez-les. Lavez et essuyez les abricots. Coupez-les en deux et dénoyautez-les. Mettez les fruits dans le bol d'un mixeur avec le lait et le miel. Mixez longuement afin d'obtenir un smoothie lisse et homogène.

Le conseil de Cyril
Transformez ce smoothie en dessert en versant le jus dans un bol et en parsemant la surface de morceaux de nougat concassés. Dans ce cas, ne mettez pas de miel.

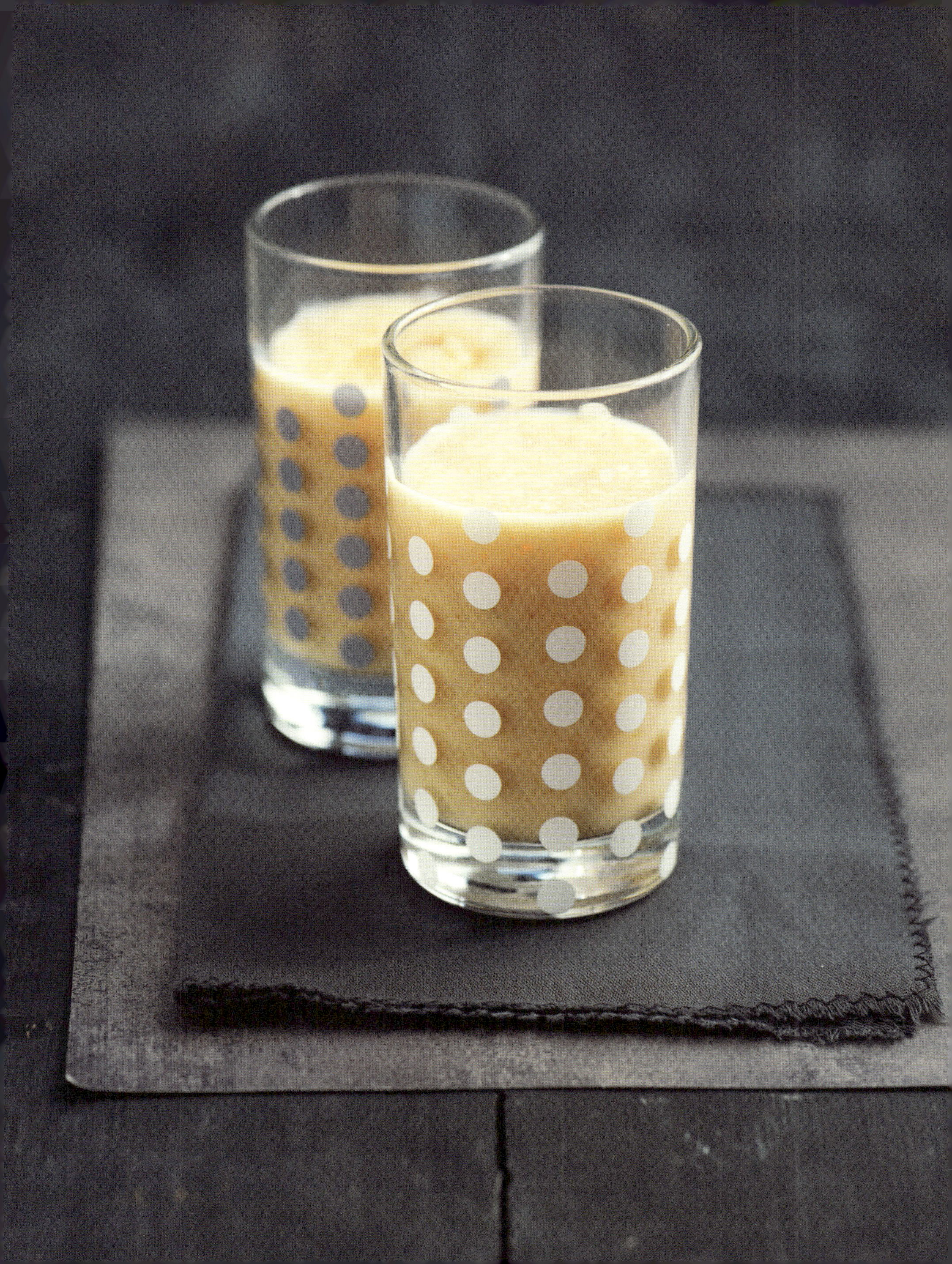

Divin jus de pêche

Pour **4 personnes** | Préparation **10 minutes**
Difficulté ★ | Coût ★

2 pêches blanches (300 g) | 100 g de fraises | 2 bananes (300 g)

Matériel
Écumoire | Blender

1. Dans une casserole, portez un grand volume d'eau à ébullition. Plongez-y les pêches après les avoir incisées à la base à l'aide d'un petit couteau. Laissez-les ainsi 1 min. Retirez-les de l'eau à l'aide d'une écumoire et plongez-les dans un grand saladier rempli d'eau glacée.

2. Nettoyez et équeutez les fraises. Pelez les pêches et dénoyautez-les. Pelez les bananes. Coupez tous ces fruits en morceaux, puis réunissez-les dans le bol du blender. Actionnez le robot pendant 2 ou 3 min de façon à obtenir un jus lisse et homogène. Servez bien frais.

Variante
Essayez donc de préparer un jus avec des pêches blanches ou jaunes et des framboises à la place des bananes.

Les conseils de Cyril
Pour ce jus, vous pouvez également utiliser des pêches jaunes. Si vous le pouvez, choisissez des fraises maras des bois, qui sont peu acides et riches en sucre.

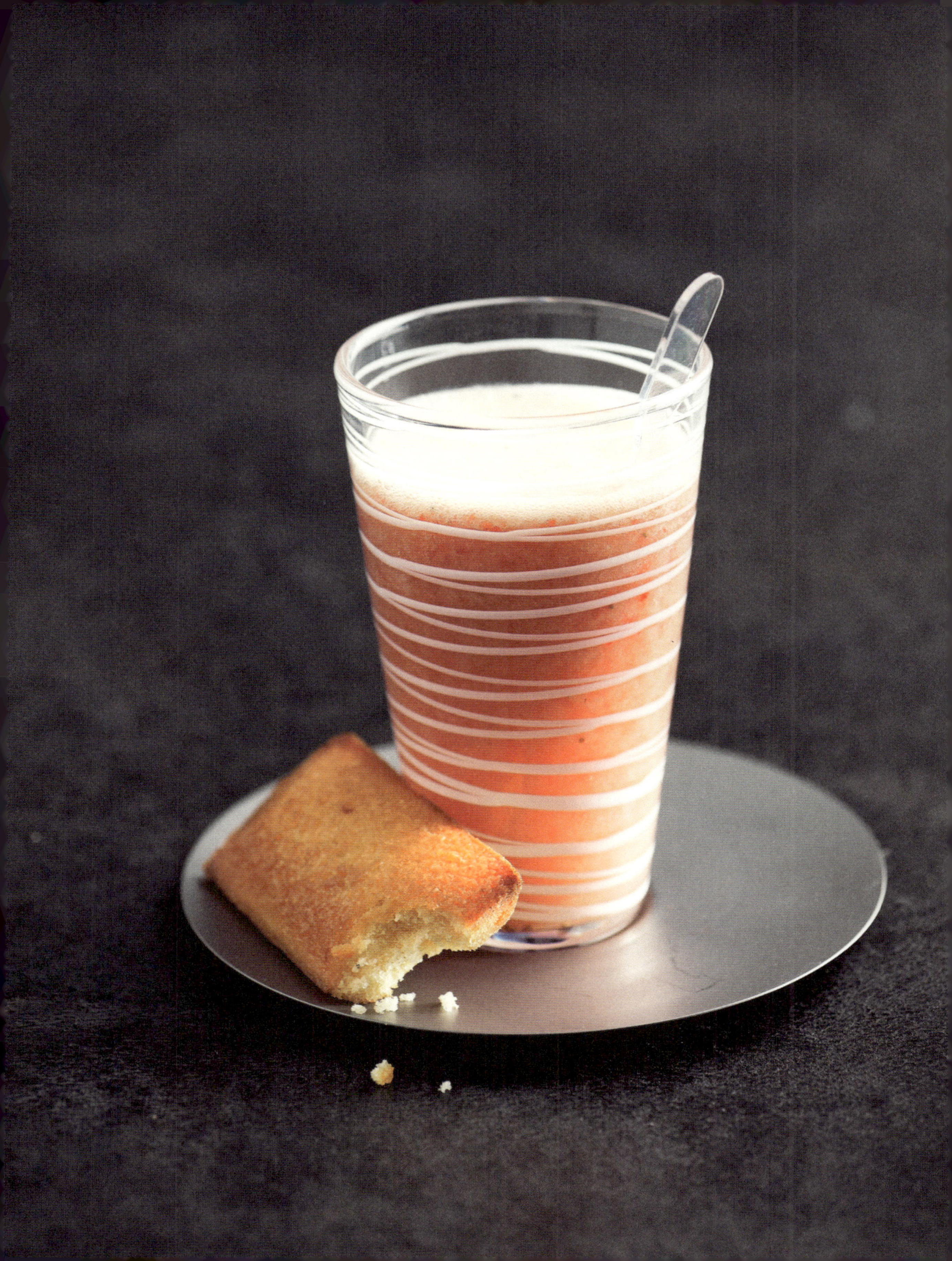

Velouté de mangue au gingembre

Pour **4 personnes** | Préparation **10 minutes** | Cuisson **5 minutes**
Difficulté ★ | Coût ★★

5 belles mangues bien mûres | 1 noix de beurre | 2 cuil. à soupe de sucre en poudre | 1 petit morceau de racine de gingembre | 15 cl de sirop de sucre | 1 morceau de gingembre confit gros comme le pouce | 10 cl d'eau minérale

Matériel
Robot-mixeur

1. Pelez et dénoyautez les mangues. Coupez l'une d'elles en lanières de la taille du petit doigt. Faites sauter cette mangue pendant 5 min environ sur feu assez vif avec le beurre, le sucre en poudre et le gingembre frais haché, jusqu'à ce que la mangue soit colorée. Mettez de côté.

2. Mixez les autres mangues avec le sirop, le gingembre confit haché et l'eau minérale. Sachez adapter la quantité d'eau minérale en fonction de la consistance que vous souhaitez obtenir et de la qualité des mangues.

3. Répartissez le velouté dans des assiettes ou des verres et disposez les mangues sautées par-dessus. Servez aussitôt.

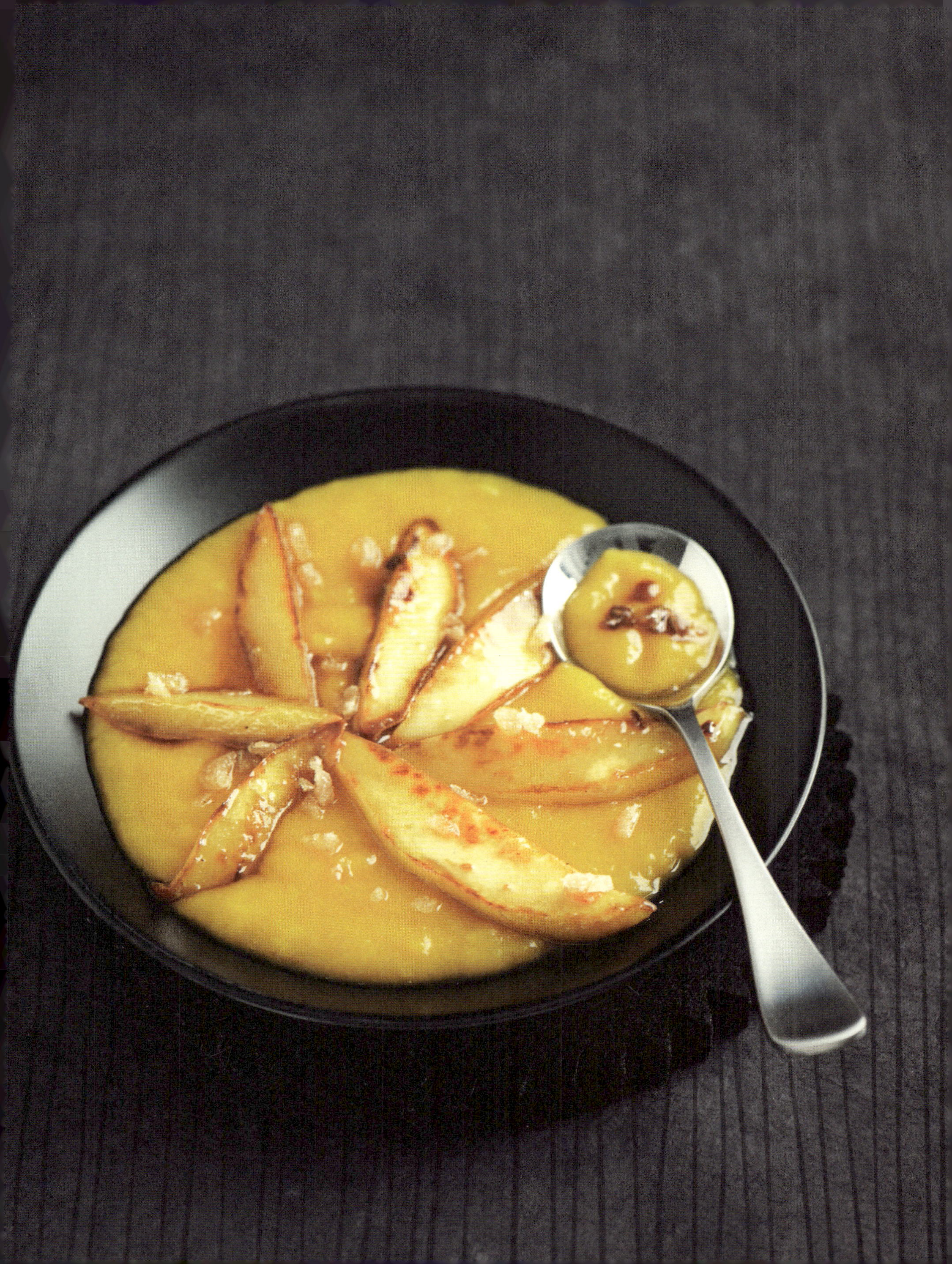

Soupe de fruits rouges à la citronnelle

Pour **6 personnes** | Préparation **15 minutes** | Cuisson **15 minutes** | Repos **1 heure**
Difficulté ★ | Coût ★

1 citron vert | 250 g de fraises | 3 tiges de citronnelle | 150 g de cassonade | 250 g de myrtilles | 250 g de framboises

Matériel
Presse-agrumes | Wok | Chinois

1. Prélevez le zeste du citron vert et rincez-le. Pressez ensuite le citron pour en récupérer le jus. Nettoyez tous les fruits, puis équeutez les fraises. Retirez la première épaisseur de la citronnelle. Coupez ensuite les tiges en petits morceaux.

2. Dans le wok, versez 25 cl d'eau avec la cassonade, le zeste et le jus de citron, puis la citronnelle. Portez à ébullition et laissez cuire 10 min à petits bouillons.

3. Filtrez le sirop à l'aide d'un chinois afin de retenir la citronnelle et le zeste. Dans le wok, versez le sirop et portez à ébullition. Ajoutez alors les fruits rouges et laissez cuire 3 min.

4. Répartissez les fruits dans des coupes et laissez refroidir séparément les ingrédients. Juste avant de servir, versez sur les fruits un peu de sirop.

Les conseils de Cyril
Pour décorer vos coupes, utilisez quelques brins de menthe. Accompagnez cette soupe d'une boule de glace à la vanille.

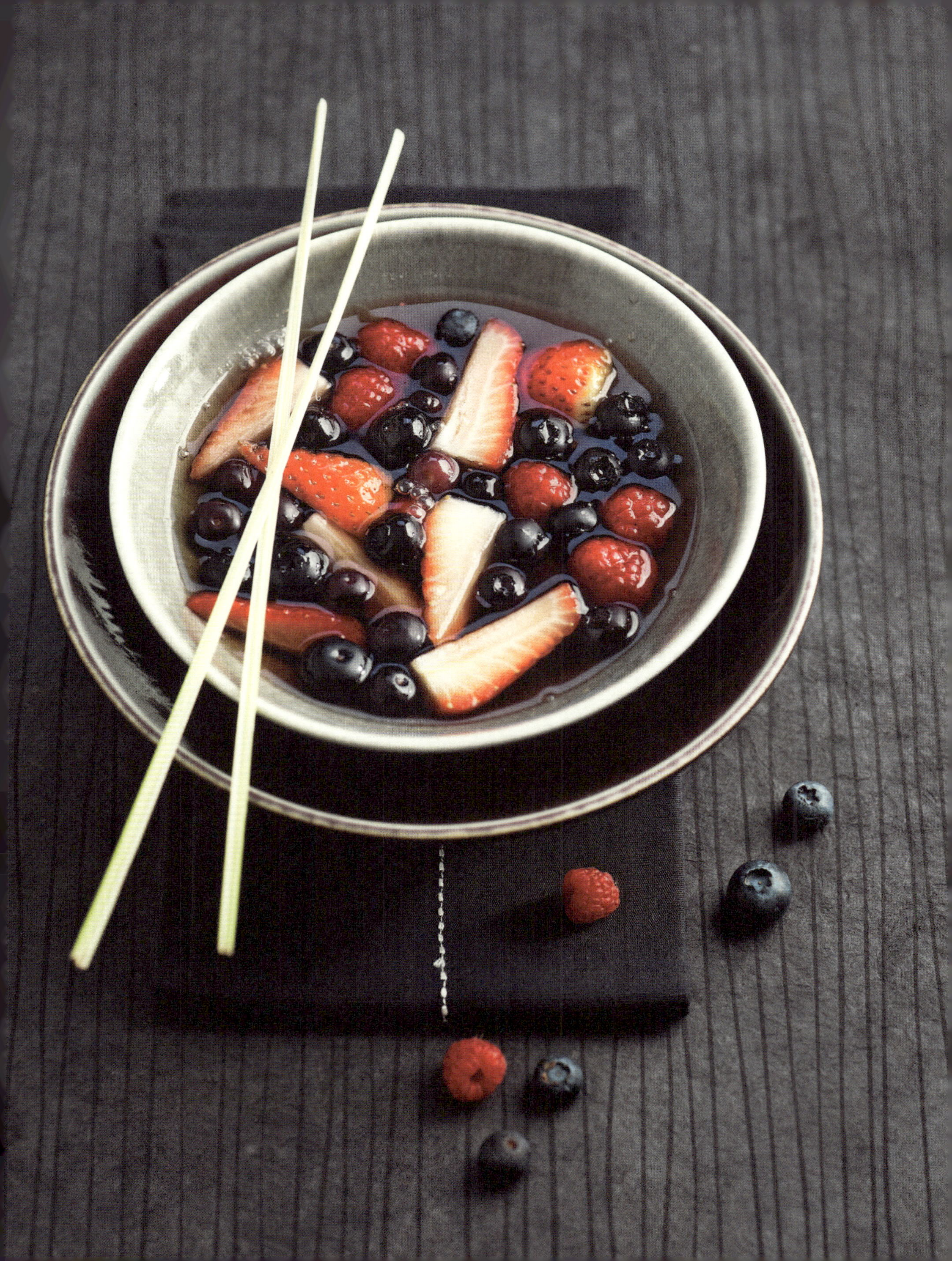

Jus de pomme, de carotte et d'orange

Pour **4 personnes** | Préparation **10 minutes**
Difficulté ★ | Coût ★

3 carottes (375 g) | 2 pommes golden (300 g) | 1 citron | 2 oranges à jus (400 g) | 1 brin de menthe

Matériel
Presse-agrumes | Centrifugeuse

1 Épluchez les carottes et les pommes, puis coupez-les en morceaux. Coupez le citron en deux et pressez-en une moitié afin d'en recueillir le jus. Passez les carottes et les pommes à la centrifugeuse, puis versez le jus de citron.

2 Coupez les oranges en deux et pressez-les. Mélangez les jus et répartissez la préparation ainsi obtenue dans quatre verres. Effeuillez et hachez la menthe et avant d'en parsemer les jus. Servez aussitôt.

Variantes
Remplacez les carottes par des poires, du concombre ou deux branches de céleri. Vous pouvez aussi ajouter sur le jus un peu de poudre de curry ou de poudre de colombo.

Le conseil de Cyril
Choisissez des pommes plutôt sucrées. Évitez les pommes acides, comme les granny-smith.

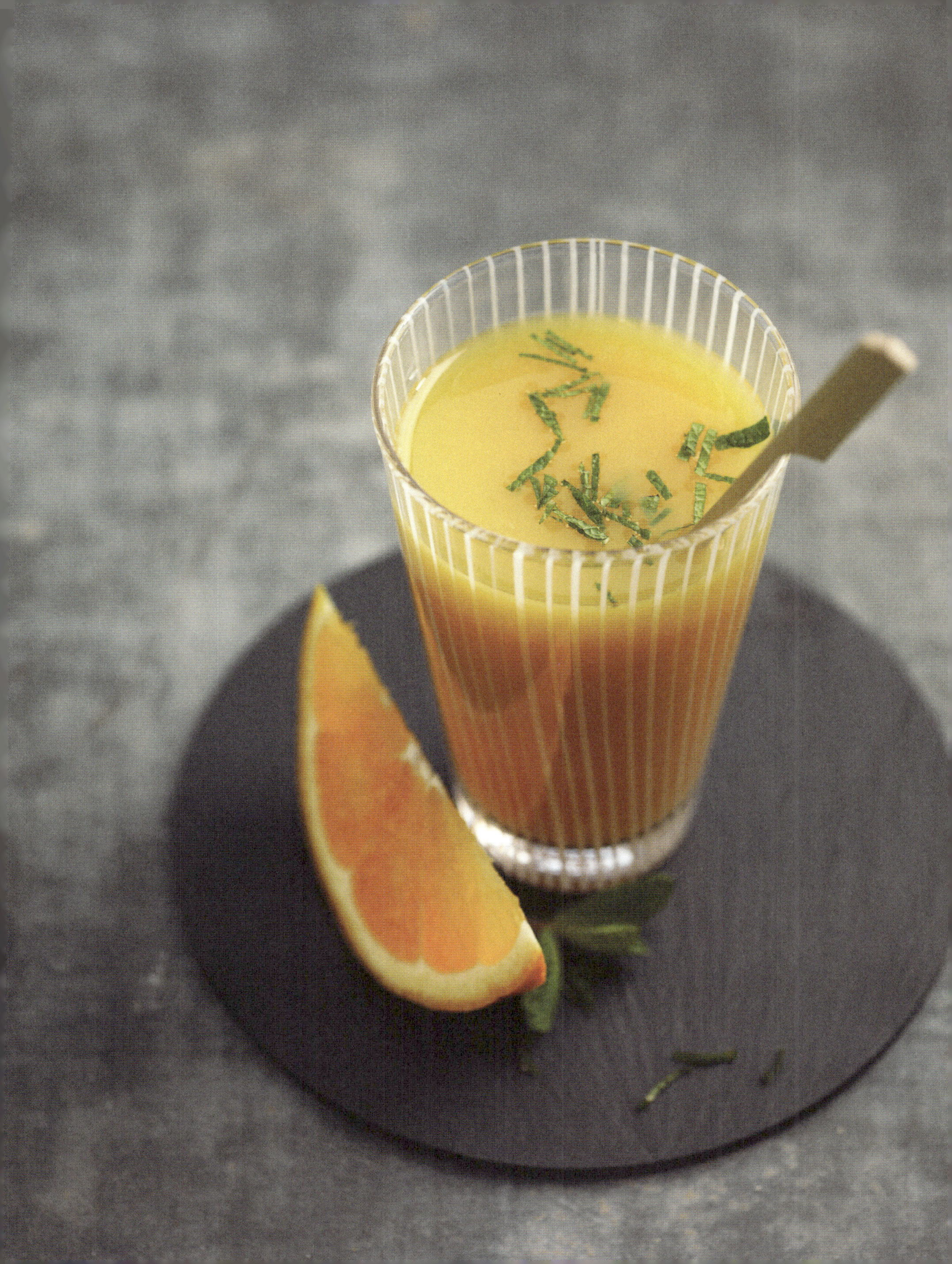

Jus d'orange des îles

Pour **4 personnes** | Préparation **10 minutes**
Difficulté ★ | Coût ★★

3 oranges à jus (600 g) | 1 gousse de vanille | 3 bananes (450 g)

Matériel
Presse-agrumes | Blender

1. Coupez les oranges en deux et recueillez-en le jus à l'aide d'un presse-agrumes. Fendez la gousse de vanille en deux dans la longueur. À l'aide d'un couteau ou d'une petite cuillère, retirez-en les graines et ajoutez-les au jus d'orange.

2. Versez le jus d'orange dans un blender et ajoutez-y les bananes préalablement pelées et coupées en morceaux. Actionnez le robot et laissez tourner pendant 3 min de façon à obtenir un jus lisse et homogène. Ajoutez quelques glaçons et servez aussitôt.

Variantes

Vous pouvez remplacer les oranges à jus par d'autres agrumes (pamplemousses, clémentines, mandarines ou oranges sanguines). Vous pouvez aussi remplacer la banane par de la mangue, de la papaye ou de l'ananas.

Les conseils de Cyril

Si vous n'avez pas de gousse de vanille ou de vanille en poudre, n'utilisez pas d'arôme liquide, le goût est souvent désagréable. Remplacez-la plutôt par de la cannelle ou de la cardamome en poudre.

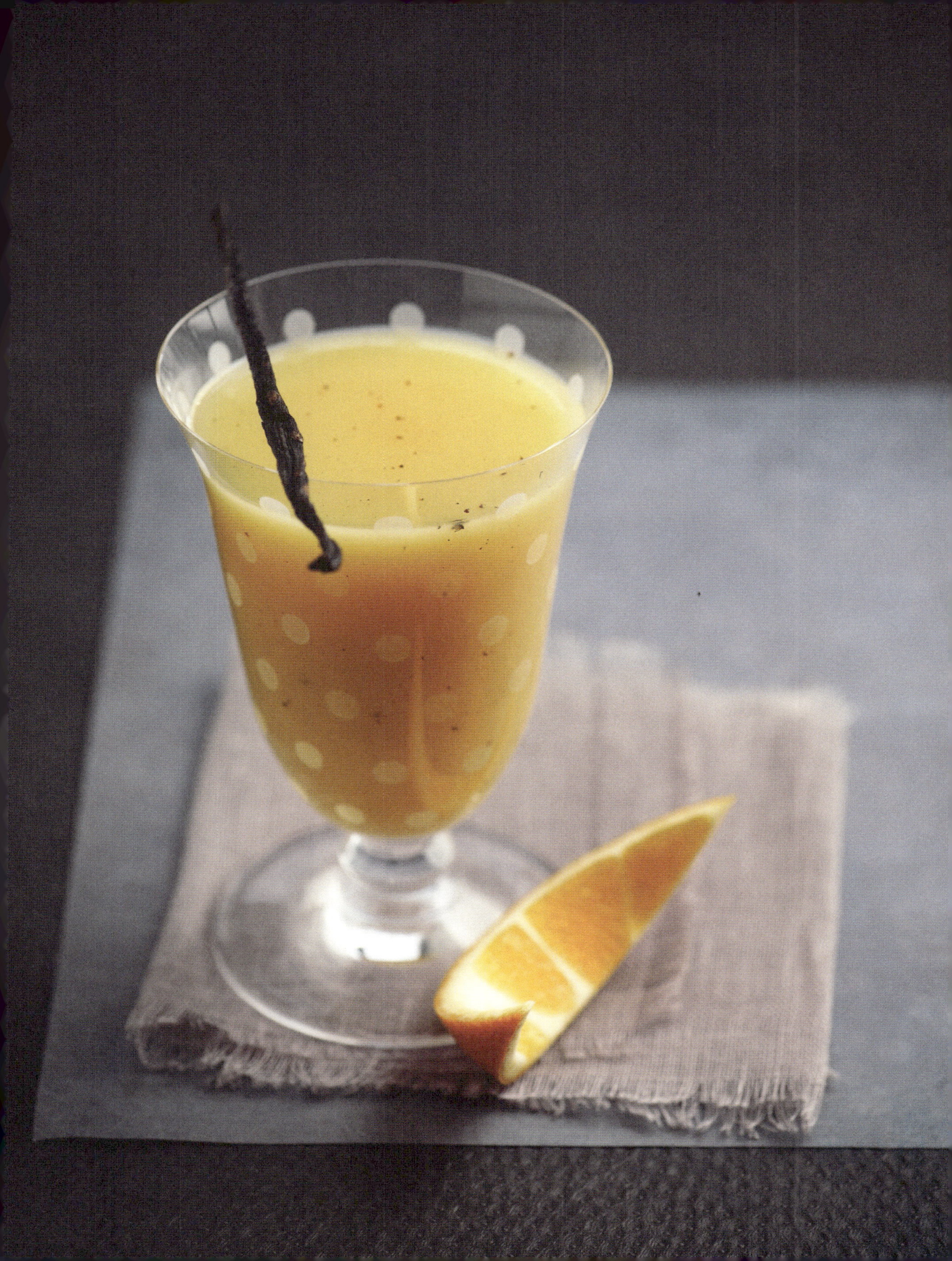

Sorbet au melon

Pour **4-6 personnes** | Préparation **15 minutes** | Congélation **1 heure + sorbetière**
Difficulté ★ | Coût ★

150 g de sucre en poudre | **2 melons bien mûrs** | **Le jus de ½ citron**

Matériel
Robot-mixeur | Sorbetière

1. Dans une casserole, réunissez 40 cl d'eau et le sucre en poudre. Portez à ébullition, ôtez du feu et laissez refroidir.

2. Pendant ce temps, coupez en deux les melons, éliminez les pépins, pelez-les et mixez finement leur chair.

3. Mélangez le sirop avec la pulpe de melon et le jus de citron. Placez cette préparation 1 h au congélateur.

4. Sortez ensuite la préparation du congélateur et remuez-la bien, puis versez-la dans une sorbetière. Consommez le sorbet sans délai.

Les conseils de Cyril

Vous pouvez faire varier cette recette très simple en changeant les fruits. Pour faire le plein de vitamine A, pensez à tous ceux dont la chair est jaune : abricots, prunes, pêches, fruits de la Passion et mangues. N'hésitez pas à mélanger les fruits, c'est encore meilleur.

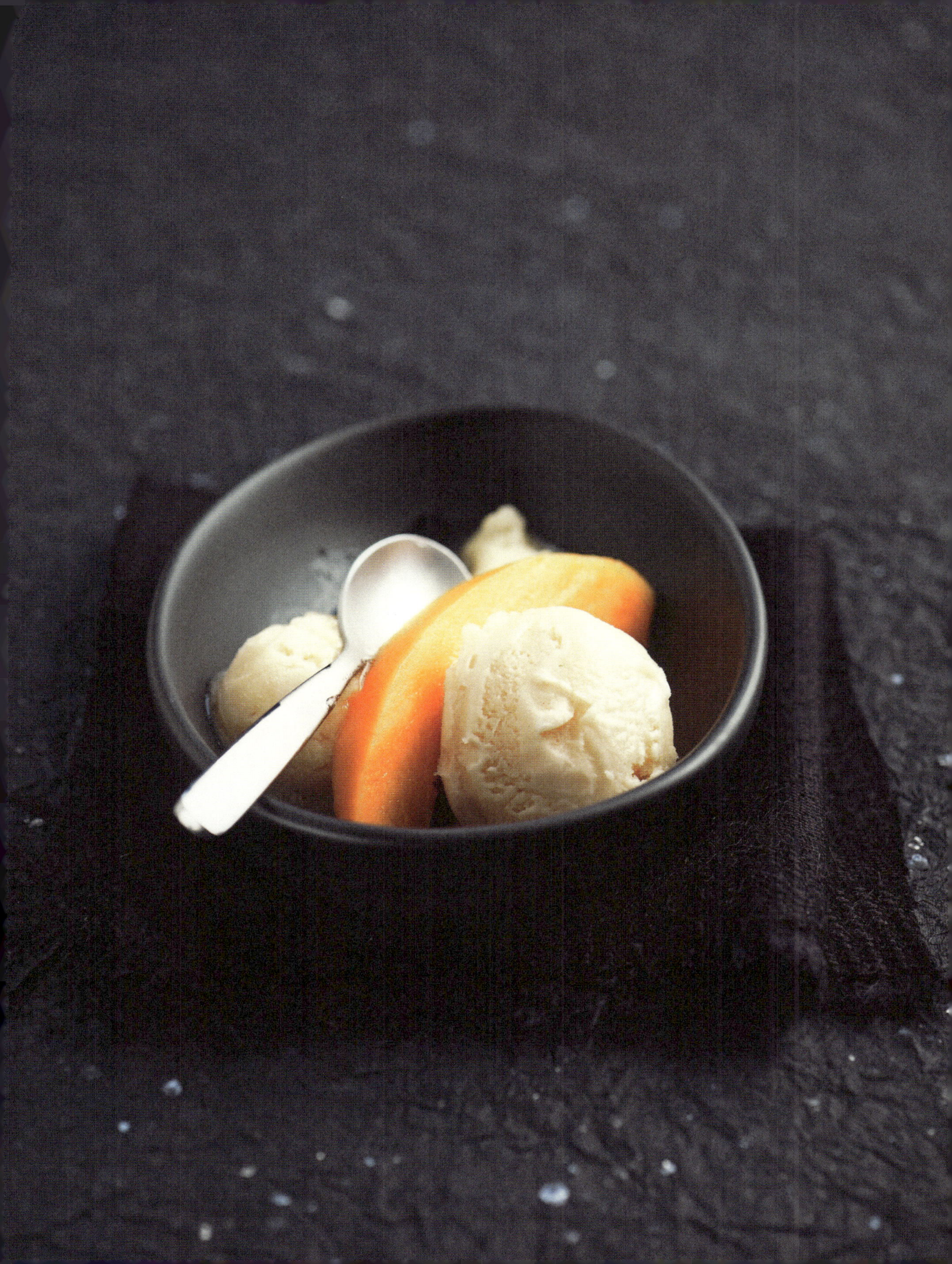

Jus d'ananas au basilic thaï

Pour **4 personnes** | Préparation **10 minutes**
Difficulté ★ | Coût ★

1 ananas (1,3 kg) | 1 morceau de 2 cm de gingembre | 20 cl de lait de coco | Quelques feuilles de basilic thaï

Matériel
Centrifugeuse

1. Coupez les bouts de l'ananas, puis, à l'aide d'un couteau à dents, ôtez-en l'écorce en retirant bien tous les yeux noirs. Coupez-le ensuite en quatre morceaux et enlevez le cœur dur avec un petit couteau. Épluchez le gingembre.

2. Passez l'ananas et le gingembre dans la centrifugeuse. Transvasez le jus dans une carafe et versez-y le lait de coco.

3. Effeuillez le basilic et, à l'aide d'un couteau bien aiguisé, coupez-le en très fines lamelles. Répartissez le jus dans des verres et décorez-le avec le basilic.

Variante
Vous pouvez remplacer le lait de coco par du jus d'orange ou par 2 bananes.

Le conseil de Cyril
Si vous ne trouvez pas de basilic thaï, utilisez de la menthe ou de la coriandre.

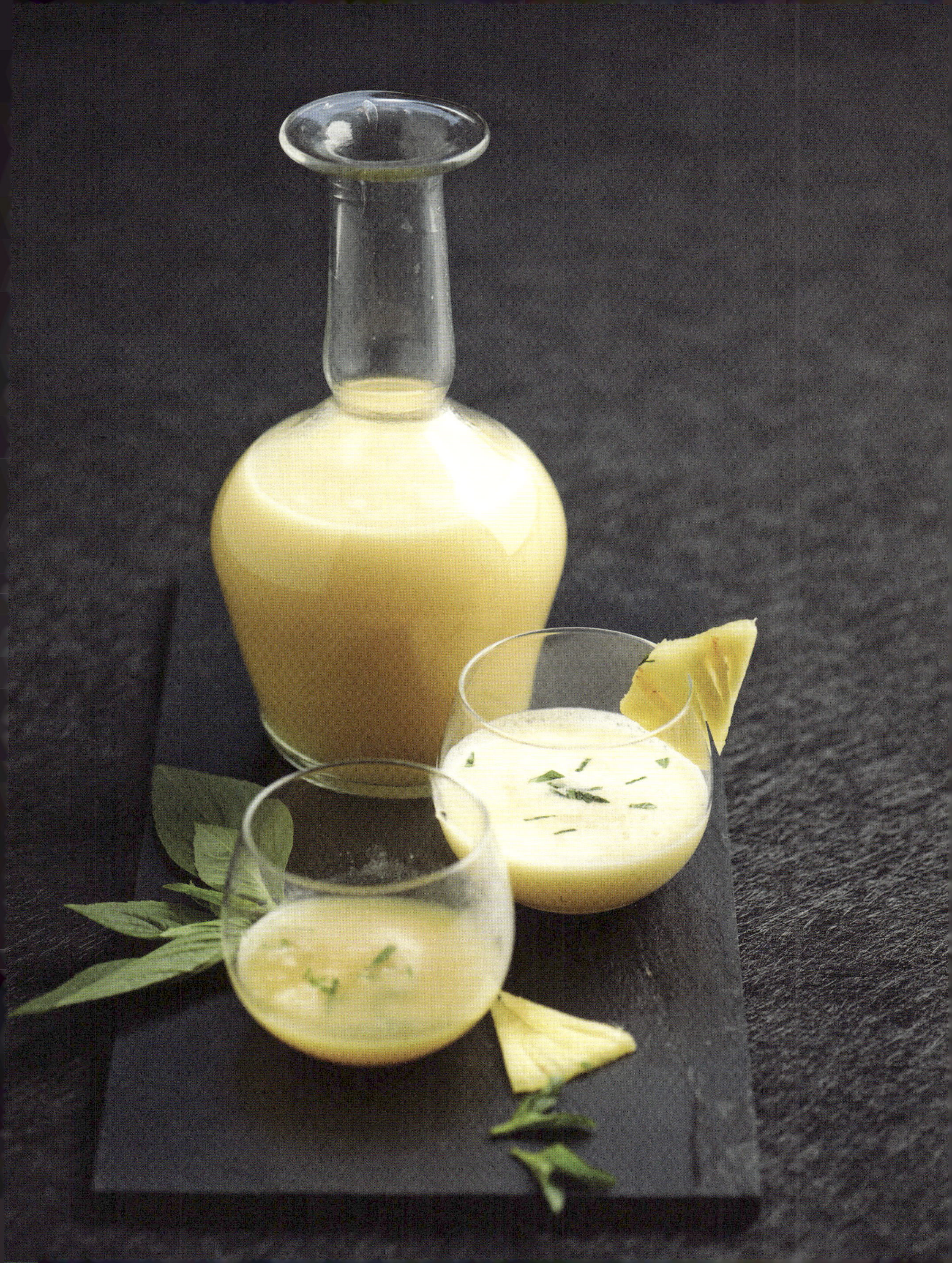

Jus green

Pour **4 personnes** | Préparation **10 minutes**
Difficulté ★ | Coût ★

3 kiwis (300 g) | 3 pommes vertes granny-smith (450 g) | ½ citron vert

Matériel
Presse-agrumes | Centrifugeuse ou blender

1. Pelez les kiwis, retirez leur pédoncule à l'aide de la pointe d'un couteau économe avant de les couper en morceaux. Épluchez les pommes, coupez-les en quartiers et retirez le cœur. Pressez le demi-citron afin d'en recueillir le jus.

2. Passez les pommes dans une centrifugeuse ou un blender pendant 1 ou 2 min. Ajoutez ensuite les kiwis et le jus de citron, puis actionnez le robot pendant 2 ou 3 min de façon à obtenir un jus lisse et homogène. Servez aussitôt, car le jus de pomme s'oxyde très vite.

Variantes
Les kiwis peuvent être remplacés par 1 concombre ou 1 branche de céleri.
Vous pouvez décorer les verres avec quelques feuilles de menthe hachées.

Le conseil de Cyril
Si vous trouvez le jus trop acide, n'hésitez pas à ajouter un peu de miel ou de sucre de canne.

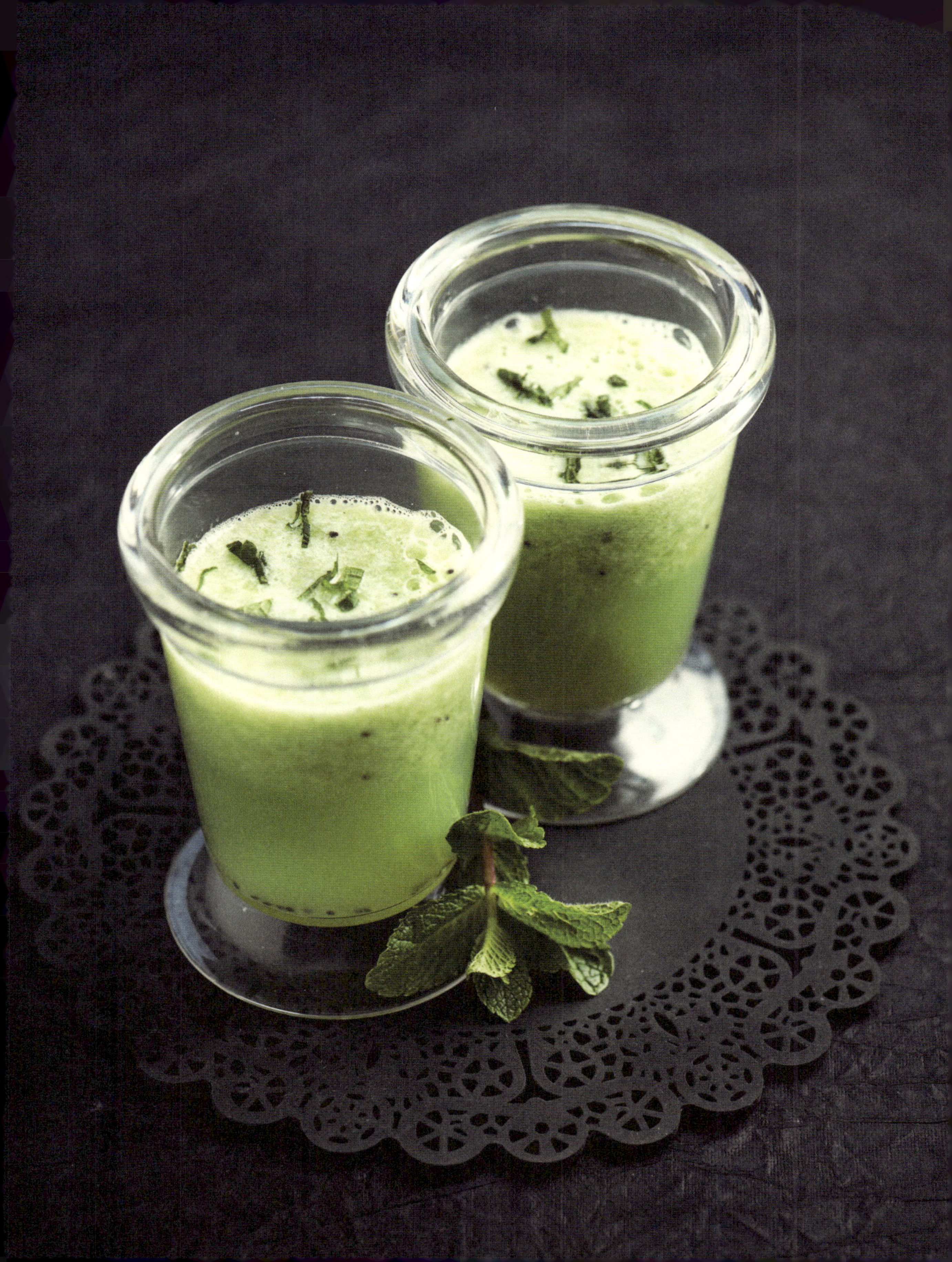

Jus pomme-litchi

Pour **4 personnes** | Préparation **10 minutes**
Difficulté ★ | Coût ★

2 poignées de litchis frais | 2 pommes

Matériel
Centrifugeuse

1 Épluchez et retirez le noyau des litchis. Épluchez les pommes.

2 Passez les fruits à la centrifugeuse. Servez aussitôt, car le jus de pomme s'oxyde très vite.

Le conseil de Cyril
Décorez ce jus de quelques grains de fruits de la Passion au moment de servir.

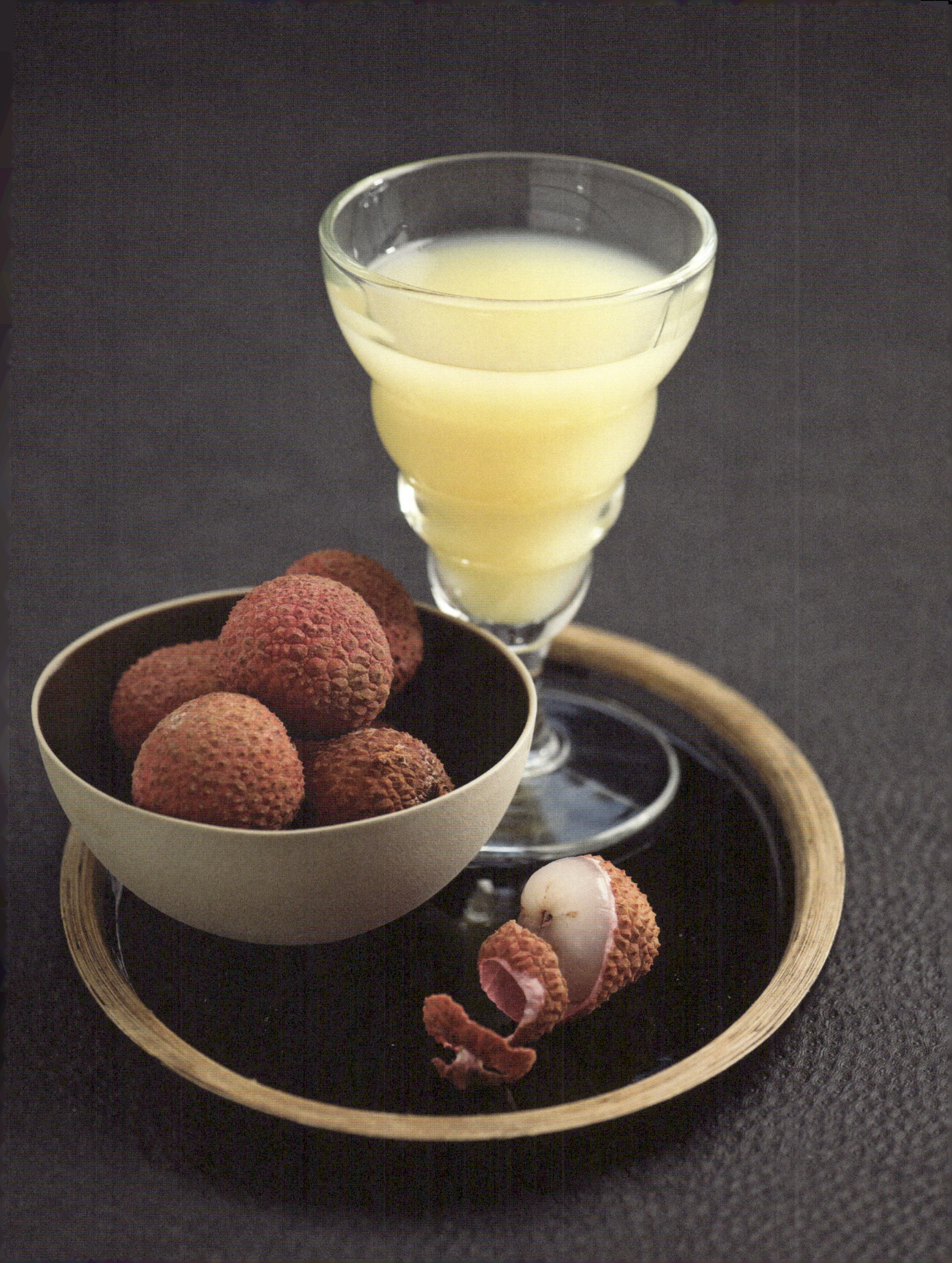

CUI

CUISINE EXPRESS

Apéros et entrées en moins de 20 minutes

Tartare d'huître à la tomate et au fruit de la Passion

Pour **4 personnes** | Préparation **10 minutes**
Difficulté ★ | Coût ★

8 huîtres de taille moyenne | **2 tomates** | **10 brins de ciboulette** | **2 fruits de la Passion** | **3 cuil. à soupe d'huile d'olive** | **Gomasio** | **4 tours de moulin à poivre**

Matériel
Moulin à légumes

1 Ouvrez les huîtres et séparez le corps de la coquille en conservant l'eau. Ébouillantez les tomates pendant 30 sec. Pelez-les, retirez les graines et hachez la chair. Coupez la ciboulette en fins tronçons. Ouvrez en deux les fruits de la Passion, retirez les graines et le jus, puis passez le tout dans un moulin à légumes muni d'une grille fine.

2 Hachez grossièrement les huîtres et mélangez-les à la tomate, à la ciboulette et au poivre. Gardez au frais.

3 Dans un bol, versez le jus de fruit de la Passion, puis ajoutez l'huile d'olive et 3 cuillerées à soupe de jus d'huître. Fouettez vigoureusement afin d'émulsionner la sauce. Répartissez le tartare d'huître dans quatre verres transparents. Ajoutez la sauce et saupoudrez de gomasio.

Le conseil de Cyril

Le gomasio est du sésame grillé, broyé et mélangé à de la fleur de sel.
Vous le trouverez au rayon bio de votre supermarché ou dans les épiceries bio.

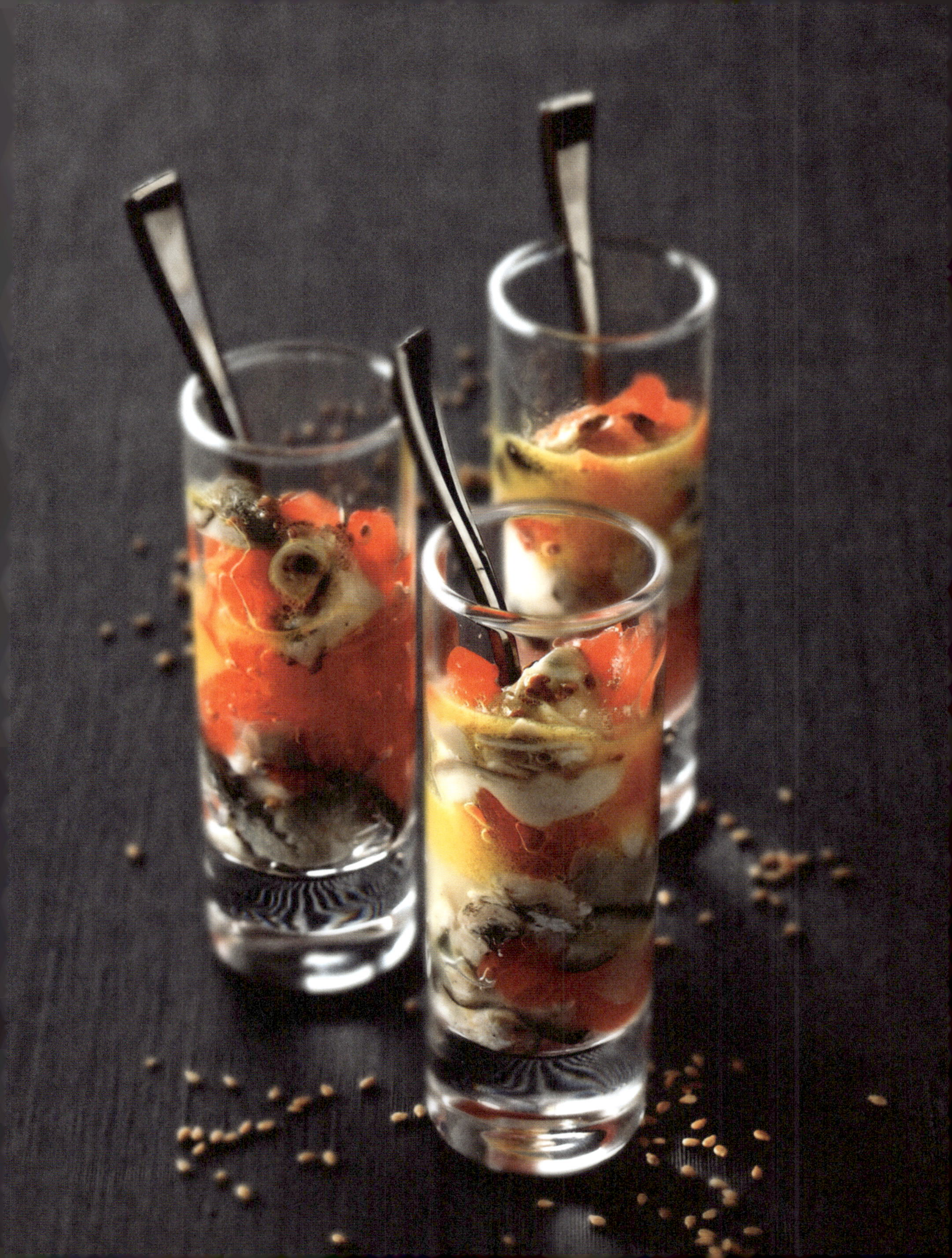

Huîtres à l'échalote et au jambon sec

Pour **4 personnes** | Préparation **10 minutes**
Difficulté ★ | Coût ★

1 échalote | 3 cuil. à soupe de vinaigre de xérès | 3 cuil. à soupe de vin blanc | 12 huîtres | 2 tranches de jambon de Bayonne | Poivre

1 Épluchez et hachez l'échalote. Dans un bol, mélangez le vinaigre et le vin blanc. Ajoutez du poivre et l'échalote. Ouvrez les huîtres, retirez la première eau.

2 Taillez le jambon en bâtonnets et répartissez-le sur les huîtres. Versez ensuite un peu de sauce sur les huîtres avant de servir.

Le conseil de Cyril
Accompagnez ces huîtres de toasts de pain de seigle beurrés.

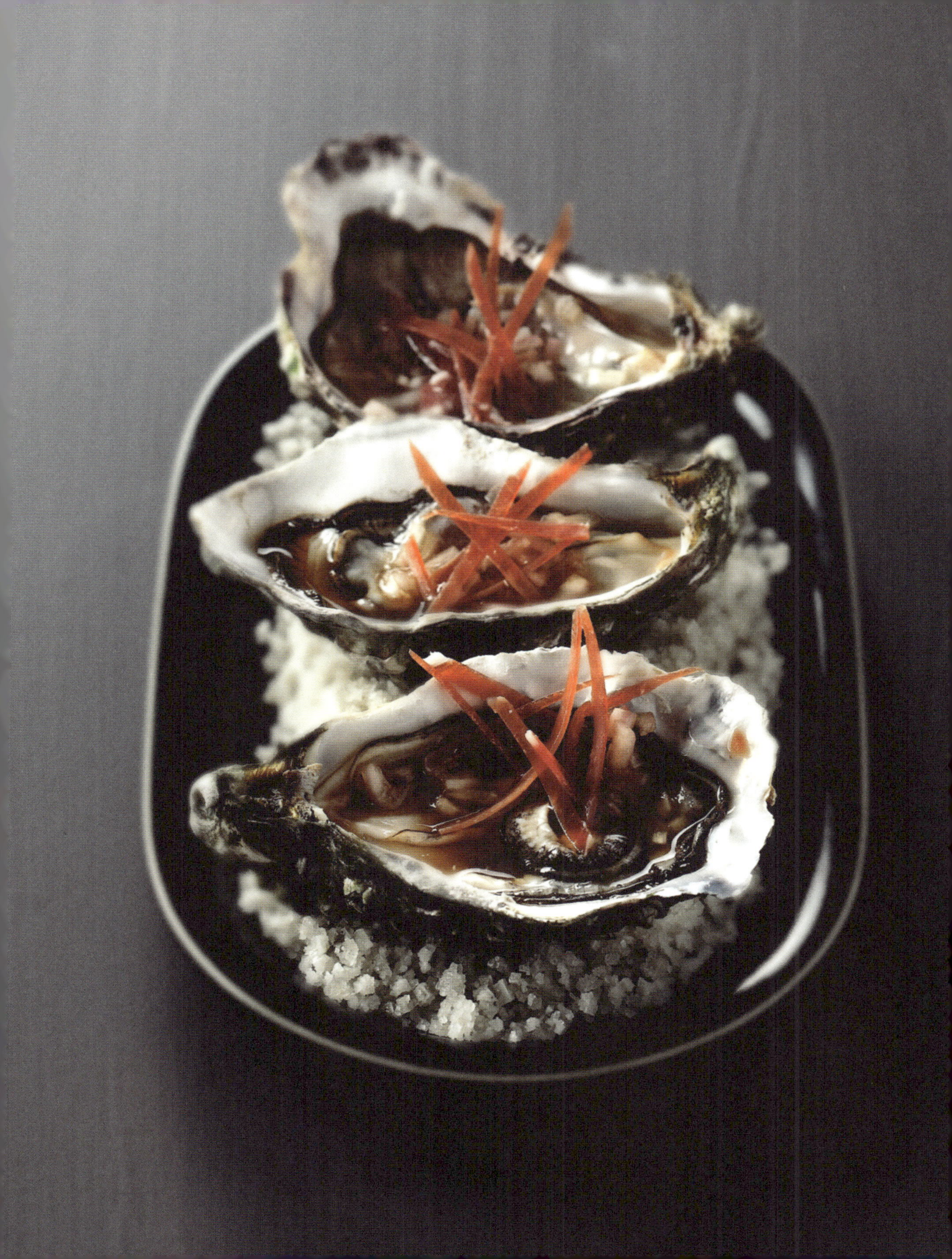

Mousse de fromage blanc aux fines herbes

Pour **4 personnes** | Préparation **5 minutes**
Difficulté ★ | Coût ★

300 g de fromage frais | 1 botte de ciboulette | 1 botte de cerfeuil |
1 botte d'estragon | 20 cl de crème fraîche liquide |
3 pincées de piment de Cayenne | Sel, poivre

1 Placez le fromage frais dans un saladier et fouettez-le un instant pour l'assouplir. Hachez finement la ciboulette, le cerfeuil et l'estragon. Fouettez la crème liquide, jusqu'à obtention d'une mousse bien ferme.

2 Mélangez les herbes et le piment de Cayenne au fromage, salez et poivrez. Incorporez délicatement la crème fouettée. Servez dans des coupes ou dans des verres.

Les conseils de Cyril

Si vous avez le temps, hachez les herbes, mélangez-les au fromage frais et placez le tout au réfrigérateur pendant 3 ou 4 h : la mousse n'en sera que plus parfumée. À servir sur des toasts, en apéritif ou en entrée. Agrémentez cette mousse d'olives hachées, d'anchois hachés, d'un trait d'huile d'olive ou encore de 1 ou 2 cuillerées à soupe de tapenade.

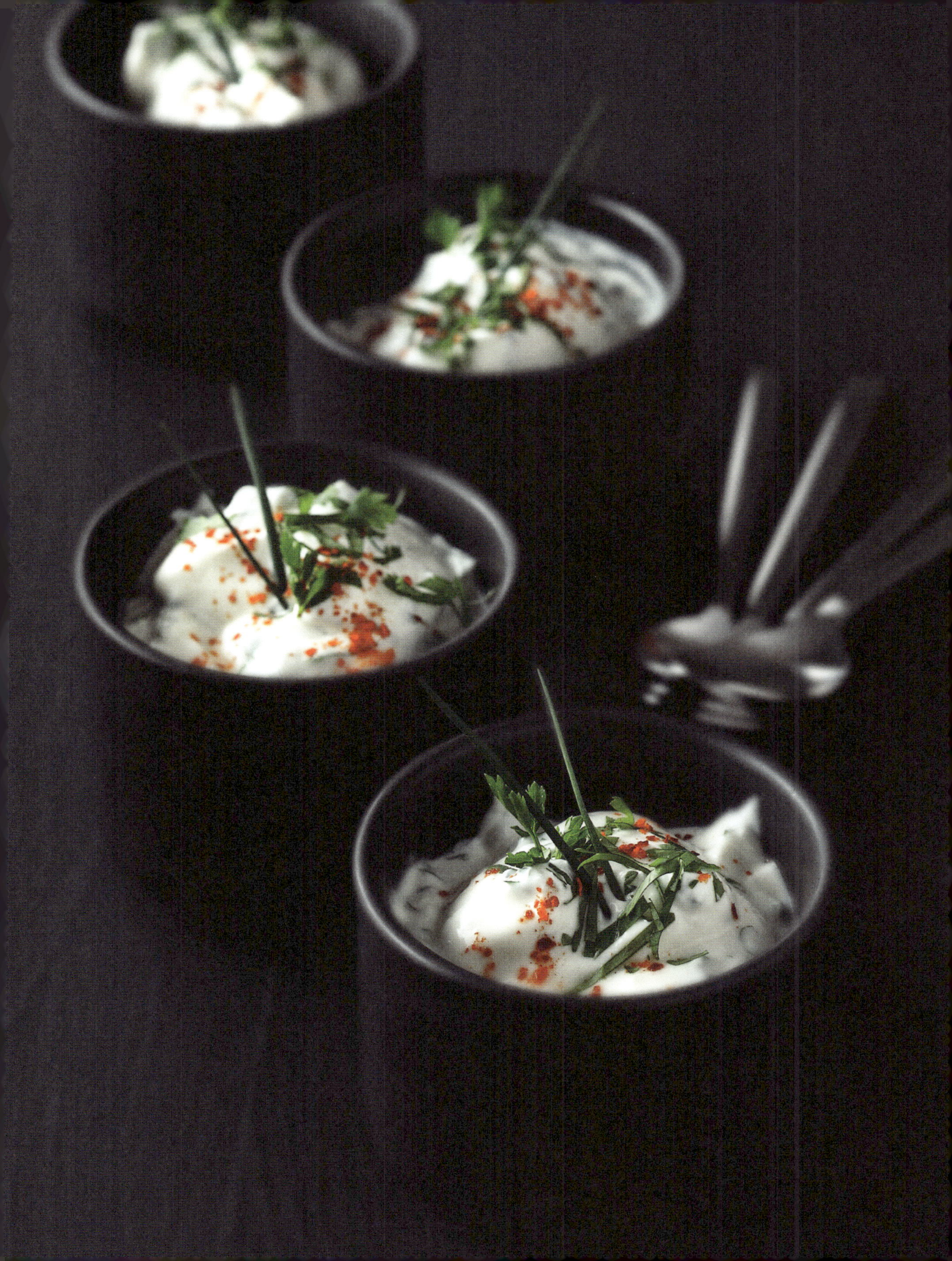

Crème de basilic aux pignons de pin

Pour **4 personnes** | Préparation **15 minutes** | Cuisson **1 minute**
Difficulté ★ | Coût ★

2 bottes de basilic | 4 gousses d'ail nouveau | 50 g de pignons de pin |
30 g de parmesan | 2 pincées de piment de Cayenne | 8 cl d'huile d'olive |
Sel, poivre

Matériel
Mixeur

1. Détachez les feuilles des bottes de basilic, éliminez les tiges. Lavez les feuilles et essorez-les comme de la salade.

2. Épluchez les gousses d'ail. Si vous utilisez de l'ail qui n'est pas nouveau, ébouillantez les gousses pendant 1 min.

3. Mixez très finement le basilic avec l'ail, les pignons, le parmesan, l'huile d'olive, le piment de Cayenne, un peu de sel et de poivre, jusqu'à obtention d'une pâte bien verte et très fine. Conservez-la au réfrigérateur si vous ne l'utilisez pas immédiatement.

Les conseils de Cyril

Vous pouvez utiliser cette crème de différentes manières : pour faire des toasts, accommoder des pâtes fraîches, du riz, des pommes de terre vapeur.
Vous pouvez l'incorporer dans une soupe de légumes, hors du feu, au dernier moment. Vous pouvez enfin utiliser cette crème pour accompagner des viandes blanches ou du poisson.

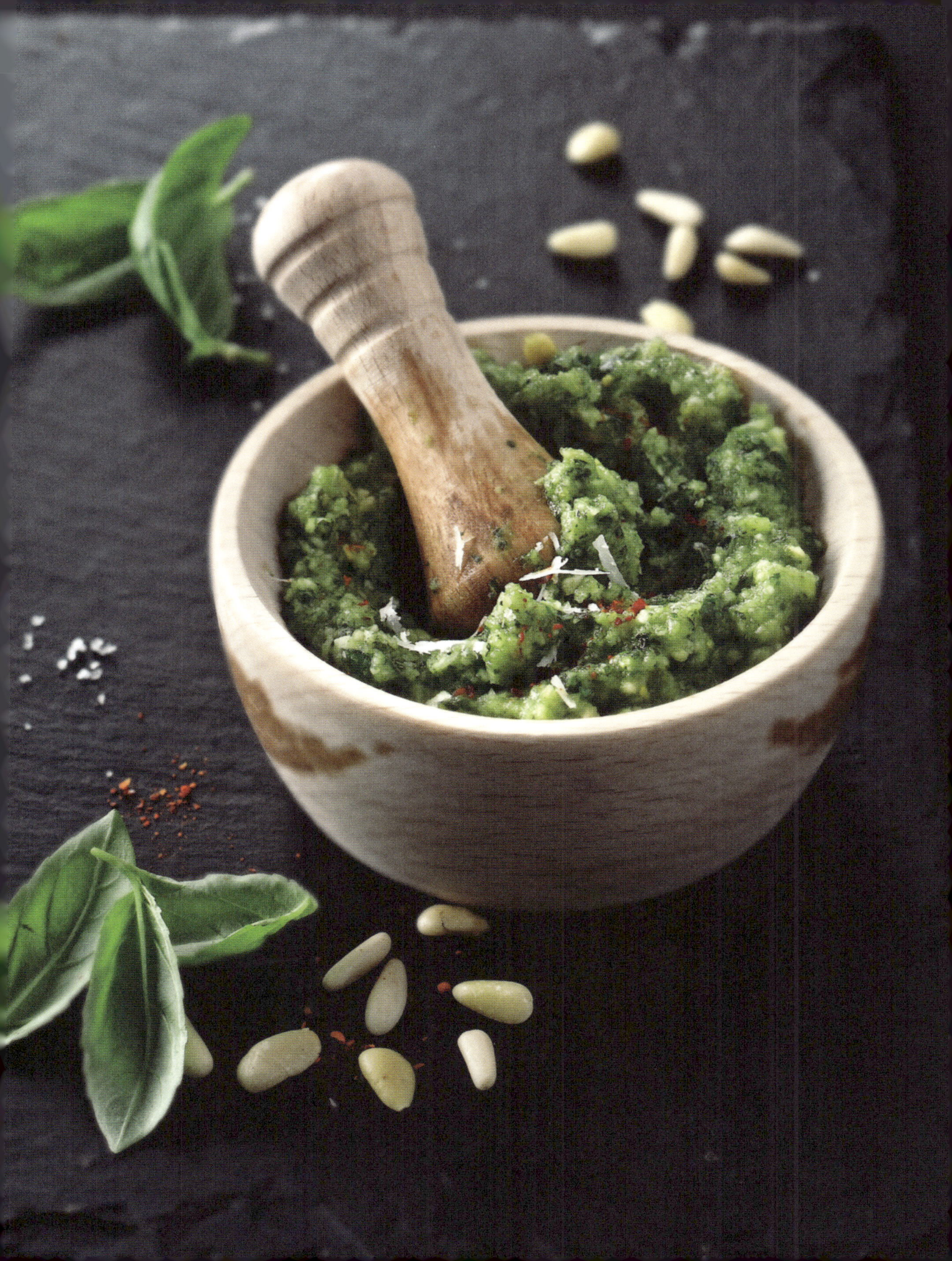

Pain à la tomate

Pour **4 personnes** | Préparation **10 minutes**
Difficulté ★ | Coût ★

2 tomates | 2 gousses d'ail | 8 tranches d'un bon pain de campagne |
8 cuil. à café d'huile d'olive | Sel

1 Ébouillantez les tomates pendant 30 sec après les avoir incisées, puis pelez-les. Hachez ensuite la chair. Épluchez les gousses d'ail. Faites toaster le pain. Quand il est encore chaud, frottez-le d'ail.

2 Répartissez ensuite la tomate. Sur chaque tranche, versez 1 cuillerée à café d'huile d'olive, un peu de sel et servez aussitôt.

Le conseil de Cyril
Vous pouvez éventuellement ajouter un peu d'ail haché à la chair de tomate.

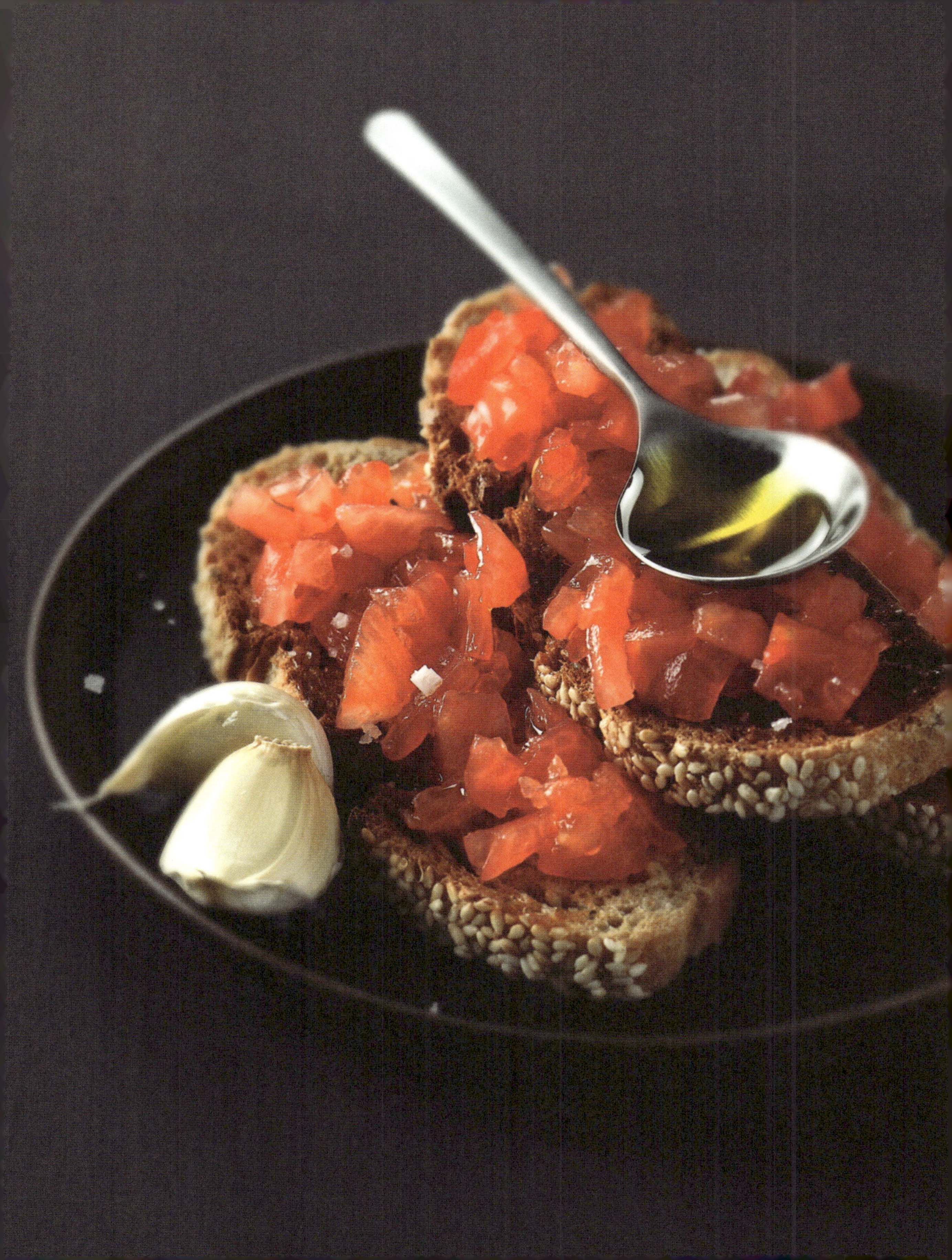

Anchois et fromage de brebis

Pour **4 personnes** | Préparation **10 minutes**
Difficulté ★ | Coût ★

8 tranches d'un bon pain de campagne | 100 g de brousse ou brocciu (fromage frais de brebis) | 32 filets d'anchois conservés dans de l'huile d'olive | Poivre

1 Tartinez le pain de brousse ou de brocciu. Poivrez. Répartissez sur chaque tartine 4 filets d'anchois disposés parallèlement.

2 Coupez chaque tartine entre les anchois avant de servir.

Les conseils de Cyril

Voici d'autres idées de tartines, toutes aussi délicieuses : fèves, aïoli et jambon ; Saint-Môret®, zestes de citron vert et saumon fumé ; poulet grillé, chutney de mangue et coriandre ; pastrami, raifort et concombre ; ou encore Saint-Môret®, radis et roquette.

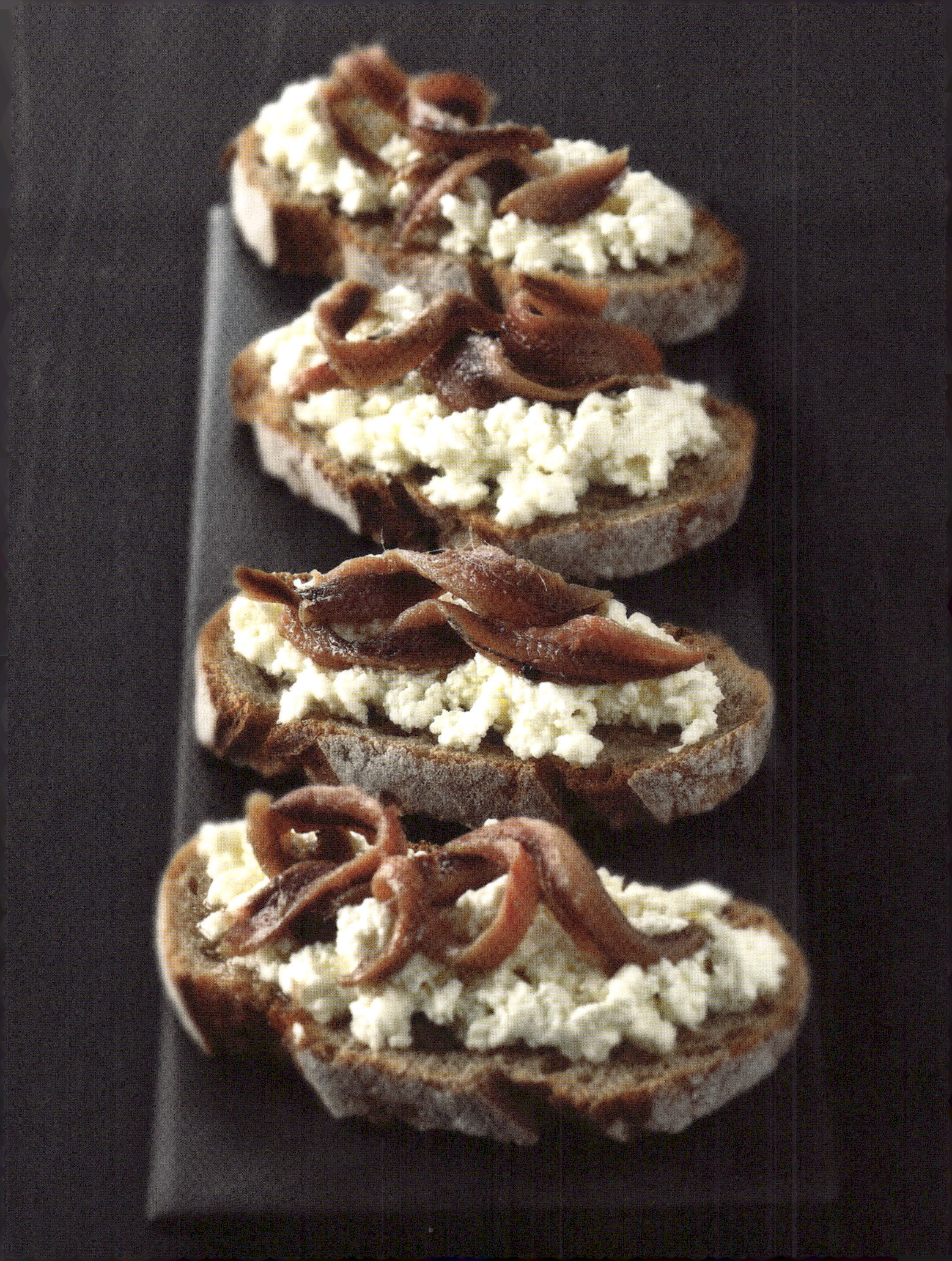

Sardines à l'huile, pomme granny-smith, concombre et céleri

Pour **4 personnes** | Préparation **10 minutes**
Difficulté ★★ | Coût ★

**2 boîtes de très bonnes sardines à l'huile d'olive | ¼ de concombre |
1 branche de céleri | 1 pomme granny-smith | 6 cuil. à soupe d'huile d'olive |
Sel, poivre**

1. Ouvrez la boîte de sardines et égouttez-les en récupérant l'huile.

2. Épluchez le concombre. Coupez-le en quatre dans la longueur, retirez les graines et coupez la chair en petits dés. Épluchez la partie arrondie du céleri puis coupez-le ensuite en petits dés. Épluchez et coupez la pomme en petits dés.

3. Mélangez la pomme, le concombre et le céleri. Ajoutez l'huile des sardines. Salez et poivrez à votre goût.

4. Dans des petites assiettes, disposez le mélange pomme-concombre-céleri, puis posez par-dessus 2 sardines par personne. Avant de servir, entourez le tout d'un trait d'huile d'olive.

Le conseil de Cyril
Servez cette entrée avec des tartines de pain grillées et beurrées.

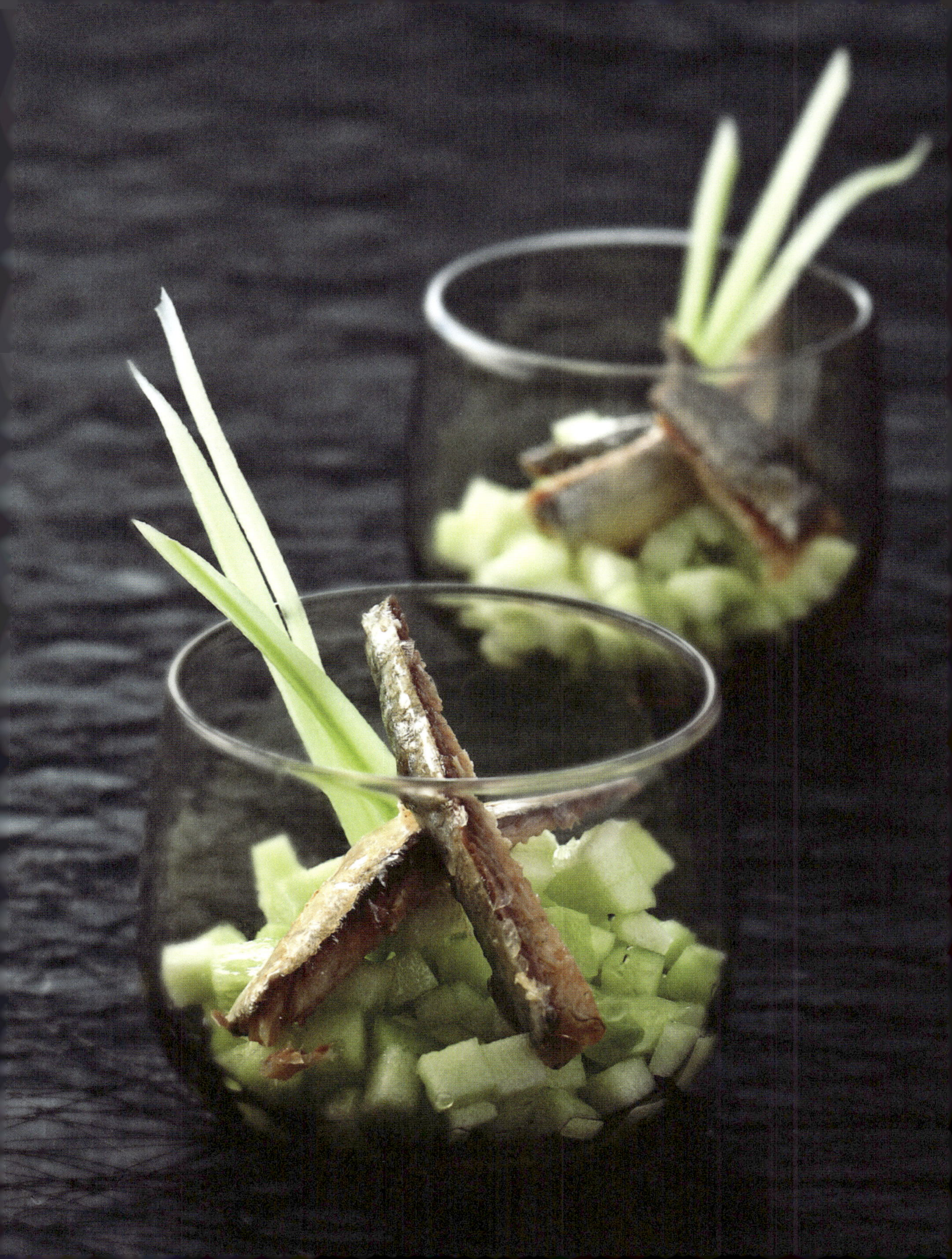

Salade de mâche au foie gras

Pour **4 personnes** | Préparation **15 minutes** | Cuisson **2 minutes**
Difficulté ★ | Coût ★

3 cuil. à soupe de vinaigre de framboise + un peu pour la cuisson du foie |
1 échalote hachée | ½ botte de ciboulette ciselée | 1 cuil. à café rase de gingembre haché | 4 poignées de mâche | 8 escalopes de foie gras frais de canard |
8 cuil. à soupe d'huile d'olive | Sel, poivre

1. Dans un saladier, mélangez le vinaigre, l'huile, l'échalote, la ciboulette ciselée et le gingembre. Salez, poivrez et ajoutez la mâche. Mélangez bien. Répartissez la salade assaisonnée dans quatre assiettes.

2. Faites chauffer une poêle antiadhésive à feu modéré. Salez et poivrez les escalopes de foie gras.

3. Faites cuire les escalopes pendant 1 ou 2 min, en les retournant au moins une fois. Versez 1 trait de vinaigre en fin de cuisson. Déposez délicatement les escalopes sur la mâche, nappez-les avec un tout petit peu de jus de cuisson et servez sans attendre.

Le conseil de Cyril

Ici, la vitamine B est apportée par la mâche, alors que le foie gras fournit des lipides insaturés, bénéfiques au système cardio-vasculaire. Comme quoi, se faire du bien peut être aussi très agréable !

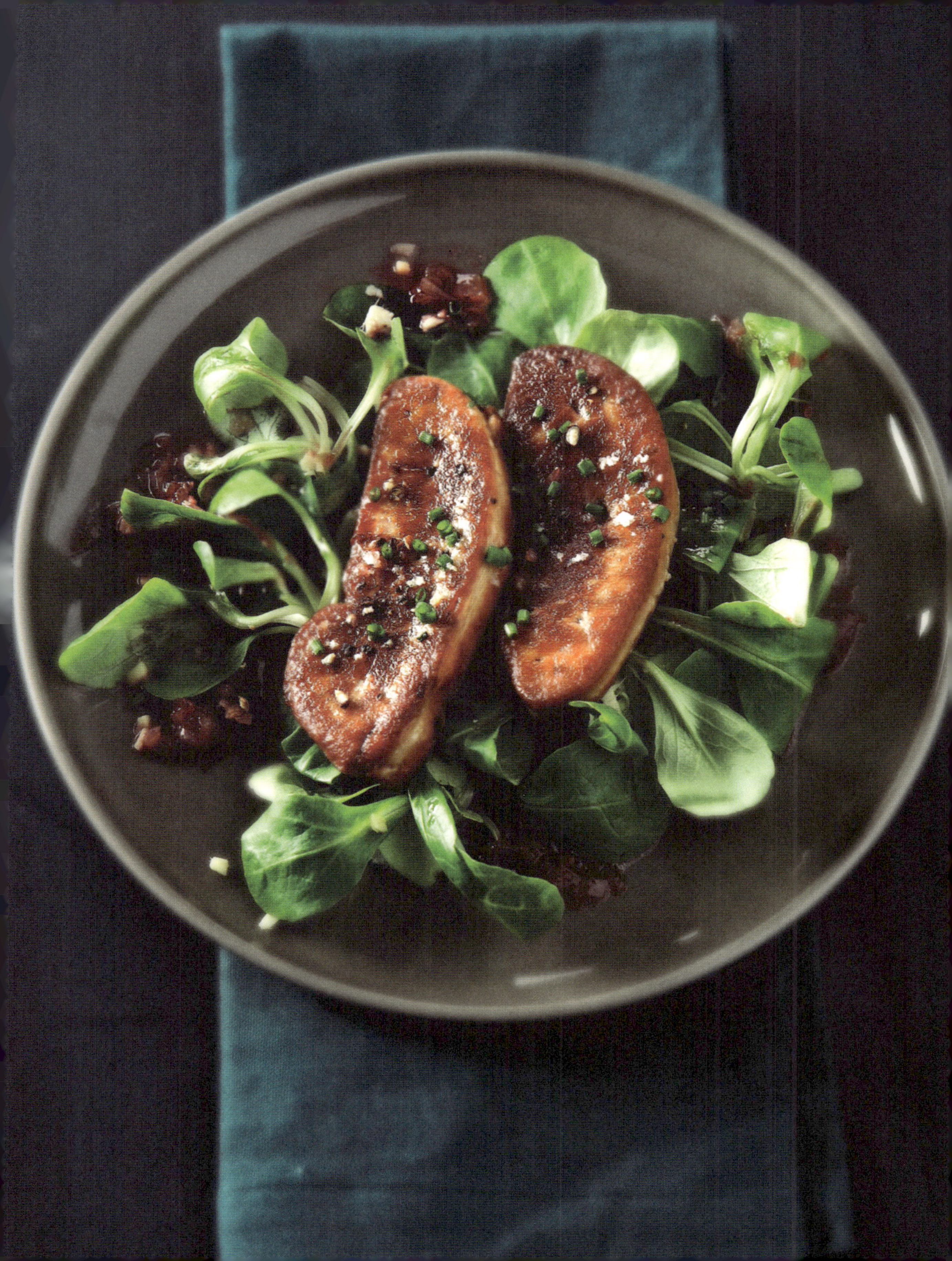

Houmous

Pour **4 personnes** | Préparation **10 minutes**
Difficulté ★ | Coût ★

200 g de pois chiches cuits en conserve | 1 yaourt nature | ½ botte de persil |
1 cuil. à soupe d'huile de sésame | 6 cuil. à soupe d'huile d'olive | Paprika |
Sel, poivre

Matériel
Mixeur

1. Rincez les pois chiches, mixez-les avec le yaourt, l'huile de sésame, le persil, du sel et du poivre.

2. Versez le mélange dans un plat, couvrez d'huile d'olive et saupoudrez de paprika.

Le conseil de Cyril
Dégustez ce houmous accompagné d'une bonne baguette ou d'un bon pain de campagne réchauffé au four.

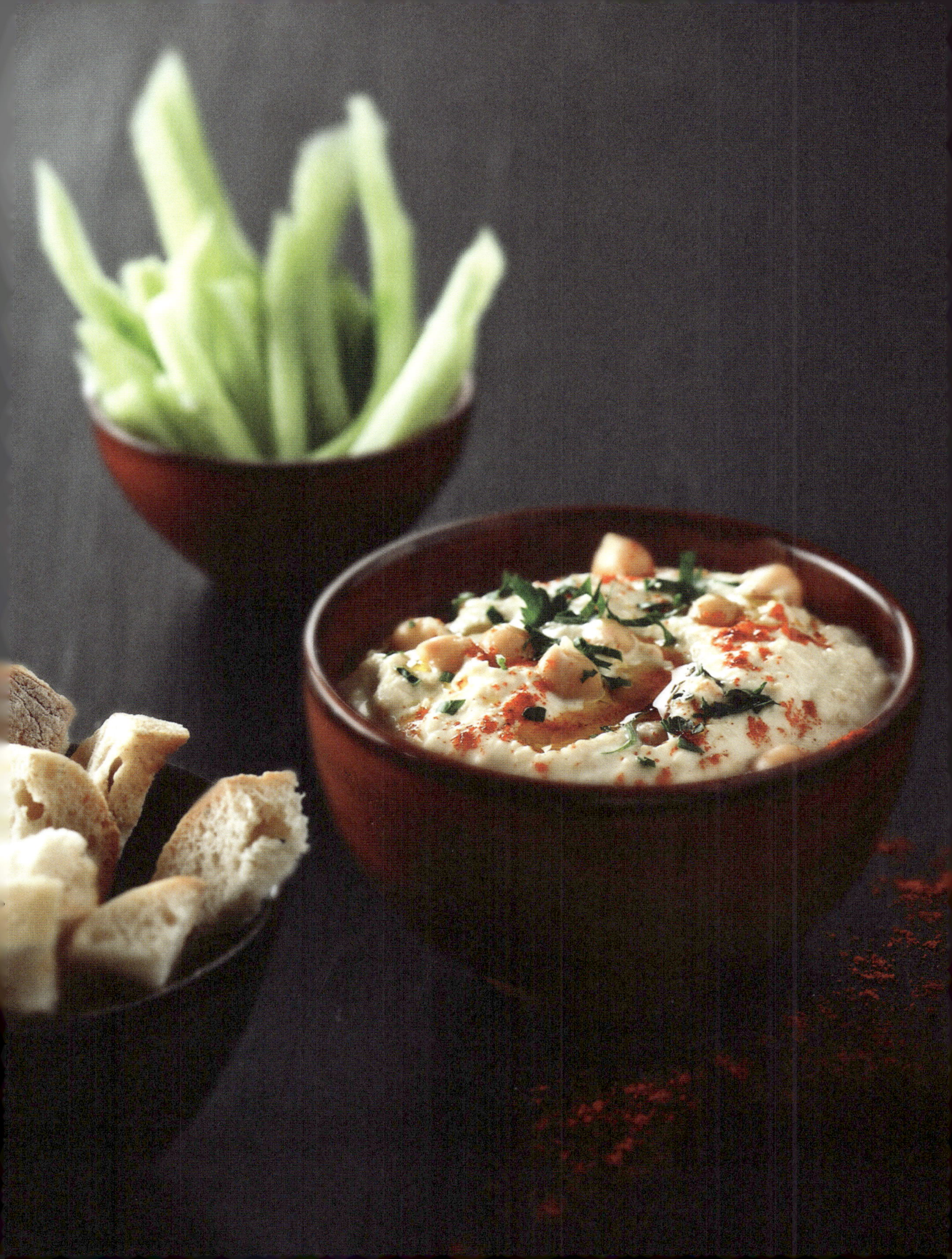

Palourdes au jambon et au piment

Pour **4 personnes** | Préparation **10 minutes** | Cuisson **10 minutes**
Difficulté ★ | Coût ★

2 gousses d'ail | ½ botte de persil | 2 tranches de jambon Serrano |
12 palourdes soigneusement lavées | 1 verre de vin blanc |
4 cuil. à soupe d'huile d'olive | 2 pincées de pimentón (piment espagnol)
ou de piment d'Espelette en poudre

1 Épluchez et hachez l'ail. Hachez le persil. Taillez le jambon en petits bâtonnets. Dans un wok ou une grande casserole, faites chauffer l'huile d'olive. Ajoutez les palourdes.

2 Quand elles commencent à s'ouvrir, ajoutez le jambon, le vin blanc, l'ail et le persil. Laissez cuire pendant 5 min afin que l'alcool s'évapore. Saupoudrez alors de pimentón ou de piment d'Espelette et servez.

Le conseil de Cyril
Vous pouvez également utiliser de l'huile pimentée.

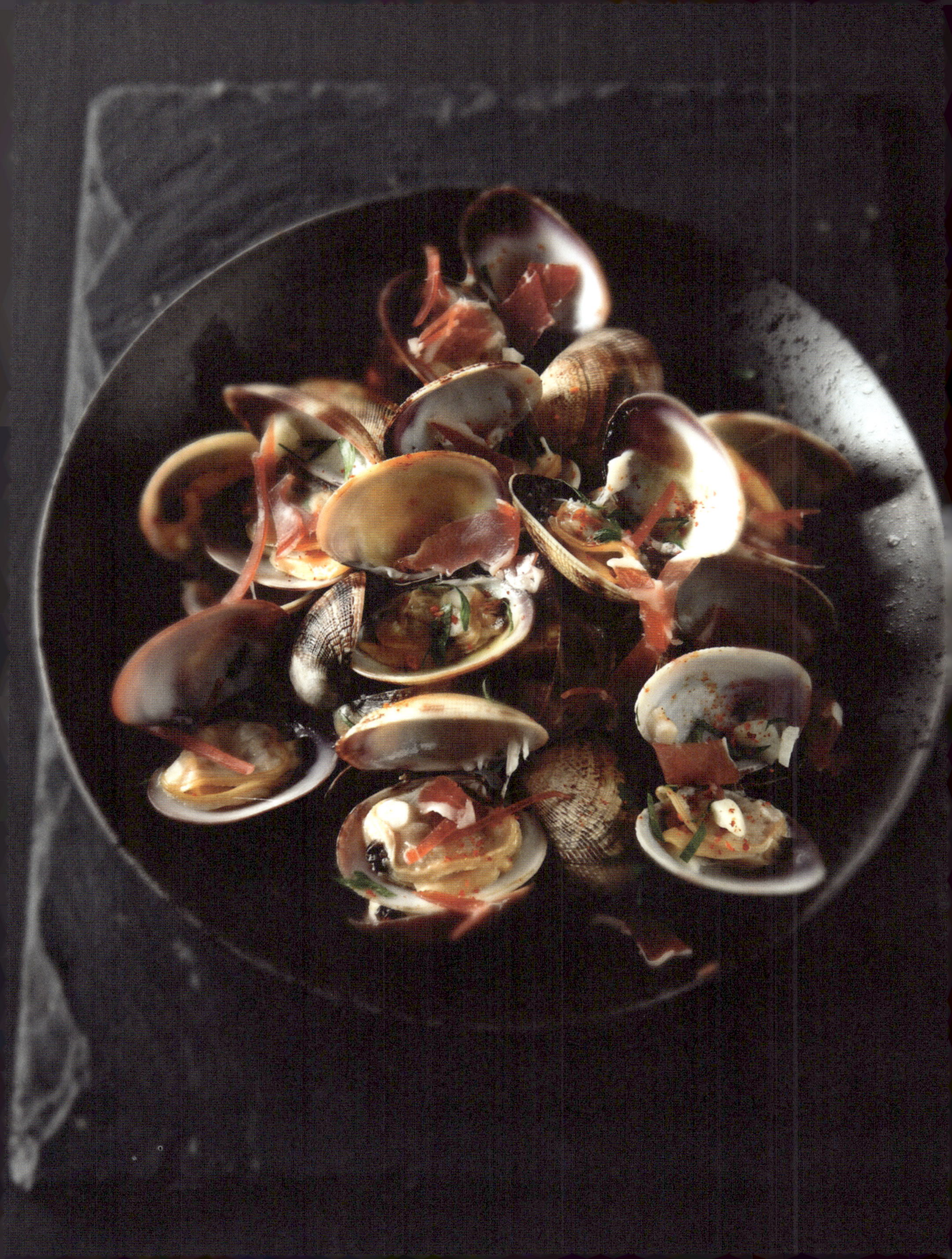

Tartare de thon aux endives et à la pomme verte

Pour **6 personnes** | Préparation **20 minutes**
Difficulté ★ | Coût ★★

2 citrons verts (ou 1 citron jaune) | 4 cuil. à soupe de sauce soja | 4 cuil. à soupe de vinaigre balsamique | 6 cuil. à soupe de graines de sésame | 6 brins de coriandre | 400 g de filet de thon rouge, sans la peau et sans arêtes | 1,5 pommes granny-smith | 3 endives | 6 cuil. à soupe d'huile d'olive

1. Prélevez les zestes des citrons verts, puis pressez-les. Mélangez le jus avec la sauce soja, le vinaigre balsamique et l'huile d'olive. Faites dorer les graines de sésame à feu moyen dans une poêle antiadhésive, sans matière grasse.

2. Effeuillez la coriandre et déchirez-la grossièrement en morceaux avec les doigts. Coupez le thon en petits dés. Pelez les pommes, coupez-les en quartiers, puis en petits dés. Coupez les endives en deux dans la longueur. Coupez-les ensuite en lanières, puis en petits dés.

3. Mélangez l'ensemble des ingrédients, sauf les graines de sésame. Servez dans des petits bols et parsemez de graines de sésame grillées.

Le conseil de Cyril
Vous pouvez réaliser la même recette avec du saumon cru.

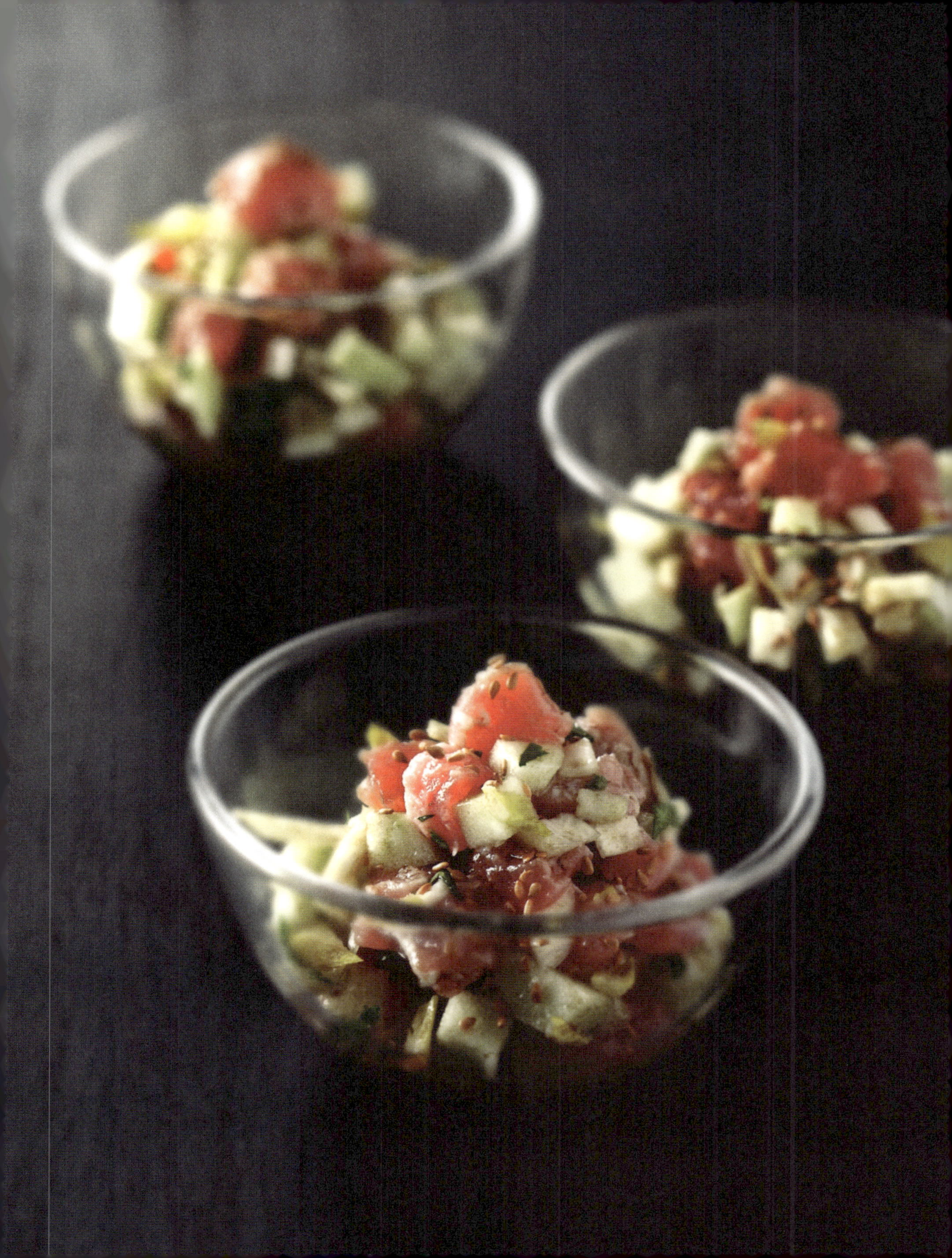

Carpaccio de magret à l'orange et à l'huile de noix

Pour **4 personnes** | Préparation **15 minutes**
Difficulté ★ | Coût ★★

2 oranges | 1 magret fumé et séché, coupé en tranches | 4 cuil. à soupe d'huile de noix

1. Coupez les extrémités des oranges. Retirez la peau sans laisser de chair blanche sur l'agrume. Toujours à l'aide de votre couteau, incisez les oranges entre les nervures de chaque quartier. Mettez les quartiers dans un bol et pressez entre vos mains le cœur des oranges pour en exprimer le jus.

2. Sur de petites assiettes, répartissez les quartiers en rosace sans oublier le jus. Intercalez ensuite les tranches de magret entre les oranges et terminez en versant 1 cuillerée à soupe d'huile de noix sur chaque assiette.

Le conseil de Cyril
Parsemez éventuellement de quelques noix concassées.

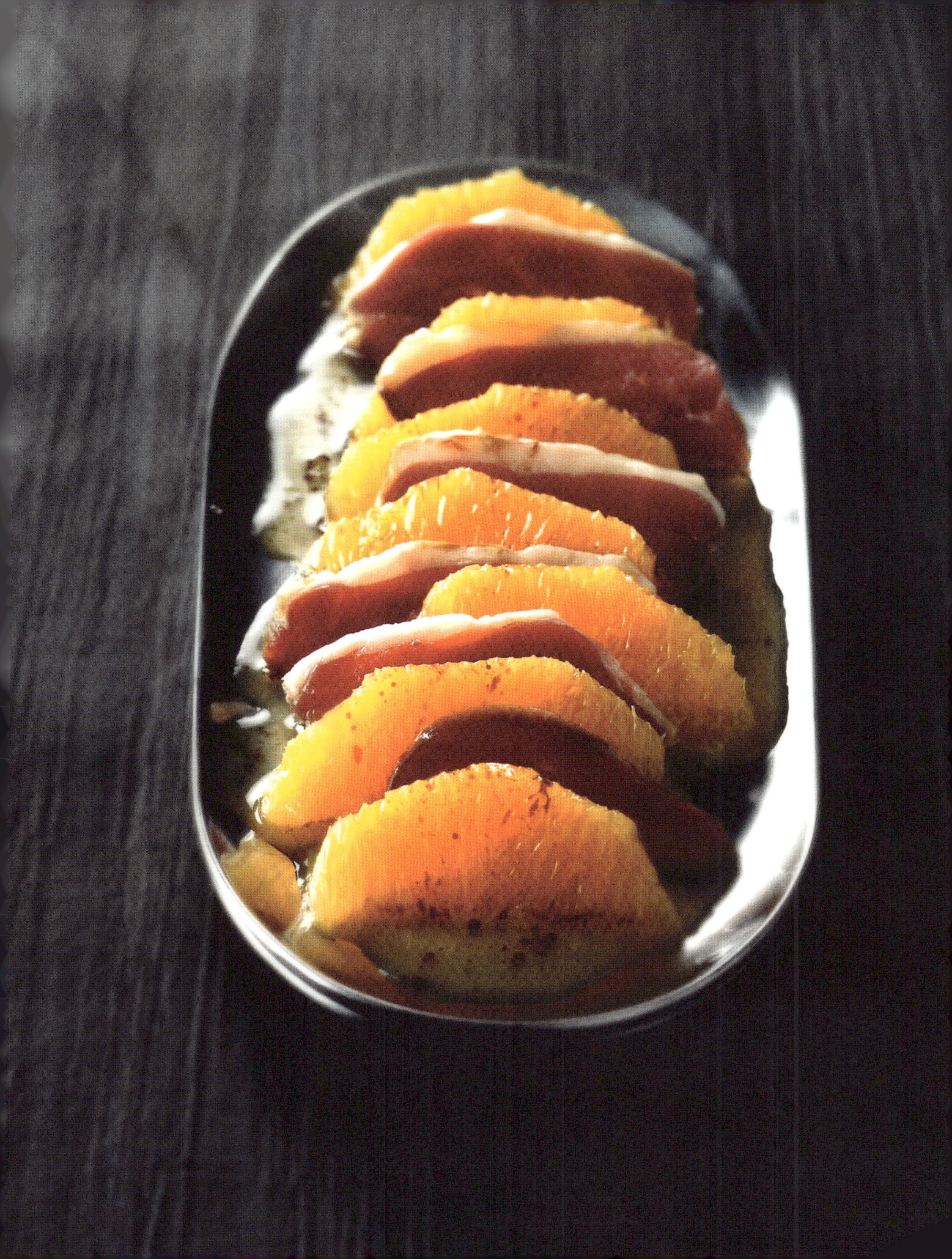

Œufs à la coque, mouillettes au saumon fumé

Pour **6 personnes** | Préparation **10 minutes** | Cuisson **10 minutes**
Difficulté ★ | Coût ★★

6 tranches de pain de mie | 60 g de beurre | 6 tranches de saumon fumé | 6 œufs | Sel, poivre

Matériel
Coquetiers

1. Toastez les tranches de pain. Ôtez les croûtes et beurrez les tranches. Étalez le saumon fumé sur le pain. Retirez ce qui dépasse. Coupez chaque tranche de pain en trois languettes.

2. Faites chauffer de l'eau dans une casserole. Quand l'eau bout, déposez-y les œufs. Comptez 3 min de cuisson dès la reprise de l'ébullition, puis sortez les œufs de l'eau.

3. Placez les œufs dans des coquetiers. Posez-les sur des petites assiettes sur lesquelles vous aurez réparti les mouillettes. Laissez à chacun le soin d'ouvrir son œuf et de l'assaisonner.

Le conseil de Cyril
N'utilisez que des œufs extra-frais, c'est-à-dire de moins de neuf jours après la ponte, et bio de préférence, pour le goût.

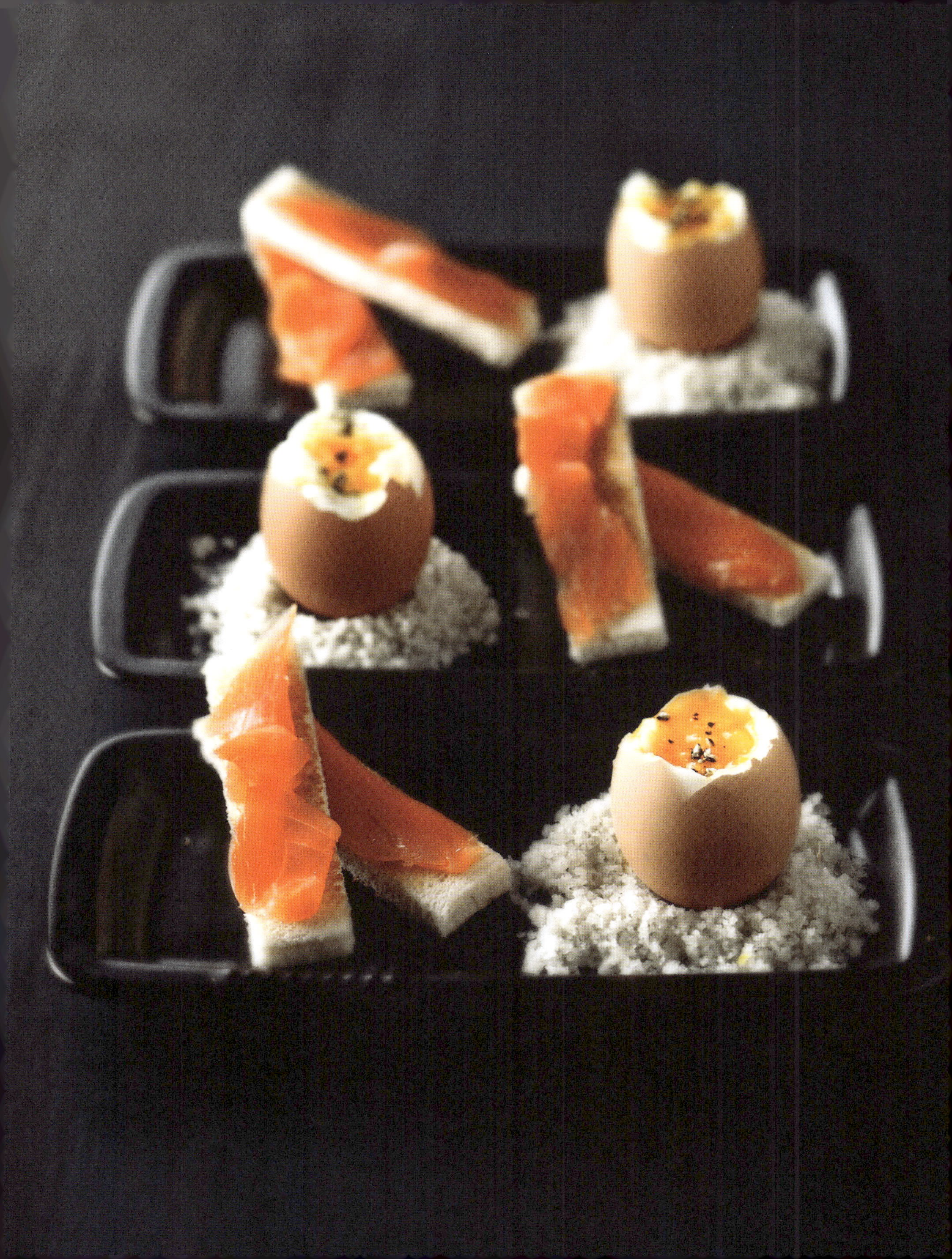

Jambon, cœur d'artichaut et fromage frais

Pour **4 personnes** | Préparation **10 minutes**
Difficulté ★ | Coût ★

200 g d'artichauts à la romaine (petits cœurs d'artichauts conservés dans de l'huile) | 8 tranches d'un bon pain de campagne | 100 g de Saint-Môret® | 8 tranches de jambon sec italien

1. Égouttez les artichauts. Tartinez le pain de fromage. Déposez ensuite le jambon sur le pain et terminez par 3 ou 4 morceaux d'artichaut.

2. Coupez chaque tartine entre les artichauts avant de servir.

Le conseil de Cyril
Vous pouvez frotter les tranches de pain avec une gousse d'ail épluchée avant d'y tartiner le fromage.

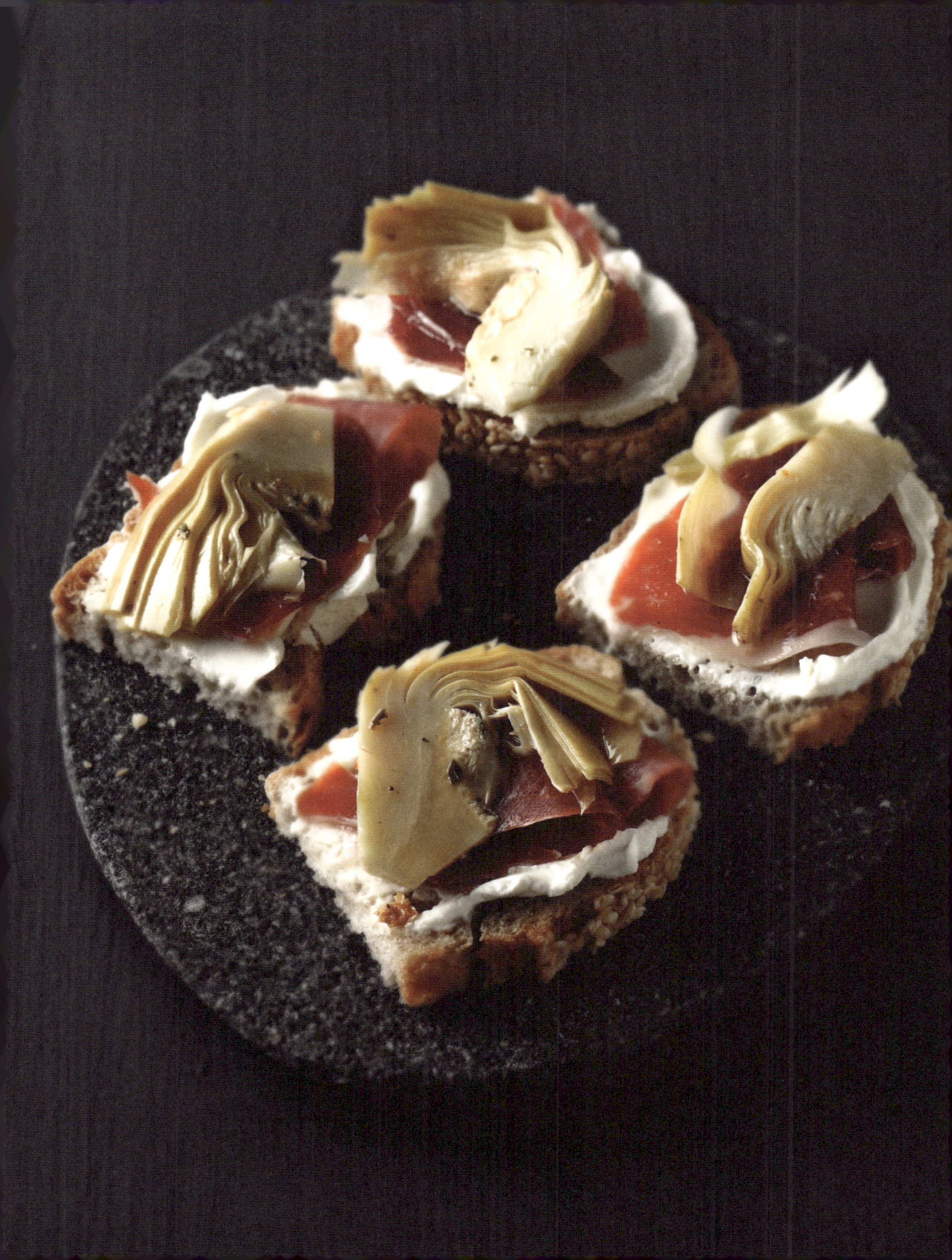

Salade de crabe au pamplemousse et aux radis

Pour **4 personnes** | Préparation **20 minutes**
Difficulté ★ | Coût ★★

1 botte de radis roses | 2 pamplemousses roses | 1 cuil. à soupe de ketchup |
4 cuil. à soupe de fromage blanc | 2 cuil. à soupe de jus de citron |
1 pincée de piment d'Espelette en poudre |
200 g de chair de crabe de bonne qualité | Sel

1. Éliminez les extrémités des radis et coupez-les en fins bâtonnets. Pelez les pamplemousses à vif et détachez délicatement les quartiers. Mélangez le ketchup, le fromage blanc, le jus de citron et le piment d'Espelette. Salez.

2. Disposez les quartiers de pamplemousse sur quatre assiettes. Parsemez-les de bâtonnets de radis et arrosez-les de sauce. Répartissez ensuite la chair de crabe par-dessus. Servez et dégustez.

Le conseil de Cyril
Si vous n'aimez pas les radis, remplacez-les par des tomates cerise coupées en deux.

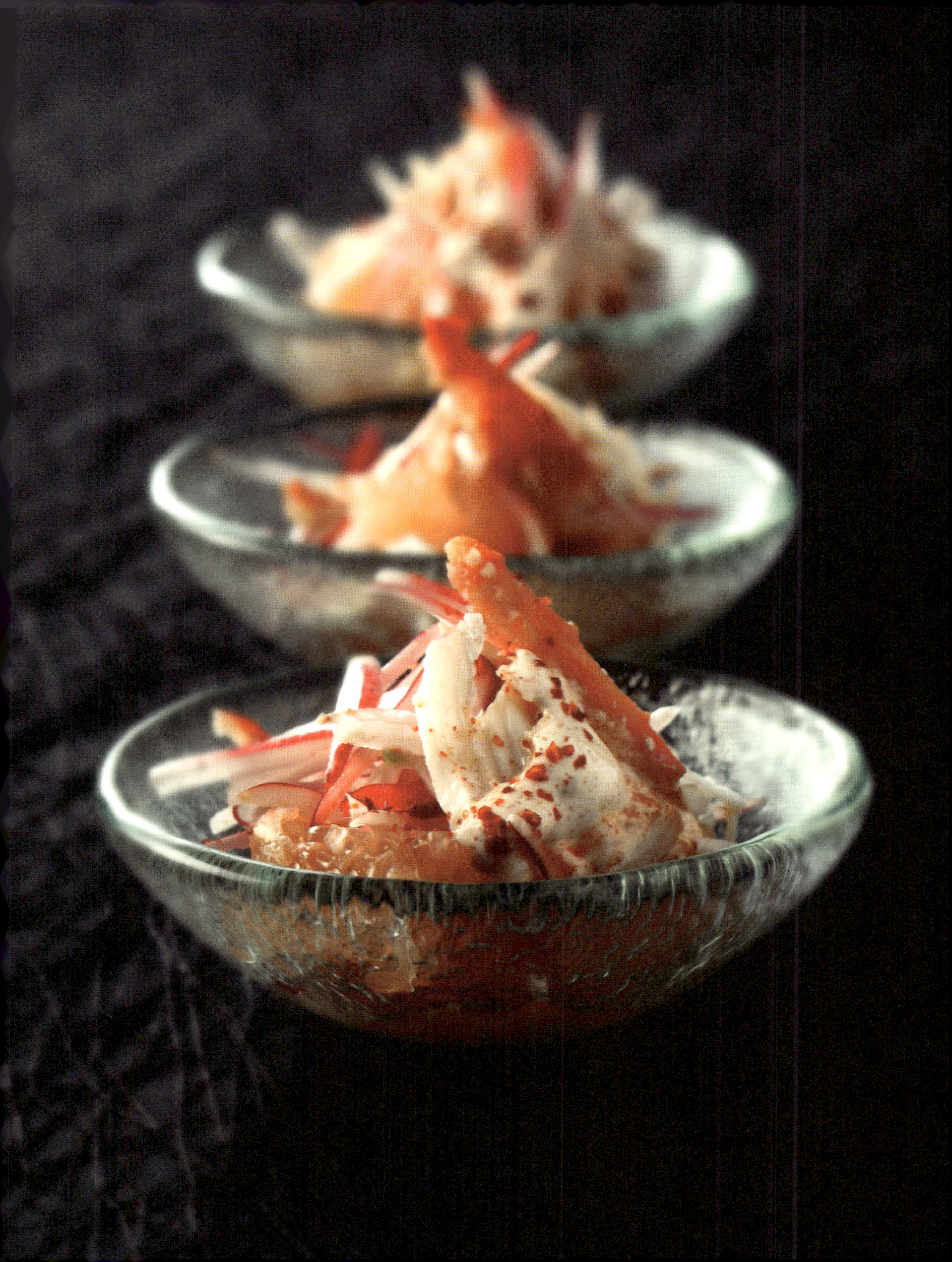

◇◇

Plats en moins de 25 minutes

Brouillade d'œufs aux tomates

Pour **4 personnes** | Préparation **15 minutes** | Cuisson **8 minutes**
Difficulté ★ | Coût ★

**4 oignons nouveaux | 1 brin de thym | 1 brin de romarin frais | 4 tomates |
1 botte de basilic | 1 cuil. à café de sucre en poudre | 8 œufs bio |
Huile d'olive | Sel, poivre**

1. Épluchez et émincez finement les oignons. Récupérez les feuilles du thym et du romarin, puis hachez-les. Dans une poêle, faites sauter les oignons pendant 1 ou 2 min avec un peu d'huile. Ajoutez les tomates coupées en rondelles, le thym, le romarin, le basilic préalablement ciselé et le sucre. Salez, poivrez et laissez cuire 4 ou 5 min, en remuant.

2. Pendant ce temps, cassez les œufs dans un bol. Salez, poivrez et battez-les. Versez-les sur les tomates en cours de cuisson.

3. Faites cuire à feu très vif, en remuant constamment avec une cuillère en bois. Ôtez du feu lorsque la brouillade prend la consistance que vous préférez : peu cuite, donc assez molle ou à point, donc assez ferme. Servez la brouillade avec un riz basmati nature.

Les conseils de Cyril

Faites le choix des œufs bio : plus chers, certes, mais bien meilleurs. Vous pouvez préparer cette brouillade à l'avance et la déguster froide, avec une belle salade verte. Pour de gros appétits, ajoutez 1 œuf par personne.

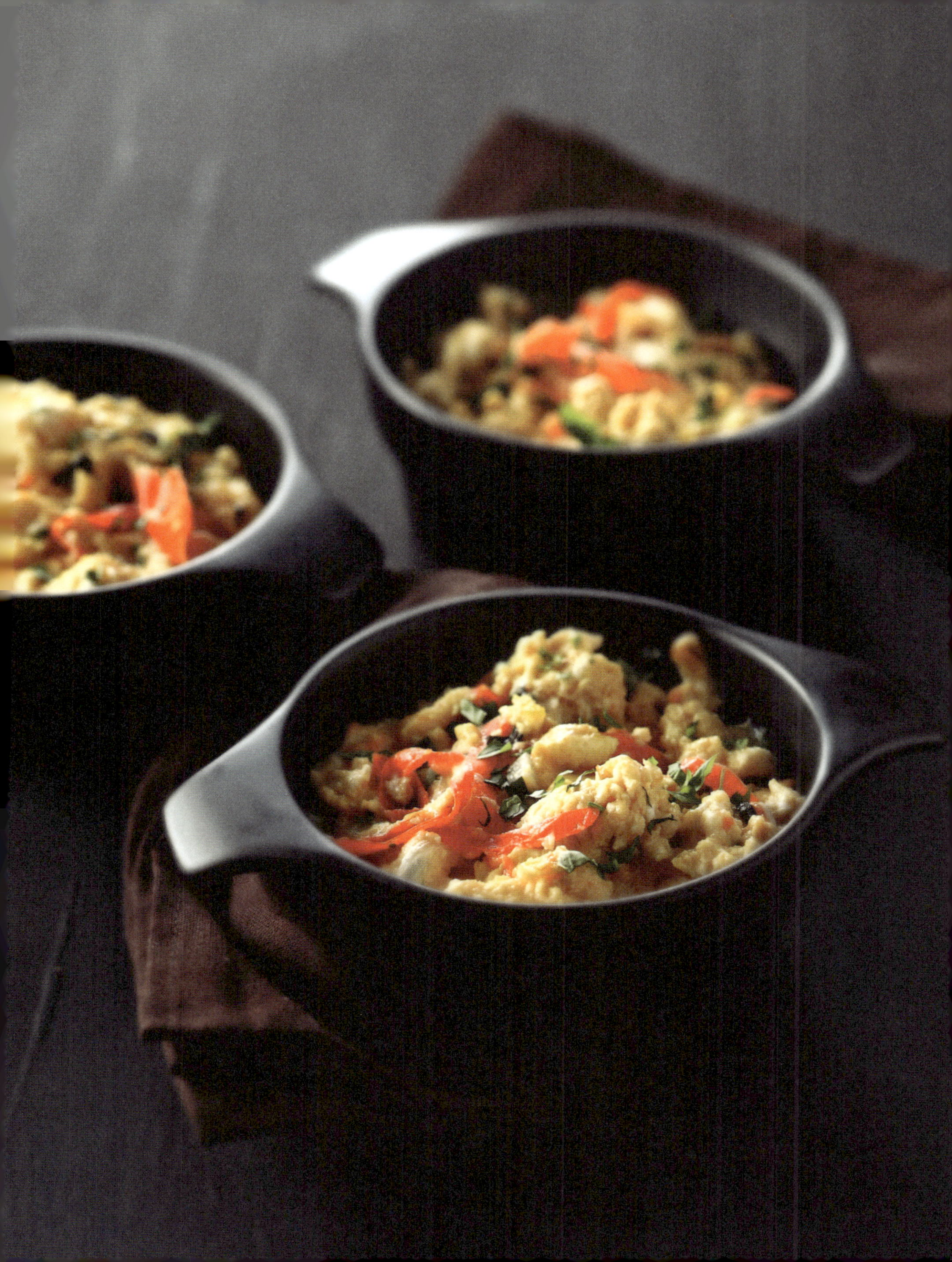

Thon grillé aux poivrons et au vinaigre balsamique

Pour **4 personne** | Préparation **15 minutes** | Cuisson **10 minutes**
Difficulté ★ | Coût ★★

1 bocal de poivrons marinés | 4 cuil. à soupe de vinaigre balsamique |
1 pincée de piment d'Espelette en poudre | 4 pavés de thon rouge sans la peau |
2 cuil. à soupe d'huile d'olive | Sel

Matériel
Mixeur

1 Égouttez et mixez les poivrons avec 2 cuillerées à soupe de l'huile dans laquelle ils ont mariné, le vinaigre balsamique, le piment et du sel. Mettez cette sauce à chauffer à feu doux dans une casserole.

2 Faites chauffer un barbecue ou une grande poêle antiadhésive. Badigeonnez les pavés de thon de tous les côtés avec de l'huile d'olive. Salez-les.

3 Faites-les griller de 2 à 4 min par côté, selon l'épaisseur des pavés. Pour garder leur moelleux, ils doivent rester rosés. Servez-les avec la sauce.

Le conseil de Cyril
Vous pouvez préparer le saumon ou le cabillaud de la même façon.

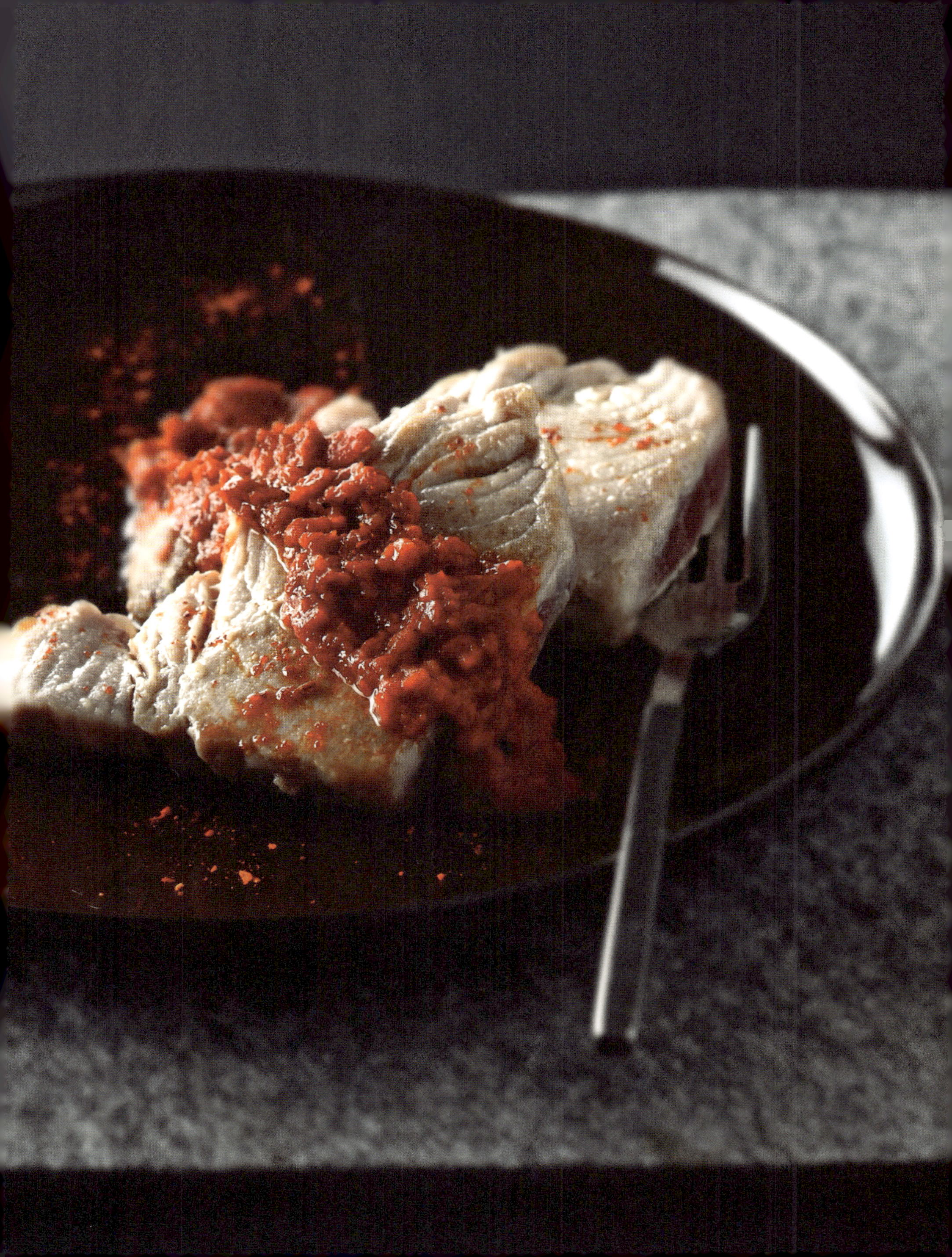

Tartare de bœuf au saté

Pour **4 personnes** | Préparation **20 minutes**
Difficulté ★ | Coût ★★

1 botte de ciboulette | ½ botte de coriandre | ½ botte de persil plat | 2 jaunes d'œufs extra-frais | 1 cuil. à café de moutarde | 1 cuil. à café de saté (mélange d'épices, dans les épiceries asiatiques) | 4 cuil. à soupe de câpres au vinaigre | Quelques gouttes de Tabasco® | 2 cuil. à soupe de Worcestershire sauce | 800 g de bœuf haché (rumsteck ou filet) | 10 cl d'huile d'olive | Sel, poivre

1 Nettoyez et hachez les herbes. Mélangez les jaunes d'œufs avec la moutarde, le saté, les câpres, le Tabasco® et la Worcestershire sauce. Versez au fur et à mesure l'huile d'olive et terminez la sauce en ajoutant les herbes, du sel et du poivre.

2 Mélangez la viande avec la sauce et façonnez quatre pavés. Posez-les sur une assiette et servez aussitôt.

Le conseil de Cyril
Une version épicée du célèbre tartare de bœuf, à servir éventuellement avec des frites et une bonne salade.

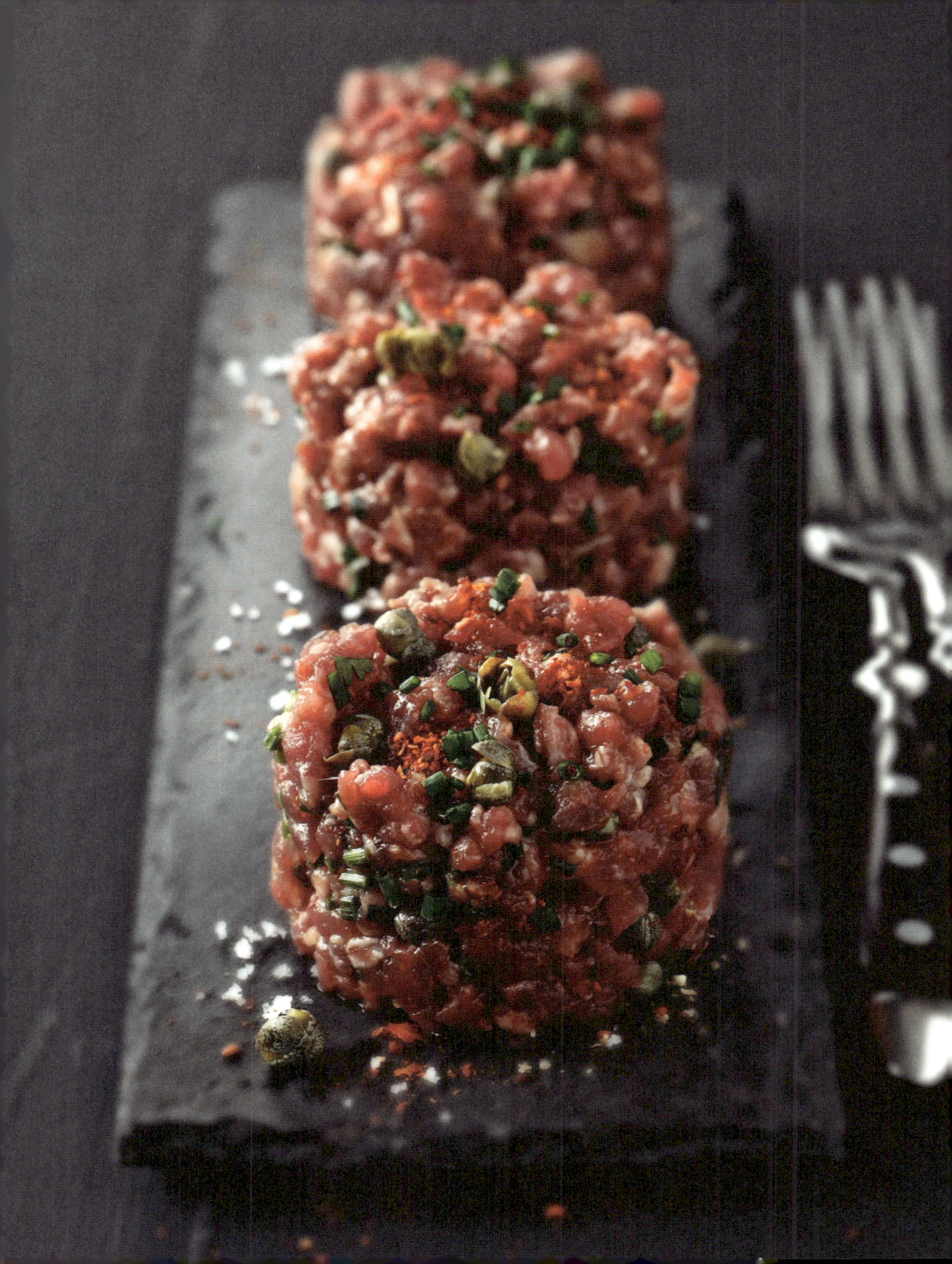

Carpaccio de saint-pierre à la vanille

Pour **4 personnes** | Préparation **20 minutes**
Difficulté ★ | Coût ★★

1 gousse de vanille | 100 g de filets de saint-pierre |
6 cuil. à soupe d'une bonne huile d'olive | Sel

1 Mettez les assiettes que vous utiliserez au réfrigérateur. Fendez la gousse de vanille en deux dans la longueur et, à l'aide de la pointe d'un couteau, retirez les graines. Mettez-les dans un bol et versez l'huile d'olive dessus. Salez très légèrement.

2 Retirez les arêtes s'il en reste dans le poisson. Découpez-en de très fines tranches et disposez-les sur les assiettes froides. Badigeonnez d'huile aromatisée et servez aussitôt.

Le conseil de Cyril

Conservez la gousse de vanille vide et faites-la sécher. Broyez-la ensuite finement dans un mixeur, tamisez pour ne pas avoir de gros morceaux et mélangez à du sucre. Vous aurez ainsi le meilleur sucre vanillé qui soit.

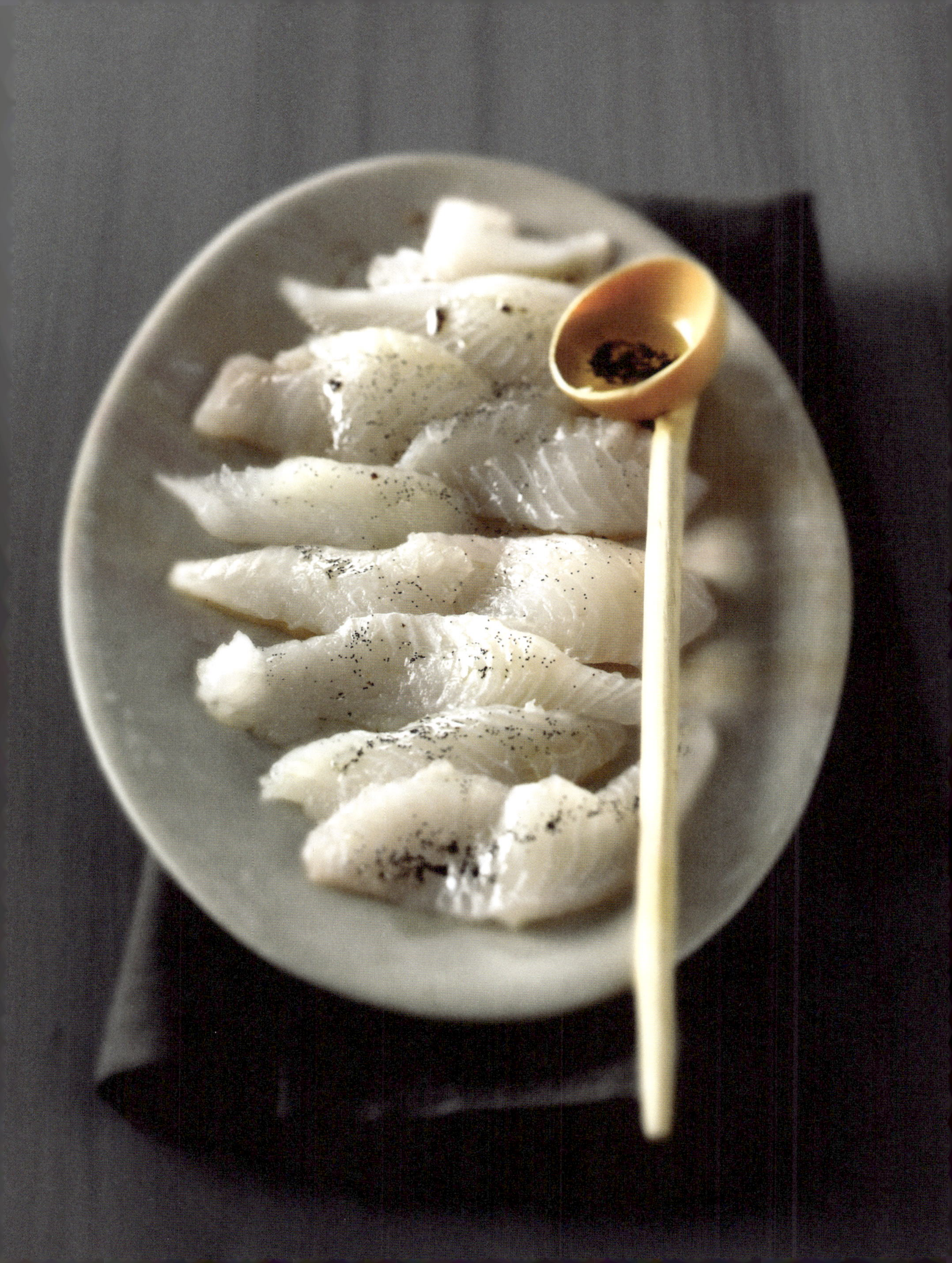

Brochettes de calmar et de tomate confite

Pour **4 personnes** | Préparation **10 minutes** | Cuisson **10 minutes**
Difficulté ★★ | Coût ★

1 kg de chipirons ou de petits calmars entiers | **8 pétales de tomates confites** |
½ chorizo doux | **Sel, poivre**

Matériel
Piques à brochettes | Plancha

1 Demandez au poissonnier de préparer les chipirons en séparant le corps et la tête. Égouttez les tomates confites. Débitez le chorizo en rondelles de 2 ou 3 mm d'épaisseur.

2 Pour monter les brochettes, commencez par piquer 1 pétale de tomate confite, puis alternez chipirons et chorizo, en finissant par un morceau de chipiron et 1 pétale de tomate confite. Salez et poivrez.

3 Placez les brochettes sur une plancha réglée à feu moyen et laissez cuire 5 min de chaque côté. Servez les brochettes chaudes.

Les conseils de Cyril

Si vous disposez d'un peu de temps, faites mariner les brochettes dans un mélange d'huile d'olive et de citron. Si vous aimez le piment, choisissez un chorizo fort. Servez ces brochettes avec une salade de pousses d'épinard aux pignons de pin grillés. On peut remplacer les calmars par des gambas non décortiquées, du thon blanc ou de l'espadon. Si vous optez pour les gambas, prenez 4 grosses pièces. Si vous choisissez le poisson, 80 g suffiront.

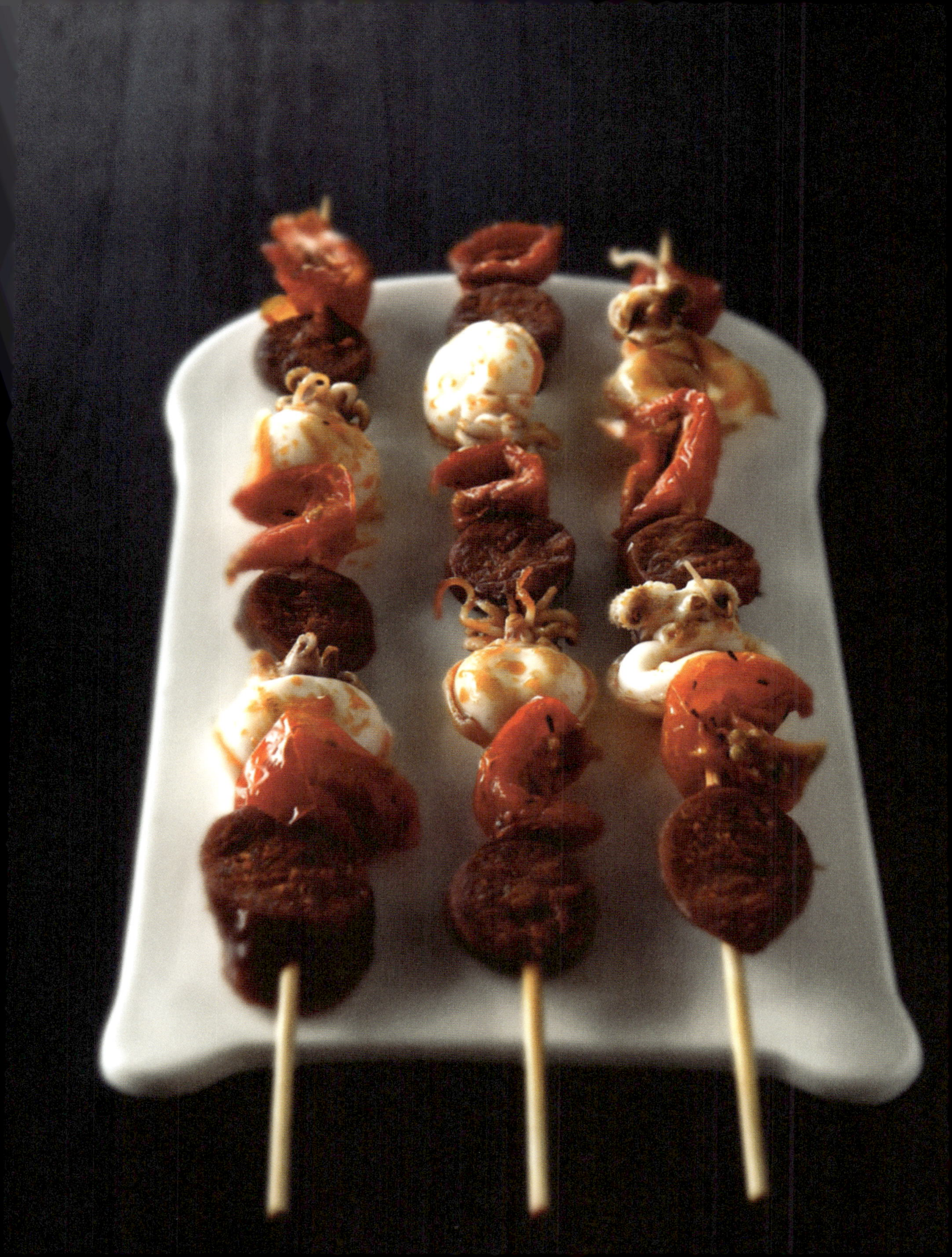

Tartines de rouget grillé sur la peau

Pour **4 personnes** | Préparation **10 minutes** | Cuisson **5 minutes**
Difficulté ★ | Coût ★

1 gousse d'ail | 3 tomates | 3 brins de basilic | 8 filets de rouget avec la peau |
4 grandes tranches de pain de campagne | 4 cuil. à café de tapenade |
1 cuil. à soupe de câpres | 4 cuil. à soupe d'huile d'olive | Sel, poivre

Matériel
Plancha

1. Épluchez l'ail. Faites une incision à la base des tomates, puis ébouillantez-les pendant 1 min. Épluchez-les et coupez-les en rondelles. Effeuillez et hachez le basilic.

2. Sur une plancha réglée à feu doux, versez l'huile d'olive. Faites-y cuire les filets de rouget, uniquement côté peau, pendant 5 min. Salez et poivrez.

3. Faites toaster les tranches de pain, puis frottez-les avec la gousse d'ail. Étalez la tapenade, puis posez dans l'ordre, des rondelles de tomate, 2 filets de rouget, les câpres et un peu de basilic haché. Servez sans attendre.

Les conseils de Cyril

Servez ces tartines avec une salade de pourpier ou de pousses d'épinard. Dans le même genre d'idée, faites une salade niçoise au thon grillé sur pain. Pour cela, découpez de fines tranches de thon rouge, que vous ferez griller à feu fort sur la plancha, puis mettez sur le pain des haricots verts, de la tomate, des olives et de la salade.

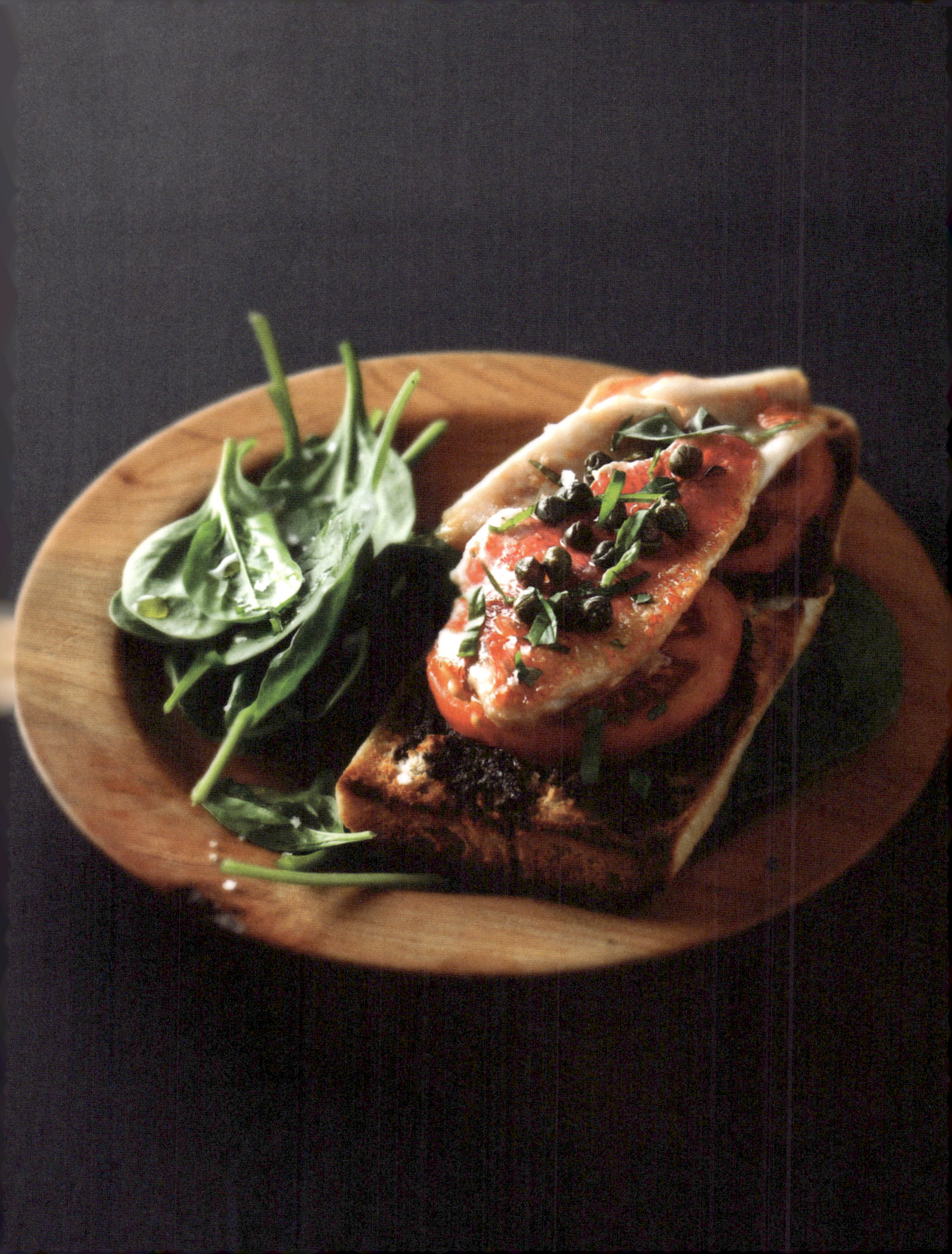

Chou vert d'été au citron vert et à l'orange

Pour **4 personnes** | Préparation **15 minutes** | Cuisson **5 minutes**
Difficulté ★ | Coût ★

1 chou vert | ½ orange | Le jus de 2 citrons verts | 6 cuil. à soupe d'huile d'olive |
4 cuil. à soupe de sauce soja | 2 cuil. à soupe de miel liquide |
2 cuil. à soupe de graines de sésame | 1 botte de ciboulette |
2 pincées de piment de Cayenne en poudre | Sel

1. Éliminez les plus grosses feuilles du chou. Détachez les autres. Faites bouillir une grande quantité d'eau salée et plongez-y les feuilles. Comptez 2 min de cuisson à partir de la reprise de l'ébullition.

2. Plongez les feuilles dans de l'eau froide pour stopper la cuisson et égouttez-les. Pressez-les bien entre vos mains pour en éliminer toute l'eau.

3. Prélevez 2 zestes d'orange et hachez-les, puis pressez l'orange. Dans un saladier, assemblez le jus de citron vert, le jus d'orange, les zestes hachés, l'huile d'olive, la sauce soja et le miel. Mélangez bien.

4. Émincez plus ou moins finement le chou et placez-le dans un plat. Nappez avec la sauce et mélangez. Saupoudrez avec les graines de sésame, la ciboulette hachée et le piment de Cayenne.

Le conseil de Cyril

Pour cette recette, prenez bien du chou vert et non du chou frisé. On ne trouve le premier qu'en été. Il cuit très rapidement, sa saveur est délicate et sa texture, croquante à souhait. Il est aussi bon que sain !

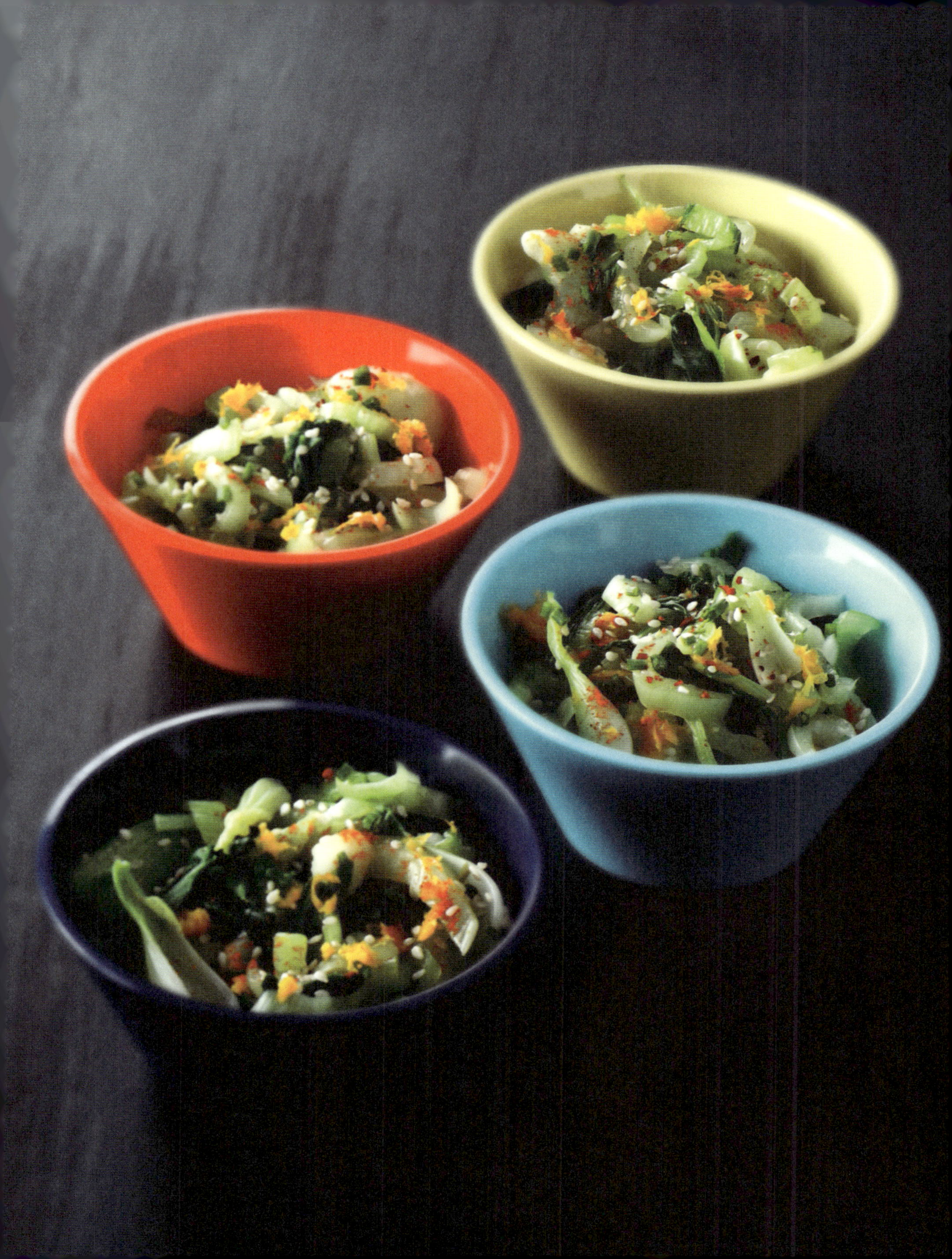

Assiette de petits légumes et vinaigrette au sésame

Pour **4 personnes** | Préparation **10 minutes** | Cuisson **15 minutes**
Difficulté ★ | Coût ★

2 cuil. à soupe de graines de sésame | 4 cuil. à soupe d'huile de sésame |
Le jus de ½ citron | ½ cuil. à café de curry | 8 poireaux fins | 8 asperges vertes |
8 mini-maïs | 1 poignée de haricots mange tout | Sel, poivre

Matériel
Cuit-vapeur

1 Faites dorer les graines de sésame dans une poêle sans matière grasse. Mélangez l'huile de sésame, le jus de citron et le curry. Salez et poivrez.

2 Faites cuire les poireaux, les asperges, le maïs et les haricots séparément à la vapeur. Utilisez pour cela un cuit-vapeur, ou tout simplement un panier vapeur au-dessus d'une casserole d'eau bouillante.

3 Disposez les légumes ensuite harmonieusement sur quatre assiettes. Arrosez-les de sauce et parsemez-les de graines de sésame. Servez.

Le conseil de Cyril
Choisissez d'autres légumes en fonction de la saison et coupez-les en fines lamelles si nécessaire.

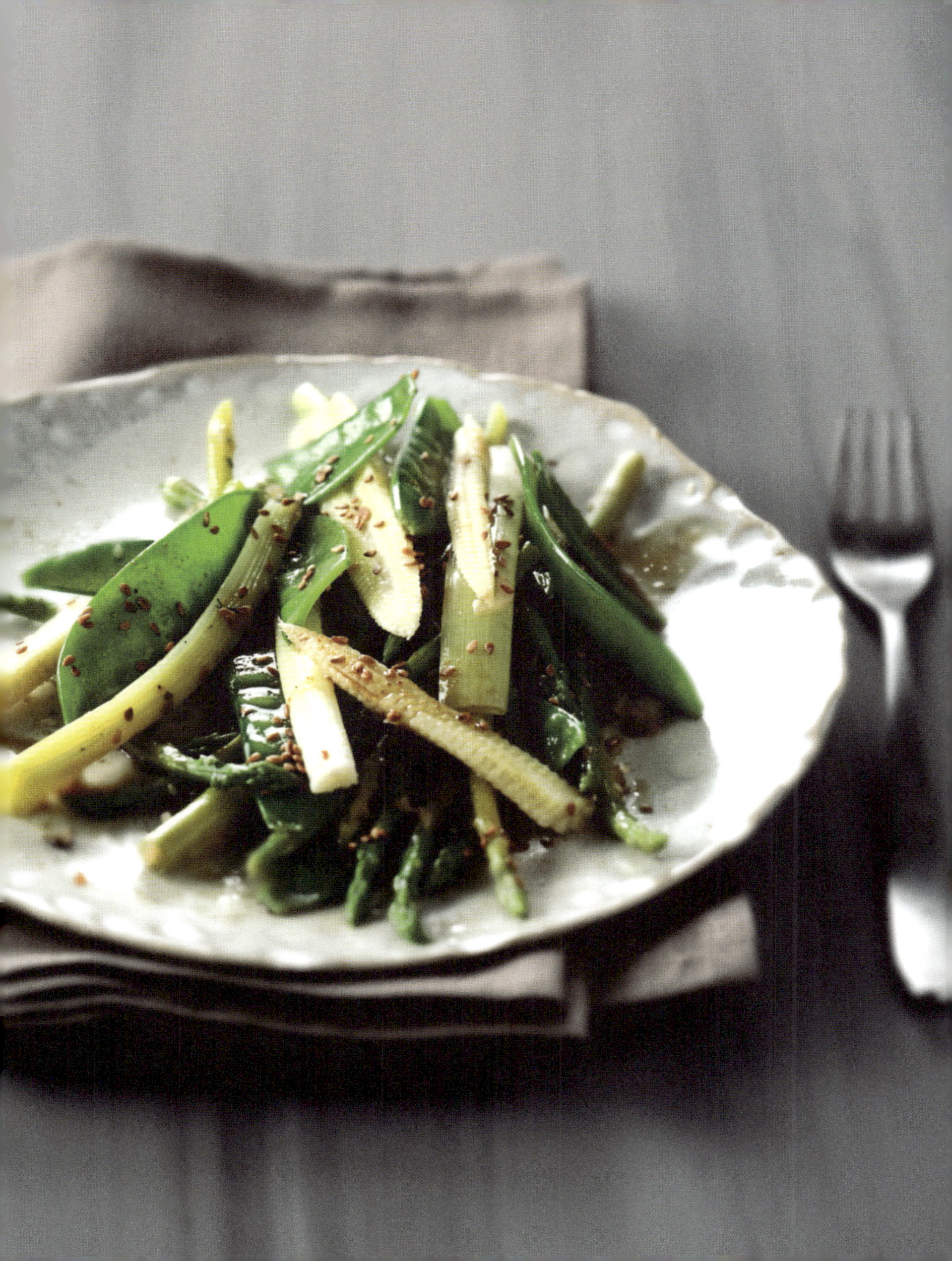

Lisettes à la roquette

Pour **4 personnes** | Préparation **15 minutes** | Cuisson **10 minutes**
Difficulté ★ | Coût ★

12 lisettes vidées | 10 grains de poivre | 1 cuil. à café rase de graines d'anis |
1 cuil. à soupe rase de gros sel | 1 échalote | 2 grosses poignées de roquette |
6 cuil. à soupe d'huile d'olive vierge + un peu pour la cuisson |
3 cuil. à soupe de vinaigre balsamique | Sel, poivre

Matériel
Mortier

1. Épongez bien les lisettes avec du papier absorbant. Dans un mortier, pilez assez finement les grains de poivre, l'anis et le gros sel. Assaisonnez les lisettes avec cette poudre, puis faites-les cuire pendant 10 min à la poêle avec un peu d'huile d'olive.

2. Pendant ce temps, épluchez l'échalote et hachez-la finement. Dans un saladier, mélangez l'échalote, la roquette, l'huile d'olive et le vinaigre. Salez et poivrez.

3. Répartissez la roquette sur quatre assiettes de service, posez les lisettes cuites par-dessus et servez sans attendre.

Le conseil de Cyril
Ne confondez pas lisettes et maquereaux ! Ils sont de la même famille mais les premières ne dépassent pas 15 cm de longueur.

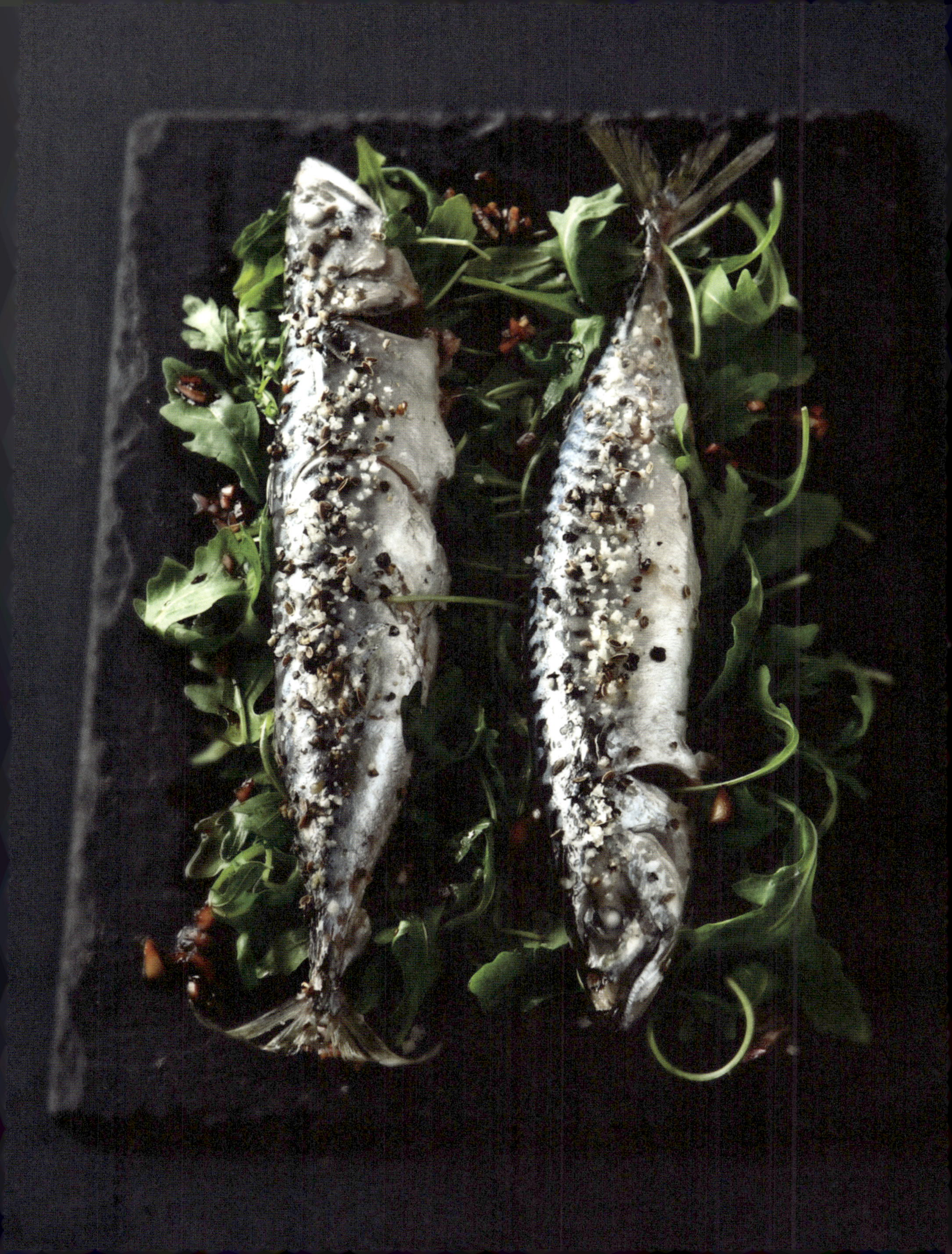

Magrets de canard au vinaigre balsamique

Pour **4 personnes** | Préparation + cuisson **15 minutes**
Difficulté ★ | Coût ★

2 magrets de canard | **2 échalotes** | **15 cl de vin rouge** |
15 cl de vinaigre balsamique | **4 cuil. à soupe de miel liquide** |
1 cuil. à soupe d'huile | **Sel, poivre**

1. Faites chauffer une poêle à feu vif et une petite casserole avec l'huile à feu moyen. Faites des croisillons dans la peau des magrets de canard avec un couteau. Salez-les des deux côtés. Posez-les côté peau dans la poêle.

2. Pelez et émincez les échalotes. Versez-les dans la casserole et salez-les. Laissez-les cuire pendant 3 min en remuant. Ajoutez le vin, le vinaigre, le miel et du poivre. Laissez réduire le tout à petits bouillons.

3. Après 4 min de cuisson des magrets, baissez le feu. Laissez cuire encore 4 min côté peau, puis retournez-les pour à nouveau 4 min de cuisson. Retirez-les de la poêle. Coupez-les en tranches, répartissez-les sur des assiettes et arrosez-les de sauce au vinaigre.

Le conseil de Cyril
Si vous avez le temps, laissez les magrets reposer 5 min sous du papier d'aluminium avant de les couper en tranches, ils seront plus tendres.

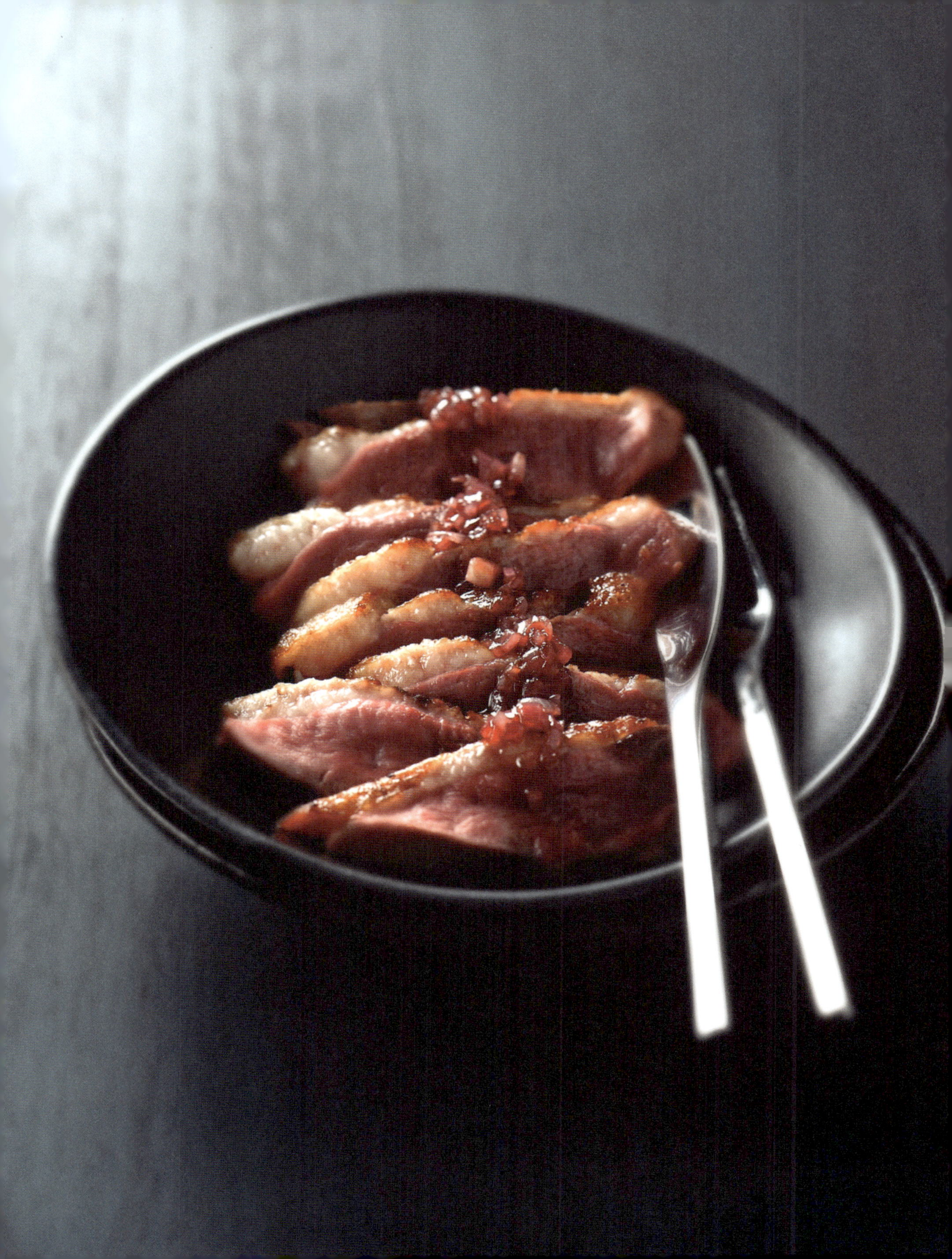

Penne aux crevettes et à la coriandre

Pour **4 personnes** | Préparation + cuisson **15 minutes**
Difficulté ★ | Coût ★★

350 g de penne | 2 citrons verts | 4 cuil. à soupe d'huile de sésame | 4 cuil. à soupe de sauce soja | 1 cuil. à café de gingembre en poudre | 20 grosses crevettes cuites décortiquées | 12 brins de coriandre | Sel

1. Faites cuire les penne dans une grande casserole d'eau salée le temps indiqué sur l'emballage.

2. Pendant la cuisson, prélevez les zestes et pressez les citrons verts. Versez le jus, l'huile de sésame, la sauce soja et le gingembre en poudre dans une petite casserole. Faites chauffer à feu doux, ajoutez les zestes et les crevettes. Laissez cuire jusqu'à ce que ce soit chaud.

3. Effeuillez la coriandre. Égouttez les pâtes. Reversez-les dans la casserole de cuisson avec la sauce aux crevettes. Mélangez bien. Servez les pâtes en les parsemant de coriandre.

Le conseil de Cyril
Vous pouvez parsemer les pâtes de graines de sésame grillées à la poêle sans matière grasse.

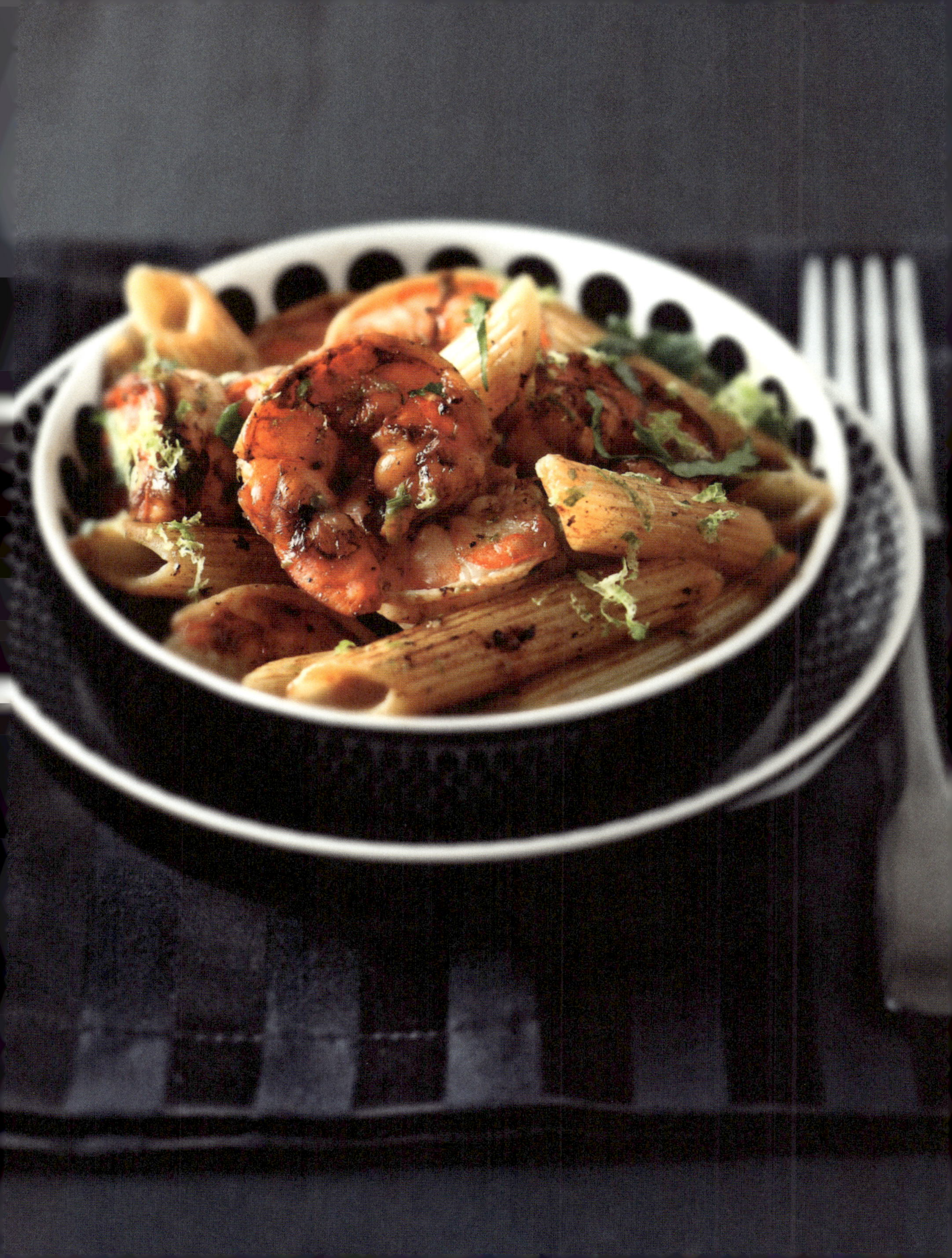

Filets de poulet panés aux herbes et au piment à la vapeur

Pour **4 personnes** | Préparation **10 minutes** | Cuisson **10 minutes**
Difficulté ★ | Coût ★

4 filets de poulet | 1 citron | 1 botte de coriandre | 1 botte de ciboulette | ½ piment rouge | Quelques brins d'estragon | Un peu d'huile d'olive pour la cuisson | Sel, poivre

Matériel
Cuit-vapeur

1. Coupez les filets de poulet dans l'épaisseur pour les ouvrir en deux. Salez et poivrez. Prélevez 2 zestes de citron, hachez-les finement.

2. Hachez finement toutes les herbes et le piment préalablement épépiné. Mélangez tous ces ingrédients avec les zestes de citron hachés et placez-les dans une assiette plate.

3. Huilez légèrement les filets de poulet, puis panez-les généreusement dans l'assiette d'herbes et de piment.

4. Déposez délicatement les filets panés dans le panier (légèrement huilé) d'un cuit-vapeur. Comptez environ 10 min de cuisson. Servez avec quelques gouttes d'huile d'olive, de jus de citron et un riz blanc nature.

Le conseil de Cyril
Attention au temps de cuisson ; ne le dépassez pas car le poulet devient vite sec.

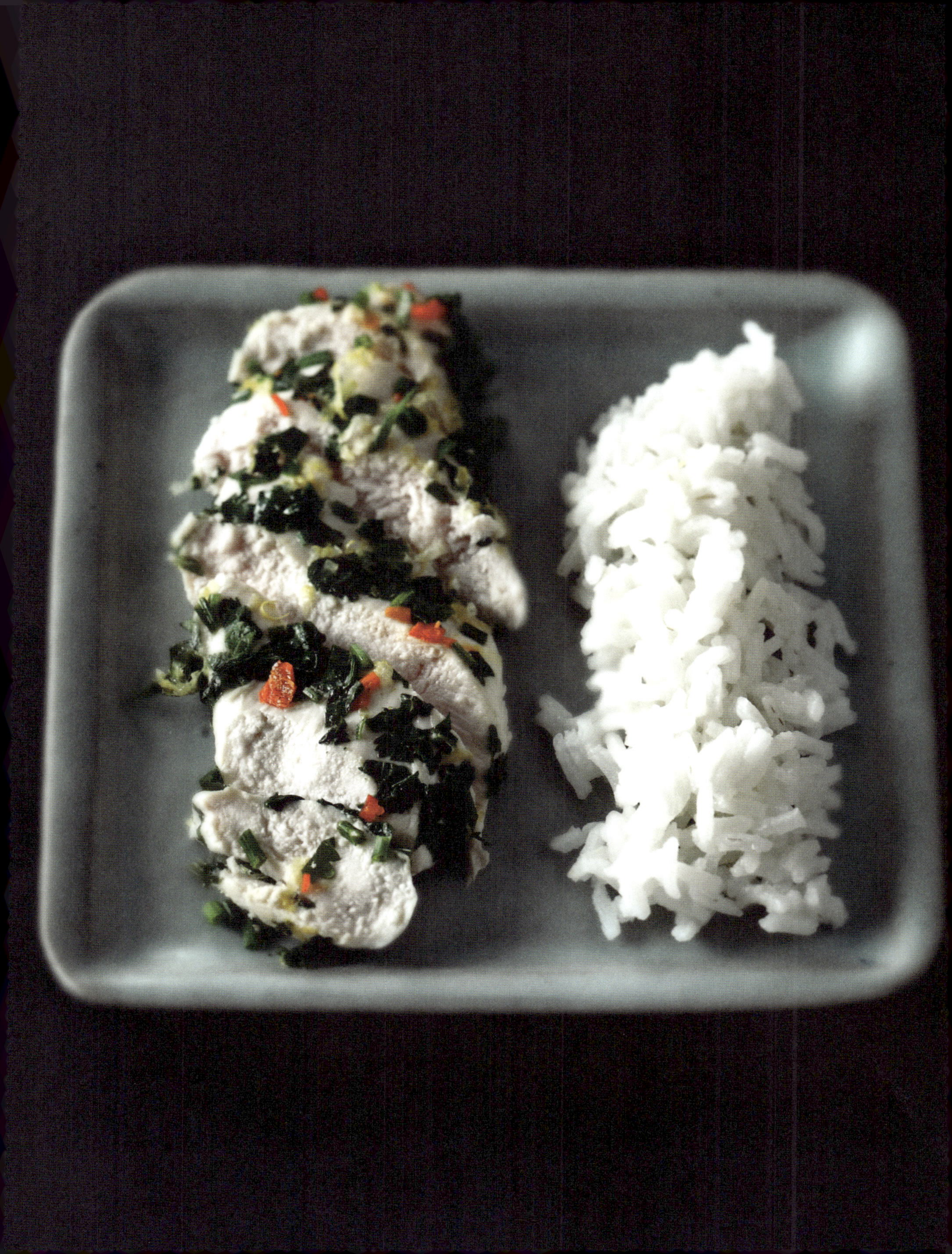

Croissants à la viande des Grisons et au fromage à raclette

Pour **6 personnes** | Préparation **10 minutes** | Cuisson **10 minutes**
Difficulté ★ | Coût ★

6 croissants | 6 tranches de viande des Grisons |
12 tranches de fromage à raclette | 12 cornichons

1 Préchauffez le four à 160 °C (th. 5). Coupez les croissants en deux. Garnissez-les de viande des Grisons et de 2 tranches de fromage.

2 Enfournez et laissez cuire pendant 5 à 10 min. Il faut que le fromage soit fondu. Servez les croissants immédiatement avec les cornichons.

Le conseil de Cyril
Vous pouvez remplacer le fromage à raclette par du reblochon.

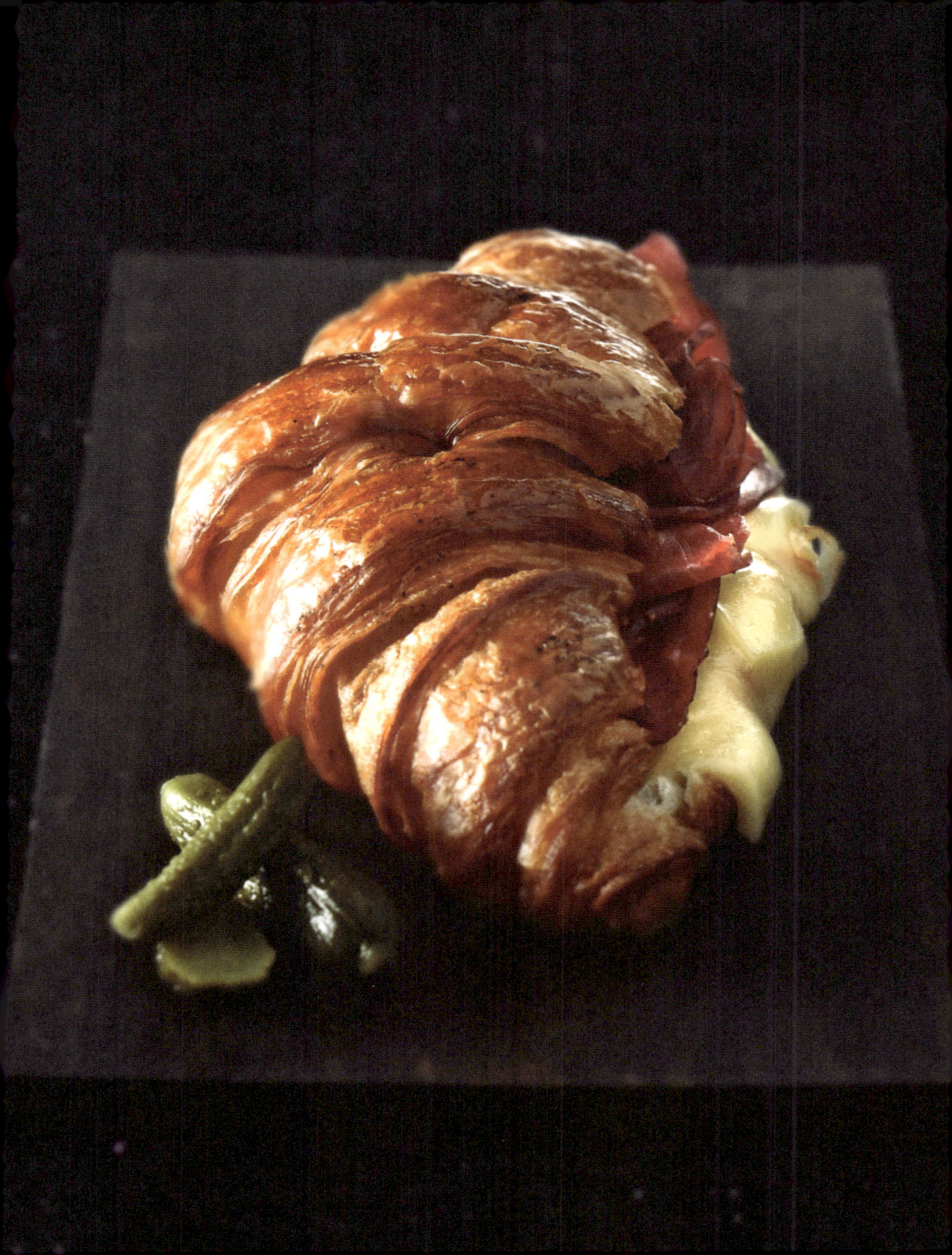

Tagliatelles aux anchois, aux olives et au parmesan

Pour **6 personnes** | Préparation **10 minutes** | Cuisson **5 minutes**
Difficulté ★ | Coût ★★

1 gousse d'ail | 6 brins de thym | 150 g d'olives noires dénoyautées | 100 g de parmesan râpé | 900 g de tagliatelles fraîches | 150 g de filets d'anchois frais marinés | 3 cuil. à soupe d'huile d'olive | Sel

Matériel
Mixeur

1. Pelez la gousse d'ail. Effeuillez le thym. Mixez ensemble l'ail, le thym et l'huile d'olive. Hachez grossièrement les olives. Mélangez le tout avec le parmesan.

2. Faites cuire les tagliatelles dans une grande quantité d'eau salée, en respectant le temps de cuisson indiqué sur l'emballage.

3. Égouttez les pâtes. Versez-les dans le récipient de cuisson ou dans un plat chaud. Mélangez avec la sauce et répartissez dessus les anchois. Servez aussitôt.

Le conseil de Cyril
Pour profiter de toute sa saveur, l'idéal est d'acheter du parmesan entier et de le râper finement vous-même au dernier moment.

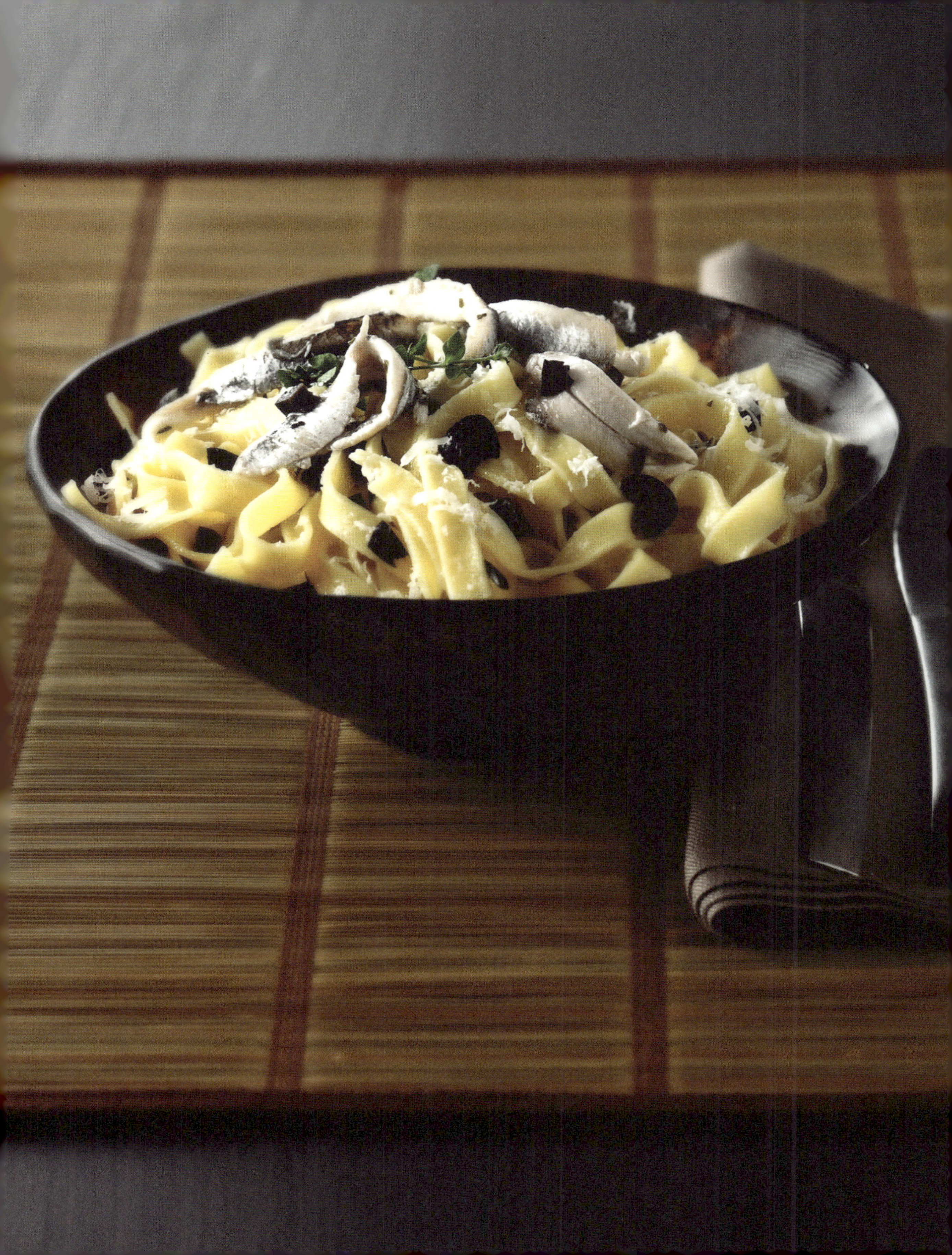

Foie de veau aux échalotes

Pour **4 personnes** | Préparation **10 minutes** | Cuisson **10 minutes**
Difficulté ★ | Coût ★★★

4 belles échalotes | 4 tranches de foie de veau de 1 cm d'épaisseur |
4 belles noix de beurre | 1 cuil. à soupe de persil haché | Vinaigre de xérès |
Sel, poivre

1. Épluchez les échalotes et hachez-les finement. Salez et poivrez les tranches de foie de veau.

2. Faites mousser (sans laisser brûler, surtout) la moitié du beurre dans une grande poêle (au moins 28 cm de diamètre). Faites cuire les tranches de foie 2 ou 3 min de chaque côté. Placez-les dans un plat. Éliminez le beurre de cuisson.

3. Dans la même poêle, faites cuire les échalotes à feu doux pendant 2 ou 3 min avec le beurre restant. Versez un bon trait de vinaigre, portez à ébullition et ajoutez 4 cl d'eau avec le persil et le reste de beurre. Laissez reprendre l'ébullition, salez et poivrez, puis ôtez du feu.

4. Faites couler ce jus sur les tranches de foie de veau et servez-les sans attendre avec une purée de patates douces, par exemple.

Le conseil de Cyril

Le foie de veau atteint souvent des prix... surréalistes ! N'hésitez pas à le remplacer très avantageusement par des foies de volaille, riches en vitamine D, économiques et succulents.

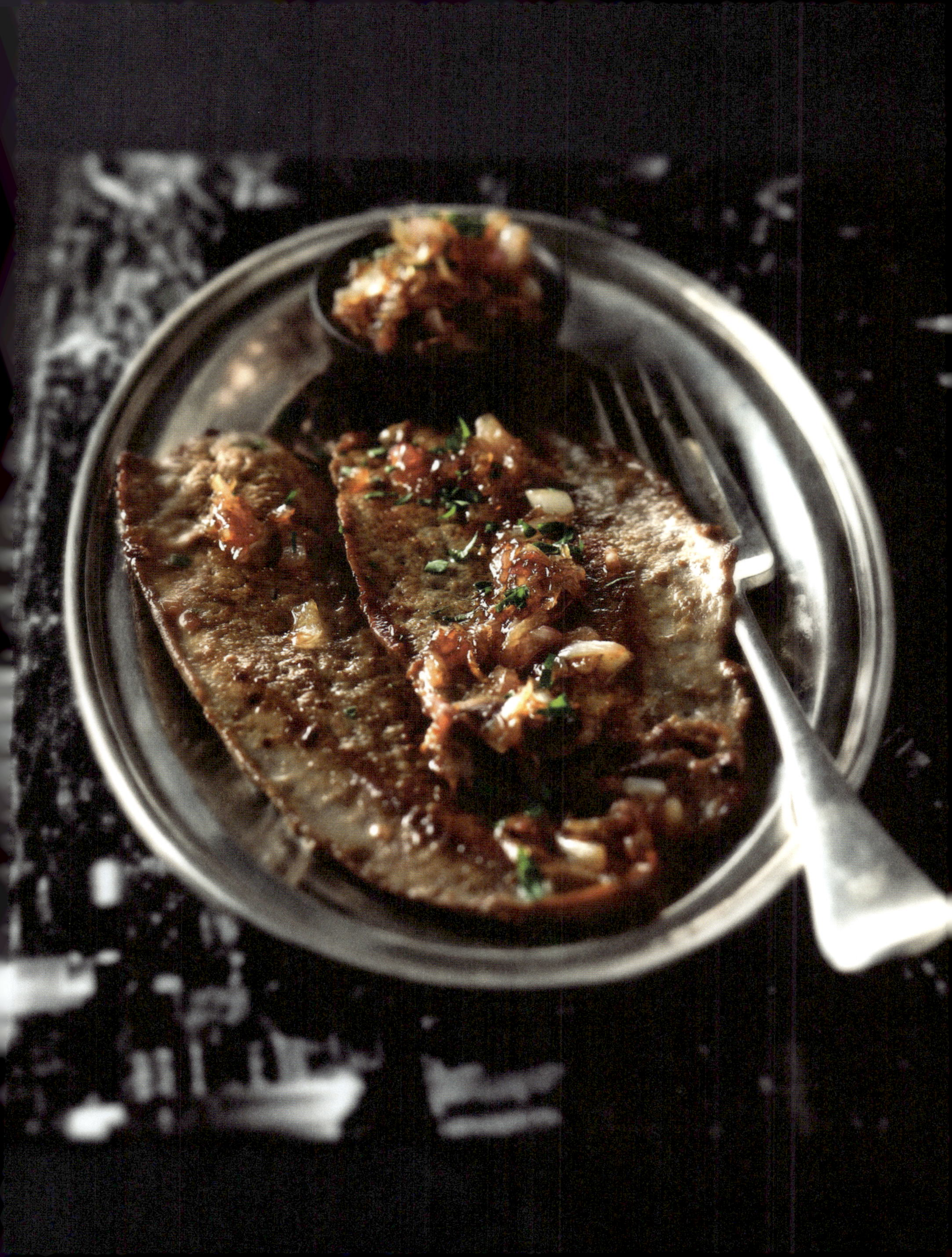

Linguines aux pétoncles et au pastis

Pour **4 personnes** | Préparation **5 minutes** | Cuisson **15 minutes**
Difficulté ★ | Coût ★★

400 g de linguines | 200 g de noix de pétoncles décortiquées | 10 cl de pastis | 20 cl de crème fraîche liquide | 2 brins d'estragon | 2 cuil. à soupe d'huile | Sel, poivre

1 Faites cuire les pâtes dans une grande quantité d'eau bouillante salée en respectant le temps de cuisson indiqué sur l'emballage.

2 Pendant la cuisson des pâtes, salez et poivrez les noix de pétoncles sur les deux faces. Faites chauffer l'huile à feu vif dans une poêle antiadhésive. Versez-y les noix de pétoncles, saisissez-les pendant environ 30 sec d'un côté, puis retournez-les et saisissez-les encore 30 sec. Baissez un peu le feu. Versez le pastis et laissez réduire pendant 1 min, puis ajoutez la crème et faites cuire encore 2 min.

3 Effeuillez l'estragon. Quand les pâtes sont cuites, égouttez-les et versez-les dans le récipient de cuisson ou dans un plat chaud. Mélangez bien avec la sauce, parsemez d'estragon et servez aussitôt.

Le conseil de Cyril
Vous pouvez cuisiner cette recette avec des noix de coquilles Saint-Jacques, en prolongeant le temps de cuisson de 30 secondes par côté.

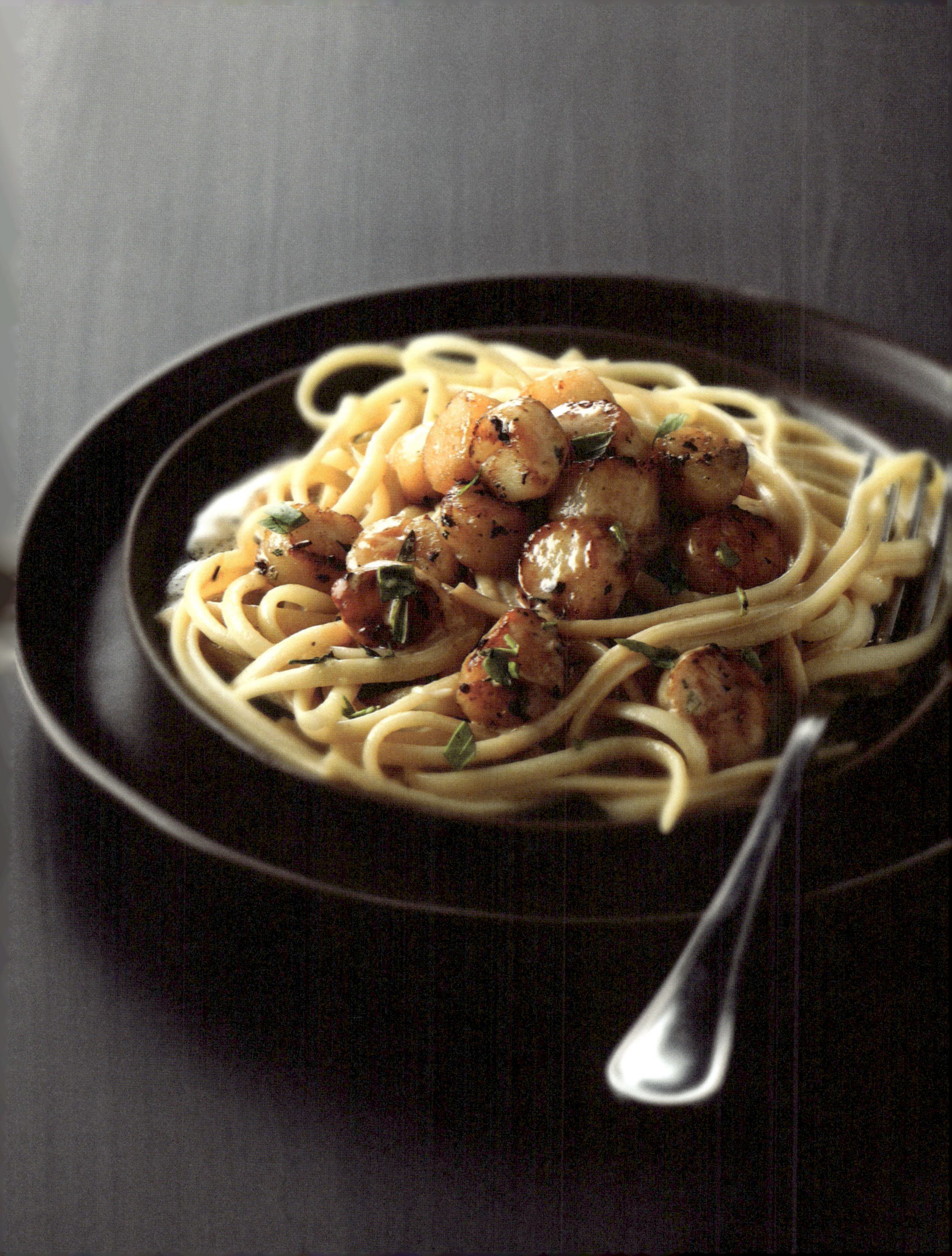

Spaghettis aux artichauts grillés et au pecorino

Pour **2 personnes** | Préparation **10 minutes** | Cuisson **10 minutes**
Difficulté ★ | Coût ★

200 g de spaghettis | 50 g de pecorino | 150 g petits artichauts marinés à l'huile (poids égoutté) | Sel

1. Faites cuire les spaghettis dans une grande quantité d'eau salée, en respectant le temps de cuisson indiqué sur l'emballage. Râpez le pecorino avec un couteau économe pour faire des copeaux.

2. Pendant la cuisson des spaghettis, faites chauffer une poêle à feu vif. Égouttez les artichauts, en gardant à part 2 cuillerées à soupe de l'huile dans laquelle ils ont mariné. Coupez-les en fines lamelles. Versez-les dans la poêle sans ajouter de matière grasse. Saisissez-les bien sur toutes les faces pour qu'ils soient dorés. Égouttez-les sur du papier absorbant.

3. Quand les spaghettis sont cuits, égouttez-les. Versez-les dans leur récipient de cuisson ou dans un plat chaud. Disposez dessus les lamelles d'artichaut et l'huile. Mélangez bien et servez immédiatement avec les copeaux de pecorino.

Le conseil de Cyril
Le pecorino est un fromage de brebis italien au lait cru. Pour cette recette, choisissez-le un peu sec, il aura un goût bien relevé et permettra de faire de beaux copeaux.

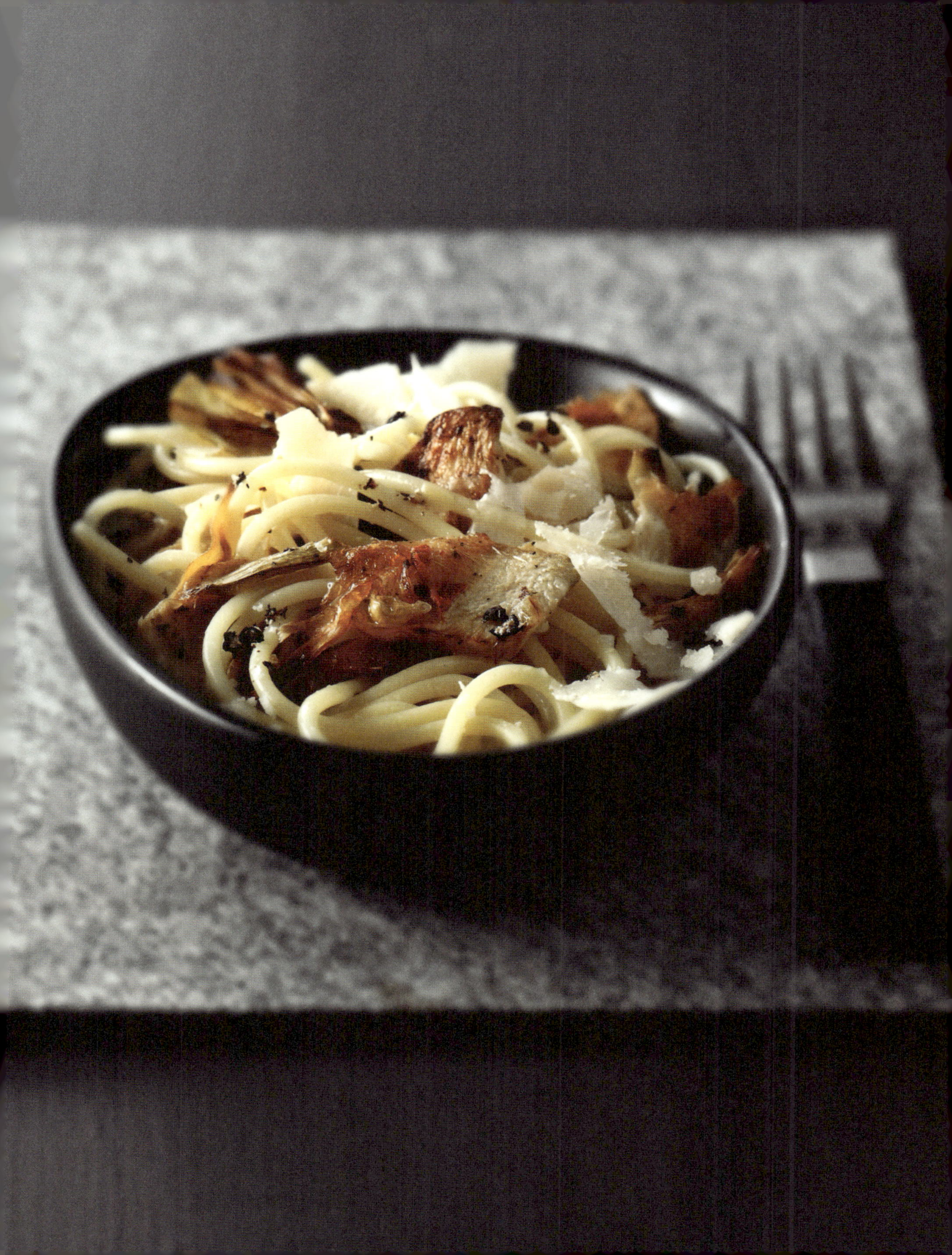

Asperges vertes aux échalotes

Pour **6 personnes** | Préparation **10 minutes** | Cuisson **10 minutes**
Difficulté ★ | Coût ★

1 kg de petites asperges vertes fraîches | 4 échalotes | ¼ de botte de cerfeuil |
1 cuil. à soupe de graines de sésame | 1 cuil. à soupe d'huile de sésame |
1 cuil. à soupe de sauce soja | 1 cuil. à café de sauce nuoc-mâm |
3 cuil. à soupe d'huile végétale | Sel, poivre

Matériel
Wok

1 Épluchez le pied des asperges vertes, coupez le bout terreux et nettoyez-les. Dans un wok, faites bouillir de l'eau salée et plongez-y les asperges. Faites-les cuire pendant 5 min, puis égouttez-les.

2 Pelez, puis hachez les échalotes. Effeuillez le cerfeuil.

3 Dans un wok, faites chauffer l'huile végétale. Ajoutez alors les graines de sésame et les échalotes. Mélangez bien et laissez cuire 2 min. Mettez les asperges et laissez encore cuire 2 min : la pointe d'un couteau doit pouvoir s'enfoncer sans résistance. Coupez le feu, puis ajoutez l'huile de sésame, la sauce soja, le nuoc-mâm et le cerfeuil. Mélangez et servez aussitôt.

Le conseil de Cyril

Préférez toujours les petites asperges, si vous avez le choix. Les grosses sont souvent plus filandreuses et plus dures. Elles sont aussi plus longues à cuire.

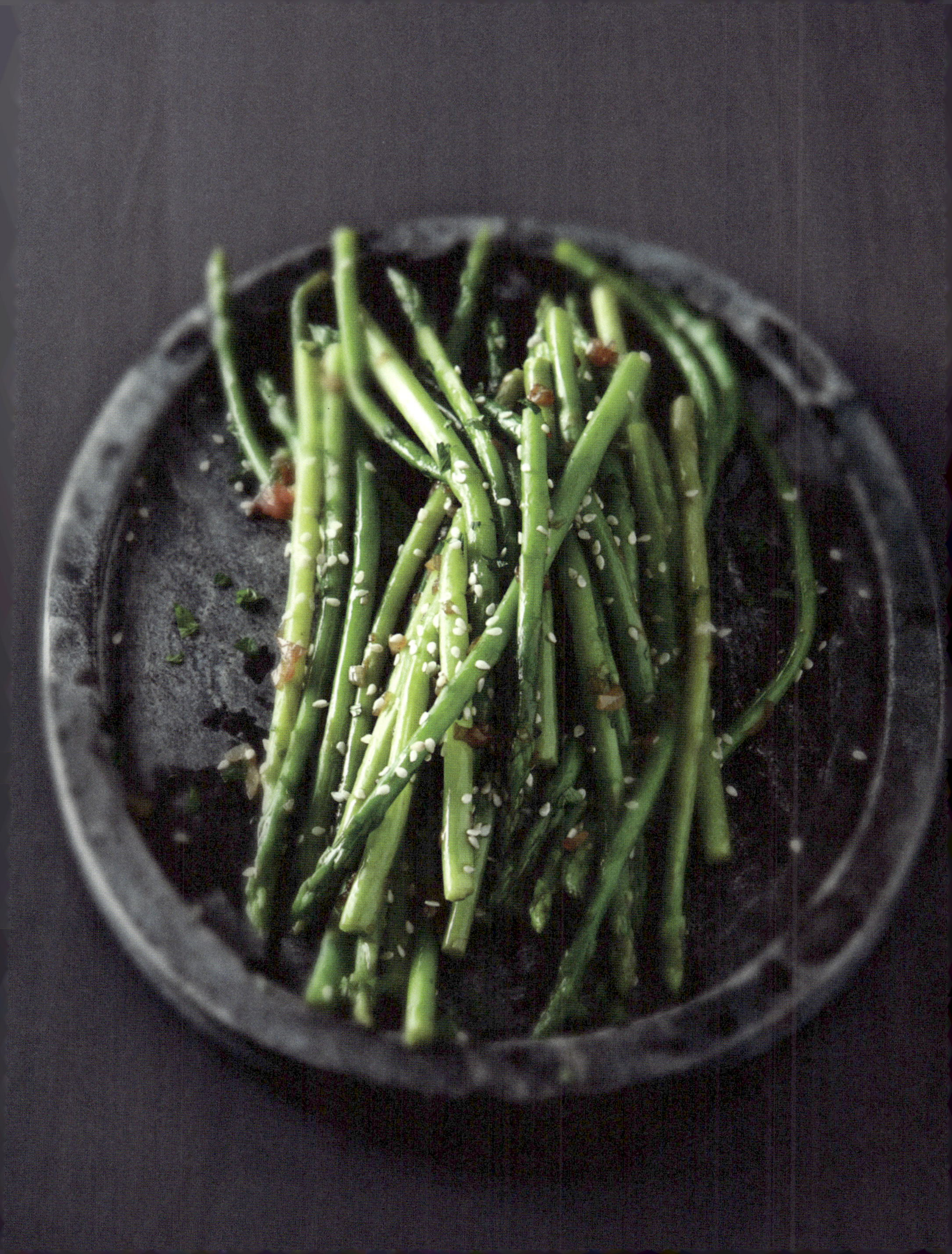

Poulet rôti froid mariné à l'huile d'olive et au citron

Pour **4 personnes** | Préparation **20 minutes**
Difficulté ★ | Coût ★

1 petit poulet rôti | 1 échalote | 1 gros citron | ½ poivron jaune |
1 botte de ciboulette | 4 ou 5 gouttes de Tabasco® | 1 cuil. à café rase de sucre en poudre | 10 cuil. à soupe d'huile d'olive | Sel, poivre

Matériel
Mixeur

1. Découpez le poulet en quatre parts et placez-les dans des assiettes. Si vous avez le temps, désossez-les avant, ce sera bien plus agréable à déguster.

2. Épluchez l'échalote et hachez-la grossièrement. Pressez le citron. Coupez le poivron en morceaux et hachez la ciboulette.

3. Placez l'échalote, le jus de citron, le poivron, la ciboulette, le Tabasco®, l'huile d'olive, le sucre, du sel, du poivre (peu) et 2 ou 3 cuillerées à soupe d'eau dans un mixeur. Réduisez le tout en une sauce aussi lisse que possible.

4. Répartissez et nappez la sauce sur le poulet, puis servez avec une belle salade verte.

Les conseils de Cyril

Supprimez le Tabasco® si vous n'aimez pas les saveurs trop fortes. Si vous le pouvez, utilisez plutôt 1 citron vert et ajoutez un soupçon de gingembre frais dans la sauce.

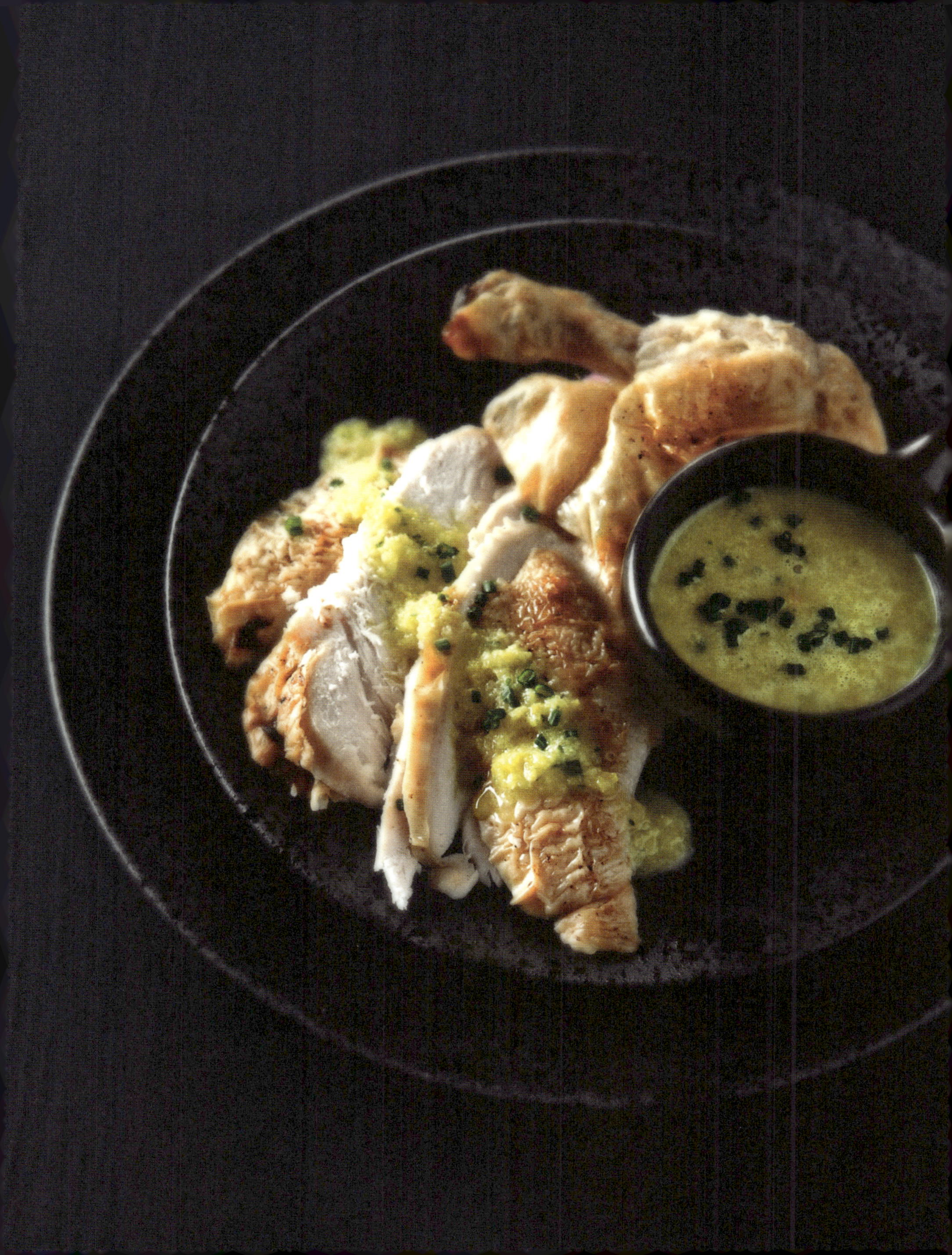

Mini-maïs au lait de coco

Pour **6 personnes** | Préparation **10 minutes** | Cuisson **15 minutes**
Difficulté ★ | Coût ★

1 kg de mini-maïs frais (dans les épiceries asiatiques) |
½ botte de basilic thaïlandais (en épiceries asiatiques, à défaut de la coriandre) |
4 feuilles de combava (feuilles de citronnier thaïlandais, en épiceries asiatiques) |
2 cuil. à soupe de pâte de panang (voir *Conseils* ci-dessous) | 40 cl de lait de coco |
2 cuil. à soupe de sauce nuoc-mâm | 3 cuil. à soupe d'huile végétale

Matériel
Wok

1. Retirez le pédoncule ainsi que les derniers fils des maïs. Rincez-les à l'eau froide et égouttez-les. Effeuillez le basilic thaïlandais.

2. Dans un wok, faites chauffer l'huile avec les feuilles de combava. Versez la pâte de panang et faites revenir pendant 3 min, sans cesser de remuer. Ajoutez les mini-maïs, enrobez-les de pâte, puis versez le lait de coco et la sauce nuoc-mâm. Portez à ébullition et laissez cuire à feu doux pendant 10 min. La sauce doit épaissir.

3. Au dernier moment, ajoutez le basilic et servez aussitôt.

Les conseils de Cyril

On trouve de la pâte de panang, ainsi que d'autres pâtes de curry thaïlandaises, dans les épiceries asiatiques ou dans les épiceries fines. Vous pouvez aussi utiliser de la poudre de saté.

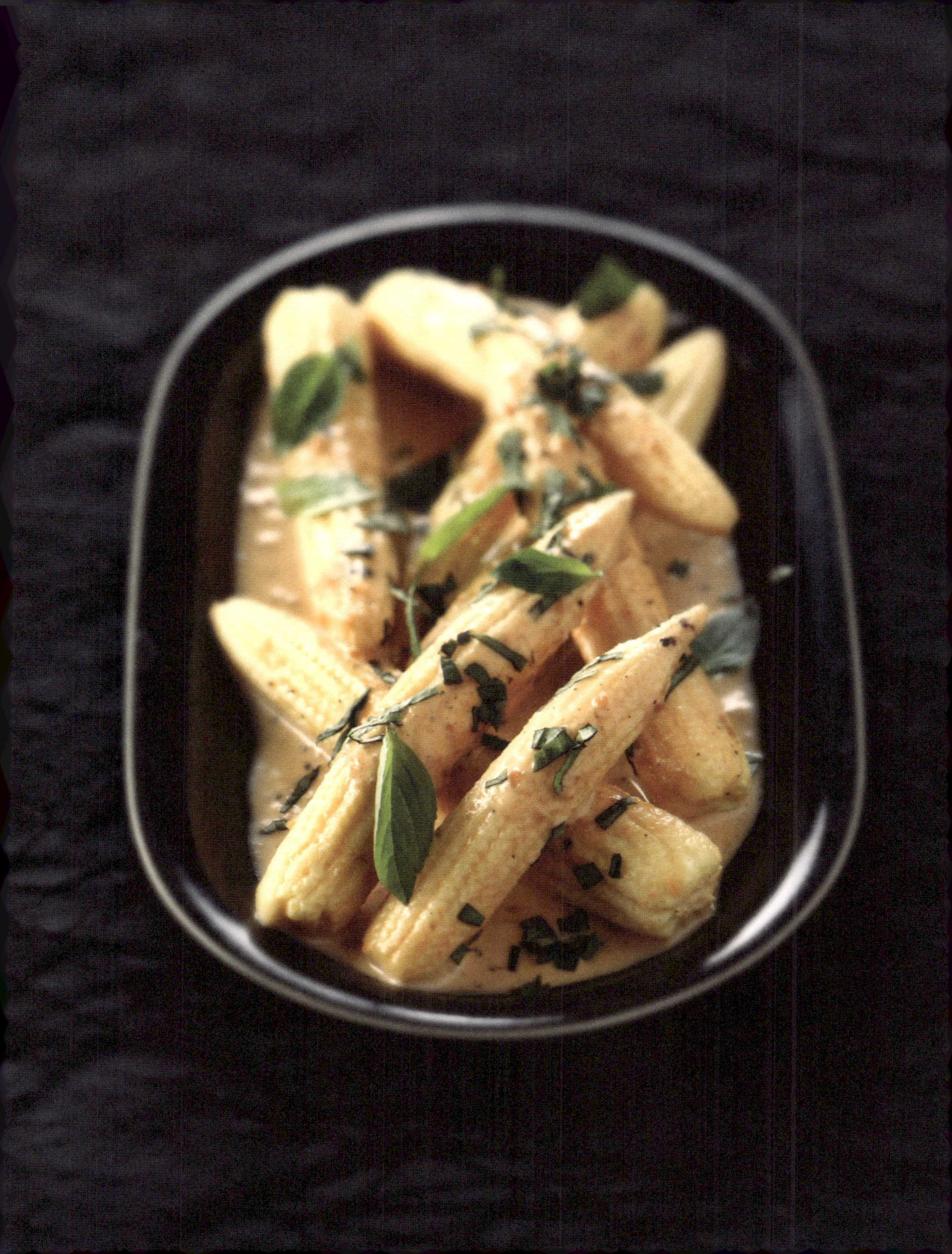

Tofu braisé à l'ail, au gingembre et aux ciboules

Pour **6 personnes** | Préparation **10 minutes** | Cuisson **15 minutes**
Difficulté ★ | Coût ★

600 g de tofu | 200 g de champignons de Paris | ½ botte de coriandre |
2 gousses d'ail | 2 échalotes | 2 ciboules | 2 cm de gingembre |
¼ de cube de bouillon de volaille bio | 1 pincée de piment en poudre |
4 cuil. à soupe d'huile végétale | Sel, poivre

Matériel
Wok

1 Coupez le tofu en carrés de 2 cm de côté. Nettoyez les champignons, retirez les pieds et coupez-les en quatre. Effeuillez la coriandre. Pelez et hachez l'ail, les échalotes, les ciboules et le gingembre.

2 Dans un wok, faites chauffer l'huile. Faites-y sauter l'ail, les échalotes, les ciboules et le gingembre. Au bout de 2 min, ajoutez le tofu. Quand il est bien doré sur tous les côtés, ajoutez les champignons, 15 cl d'eau et le bouillon de volaille. Portez à ébullition et laissez cuire encore 10 min.

3 Juste avant de servir, ajoutez le piment et la coriandre.

Les conseils de Cyril

Vous pouvez remplacer le piment en poudre par un piment frais entier, que vous ajouterez en même temps que le bouillon, sans le couper. Par ailleurs, vous pouvez aussi remplacer l'eau par du lait de coco.

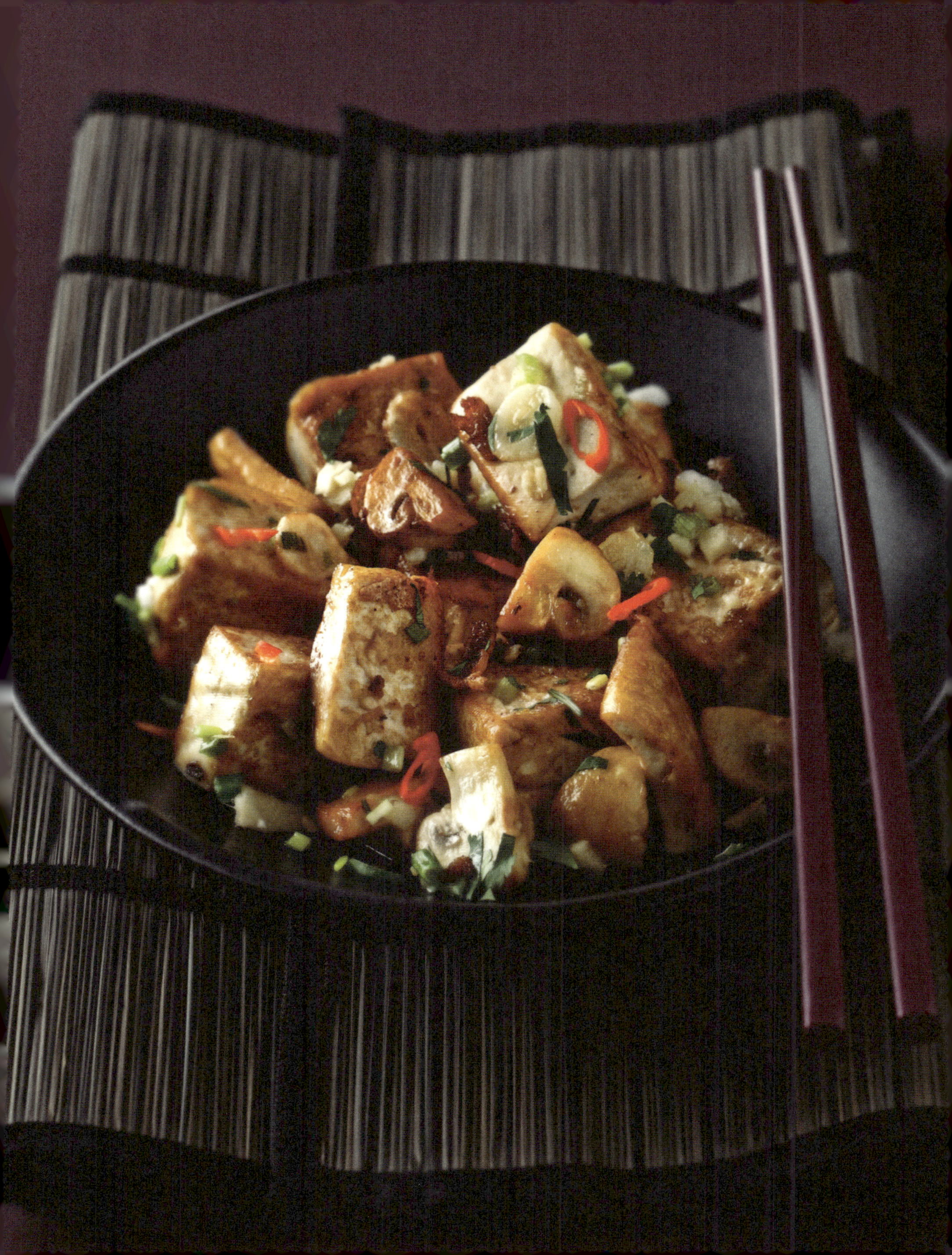

Douceurs en moins de 15 minutes

Mousse au citron

Pour **4 personnes** | Préparation **15 minutes**
Difficulté ★ | Coût ★

3 citrons | **60 cl de crème fraîche liquide bien froide** | **120 g de sucre en poudre** | **4 blancs d'œufs** | **Sel**

1. Pressez les citrons. Dans un bol, fouettez ensemble la crème, le sucre et le jus des citrons avec un fouet électrique.

2. Dans un autre bol, montez les blancs d'œufs en neige avec 1 pincée de sel. Incorporez rapidement un quart des blancs d'œufs dans la crème au citron, puis incorporez délicatement le reste.

Le conseil de Cyril
Si vous ne dégustez pas la mousse tout de suite, conservez-la au réfrigérateur.

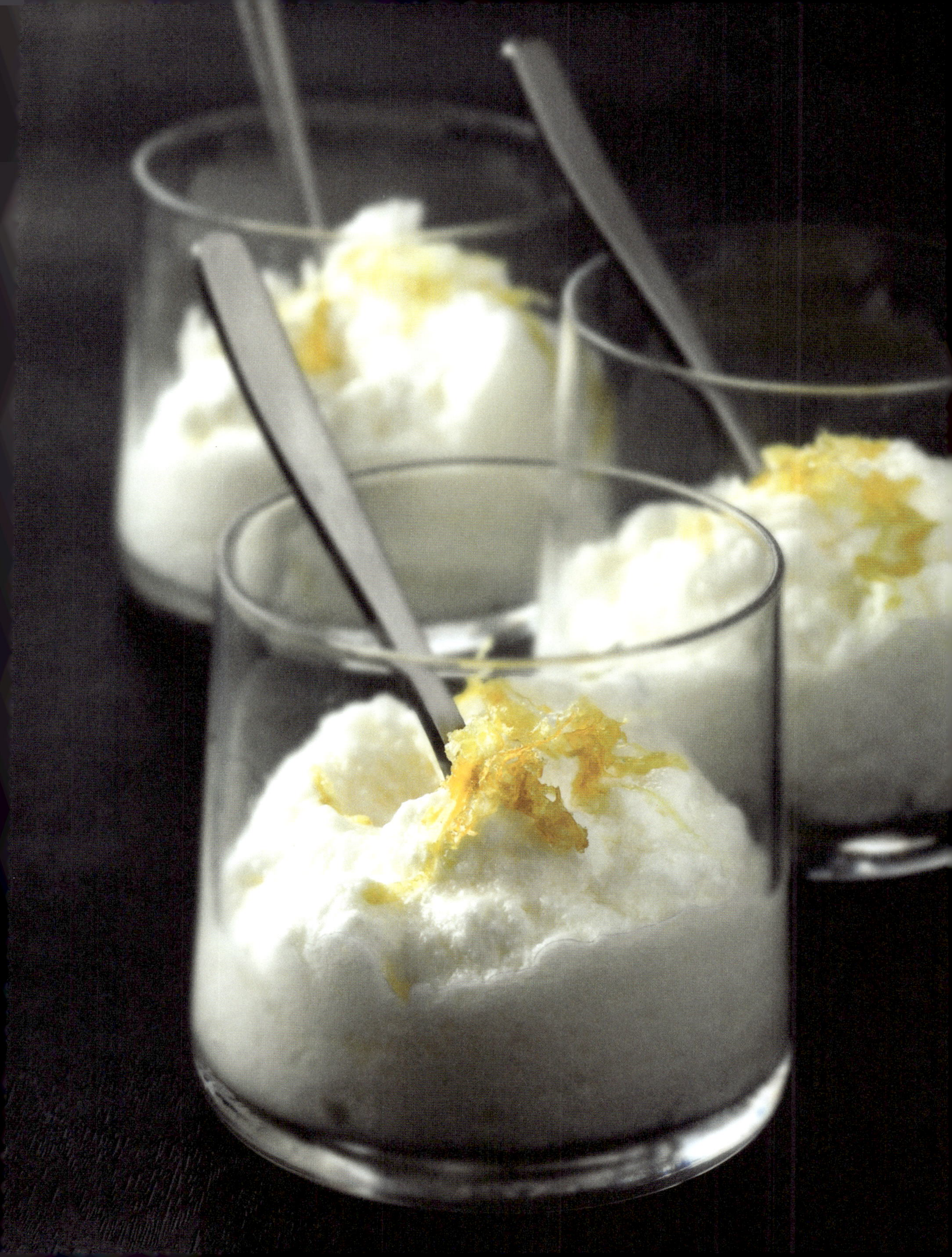

Brochettes d'agrumes aux framboises

Pour **4 personnes** | Préparation **15 minutes**
Difficulté ★ | Coût ★

2 oranges à jus | **1 pomelo** | **2 clémentines** | **1 barquette de framboises**

Matériel
Piques à brochettes

1 À l'aide d'un petit couteau, retirez les extrémités rondes des agrumes. Vous devez voir la chair. Ensuite, épluchez-les en retirant la peau et la membrane blanche. Vous ne devez conserver que la chair. Toujours à l'aide d'un couteau, détachez les quartiers en suivant les petites membranes blanches qui les délimitent. Gardez bien les différents agrumes séparés.

2 Rincez les framboises et déposez-les sur du papier absorbant.

3 Composez les brochettes en alternant les trois différents agrumes et les framboises.

Le conseil de Cyril
Remplacez les framboises par d'autres fruits rouges, ce sera tout aussi joli et délicieux.

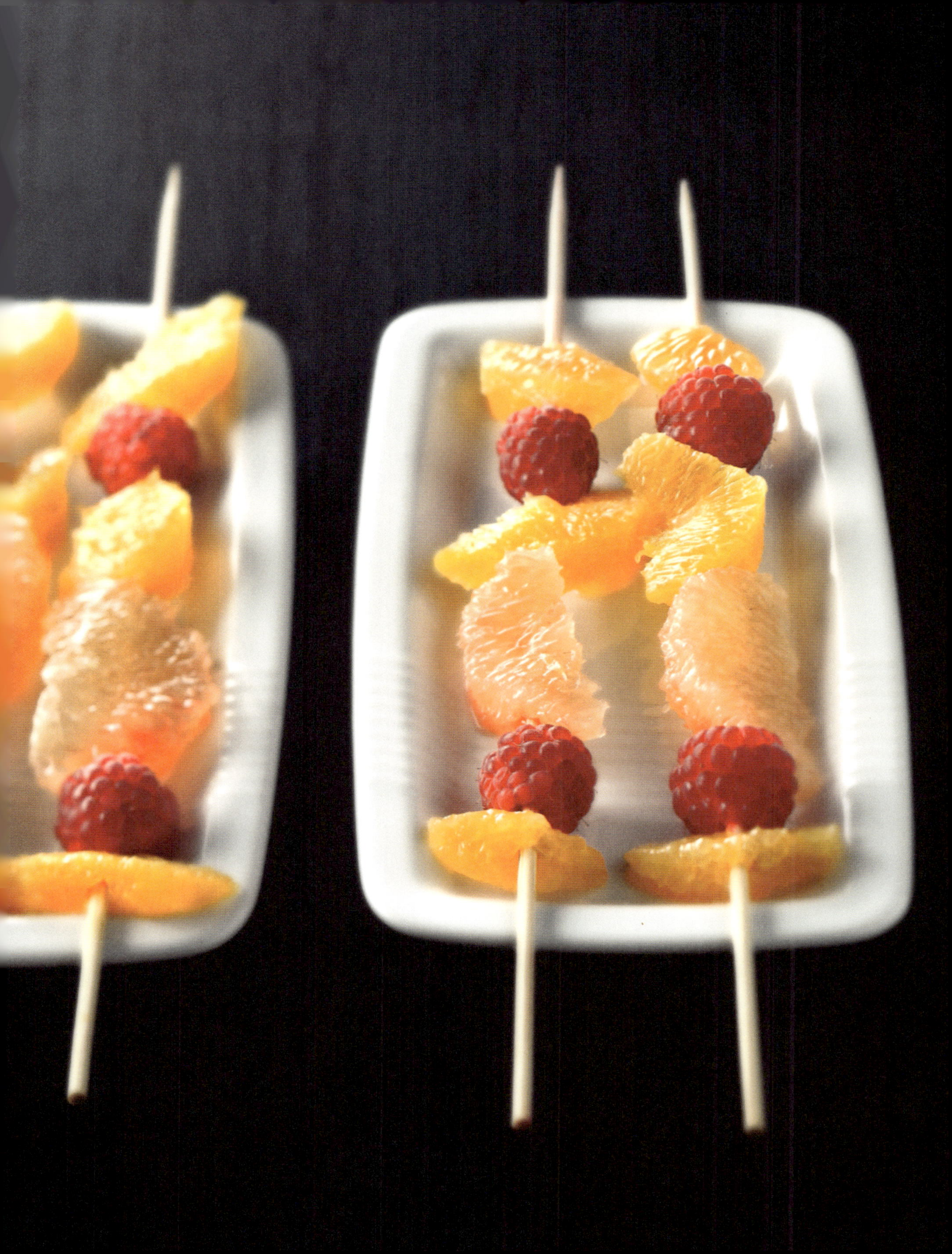

Smoothie banane-myrtille au sirop d'érable

Pour **4 personnes** | Préparation **10 minutes**
Difficulté ★ | Coût ★

250 g de myrtilles | 2 bananes (300 g) | 10 cl de lait | 2 yaourts à la grecque | 4 cuil. à soupe de sirop d'érable

Matériel
Blender

1. Rincez les myrtilles, retirez les pédoncules s'il en reste, puis essuyez-les. Pelez les bananes et coupez-les en morceaux.

2. Dans un blender, réunissez les myrtilles, les bananes, le lait et les yaourts. Actionnez le robot pendant 2 ou 3 min, jusqu'à obtention d'un jus lisse et homogène. Versez dans les verres, ajoutez 1 cuillerée à soupe de sirop d'érable dans chacun et servez bien frais.

Les conseils de Cyril
Le sirop d'érable n'est pas obligatoire, mais ses notes boisées accompagneront très bien les myrtilles. Vous pouvez bien sûr le remplacer par du sucre, du miel ou du sirop de sucre.

Variantes
Remplacez les bananes par des oranges, et les myrtilles par d'autres fruits rouges. Dans ce cas, supprimez le lait, car le jus de fruits sera suffisamment liquide.

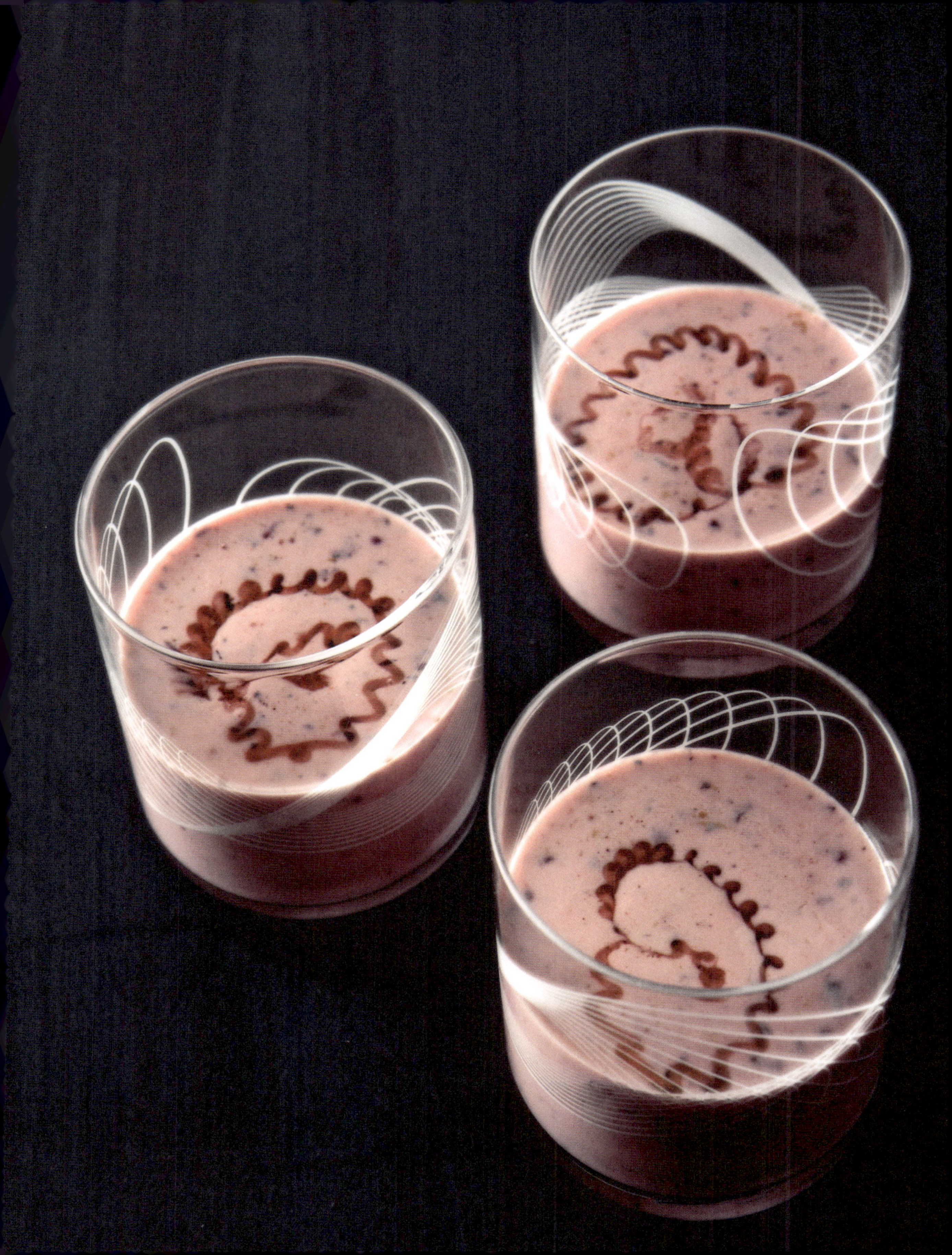

Milk-shake à la framboise

Pour **4 personnes** | Préparation **10 minutes**
Difficulté ★ | Coût ★

6 cuil. à soupe de glace à la vanille | 40 cl de lait glacé |
200 g de framboises + quelques-unes pour le décor | 2 cuil. à soupe de sucre glace

Matériel
Blender

1. Avant de vous lancer dans la recette, placez les verres dans lesquels vous voulez servir les milk-shakes au congélateur pour les givrer complètement (idéalement 2 ou 3 h).

2. Dans le bol d'un blender, assemblez la glace, le lait, les framboises et le sucre glace. Mixez le tout assez rapidement pour ne pas échauffer le mélange. Goûtez et ajoutez un peu plus de framboises ou de sucre, selon votre goût.

3. Versez les milk-shakes dans les verres givrés, décorez-les avec quelques framboises et servez sans attendre.

Les conseils de Cyril

Vous pouvez faire varier cette recette enfantine en changeant de fruit. Utilisez de la mangue, de l'ananas, des fraises, des pêches ou même des figues. La clef de la réussite tient souvent à la température du lait : elle doit être glaciale. N'hésitez pas à le laisser dans le congélateur 30 min avant de l'utiliser.

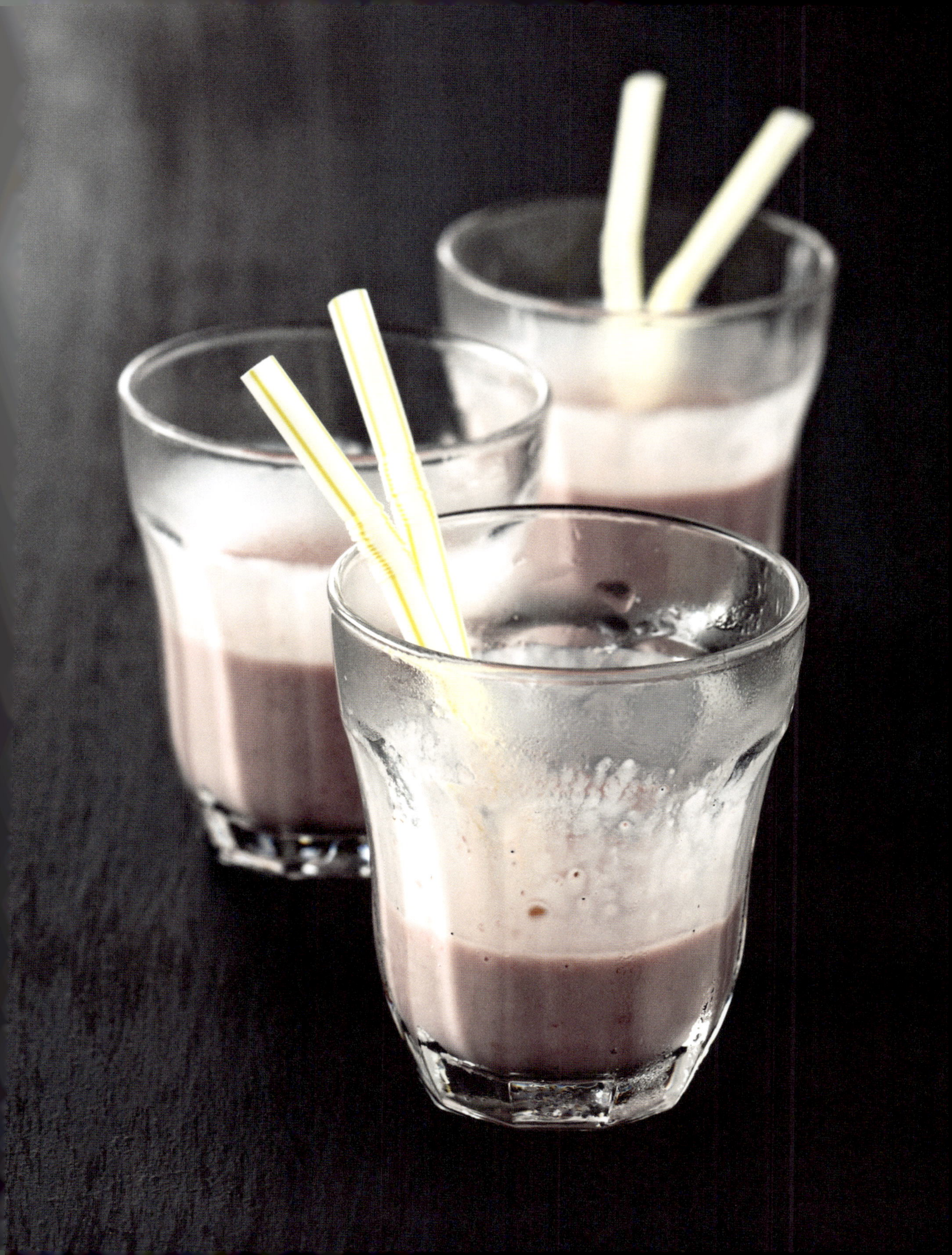

Carpaccio de fraise au mascarpone

Pour **4 personnes** | Préparation **15 minutes**
Difficulté ★ | Coût ★

500 g de fraises | 4 cuil. à soupe de mascarpone |
4 cuil. à soupe de crème fraîche épaisse | 4 cuil. à soupe de miel liquide |
8 feuilles de menthe

1 Équeutez les fraises et coupez-les en tranches fines. Répartissez-les harmonieusement sur quatre assiettes.

2 Mélangez le mascarpone, la crème et le miel. Coupez les feuilles de menthe en fines lanières. Posez un quart du mélange au mascarpone au centre des fraises sur chaque assiette et parsemez-les de lanières de menthe.

Le conseil de Cyril
Vous pouvez remplacer le mascarpone par du fromage frais.

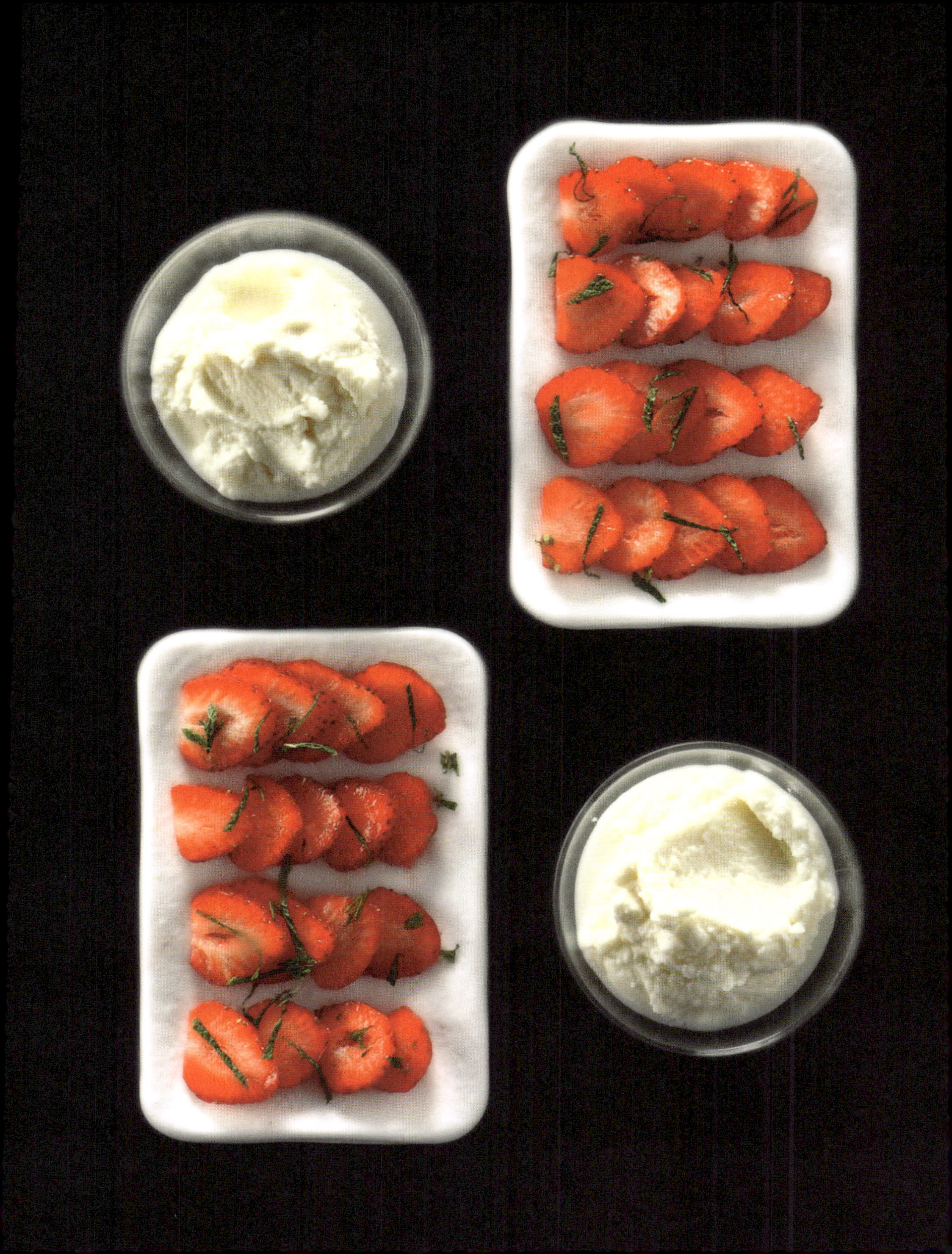

Lassi à la mangue

Pour **4 personnes** | Préparation **15 minutes**
Difficulté ★ | Coût ★

1 mangue bien mûre | **6 yaourts** | **50 g de cassonade**

Matériel
Blender

1. Épluchez et coupez la mangue en dés. Versez les yaourts et la cassonade dans le bol d'un blender. Mixez quelques minutes.

2. Ajoutez 10 cl d'eau froide et la mangue, puis continuez à faire tourner le blender. Le lassi ne doit pas être trop épais. S'il l'est, ajoutez encore un peu d'eau. Servez dans des verres avec une paille.

Les conseils de Cyril
Vous pouvez remplacer la mangue par tous les fruits que vous aimez. Vous pouvez aussi simplement l'aromatiser avec de l'eau de rose, de l'essence d'amande ou de la vanille.

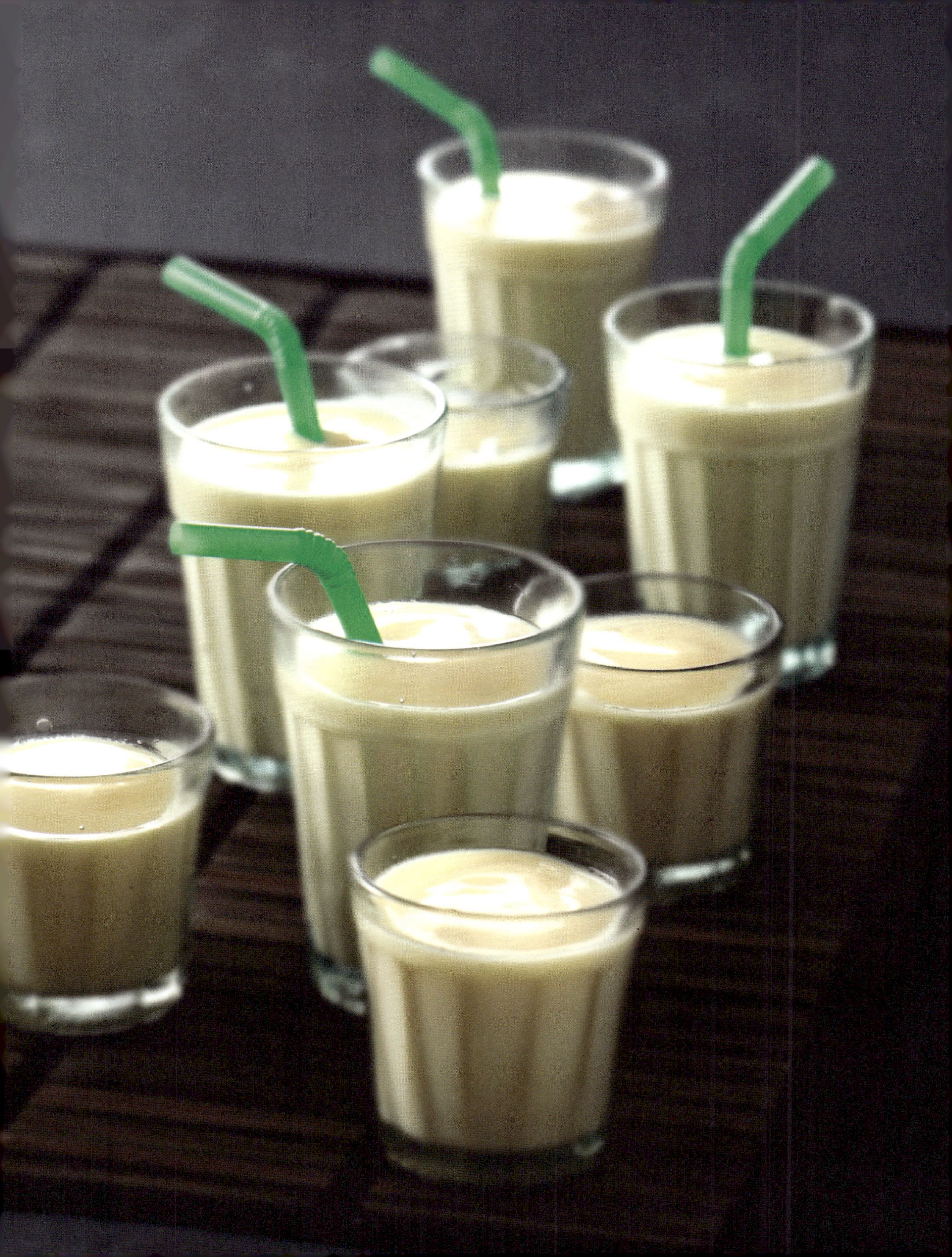

Poires caramélisées, glace à la pistache

Pour **4 personnes** | Préparation + Cuisson **15 minutes**
Difficulté ★ | Coût ★

4 poires | 40 g de beurre | 4 cuil. à soupe de sucre en poudre |
1 cuil. à café de badiane en poudre ou de cannelle en poudre |
4 boules de glace à la pistache

1. Coupez les poires en quatre. Retirez le trognon et pelez-les. Coupez chaque quartier en 2 tranches.

2. Faites chauffer le beurre avec le sucre dans une grande poêle antiadhésive à feu moyen. Faites-y dorer les tranches de poires pendant environ 5 min en les retournant à mi-cuisson. Faites-le en deux fois si nécessaire, en ajoutant du beurre et du sucre.

3. Répartissez les poires sur des assiettes. Saupoudrez-les de badiane ou de cannelle, puis déposez 1 boule de glace au milieu. Servez aussitôt.

Le conseil de Cyril
Vous pouvez parsemer les poires de pistaches non salées concassées.

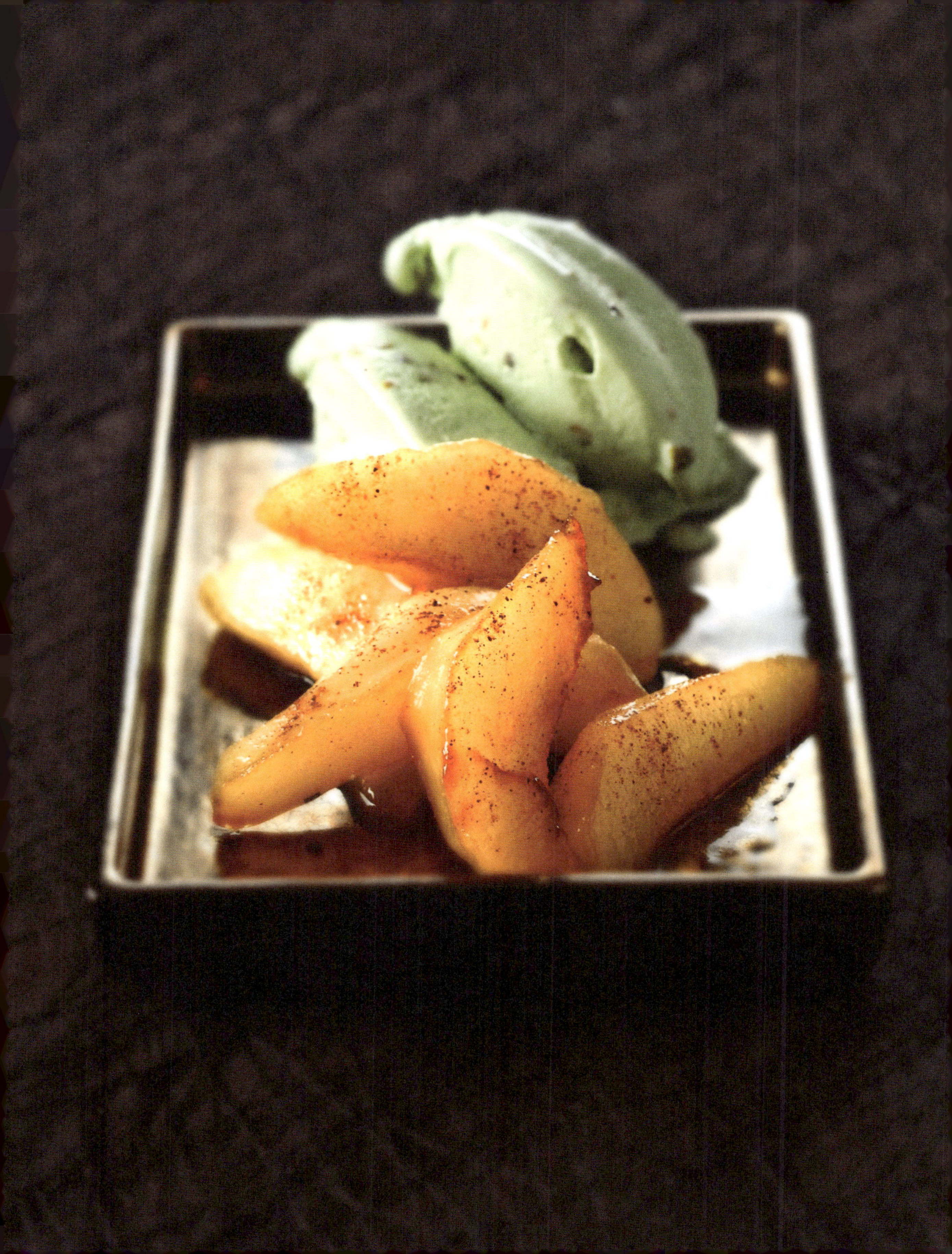

Brochettes kiwi, ananas et raisin

Pour **4 personnes** | Préparation **15 minutes**
Difficulté ★ | Coût ★

1 ananas | **1 grappe de raisin noir** | **2 kiwis**

Matériel
Piques à brochettes

1. Ôtez l'écorce de l'ananas en retirant les yeux noirs. Coupez-le en quatre et ôtez le cœur ligneux. Coupez chaque quartier en deux dans le sens de la longueur, puis en tranches de 5 mm d'épaisseur. Rincez la grappe de raisin et détachez les grains. Épluchez les kiwis et coupez-les en quatre. Divisez chaque quartier en trois.

2. Composez les brochettes en alternant 1 morceau d'ananas, 1 grain de raisin, 1 morceau de kiwi et 1 grain de raisin, en terminant par 1 morceau d'ananas. Servez immédiatement.

Les conseils de Cyril

Si les fruits ne sont pas assez mûrs, saupoudrez-les d'un peu de cassonade avant de servir. Vous pouvez décorer avec un peu de menthe ciselée, 1 pincée de cannelle en poudre ou de la vanille. S'il vous reste de l'ananas et du raisin, passez-les à la centrifugeuse et vous dégusterez un jus tout à fait délicieux.

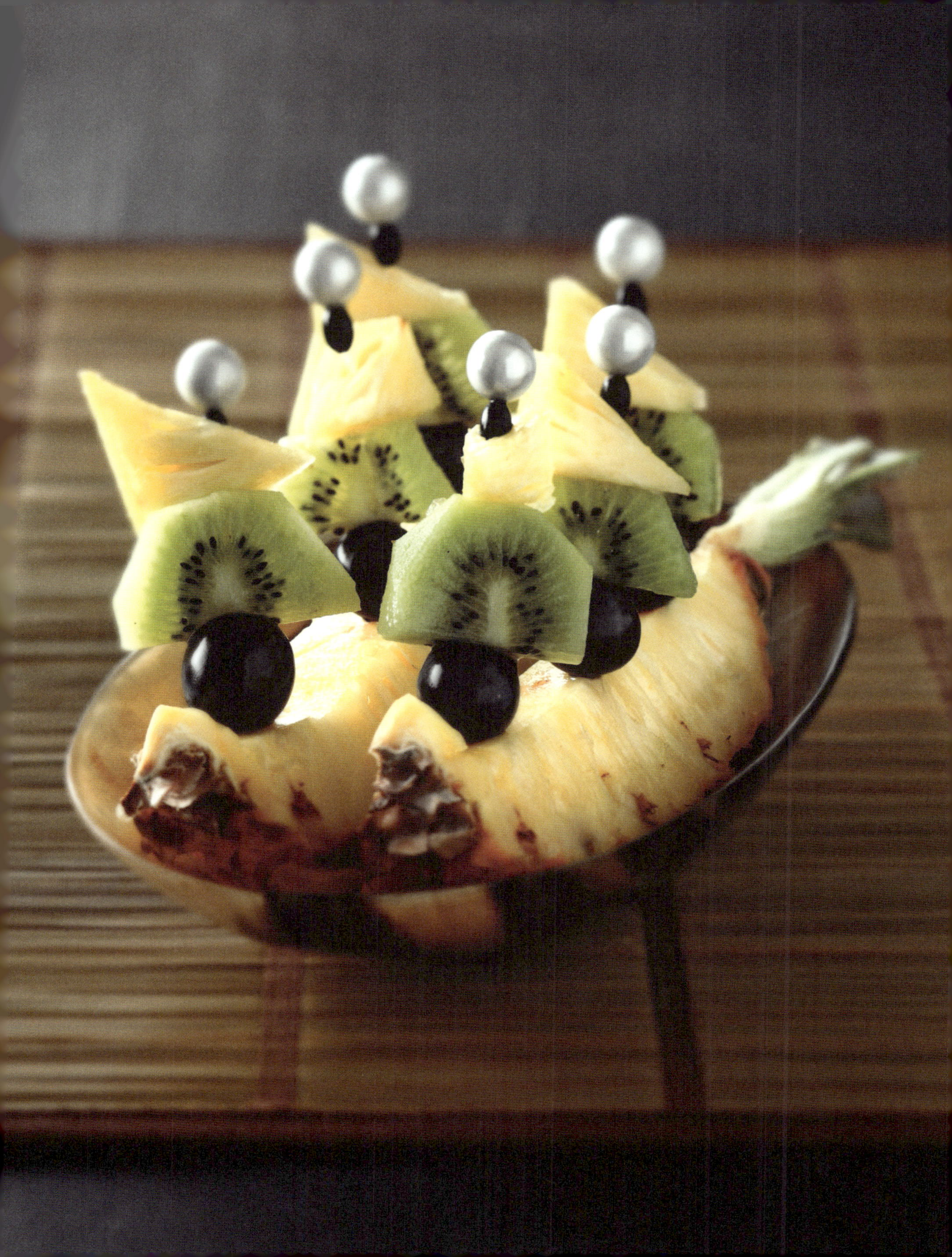

Crumble de banane au rhum

Pour **4 personnes** | Préparation **15 minutes** | Cuisson **30 minutes**
Difficulté ★ | Coût ★

½ citron | 6 cuil. à soupe de rhum | 4 bananes | 80 g de beurre demi-sel |
80 g de cassonade | 60 g de noix de coco en poudre | 80 g de farine

1. Préchauffez le four à 180 °C (th. 6). Pressez le demi-citron et mélangez le jus avec le rhum. Pelez les bananes et coupez-les en rondelles. Répartissez-les dans un plat allant au four et arrosez-les de rhum au citron.

2. Coupez le beurre en petits morceaux. Mettez-le dans un bol avec la cassonade, la noix de coco et la farine. Malaxez le tout pour obtenir une pâte grossière, que vous répartirez ensuite sur les bananes. Enfournez le plat pour 30 min de cuisson.

Le conseil de Cyril
Vous pouvez remplacer la noix de coco par de la poudre d'amandes.

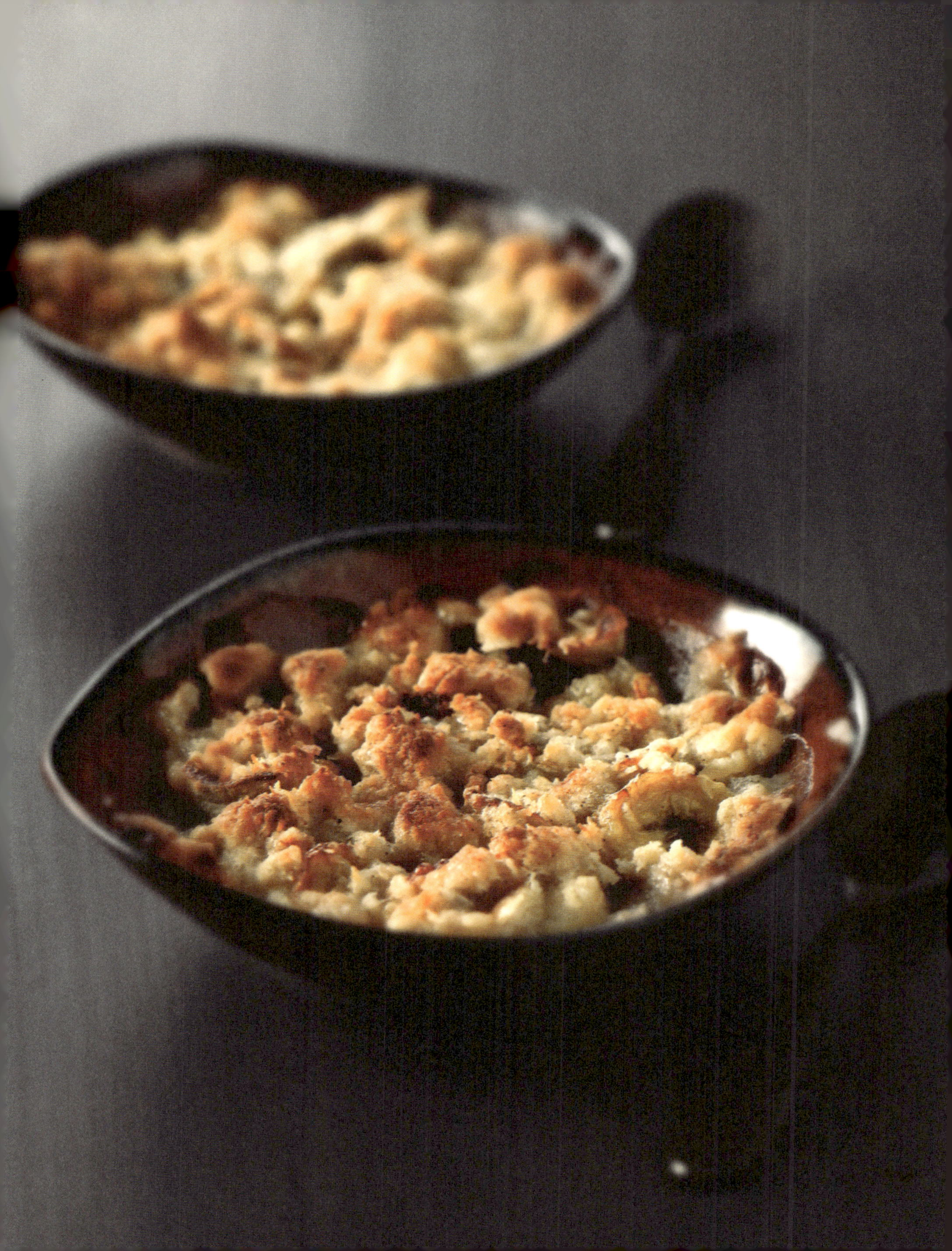

Soupe de melon aux framboises

Pour **4 personnes** | Préparation **15 minutes**
Difficulté ★ | Coût ★

1 orange | 2 melons | 250 g de framboises | 2 cuil. à soupe de sirop d'érable

Matériel
Blender

1 Pressez l'orange. Coupez les melons en deux et retirez les graines. Récupérez la chair et mettez-la dans le bol d'un blender avec la moitié des framboises, le jus d'orange et le sirop d'érable. Mixez le tout.

2 Versez la soupe dans des bols et parsemez-la des framboises entières restantes.

Le conseil de Cyril
Si vous préparez cette soupe à l'avance, gardez-la au frais et ajoutez les framboises entières au dernier moment.

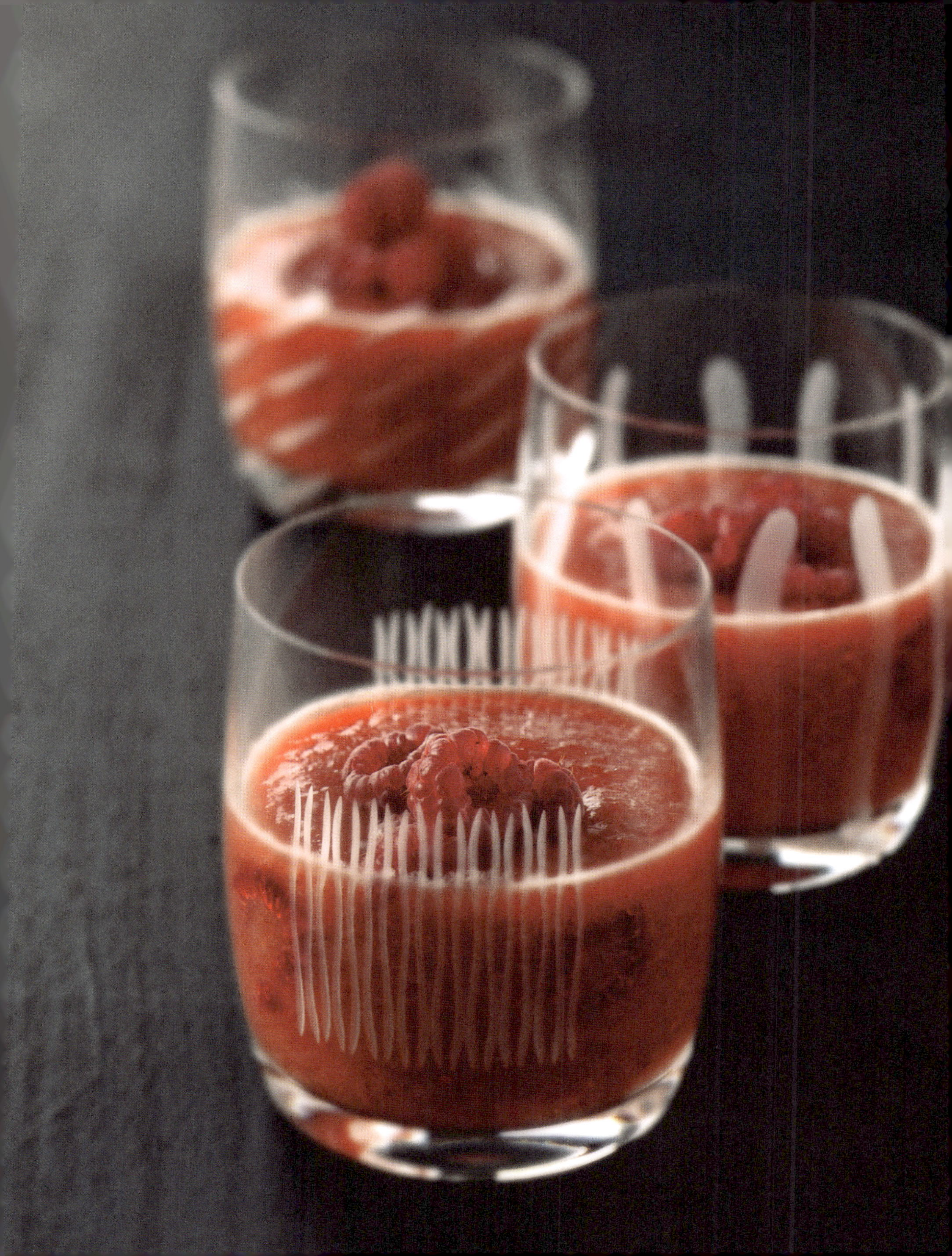

Smoothie à l'orange et au yaourt

Pour **4 personnes** | Préparation **10 minutes**
Difficulté ★★ | Coût ★★

2 yaourts brassés ou à la grecque | 1 cuil. à café de sucre de canne blanc | Le jus de 4 oranges

1. Dans un saladier, mélangez à l'aide d'un fouet les yaourts avec le sucre.

2. Ajoutez le jus d'orange au yaourt. Fouettez vigoureusement afin d'homogénéiser le smoothie et servez immédiatement.

Les conseils de Cyril

Vous pouvez ajouter 1 banane dans ce smoothie. Remplacez alors les yaourts par du lait car la banane donne de l'épaisseur. Vous pouvez aussi ajouter des fruits de la Passion, des framboises, des fraises ou de l'ananas, réduits en purée à l'aide d'un moulin à légumes muni d'une grille fine.

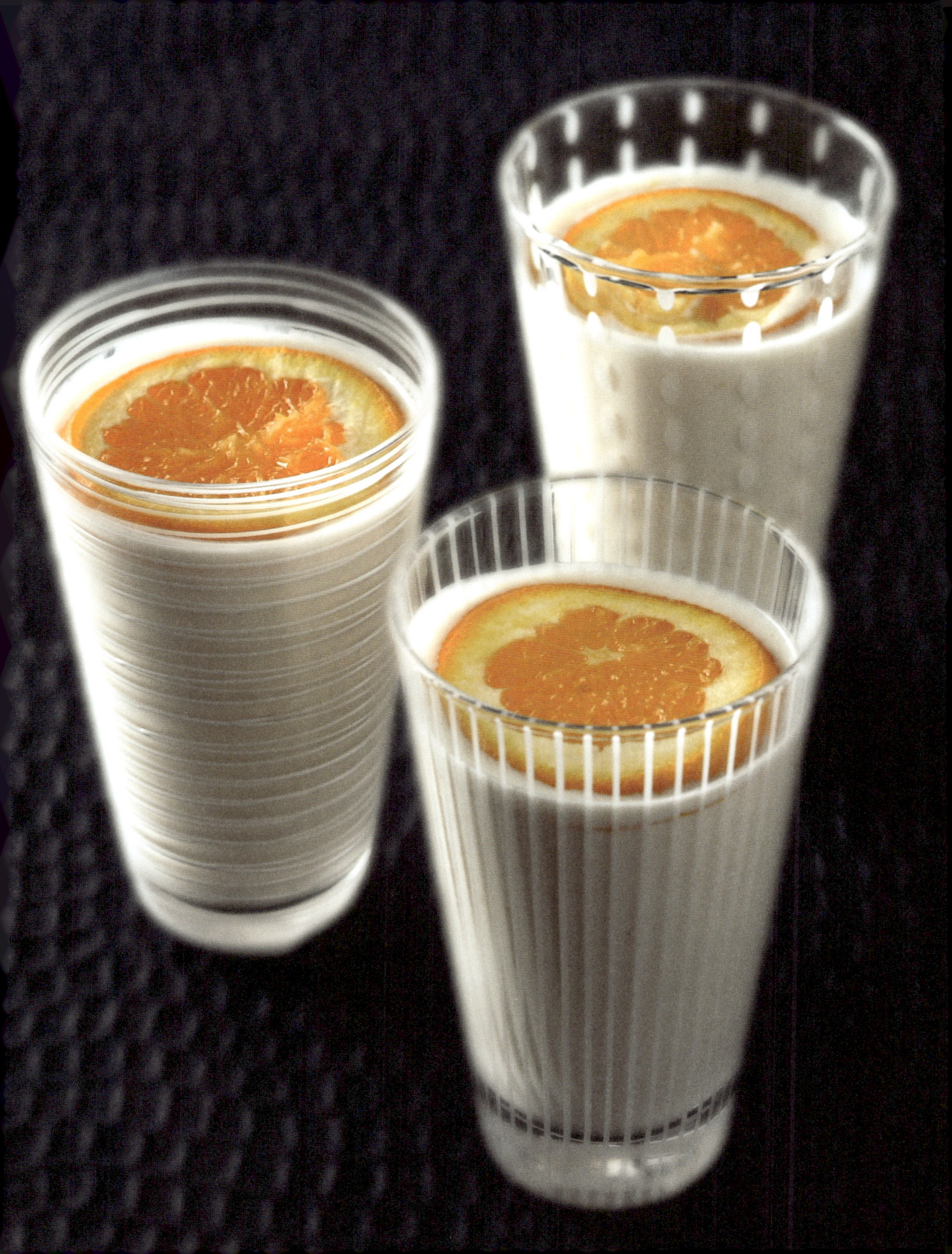

Crème de caramels mous

Pour **4 personnes** | Préparation **5 minutes** | Cuisson **5 minutes**
Difficulté ★★ | Coût ★

100 g de caramels mous | 20 cl de lait | 2 jaunes d'œufs | 40 g de sucre semoule | 20 g de farine | 100 g de beurre ramolli

Matériel
Mixeur plongeant

1. Dans une casserole, assemblez les caramels et le lait. Faites frémir et remuez afin que les caramels fondent. D'autre part, fouettez les jaunes d'œufs avec le sucre pendant quelques minutes. Ajoutez ensuite la farine, puis versez le lait aux caramels bien chaud par-dessus. Mélangez, puis reversez toute la préparation dans la casserole et faites cuire quelques instants à feu doux, en mélangeant jusqu'à ce que la crème épaississe. Retirez du feu.

2. Versez la crème obtenue dans un saladier et laissez-la tiédir à température ambiante pendant un moment. La crème doit paraître juste tiède au doigt avant de passer à l'étape suivante.

3. Quand la bonne température est atteinte, ajoutez peu à peu le beurre, qui doit avoir la consistance d'une pommade, en mélangeant. Mixez enfin la crème pendant une bonne minute pour obtenir une préparation très onctueuse. Servez-la aussitôt.

Les conseils de Cyril

Cette crème ne se sert ni brûlante ni froide, mais tiède. Elle est assez riche... mais tellement délicieuse ! Dégustez-la telle quelle ou avec des langues-de-chat ou des tuiles aux amandes...

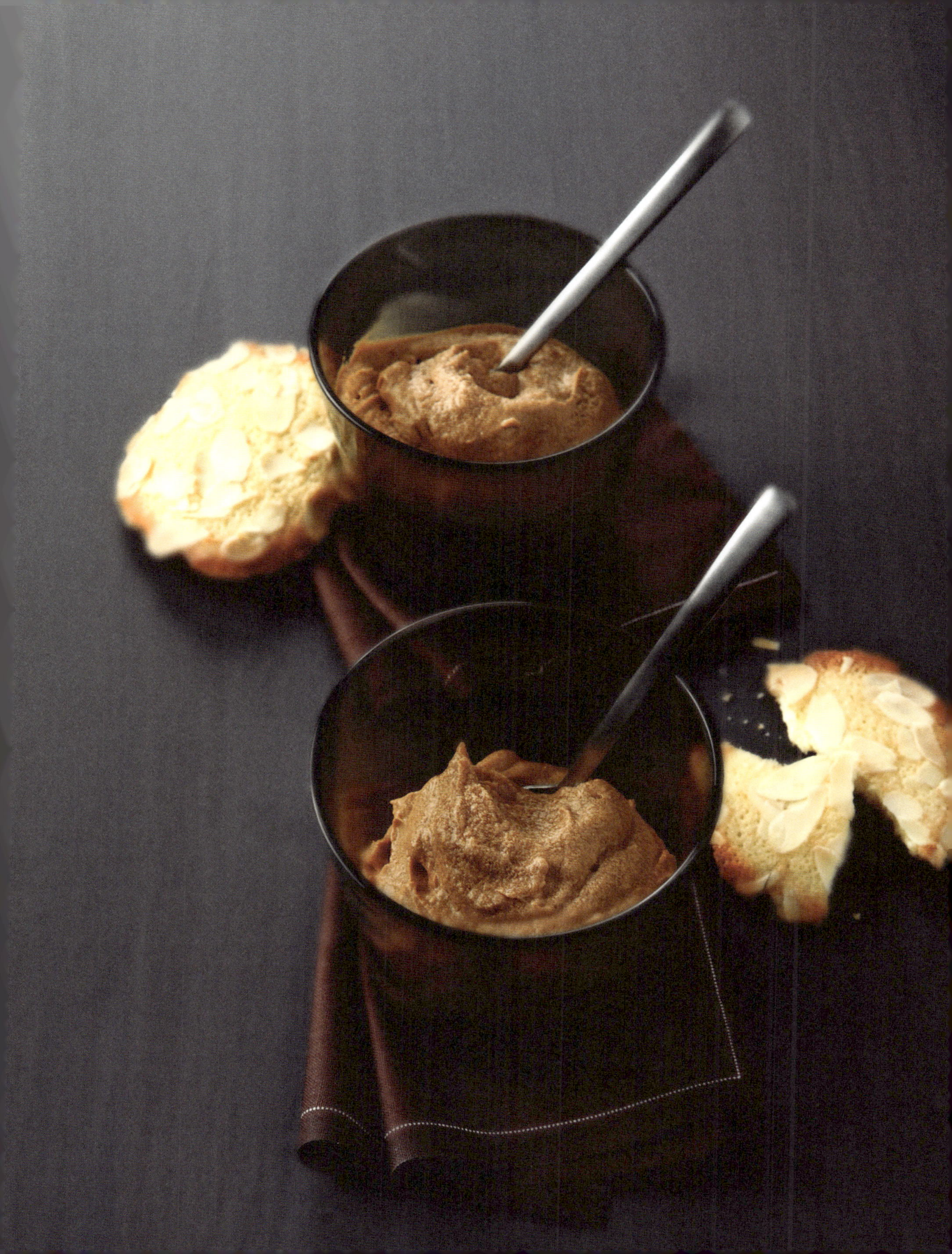

Figues rôties au miel et aux amandes

Pour **4 personnes** | Préparation + Cuisson **10 minutes**
Difficulté ★ | Coût ★

12 figues fraîches | **6** cuil. à soupe de miel liquide |
1 cuil. à café de cannelle en poudre | **6** cuil. à soupe d'amandes effilées

1 Préchauffez le four à 180 °C (th. 6). Coupez les figues en quatre dans le sens de la hauteur, sans détacher les quartiers, afin de pouvoir les ouvrir.

2 Posez les figues dans un plat allant au four. Arrosez-les de miel liquide et saupoudrez-les de cannelle. Parsemez d'amandes effilées. Enfournez pour 10 min de cuisson.

Le conseil de Cyril
Vous pouvez servir les figues chaudes avec de la glace à la vanille.

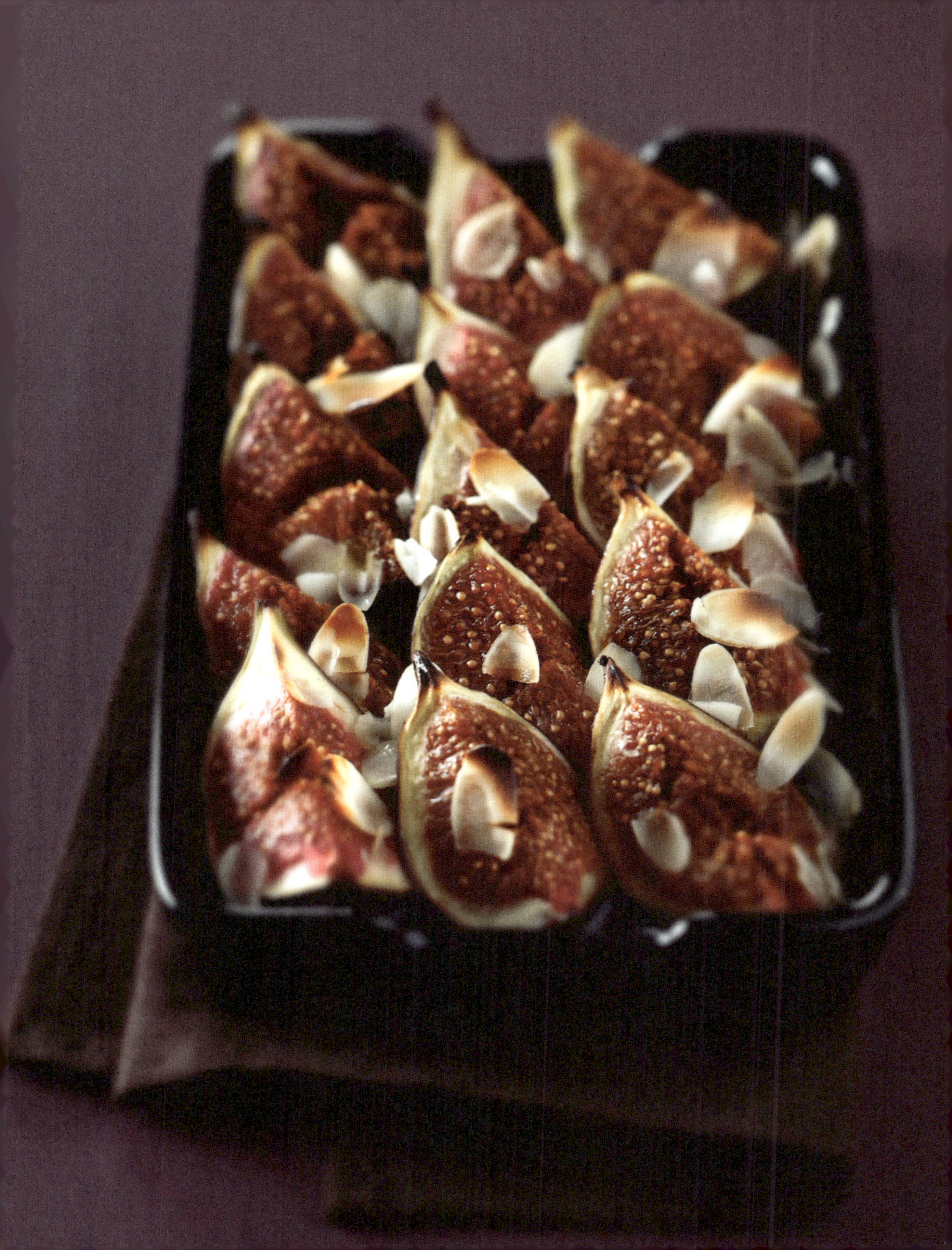

Smoothie passionné aux frambroises

Pour **4 personnes** | Préparation **10 minutes**
Difficulté ★ | Coût ★

4 fruits de la Passion (200 g) | **250 g de framboises** | **2 yaourts à la grecque** | **10 cl de lait**

Matériel
Moulin à légumes

1. Coupez les fruits de la Passion en deux. À l'aide d'une cuillère, grattez l'intérieur des fruits pour récupérer les graines et le jus. Passez le tout dans un moulin à légumes muni d'une grille fine afin de récupérer le maximum de jus. Passez ensuite les framboises dans le moulin à légumes.

2. Dans un saladier, délayez les yaourts dans le lait, puis versez le jus des fruits de la Passion et la purée de framboises. Mélangez et servez aussitôt.

Les conseils de Cyril

Choisissez des fruits de la Passion un peu fripés. Plus ils le sont, plus ils sont mûrs. Il est possible que vous trouviez le jus un peu acide. Dans ce cas, ajoutez un peu de sirop de sucre de canne ou du miel.

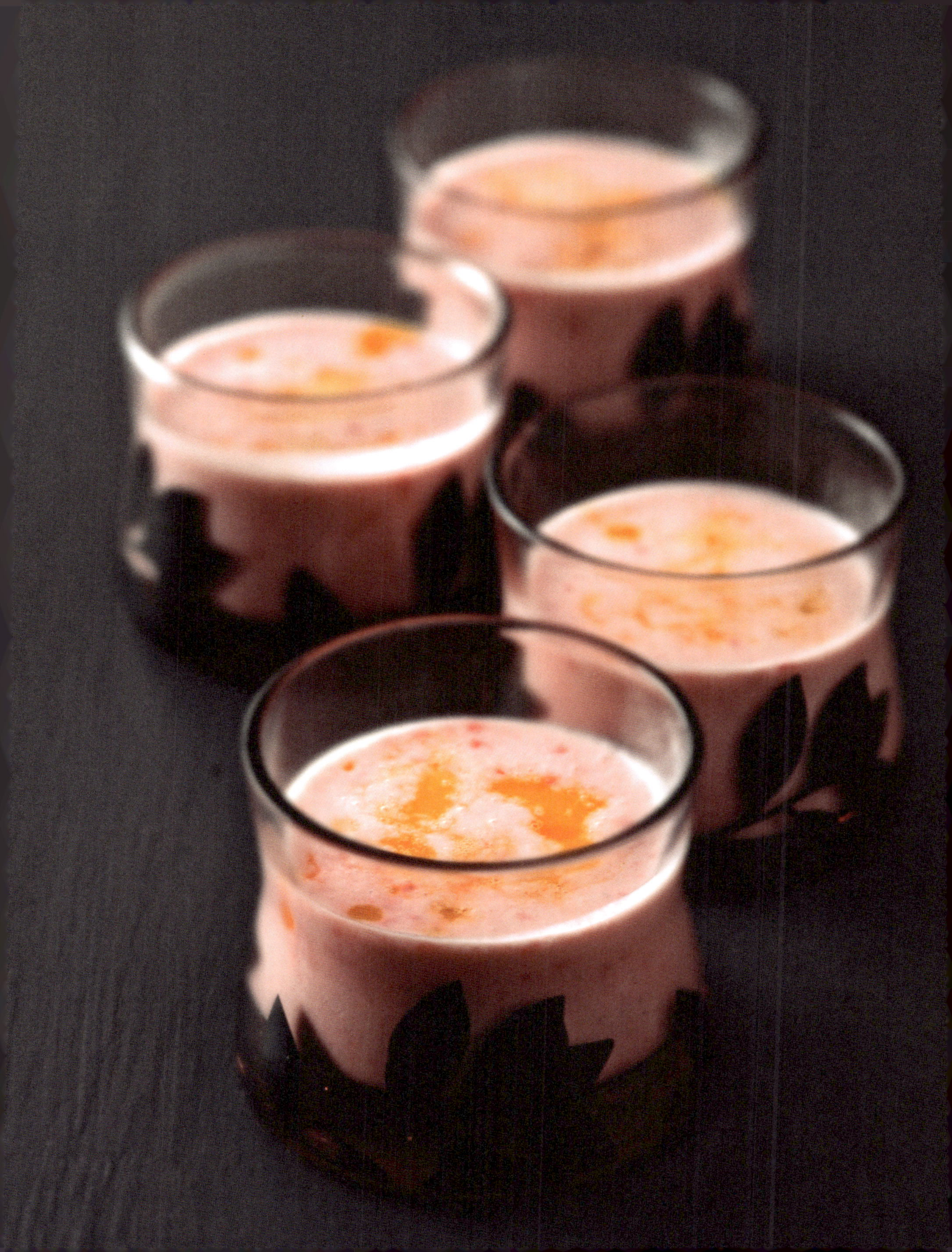

CUIS

CUISINE DOUCEUR

Desserts nostalgiques

Churros au sucre

Pour **6 personnes** | Préparation **20 minutes**
Difficulté ★★ | Coût ★

2 l d'huile d'arachide ou de tournesol pour la cuisson | 45 cl de lait | 1 œuf |
300 g de farine | 1 pincée de sel fin | Sucre en poudre

Matériel
Poche à douille

1. Versez l'huile dans une grande casserole et faites-la chauffer. Dans un saladier, mélanger le lait, l'œuf, la farine et le sel, jusqu'à obtention d'une pâte assez lisse et épaisse. Laissez-la reposer quelques minutes.

2. Versez la pâte dans une poche à douille. Pressez la poche et faites tomber des churros d'environ 10 cm dans l'huile chaude en coupant la pâte avec un petit couteau.

3. Laissez-les cuire 2 ou 3 min. Égouttez-les et épongez-les sur du papier absorbant.

4. Mélangez-les avec un peu de sucre en poudre et servez-les aussitôt, bien chauds.

Les conseils de Cyril

Ne pétrissez surtout pas cette pâte inutilement : elle deviendrait élastique et très difficile à former en churros. Il suffit juste d'assembler les ingrédients entre eux. Si vous le souhaitez, parfumez la pâte avec un peu d'extrait de vanille ou de fleur d'oranger.

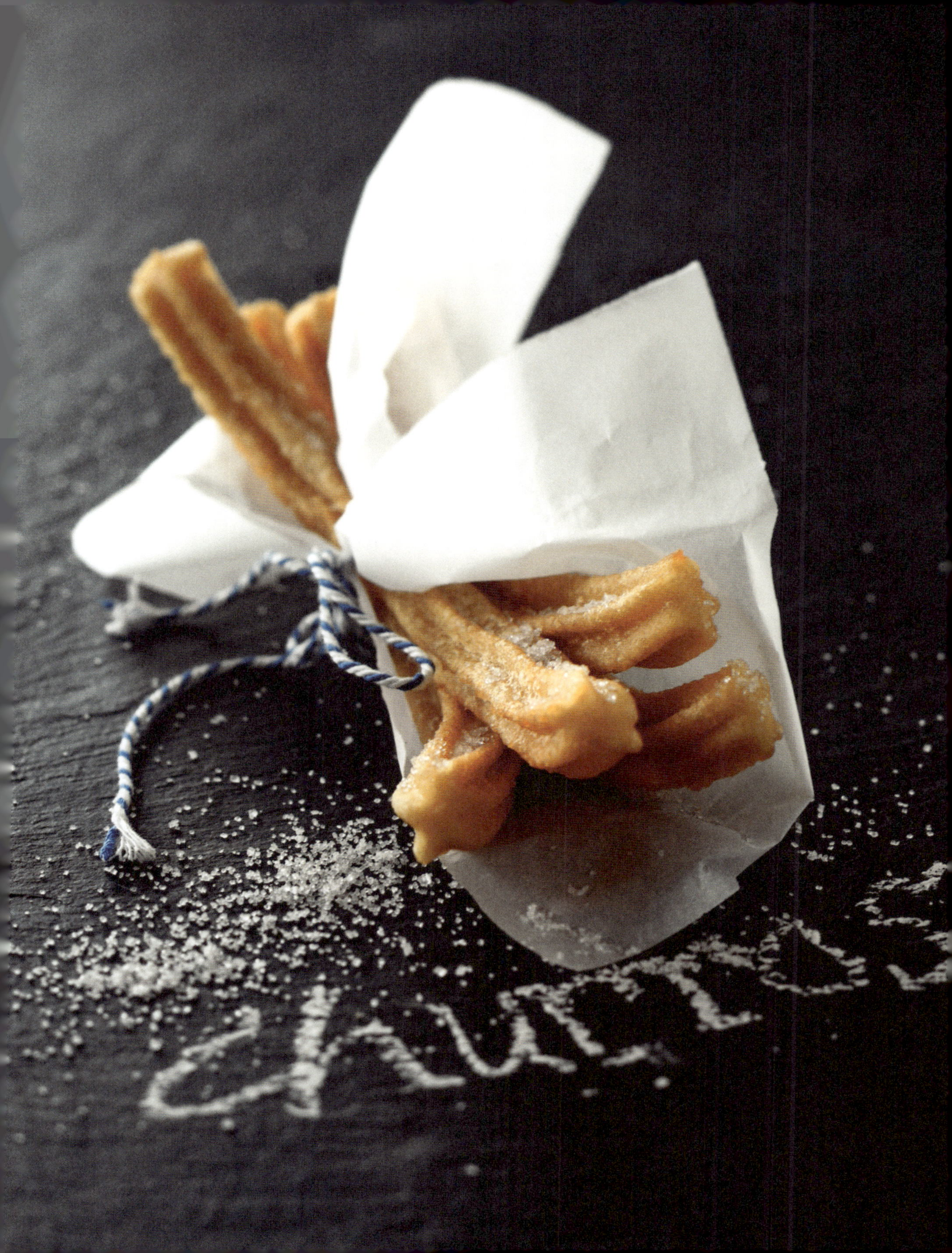

Muffins à la vanille

Pour **8 muffins** | Préparation **25 minutes** | Cuisson **20 minutes** | Repos **30 minutes**
Difficulté ★ | Coût ★

4 gousses de vanille | 300 g de sucre en poudre | 4 œufs | 300 g de farine | ½ sachet de levure chimique | 50 cl de lait | 90 g d'huile d'arachide ou de tournesol | 80 g de beurre fondu | 1 pincée de sel fin

Matériel
Moules à muffins souples

1. Préchauffez le four à 175 °C (th. 6-7). Avec la pointe d'un petit couteau, fendez les gousses de vanille dans la longueur. Grattez l'intérieur des gousses afin de récupérer toutes les petites graines noires. Placez-les délicatement dans une soucoupe.

2. Dans un saladier, fouettez un moment le sucre en poudre et les œufs. Ajoutez la farine, la levure, les graines de vanille et le lait. Mélangez bien et incorporez l'huile, le beurre et le sel. Fouettez à nouveau la pâte jusqu'à obtention d'un mélange parfaitement lisse.

3. Versez la pâte dans les moules à muffins. Enfournez pour environ 20 min de cuisson. Au terme de la cuisson, démoulez les muffins encore chauds et laissez-les refroidir sur une grille ou un grand plat pendant 30 min avant de les déguster.

Les conseils de Cyril

Ne tentez pas de préparer cette recette avec des arômes ou du sucre vanillé : le résultat serait plutôt décevant. Petite astuce : récupérez les morceaux des gousses de vanille, laissez-les sécher, mélangez-les à du sucre en poudre, puis réduisez-les finement pour obtenir un sucre vanillé maison.

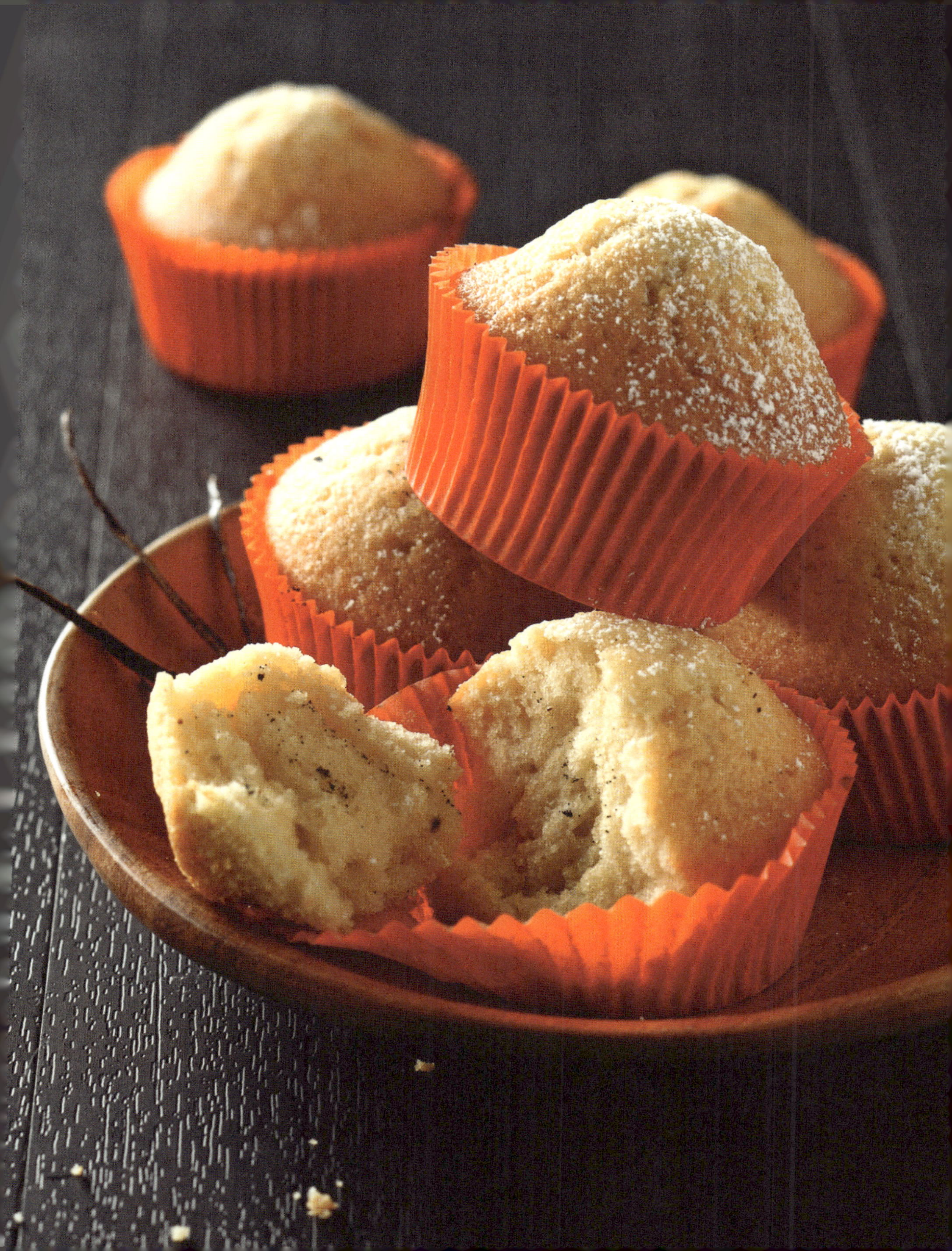

Madeleines au miel

Pour **4 personnes** | Préparation **20 minutes** | Cuisson **10 minutes**
Difficulté ★ | Coût ★

40 g de farine | 100 g de sucre glace | 40 g de poudre d'amandes |
100 g de beurre | 1 cuil. à soupe d'un miel liquide fort en goût (de sapin,
de châtaignier ou de montagne) | 3 blancs d'œufs | 1 pincée de sel

Matériel
Batteur électrique | Plaque de moules à madeleines antiadhésifs

1. Préchauffez le four à 190 °C (th. 6-7). Dans un saladier, mélangez la farine, le sucre glace et la poudre d'amandes.

2. Dans une casserole, faites fondre le beurre avec le miel, puis ajoutez-le à la farine. Mélangez bien pour obtenir une pâte homogène. Montez les blancs en neige très ferme avec le sel, puis ajoutez-les à la pâte en mélangeant délicatement.

3. Versez la pâte dans les moules à madeleines (la pâte doit être au même niveau que les moules) et enfournez pour 10 min de cuisson. Si les moules ne sont pas antiadhésifs, n'oubliez pas de les graisser un peu. Les madeleines doivent être gonflées. Laissez-les tiédir avant de démouler.

Le conseil de Cyril

Vous pouvez aussi préparer des madeleines au chocolat. Dans ce cas, faites fondre 75 g de chocolat noir, que vous ajouterez au même moment que les blancs en neige.

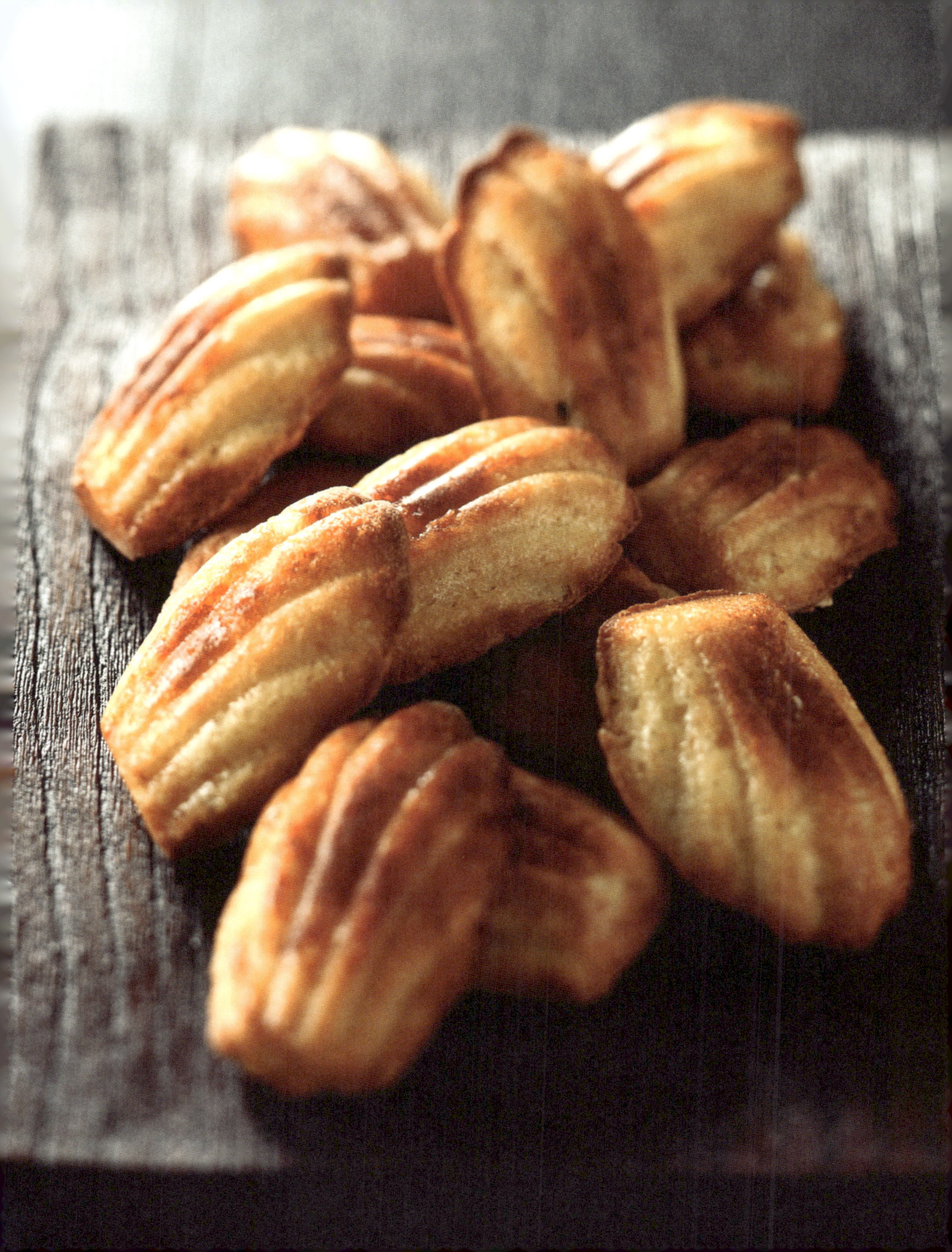

Gâteau au yaourt

Pour **4 personnes** | Préparation **15 minutes** | Cuisson **25 à 30 minutes**
Difficulté ★ | Coût ★

½ citron | 1 pot de yaourt velouté | 3 œufs | 1 pot de sucre semoule | 1 sachet de levure chimique | 3 pots de farine + pour le moule | 1 sachet de sucre vanillé | 1 pot d'huile d'arachide ou de tournesol | Beurre pour le moule

Matériel
Moule à cake

1 Préchauffez le four à 180 °C (th. 6). Prélevez 2 ou 3 zestes sur le citron et hachez-les très finement. Évitez de prendre la peau blanche qui se trouve sous la partie jaune du zeste : elle est très amère.

2 Dans un saladier, versez le yaourt. Gardez le pot de yaourt pour mesurer les autres ingrédients, lavez-le et essuyez-le. Ajoutez les œufs et le sucre semoule, puis, au fur et à mesure, la levure, la farine, le sucre vanillé et les zestes. Mélangez bien, puis incorporez l'huile.

3 Versez la pâte dans le moule à cake préalablement beurré et fariné, puis enfournez pour 25 à 30 min de cuisson.

Les conseils de Cyril
Vous pouvez remplacer les zestes de citron par des zestes d'orange ou de pamplemousse. N'hésitez pas à accompagner ce gâteau au yaourt d'un peu de crème anglaise. Si vous souhaitez le fourrer, vous pouvez utiliser un peu de crème battue, de la pâte à tartiner ou encore de la confiture.

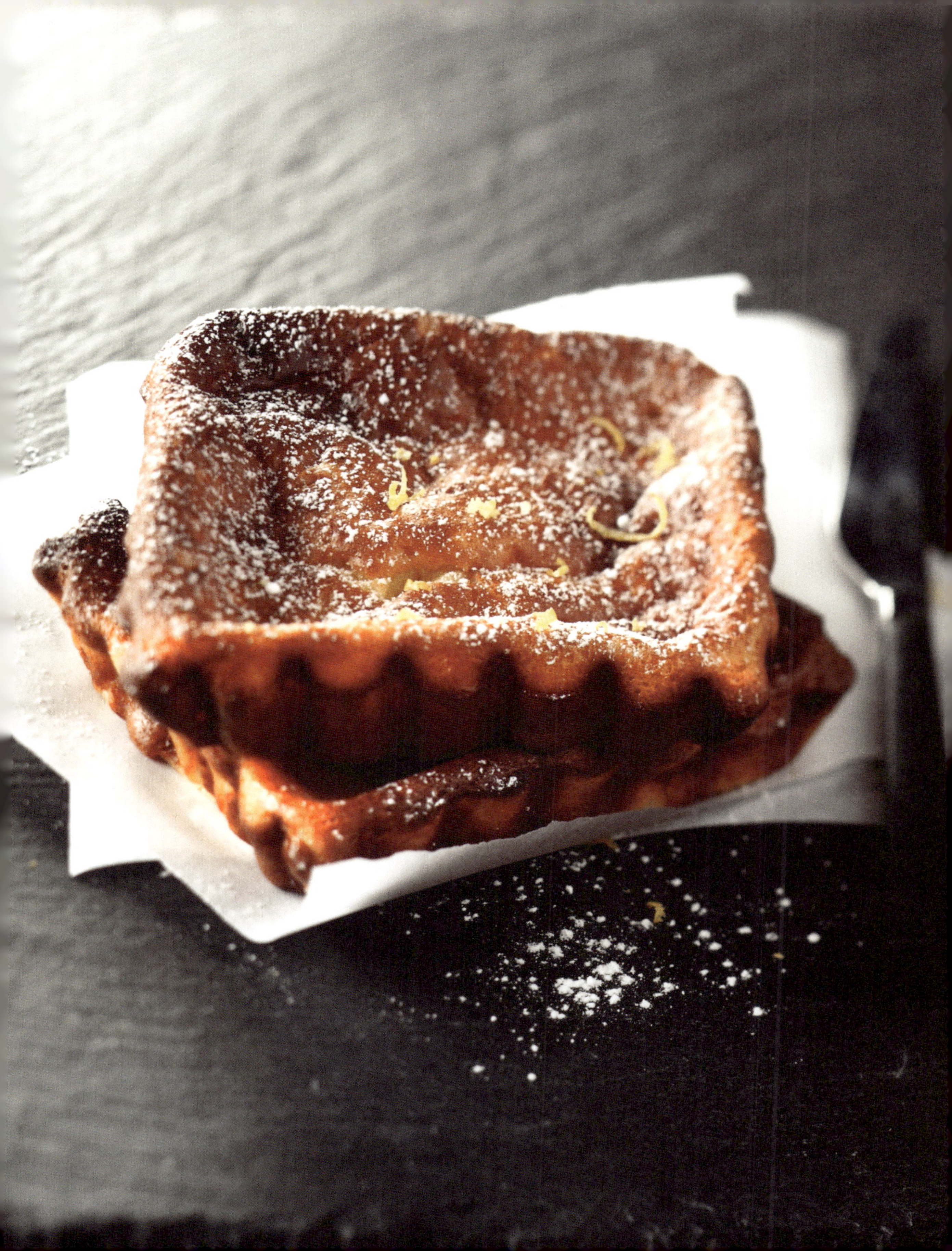

Crêpes au miel

Pour **6 personnes** | Préparation **15 minutes** | Repos **1 heure (facultatif)** | Cuisson **15 minutes**
Difficulté ★ | Coût ★

500 g de farine | **1 pincée de sel** | **7 œufs entiers** | **8 cl d'huile** | **1 l de lait** | **1 pot de miel liquide** | **Beurre pour la cuisson**

1. Dans un saladier, assemblez la farine, le sel, les œufs, l'huile et 25 cl de lait. Mélangez au fouet pour obtenir une pâte épaisse mais sans grumeaux. Ajoutez peu à peu le reste du lait, en mélangeant. Laissez reposer la pâte 1 h si possible.

2. Sur feu moyen, faites cuire les crêpes dans une poêle avec 1 petite noisette de beurre pour chaque crêpe.

3. Versez un peu de miel sur les crêpes chaudes et servez-les sans attendre.

Les conseils de Cyril

Agrémentez ces crêpes au miel avec un peu de cacao en poudre, de la crème Chantilly, de la glace à la vanille ou au chocolat, ou encore des fruits : bananes, fraises, framboises, mangues, ananas, etc. Rappelez-vous que le miel calme les enfants : préparez donc ces crêpes en fin de journée, pour le dessert du soir !

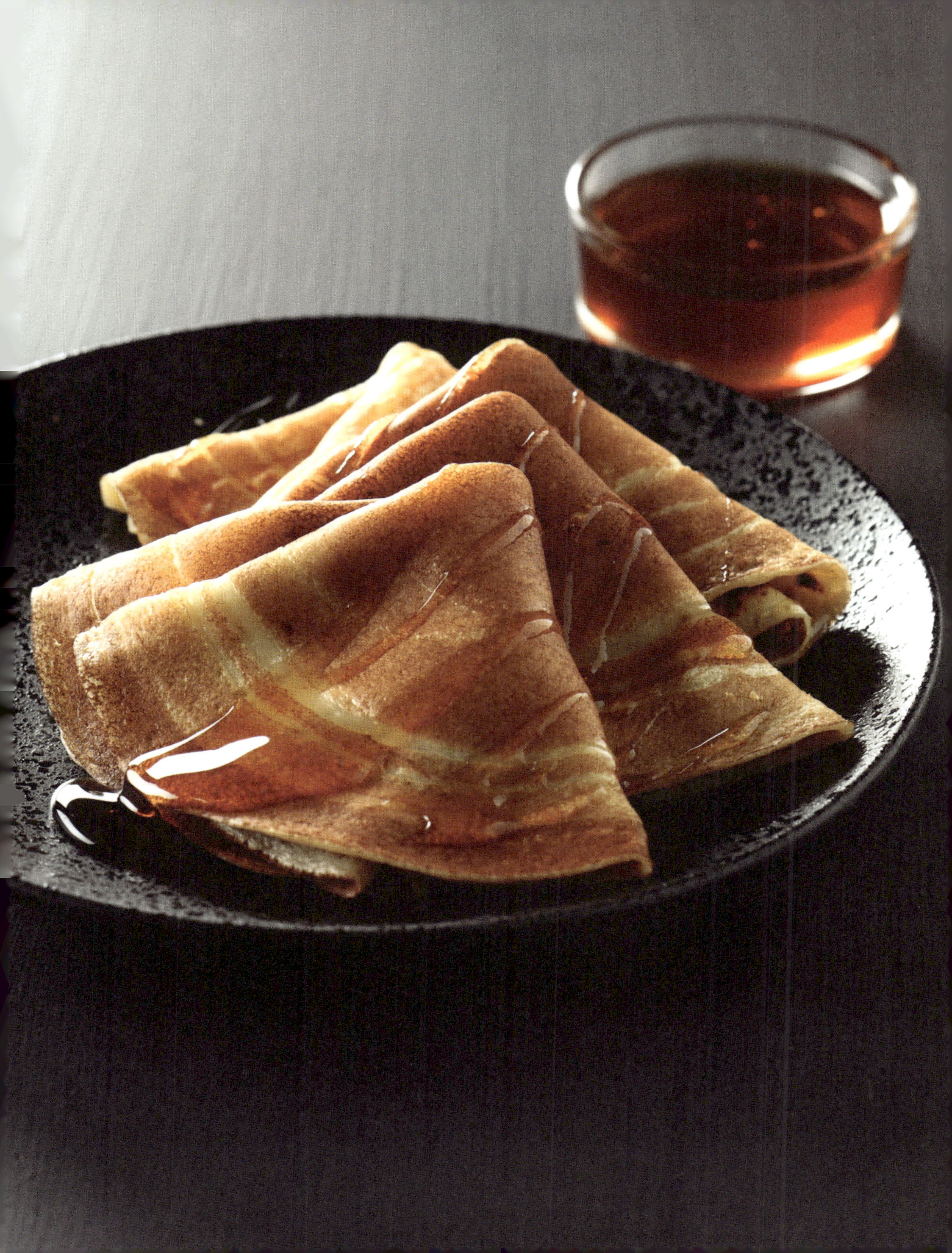

Mousse au chocolat noir

Pour **6 personnes** | Préparation **25 minutes** | Refroidissement **1 heure**
Difficulté ★★ | Coût ★

200 g de chocolat noir à 52 ou 64 % de cacao | 30 g de beurre | 3 jaunes d'œufs | 3 cuil. à soupe de sucre glace | 4 blancs d'œufs

Matériel
Batteur électrique

1. Concassez le chocolat au couteau et coupez le beurre en morceaux. Faites fondre le beurre et le chocolat noir dans un bain-marie juste tiède (dans un bol placé au-dessus d'une casserole d'eau frémissante). Mélangez bien avec une cuillère en bois.

2. Dans un second bain-marie, fouettez vivement les jaunes d'œufs avec la moitié du sucre glace, à l'aide du batteur électrique. Quand la préparation est bien mousseuse, légère et gonflée, sortez-la du bain-marie et continuez de fouetter pendant 1 ou 2 min.

3. Montez les blancs d'œufs en neige ferme, en y ajoutant le reste du sucre glace à la fin. Mélangez les jaunes battus au chocolat fondu, puis incorporez-leur délicatement les blancs en neige à la spatule.

4. Selon votre goût, servez immédiatement ou laissez prendre 1 h au réfrigérateur.

Le conseil de Cyril
Pour les adultes, versez un trait de rhum dans la mousse au moment où vous incorporez les blancs en neige.

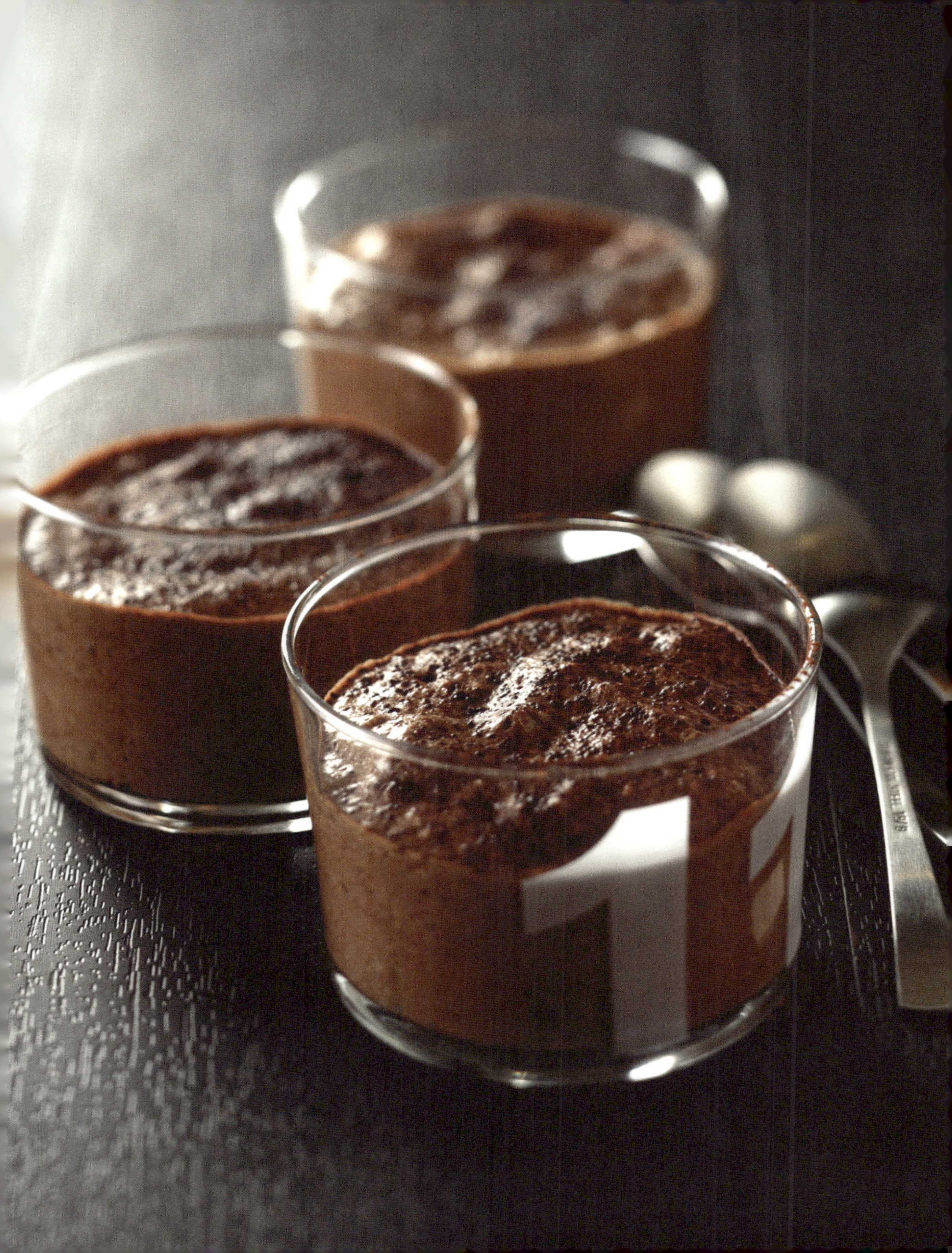

Pommes grillées comme une tatin

Pour **4 personnes** | Préparation **15 minutes** | Cuisson **10 minutes**
Difficulté ★ | Coût ★

3 pommes golden | 50 g de cassonade | 1 pincée de cannelle en poudre | 50 g de beurre demi-sel | 4 grands sablés bretons | 4 cuil. à café de crème fraîche épaisse

Matériel
Plancha

1. Épluchez les pommes. Coupez-les en quatre, puis retirez-en le cœur et les pépins. Faites chauffer la plancha à feu moyen. Ajoutez ensuite la cassonade, la cannelle et le beurre demi-sel. Lorsqu'il est bien chaud, ajoutez les quartiers de pomme et enrobez-les de caramel. Laissez cuire à feu très doux, pendant 10 min, en retournant souvent les pommes.

2. Pour le service, disposez un grand sablé au centre de chaque assiette. Posez par-dessus 3 quartiers de pomme, de façon parallèle. Terminez en déposant au centre 1 cuillerée à café de crème fraîche épaisse. Dégustez aussitôt.

Variante
Essayez donc cette recette en remplaçant les pommes par de la mangue, que vous couperez en longs et gros morceaux. Faites-la rapidement griller sur la plancha en remplaçant la cannelle par de la vanille en poudre.

Les conseils de Cyril
Si vous le désirez, vous pouvez faire chauffer légèrement les sablés sur la plancha. Par ailleurs, vous pouvez remplacer la crème fraîche par de la glace à la vanille.

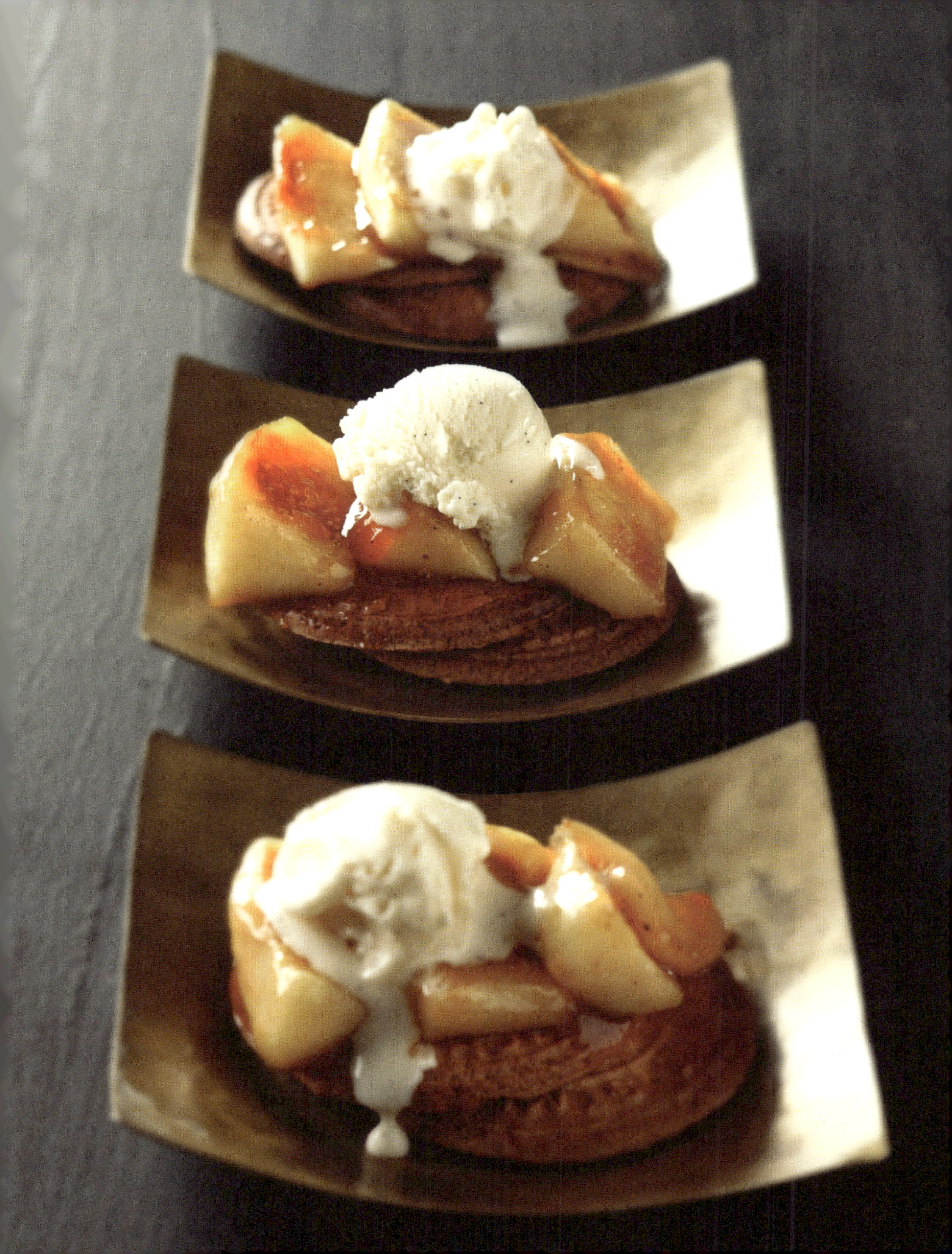

Palmiers

Pour **4 personnes** | Préparation **20 minutes** | Cuisson **15 minutes** |
Réfrigération **1 heure**
Difficulté ★ | Coût ★

3 cuil. à soupe de cassonade | 1 pincée de vanille en poudre |
1 pincée de cannelle en poudre | 300 g de pâte feuilletée

Matériel
Papier sulfurisé

1 Préchauffez le four à 190 °C (th. 6-7). Dans un bol, mélangez la cassonade, la vanille et la cannelle. Étalez la pâte feuilletée en un carré de 2 mm d'épaisseur. Saupoudrez-la avec le mélange à la cassonade, puis roulez chaque côté de la pâte vers le centre de façon à obtenir une pâte à 2 boudins. Laissez reposer 1 h au réfrigérateur.

2 À l'aide d'un couteau légèrement fariné, découpez la pâte en tranches de 1 cm d'épaisseur. Posez-les sur une plaque de cuisson tapissée de papier sulfurisé. Enfournez pour 8 min de cuisson.

3 Retournez délicatement les palmiers et laissez cuire encore de 6 à 8 min. Les palmiers doivent être bien dorés.

Le conseil de Cyril
Vous pouvez aussi parfumer les palmiers avec de la cardamome,
un peu de gingembre ou du cacao.

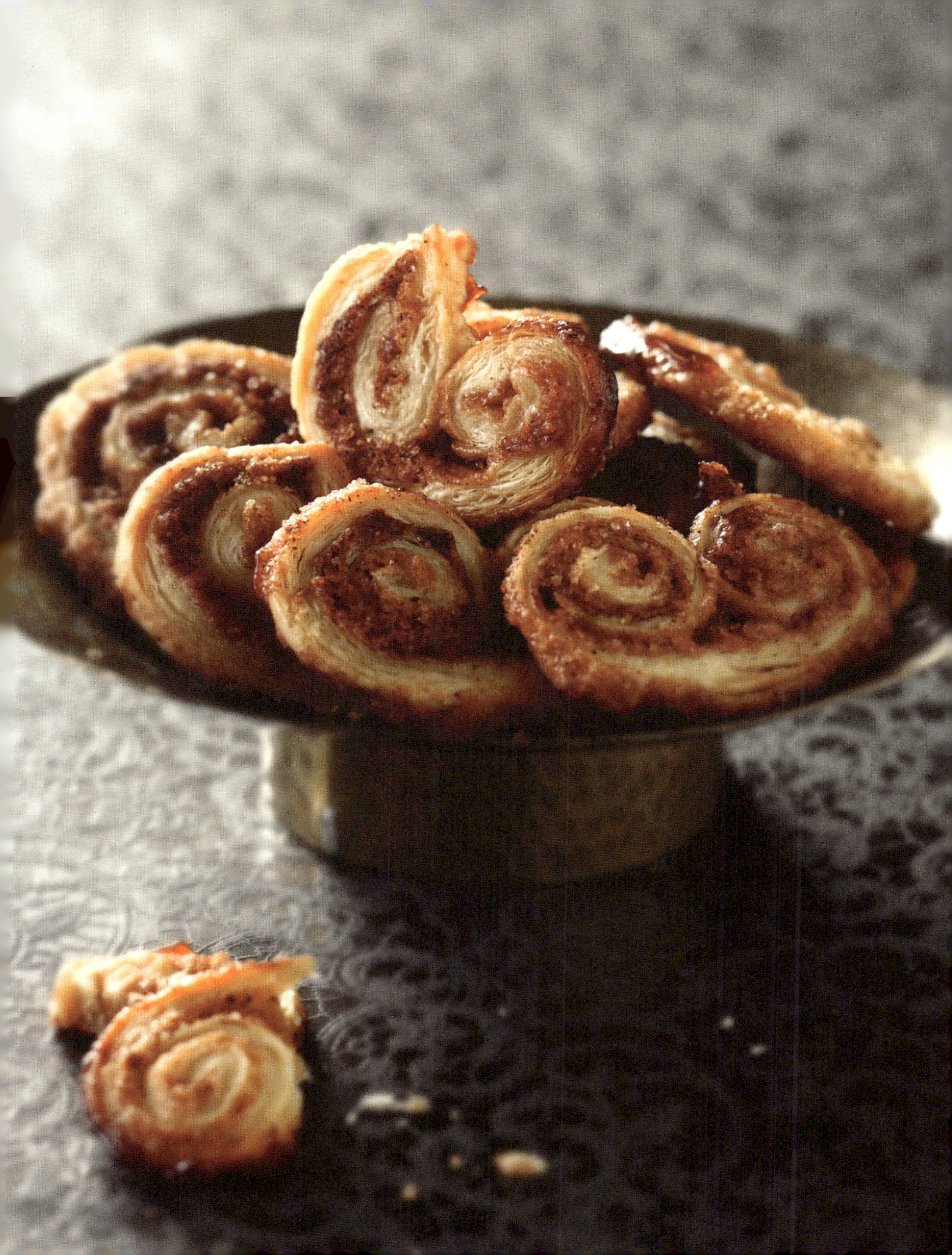

Cigarettes

Pour **4 personnes** | Préparation **20 minutes** | Cuisson **10 minutes**
Difficulté ★ | Coût ★

**120 g de beurre à température ambiante | 100 g de sucre en poudre |
1 pincée de vanille en poudre| 1 pincée de sel | 2 œufs | 100 g de farine**

Matériel
Papier sulfurisé | Fusil à aiguiser (facultatif)

1. Préchauffez le four à 190 °C (th. 6-7). Dans un saladier, mélangez le beurre, le sucre en poudre, la vanille et le sel. Ajoutez les œufs et fouettez jusqu'à obtention d'une pâte homogène et mousseuse.

2. Versez la farine dans la pâte et mélangez de nouveau. Sur une plaque de cuisson tapissée de papier sulfurisé, étalez la pâte en lui donnant des formes ovales de 7 à 8 cm de haut. Enfournez pour 10 min de cuisson. Les biscuits doivent être dorés sur les bords. Éteignez le four en y laissant refroidir un instant les biscuits.

3. Sortez-les un à un en les enroulant sur un fusil à aiguiser ou sur un bâton fin et serrez-les entre vos doigts pour les souder. Laissez refroidir complètement les cigarettes.

Les conseils de Cyril
La vanille en poudre ajoutée à la pâte lui confère de la finesse. Vous pouvez servir les cigarettes farcies d'un peu de confiture, de compote de fruits ou de pâte à tartiner chocolatée.

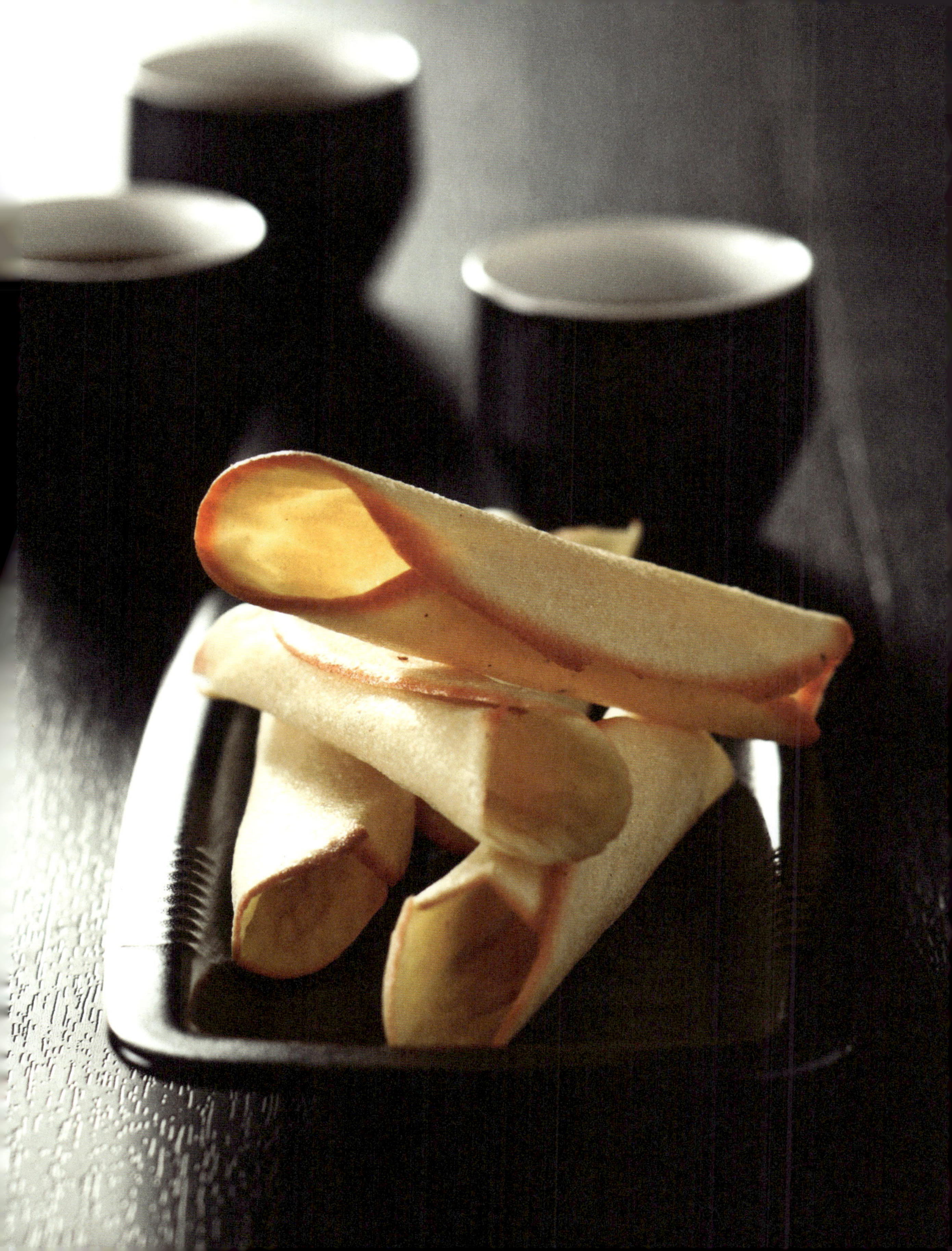

Langues-de-chat

Pour **4 personnes** | Préparation **20 minutes** | Cuisson **5 minutes**
Difficulté ★ | Coût ★

120 g de beurre à température ambiante | 100 g de sucre en poudre |
1 pincée de vanille en poudre | 1 pincée de sel | 2 œufs | 120 g de farine

Matériel
Papier sulfurisé

1. Préchauffez le four à 190 °C (th. 6-7). Dans un saladier, mélangez le beurre, le sucre en poudre, la vanille et le sel. Ajoutez les œufs et fouettez jusqu'à obtention d'une pâte homogène et mousseuse.

2. Versez la farine dans la pâte et mélangez de nouveau. Sur une plaque de cuisson tapissée de papier sulfurisé, étalez la pâte en forme de langues-de-chat fines. Enfournez pour 5 min de cuisson. Les biscuits doivent être dorés sur les bords.

3. Sortez les biscuits du four, enlevez la feuille de papier sulfurisé de la plaque de cuisson, puis décollez doucement les langues-de-chat et laissez-les refroidir à plat.

Le conseil de Cyril
Avant de mettre au four, parsemez les biscuits de pépites de chocolat.

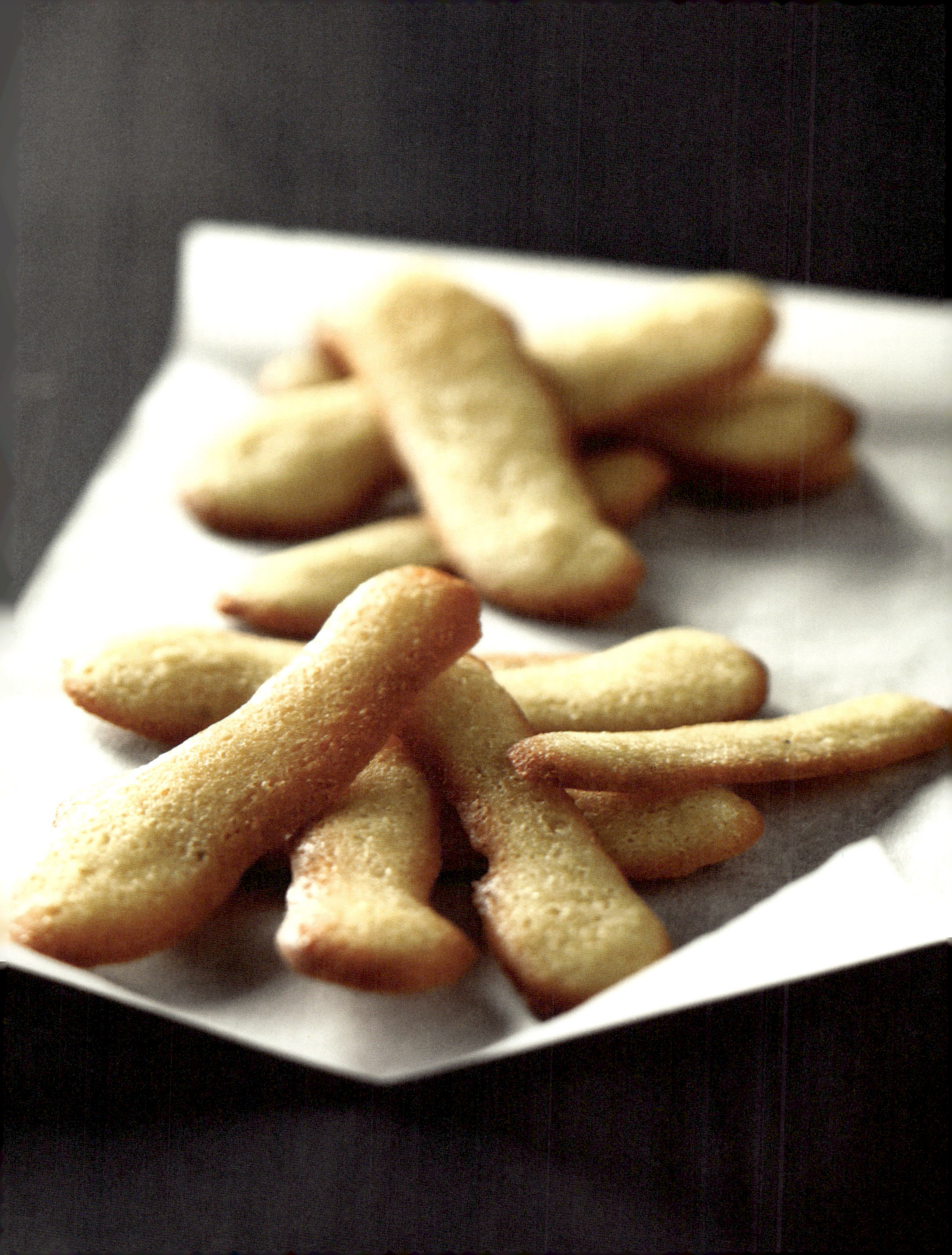

Crêpes aux fraises

Pour **6 personnes** | Préparation **35 minutes** | Repos **1 heure** | Cuisson **30 minutes**
Difficulté ★ | Coût ★★

250 g de fraises des bois ou mara des bois

Crème à la vanille
25 cl de lait entier | **1 gousse de vanille** | **1 œuf entier + 1 jaune** | **40 g de sucre de canne** | **25 g de farine** | **15 cl de crème fraîche liquide entière**

Pâte à crêpes
250 g de farine type T45 (de froment) | **1 pincée de sel** | **40 g de sucre en poudre** | **50 cl de lait** | **3 œufs** | **40 g de beurre fondu**

Matériel
Tamis | **Batteur électrique**

1 Préparez la crème à la vanille. Portez à ébullition le lait avec la gousse de vanille fendue. Laissez infuser pendant 30 min. Dans un saladier, fouettez les œufs avec le sucre de canne. Le mélange doit blanchir. Ajoutez la farine. Versez le lait, mélangez bien et reversez le tout dans la casserole. Faites cuire à feu doux sans cesser de remuer. Dès que l'ébullition est atteinte, ôtez du feu et versez la crème pâtissière dans un bol froid.

2 Préparez les crêpes. Dans un saladier, mélangez la farine, le sel et le sucre en poudre. Dans un bol, fouettez le lait et les œufs, puis versez sur la farine sans cesser de mélanger. Passez la pâte au travers d'un tamis et ajoutez le beurre fondu. Laissez reposer 1 h au frais. Faites chauffer une poêle ou une crêpière graissée à feu moyen, puis versez une petite louche de pâte. Répartissez-la sur toute la surface. Retournez la crêpe après 1 ou 2 min de cuisson et laissez cuire encore 1 ou 2 min.

3 Battez la crème fraîche en chantilly. Ajoutez-y la crème pâtissière froide et gardez au frais. Placez au centre de chaque crêpe un ruban de crème, enroulez-les et déposez-les dans un plat. Parsemez de fraises des bois et servez aussitôt.

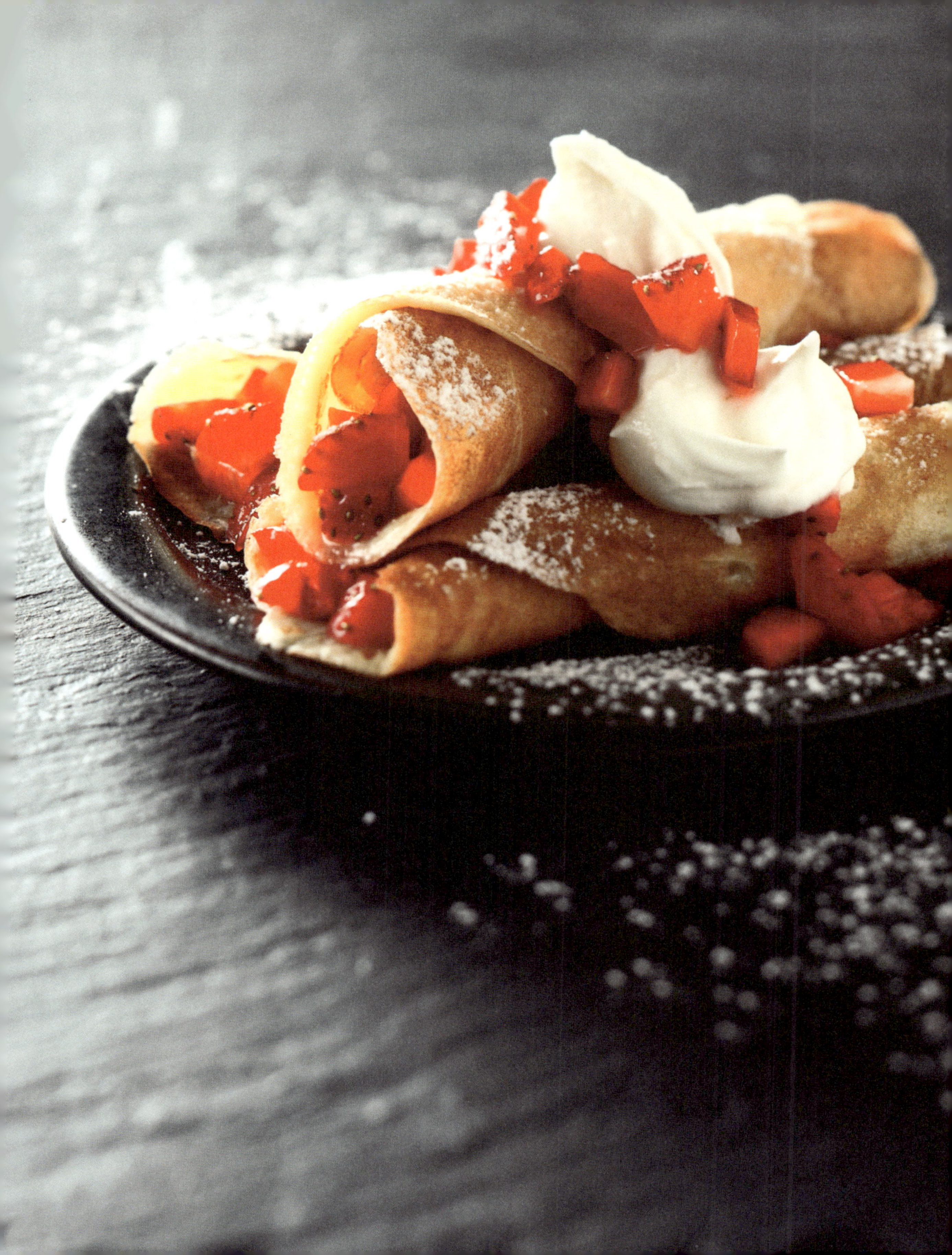

Pancakes aux bananes

Pour **4 personnes** | Préparation **15 minutes** | Cuisson **20 minutes**
Difficulté ★ | Coût ★

2 œufs | 15 cl de lait entier | 10 cl de lait fermenté | 20 g de beurre fondu | 160 g de farine | 1 cuil. à soupe de levure chimique | 1 pincée de sel | 2 pincées de vanille en poudre | 15 g de sucre en poudre | 2 bananes mûres

Matériel
Tamis (facultatif)

1 Dans un bol, fouettez les œufs en omelette. Ajoutez le lait entier et le lait fermenté, puis le beurre fondu.

2 Dans un saladier, mélangez la farine avec la levure, le sel, la vanille et le sucre en poudre. Versez ensuite doucement le mélange d'œufs et de lait, sans cesser de remuer. Si des grumeaux se forment, passez la pâte au travers d'un tamis.

3 Coupez les bananes en rondelles. Mettez 2 ou 3 rondelles dans une poêle légèrement graissée. Versez dessus une petite louche de pâte. Quand des bulles se forment à la surface, retournez le pancake et laissez cuire encore 1 ou 2 min de l'autre côté. Répétez l'opération jusqu'à épuisement des ingrédients. Gardez au chaud jusqu'au moment de servir.

Le conseil de Cyril
Les pancakes peuvent se déguster nature ou agrémentés comme ici de fruits (pommes, poires, myrtilles, framboises).

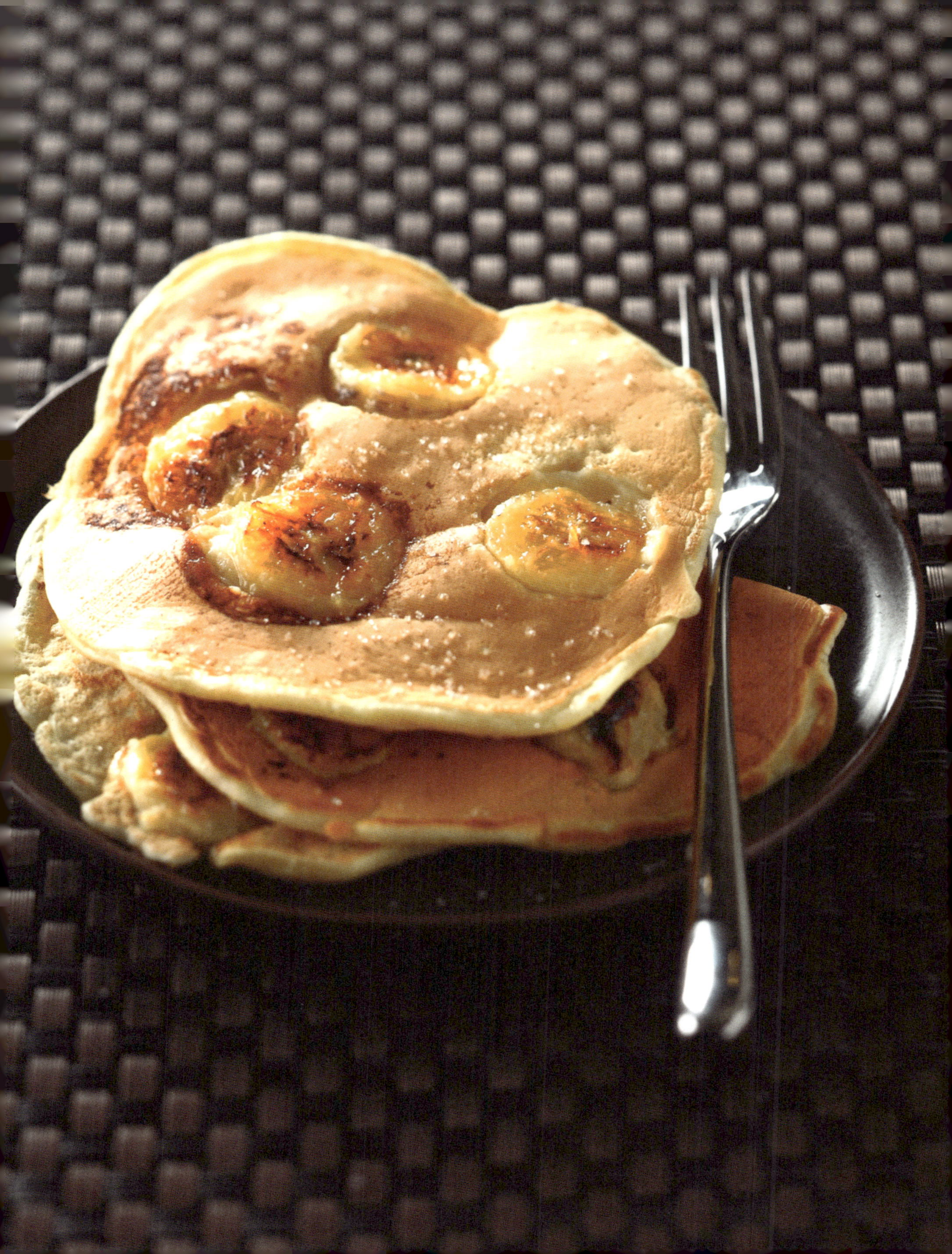

Mousse de riz au lait

Pour **4 personnes** | Préparation **5 minutes** | Cuisson **25 minutes**
Difficulté ★ | Coût ★

2 gousses de vanille | 110 g de riz rond | 60 cl de lait entier | 100 g de sucre en poudre | 30 cl de crème fraîche liquide

Matériel
Batteur électrique

1 À l'aide d'un petit couteau, fendez les gousses de vanille dans la longueur. Grattez l'intérieur des gousses pour récupérer les petites graines noires qui contiennent tout le parfum.

2 Dans une casserole, mélangez le riz, le lait et la vanille (graines et gousses vidées). Portez à ébullition en remuant, puis faites cuire le plus lentement possible pendant environ 20 à 25 min, en remuant souvent. Goûtez : si le riz n'est pas encore assez cuit, prolongez un peu sa cuisson, en ajoutant plus de lait si nécessaire.

3 Retirez la casserole du feu, ôtez les gousses de vanille, puis ajoutez le sucre en poudre et mélangez. Laissez refroidir complètement.

4 Battez la crème très fermement en chantilly, puis ajoutez-la délicatement au riz au lait refroidi, sans chercher à ce que le mélange soit parfaitement homogène. Versez ce riz au lait bien frais dans une grande coupe et laissez les convives se servir.

Le conseil de Cyril
Sucrez un peu moins le riz au lait et servez-le nappé d'un bon caramel liquide.

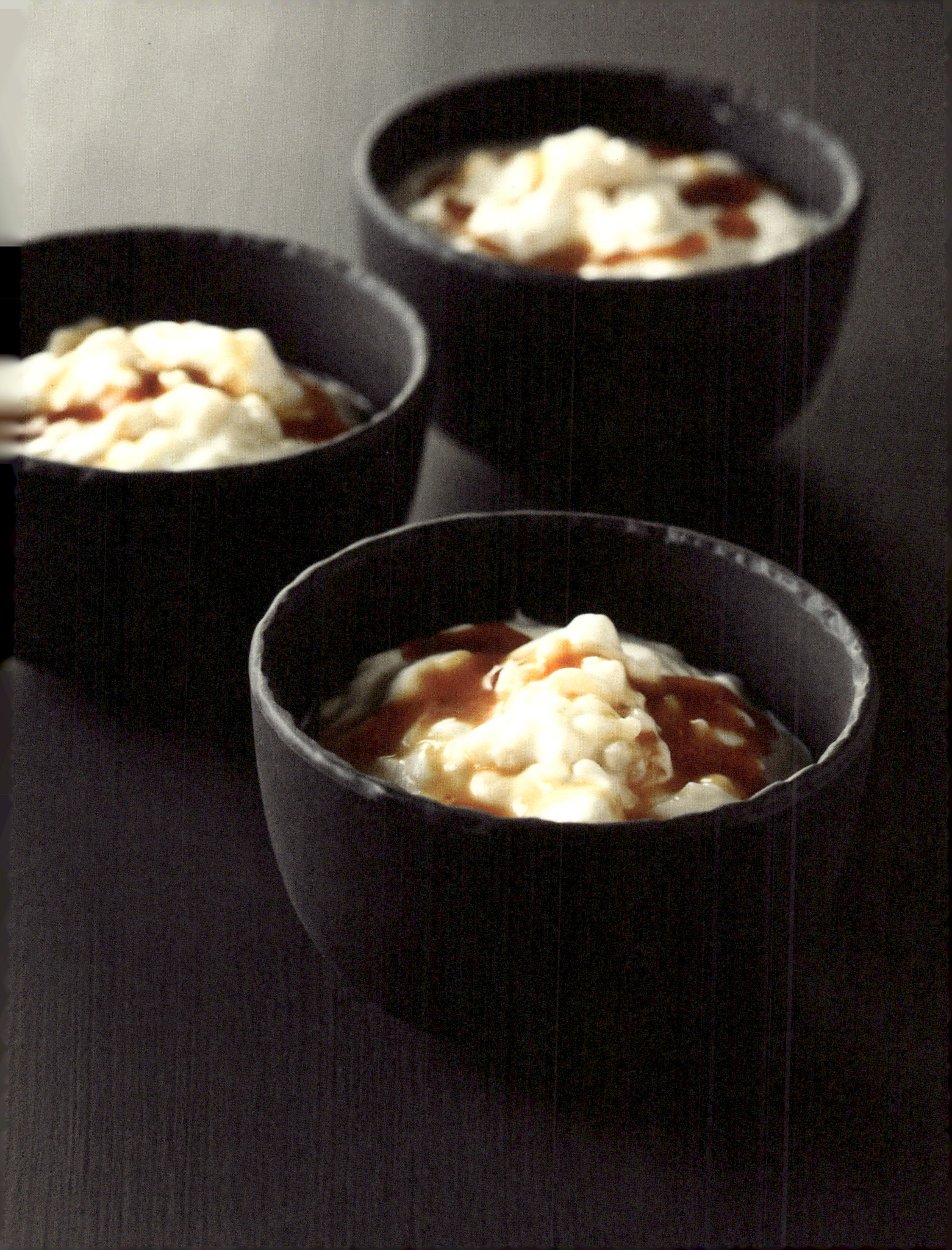

Soupe au chocolat et pain d'épice

Pour **4 personnes** | Préparation + cuisson **25 minutes**
Difficulté ★ | Coût ★

200 g de chocolat noir | 40 cl de lait | 20 cl de crème fraîche liquide | 4 tranches de pain d'épice | 1 noix de beurre | 1 cuil. à café de cannelle en poudre

1. Cassez le chocolat en morceaux dans un saladier. Dans une casserole, portez à ébullition le lait et la crème liquide. Retirez la croûte du pain d'épice et coupez-le en petits dés. Faites fondre le beurre dans une poêle et faites-y dorer les dés de pain d'épice.

2. Versez le mélange lait-crème bouillant sur le chocolat en remuant pour le faire fondre. Répartissez la soupe au chocolat dans quatre bols. Parsemez les dés de pain d'épice dessus et saupoudrez de cannelle.

Le conseil de Cyril
Pour une version encore plus rapide, remplacez les croûtons de pain d'épice par des spéculoos émiettés.

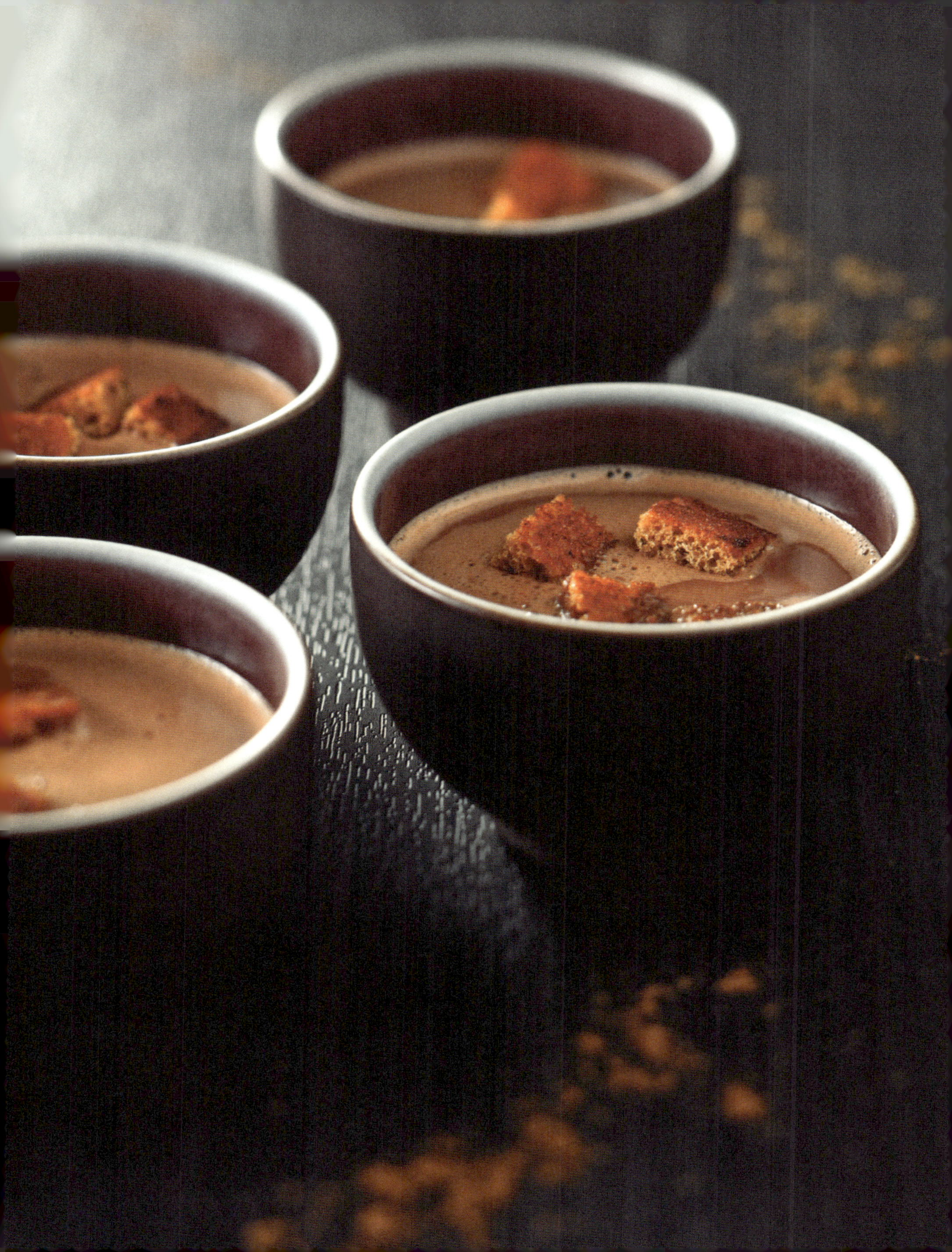

Gâteau aux noix

Pour **4 personnes** | Préparation **15 minutes** | Cuisson **40 minutes**
Difficulté ★ | Coût ★

100 g de beurre mou + un peu pour le moule | 120 g de cerneaux de noix | 3 œufs |
1 sachet de levure chimique | 1 sachet de sucre vanillé | 125 g de farine |
110 g de sucre en poudre

Matériel
Moule à gâteau rond de taille moyenne

1 Préchauffez le four à 180 °C (th. 6). Sortez le beurre du réfrigérateur pour qu'il soit plus facile à malaxer. Concassez grossièrement les cerneaux de noix dans un bol.

2 Beurrez le moule à gâteau. Mélangez tous les ingrédients à l'exception des cerneaux de noix. Lorsque la pâte est bien lisse, ajoutez les noix. Versez la pâte dans le moule. Enfournez pour 40 min de cuisson.

Le conseil de Cyril
Vous pouvez remplacer le sucre en poudre classique par de la cassonade afin de relever un peu le goût de ce gâteau.

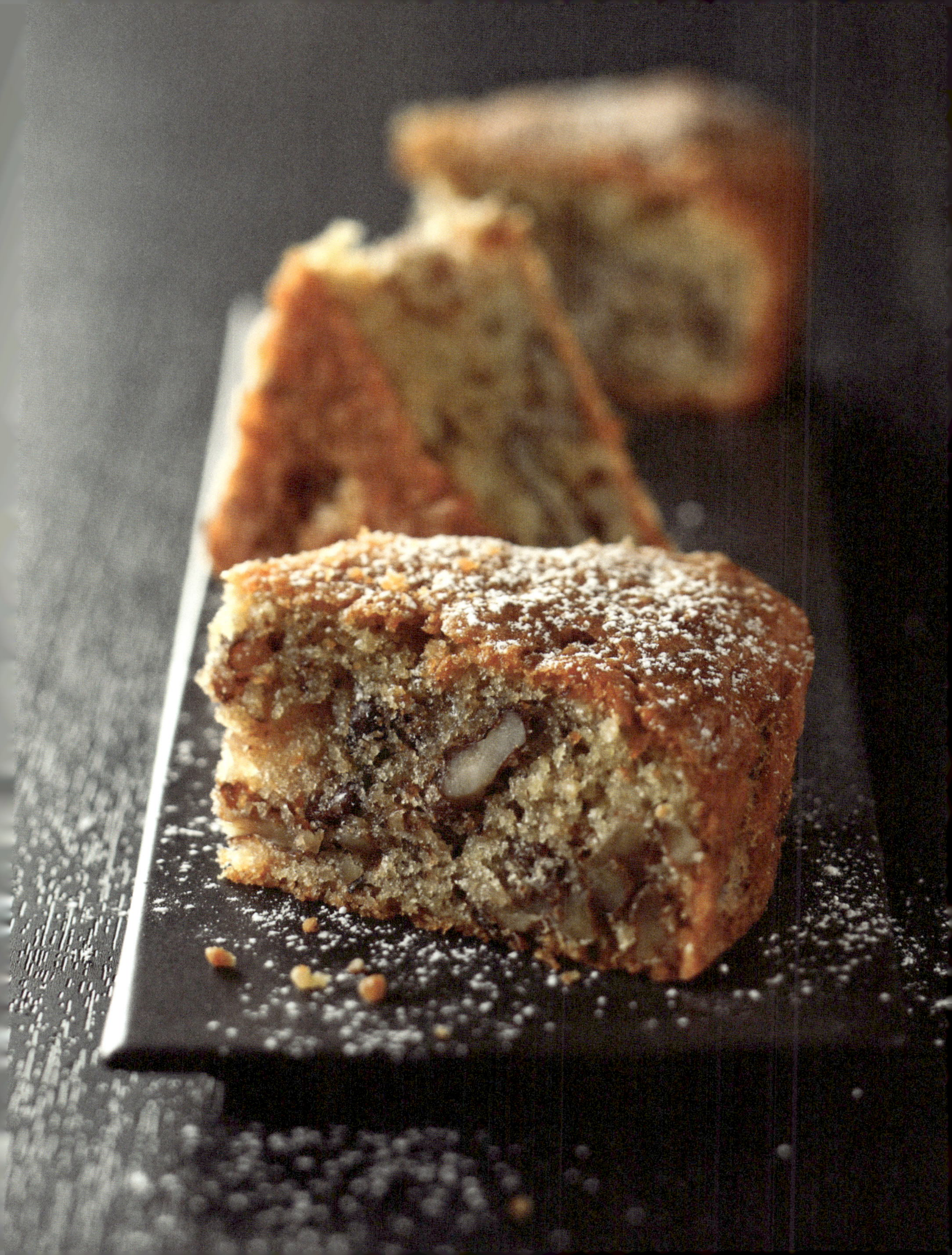

Bouchées briochées chaudes au chocolat

Pour **4 personnes** | Préparation **25 minutes** | Repos **4 heures + 1 heure** | Cuisson **10 minutes**
Difficulté ★★ | Coût ★

250 g de farine | 50 g de sucre en poudre | 5 g de sel | 10 g de levure chimique | 4 œufs | 80 g de beurre mou | 2 cuil. à soupe de graines de sésame (facultatif) | Chocolat noir

Matériel
Robot mélangeur électrique | Papier sulfurisé | Cuit-vapeur

1. Dans le bol du robot, assemblez la farine, le sucre en poudre, le sel, la levure et 3 œufs entiers. Pétrissez pendant 5 min à vitesse moyenne, puis ajoutez le beurre mou. Une fois le beurre parfaitement incorporé à la pâte, laissez reposer au réfrigérateur pendant au moins 4 h.

2. Faites griller les graines de sésame dans une poêle chauffée à feu moyen, si vous les utilisez. Cassez le chocolat en carrés. Sortez la pâte du réfrigérateur et formez des boulettes de la taille d'une grosse noix (une douzaine environ). Aplatissez-les un peu et enrobez-en 1 ou 2 carrés de chocolat à chaque fois.

3. Découpez une feuille de papier sulfurisé à la taille et forme du panier du cuit-vapeur. Posez-la dans le panier et déposez les boulettes dessus. Attention : espacez-les suffisamment, elles vont beaucoup gonfler au cours de la cuisson.

4. Laissez les boulettes lever 1 h, puis dorez-les avec l'œuf restant. Parsemez-les de graines de sésame grillées. Comptez 10 min de cuisson.

Le conseil de Cyril
Choisissez selon votre goût du chocolat noir, au lait, blanc ou aux noisettes.

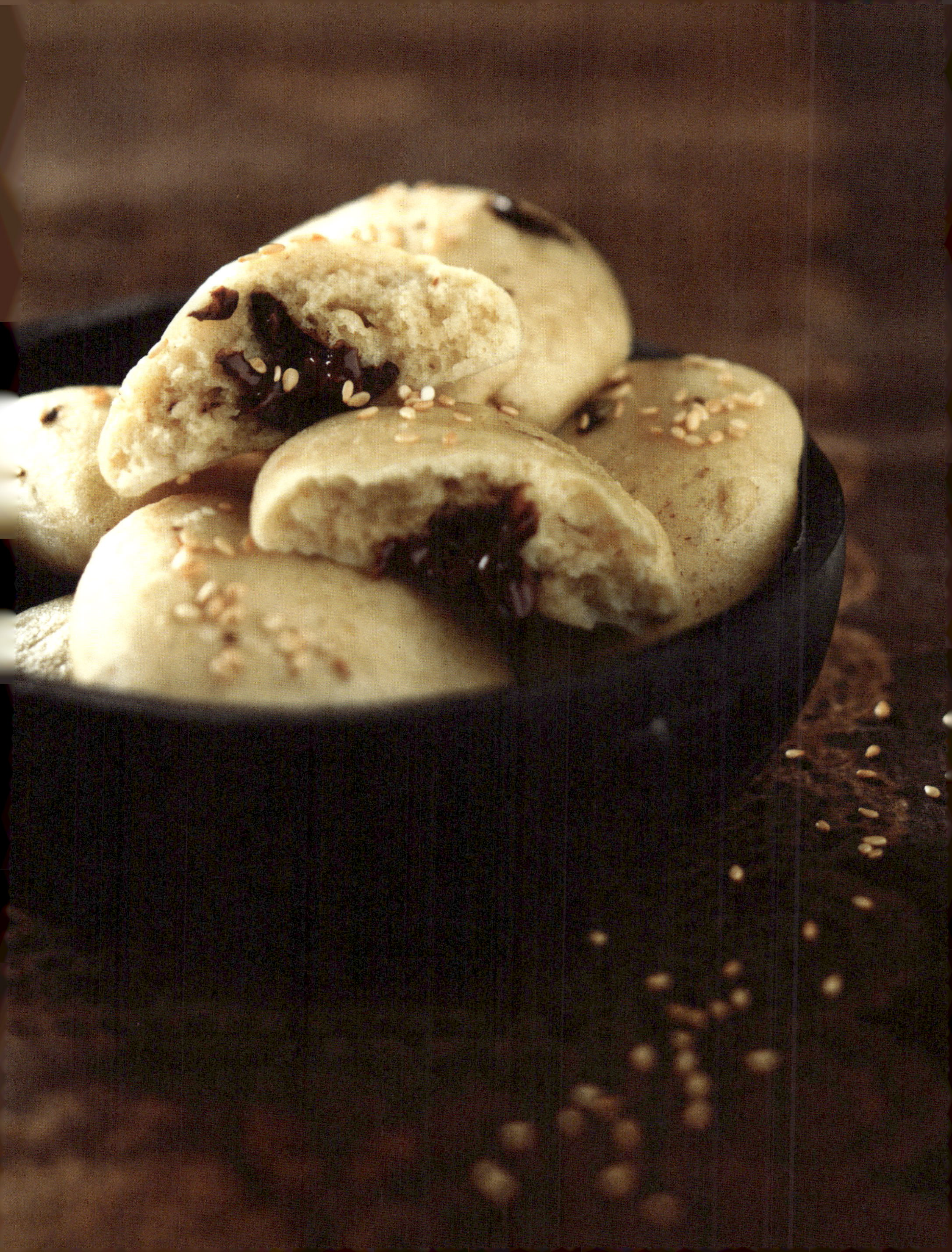

Petits gâteaux au chocolat vapeur

Pour **4 personnes** | Préparation **15 minutes** | Cuisson **15 minutes**
Difficulté ★ | Coût ★

4 œufs | 110 g de sucre en poudre | 80 g de farine + pour les moules | 100 g de beurre + pour les moules | 200 g de chocolat noir

Matériel
4 petits moules individuels ou moules à muffins souples | Cuit-vapeur

1. Cassez les œufs dans un saladier. Mélangez-les avec le sucre en poudre, puis la farine. Dans un four à micro-ondes réglé à 750 Watts, faites fondre le beurre et le chocolat noir dans un même bol. Comptez 2 ou 3 min. Mélangez bien pour obtenir une pâte homogène.

2. Ajoutez le chocolat fondu à la préparation précédente et mélangez jusqu'à obtention d'une pâte bien lisse. Beurrez et farinez les moules individuels (sauf si vous utilisez des moules souples à muffins).

3. Faites cuire les gâteaux dans le cuit-vapeur pendant environ 15 min. Servez-les chauds, accompagnés d'une bonne crème anglaise, par exemple, ou d'une simple cuillerée à soupe de crème fraîche.

Les conseils de Cyril

La cuisson à la vapeur confère une texture très moelleuse à ces gâteaux. Essayez aussi de les préparer avec du chocolat blanc : dans ce cas, retirez 35 g de sucre de la recette.

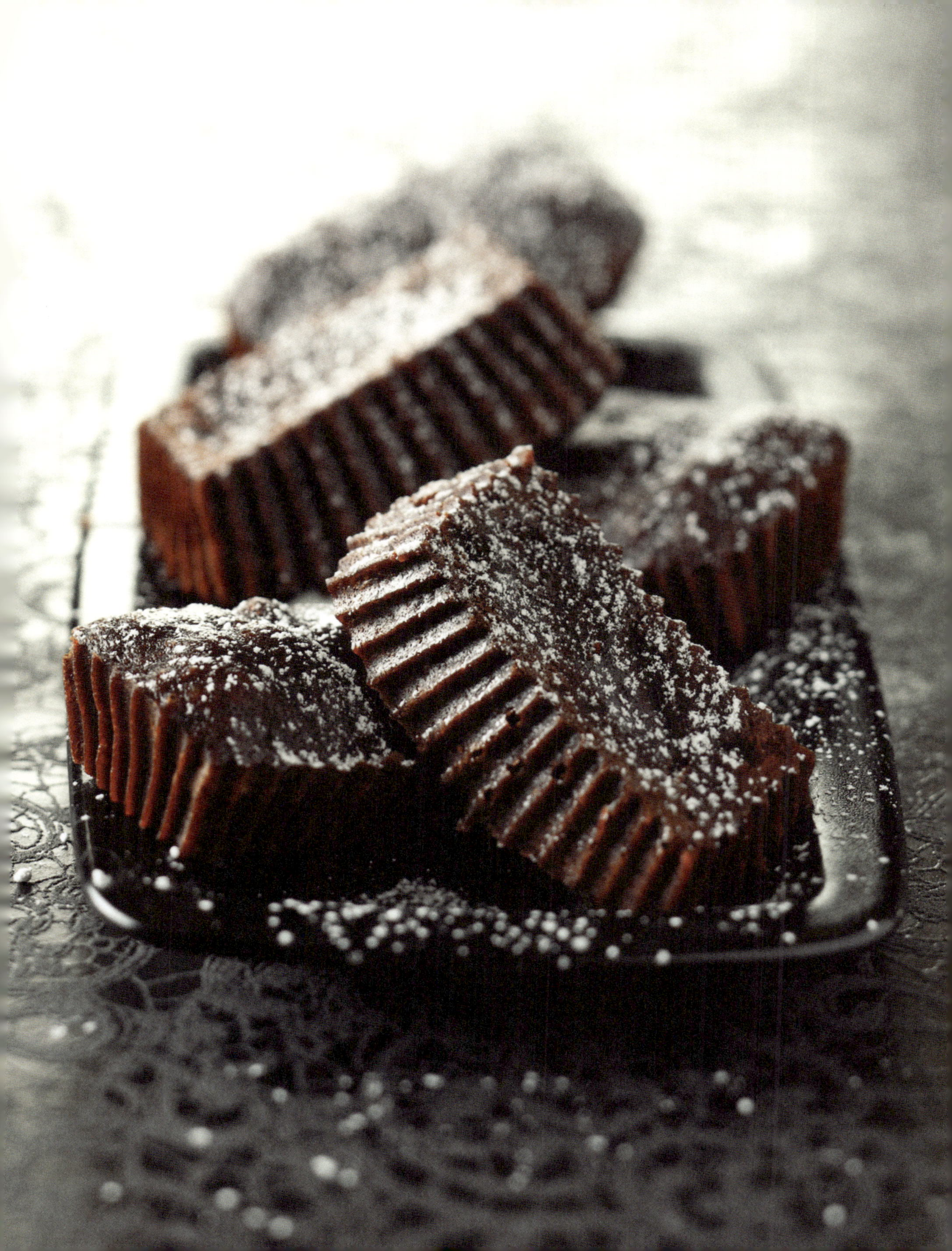

Pommes au four aux spéculoos

Pour **4 personnes** | Préparation **15 minutes** | Cuisson **30 minutes**
Difficulté ★ | Coût ★

4 cerneaux de noix | 6 spéculoos | 3 cuil. à soupe de sirop d'érable |
4 noix de beurre | 4 pommes rouges

1. Préchauffez le four à 180 °C (th. 6). Hachez grossièrement les cerneaux de noix. Émiettez les spéculoos. Mettez-les dans un bol avec le sirop d'érable, les morceaux de noix et les noix de beurre. Écrasez le tout à la fourchette.

2. Coupez les pommes en deux dans la hauteur et retirez les trognons. Attention de ne pas les percer. Piquez la peau des pommes avec un couteau pour ne pas qu'elles éclatent à la cuisson.

3. Disposez les pommes dans un plat allant au four. Remplissez les trous avec le mélange aux spéculoos. Enfournez pour 30 min de cuisson. Dégustez tiède.

Le conseil de Cyril
Vous pouvez remplacer les cerneaux de noix par quelques pignons de pin.

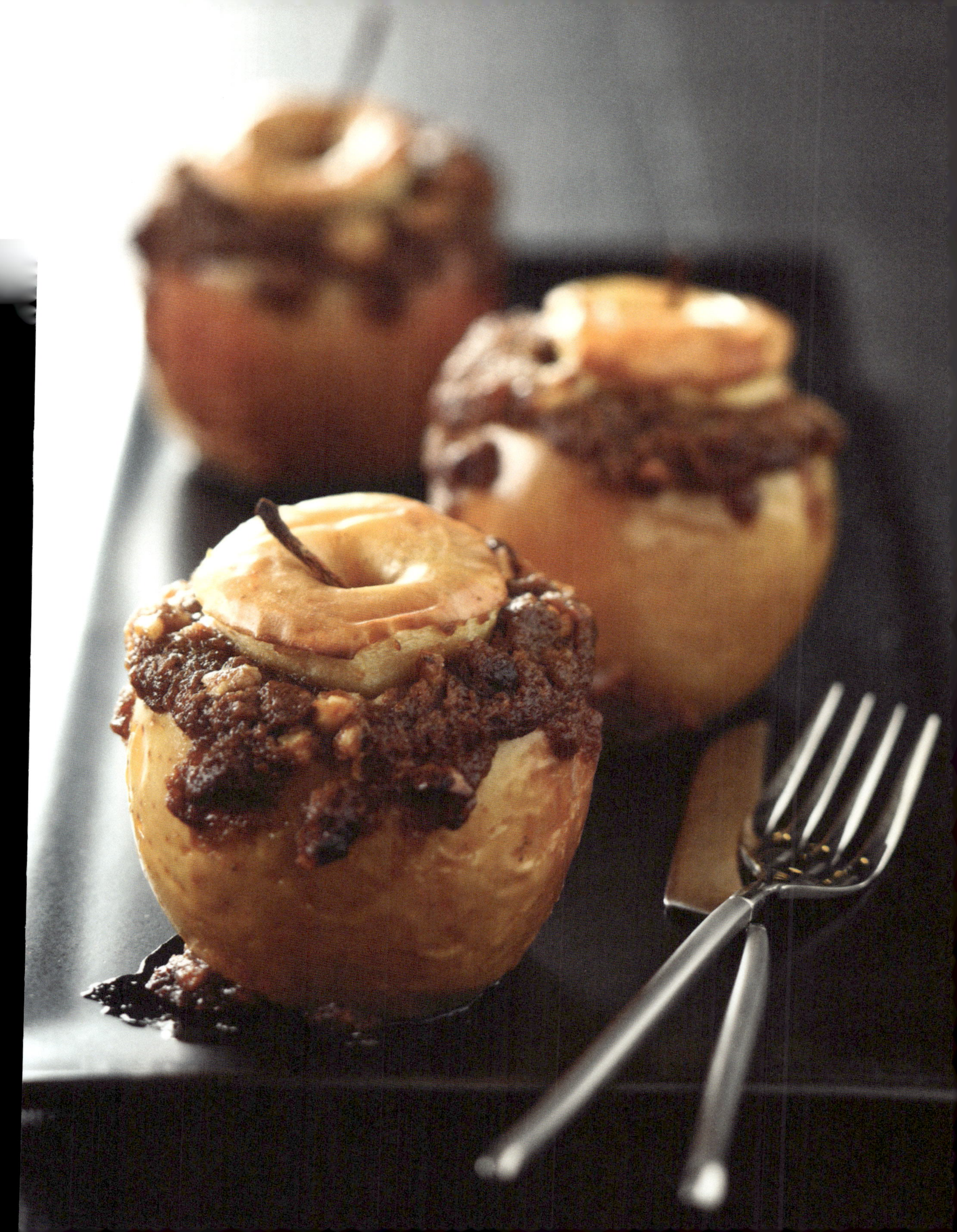

Tartes fines aux abricots et aux amandes

Pour **4 personnes** | Préparation **15 minutes** | Cuisson **30 minutes**
Difficulté ★★ | Coût ★

1 rouleau de pâte feuilletée | 2 cuil. à soupe de sucre glace | 1 poignée d'amandes effilées | 12 abricots | 2 noix de beurre | 4 cuil. à soupe de sucre en poudre

Matériel
Papier sulfurisé

1. Préchauffez le four à 200 °C (th. 6-7). Coupez 4 disques dans la pâte feuilletée. Posez-les sur une plaque à pâtisserie recouverte de papier sulfurisé. Recouvrez-les également de papier sulfurisé, puis d'une deuxième plaque à pâtisserie. Enfournez pour 15 min de cuisson. Retirez la plaque et le papier du dessus.

2. Passez le four en mode gril. Saupoudrez les disques de pâte de sucre glace. Remettez-les au four 2 ou 3 min pour les faire dorer. Surveillez bien pour qu'ils ne brûlent pas.

3. Faites dorer les amandes dans une poêle chaude sans matière grasse.

4. Coupez les abricots en deux et dénoyautez-les. Faites fondre le beurre dans une poêle. Faites-y dorer les oreillons d'abricot. Quelques minutes avant la fin de la cuisson, ajoutez le sucre en poudre et faites caraméliser les abricots. Laissez-les ensuite refroidir.

5. Répartissez les abricots sur les disques de pâte et parsemez-les d'amandes grillées.

Le conseil de Cyril
Vous pouvez servir les tartes fines avec un peu de crème fraîche épaisse.

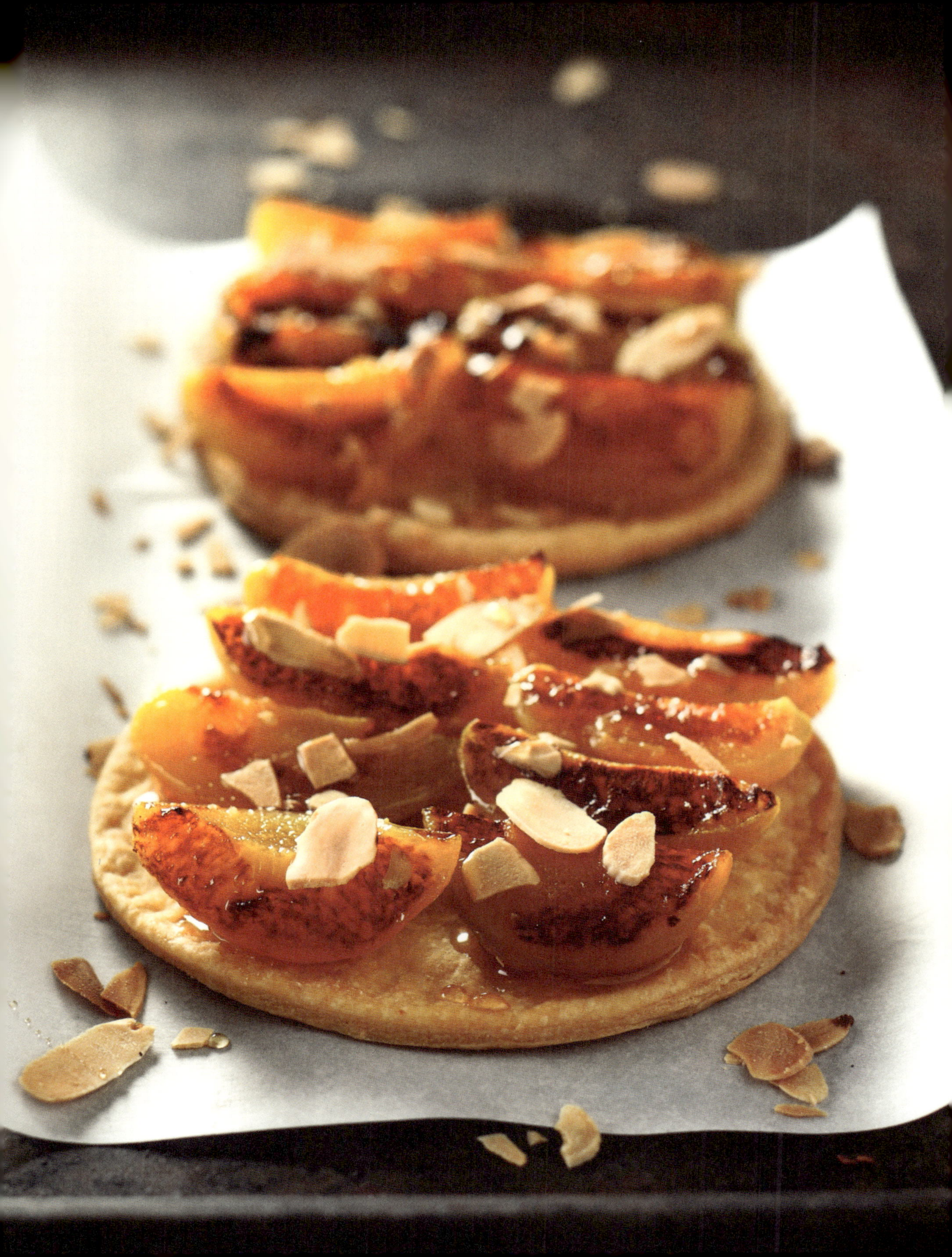

Gâteau au fromage blanc

Pour **6 personnes** | Préparation **20 minutes** | Cuisson **35 minutes**
Difficulté ★ | Coût ★

125 g de biscuits secs (spéculoos, galettes bretonnes) | 50 g de beurre | 1 gousse de vanille | 1 citron vert non traité | 3 œufs | 10 cl de crème fraîche liquide | 600 g de fromage frais (type Saint-Moret®) | 150 g de sucre en poudre

Matériel
Robot-mixeur | Petit moule à tarte | Papier sulfurisé | Presse-agrumes

1. Préchauffez le four à 190 °C (th. 6-7). Dans le bol d'un mixeur, concassez les biscuits et mélangez-les avec le beurre. Faites tourner le mixeur pendant 1 min de façon à obtenir une poudre de biscuits épaisse. Tapissez le petit moule à tarte de papier sulfurisé. Répartissez dans le fond la pâte à biscuit et tassez bien.

2. Fendez la gousse de vanille en deux dans la longueur. À l'aide d'un petit couteau, grattez l'intérieur afin de récupérer les graines. Rincez le citron et râpez la peau pour récupérer le zeste avant de le presser.

3. Dans un saladier, mélangez les œufs avec la crème fraîche, le fromage frais, le sucre en poudre, les graines de vanille, le zeste et la moitié du jus de citron. Liez bien cette préparation à l'aide d'un fouet, puis versez-la sur le fond de tarte.

4. Enfournez pour 35 min de cuisson. Le gâteau doit avoir gonflé et doré sur le dessus. Vérifiez la cuisson en enfonçant la pointe d'un couteau au centre, elle doit ressortir humide mais propre. Sortez alors le gâteau du four et laissez refroidir avant de démouler.

Le conseil de Cyril
Servez ce gâteau au fromage blanc accompagné d'un coulis de fruits rouges ou d'un coulis d'abricots.

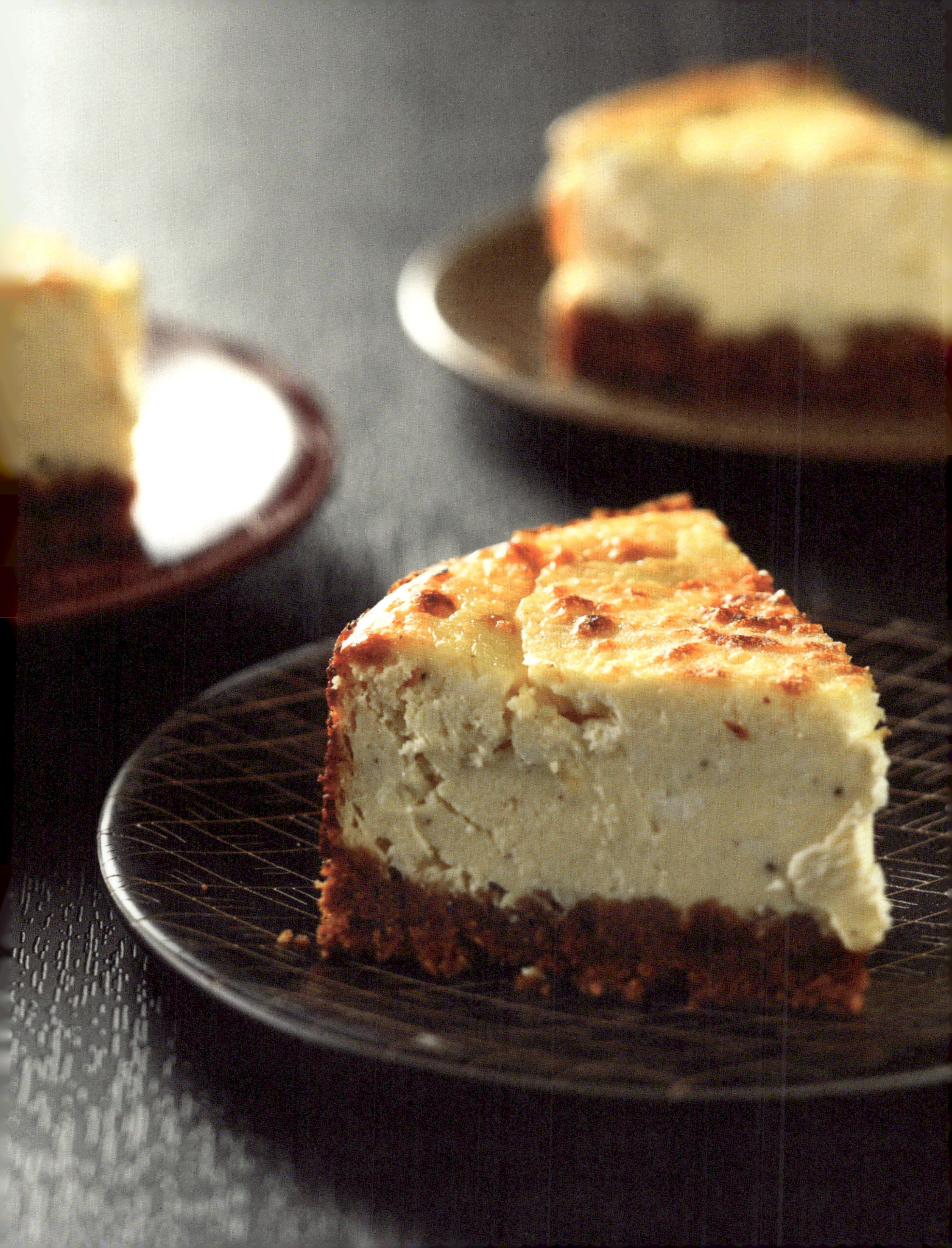

Desserts de gala

Cappuccino à la fraise

Pour **4 personnes** | Préparation **30 minutes**
Difficulté ★ | Coût ★

500 g de fraises maras des bois | 50 g de sucre semoule | Le jus de ½ citron vert | 15 cl de crème fraîche liquide entière | 1 cuil. à soupe de sucre glace | 1 gousse de vanille | 1 cuil. à soupe de cassonade

Matériel
Robot-mixeur | **Batteur électrique**

1. Rincez et équeutez les fraises. Mixez-les longuement avec le sucre semoule et le jus de citron vert, jusqu'à obtention d'une purée lisse. Répartissez cette purée dans quatre verres.

2. Montez en chantilly la crème fraîche avec le sucre glace. Lorsqu'elle est bien épaisse, versez la crème sur le coulis de fraises.

3. À l'aide d'un petit couteau, fendez la gousse de vanille dans la longueur et grattez l'intérieur afin de récupérer les graines noires qu'elle contient. Mélangez-les avec la cassonade et saupoudrez-en les cappuccino. Servez aussitôt.

Les conseils de Cyril
Vous pouvez ajouter quelques framboises entières dans le coulis de fraises. Si vous désirez préparer ce dessert à l'avance, mettez un peu de mascarpone dans la chantilly. Cela permet de l'épaissir et de la stabiliser.

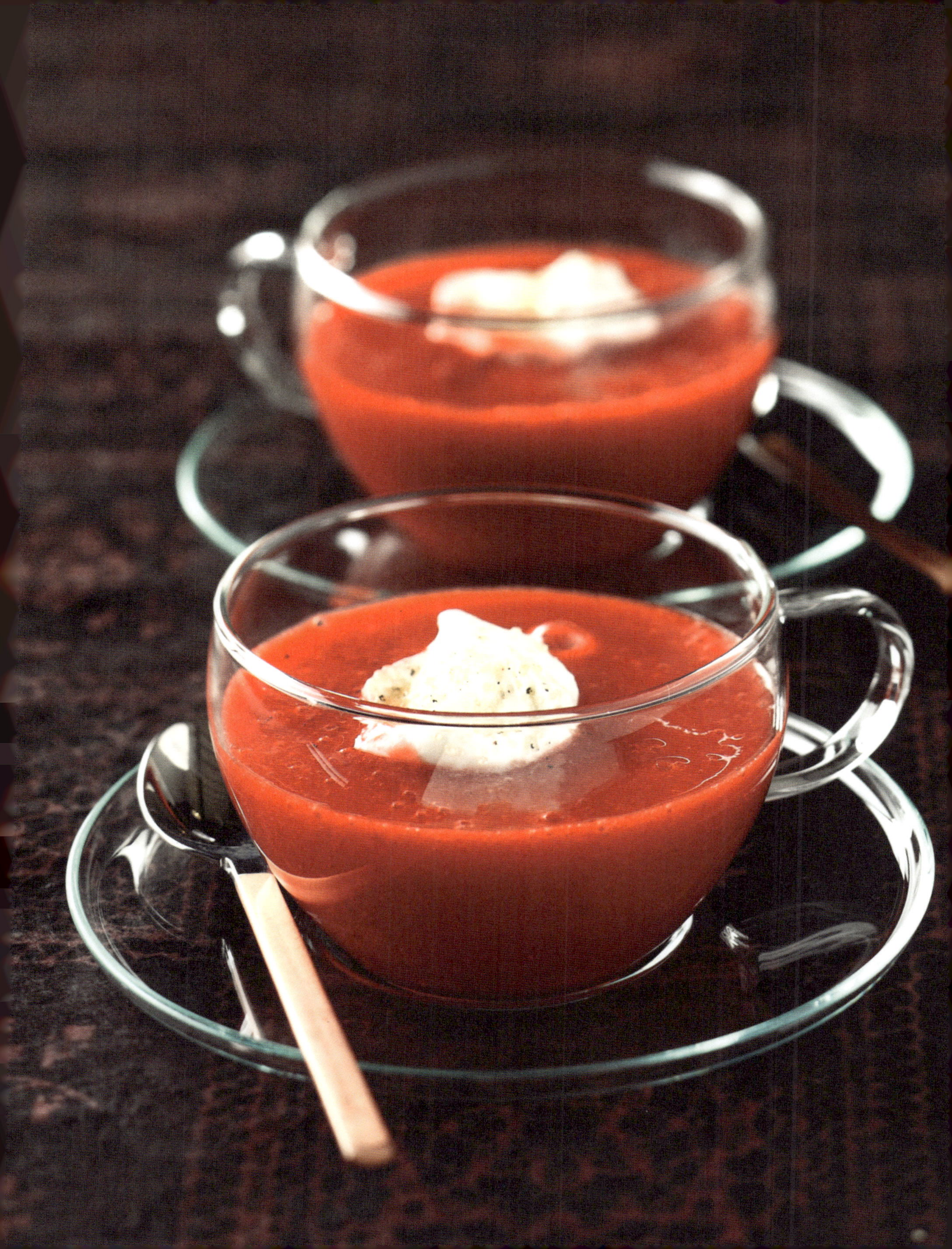

Brochettes de fraise au chocolat

Pour **4 personnes** | Préparation **10 minutes** | Cuisson **5 minutes** |
Réfrigération **15 minutes**
Difficulté ★ | Coût ★

250 g de fraises maras des bois | 100 g de chocolat noir ou au lait |
1 cuil. à soupe de noix de coco râpée | 1 cuil. à soupe d'amandes hachées |
1 cuil. à soupe de pralin de noisettes

Matériel
Piques à brochettes en bois

1 Rincez et équeutez les fraises. Étalez-les sur du papier absorbant.

2 Faites fondre le chocolat avec un petit peu d'eau au bain-marie (dans un bol placé au-dessus d'une casserole d'eau frémissante). Mélangez bien à l'aide d'une cuillère en bois, puis trempez les fraises à mi-hauteur dans le chocolat.

3 Saupoudrez certaines fraises avec la noix de coco, d'autres avec les amandes et le reste avec le pralin. Composez les brochettes en alternant les différentes fraises. Placez au réfrigérateur pendant 15 min, le temps que le chocolat durcisse, puis dégustez.

Les conseils de Cyril
Vous pouvez remplacer les fraises par de la banane, des poires au sirop, de l'ananas, de la mangue ou de la pomme passée dans un peu de jus de citron. Tous ces fruits se marieront également très bien avec le chocolat.

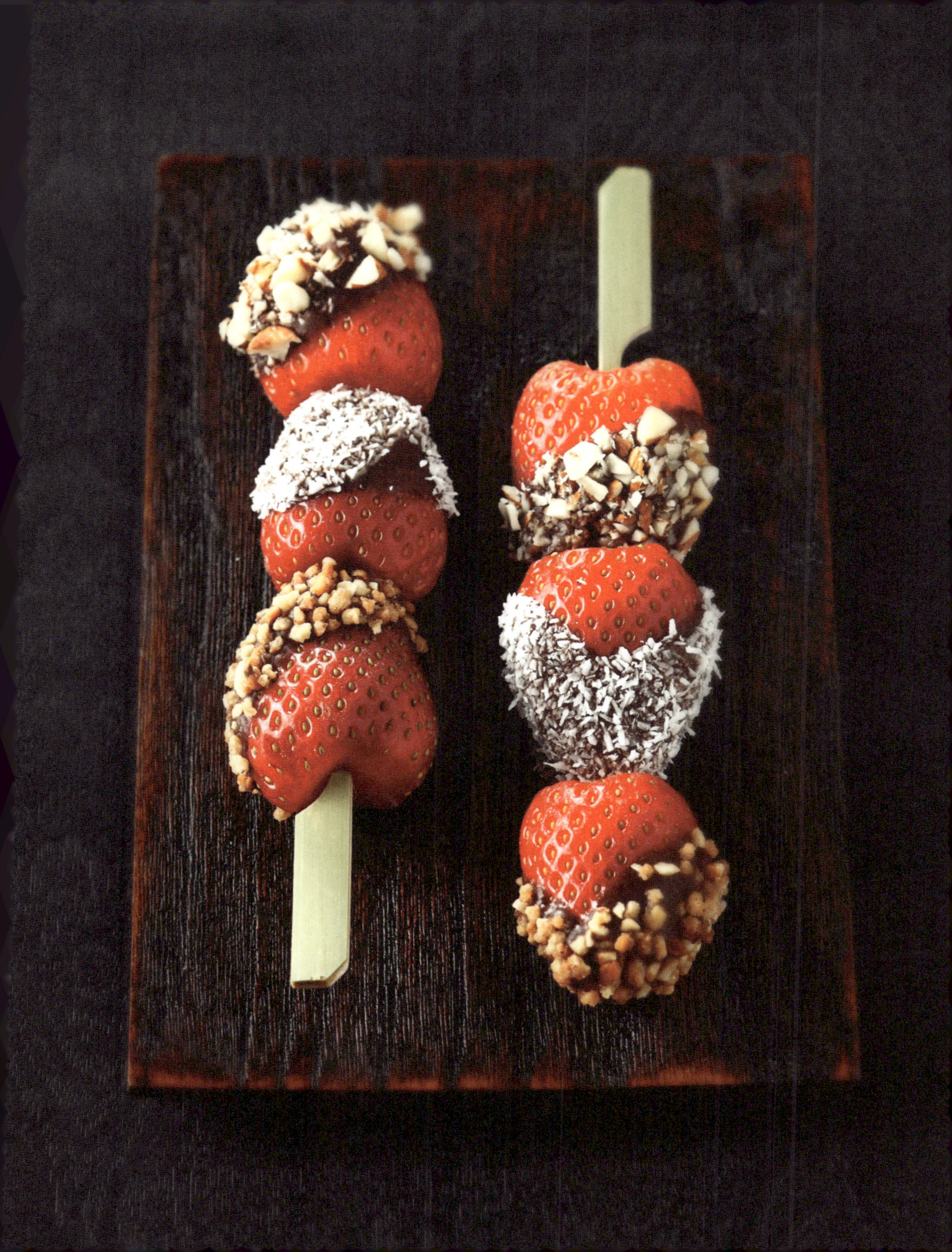

Madeleines au citron vert et aux framboises

Pour **4 personnes** | Préparation **15 minutes** | Cuisson **12 minutes**
Difficulté ★ | Coût ★

2 citrons verts | 120 g de beurre + un peu pour les moules | 3 œufs |
150 g de sucre en poudre | 200 g de farine | ½ sachet de levure chimique |
1 barquette de framboises

Matériel
Presse-agrumes | 1 plaque de moules à madeleines

1. Préchauffez le four à 200 °C (th. 6-7). Pressez les citrons. Dans une petite casserole, faites fondre le beurre à feu doux avec le jus de citron.

2. Fouettez les œufs avec le sucre en poudre jusqu'à ce que le mélange soit jaune pâle et mousseux. Incorporez petit à petit la farine et la levure. Ajoutez le beurre fondu. Mélangez à nouveau.

3. Beurrez les moules à madeleines. Remplissez-les aux trois-quarts avec la pâte. Piquez des framboises dans les madeleines. Enfournez pour 12 min de cuisson, jusqu'à ce que les madeleines soient bien dorées. Démoulez-les et laissez-les refroidir.

Le conseil de Cyril
Vous pouvez zester les citrons, blanchir les zestes à l'eau bouillante
et les incorporer dans la pâte.

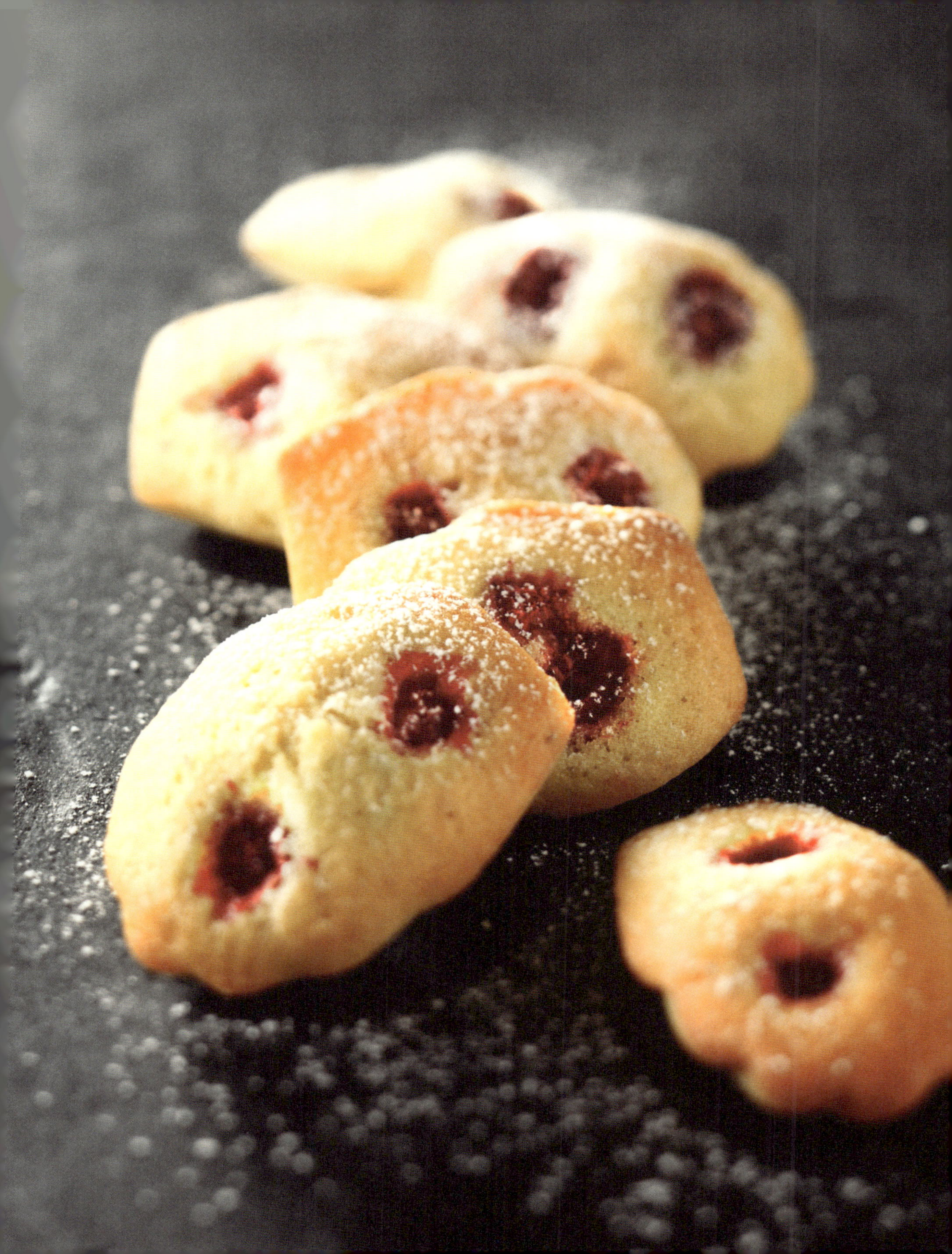

Mousse au chocolat blanc

Pour **4 personnes** | Préparation **30 minutes** | Réfrigération **3 heures**
Difficulté ★★ | Coût ★

4 jaunes d'œufs | 40 g de sucre en poudre | 300 g de chocolat blanc râpé |
70 g de beurre | 50 cl de crème fraîche liquide

Matériel
Batteur électrique

1. Dans une petite jatte (en métal, si possible), mélangez les jaunes d'œufs avec le sucre en poudre. Placez la jatte dans un bain-marie assez chaud (au-dessus d'une casserole d'eau frémissante mais pas bouillante), puis battez le mélange pendant environ 5 min. Lorsque la masse est bien aérée et épaisse, sortez la jatte du bain-marie et continuez de fouetter pendant 2 ou 3 min, en laissant refroidir.

2. Dans un saladier, faites fondre le chocolat blanc cassé en morceaux avec le beurre dans un bain-marie juste tiède. Mélangez de temps à autre avec une cuillère en bois.

3. Par ailleurs, battez la crème liquide en chantilly très ferme. Mélangez les jaunes d'œufs battus au chocolat, puis incorporez la chantilly. Laissez pendre au réfrigérateur pendant au moins 3 h avant de déguster.

Le conseil de Cyril
Choisissez un bon chocolat blanc pour pâtisserie ; on en trouve assez facilement dans les grandes surfaces.

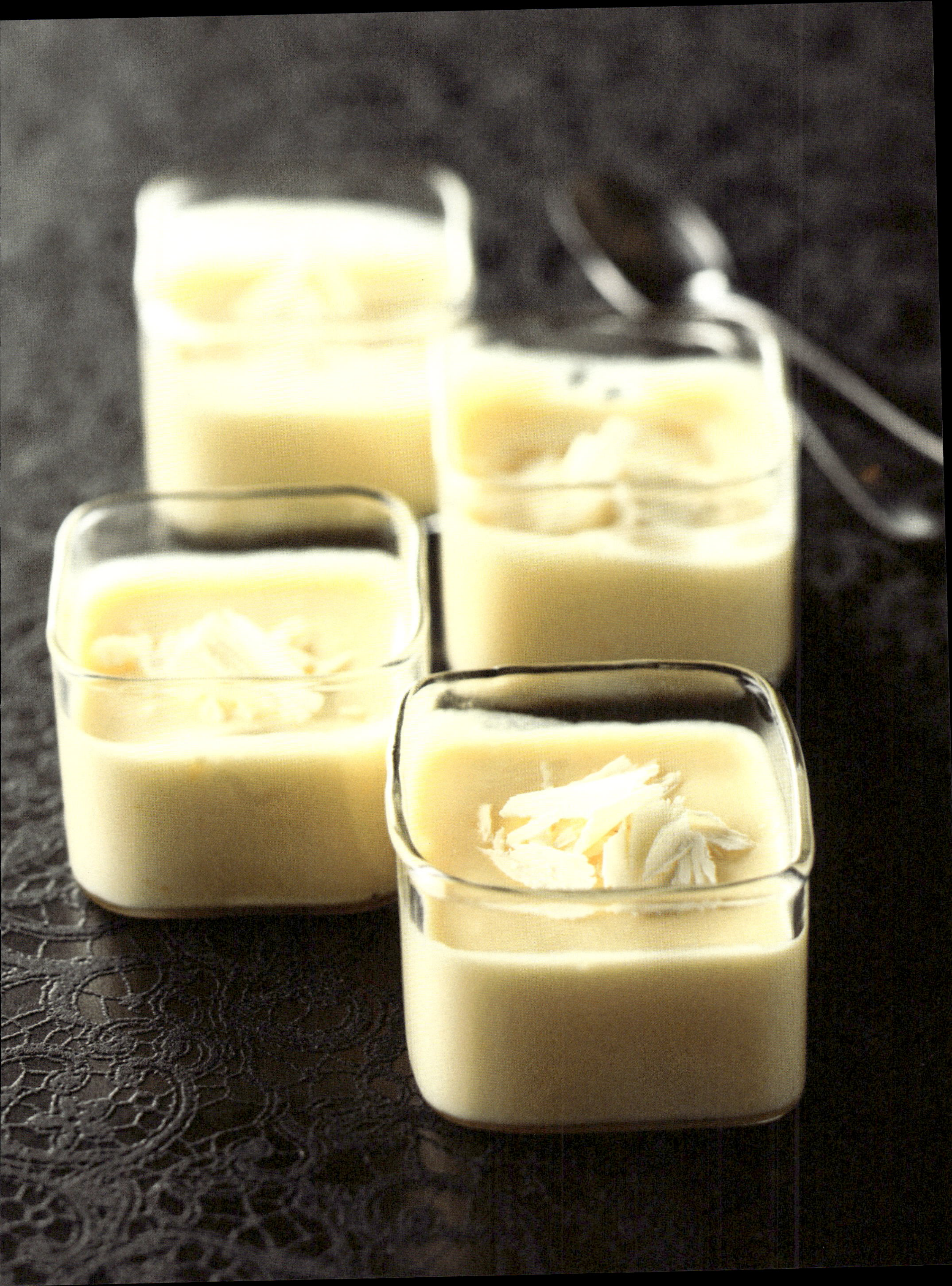

Crème de marron au rhum

Pour **8 personnes** | Préparation **25 minutes** | Cuisson **1 heure**
Difficulté ★ | Coût ★

3 gousses de vanille | 1 kg de châtaignes sous vide, pelées et prêtes à cuire | 300 g de sucre en poudre | 20 cl de lait | 5 cl de rhum

Matériel
Robot-mixeur

1. Avec la pointe d'un couteau, fendez les gousses de vanille dans la longueur et grattez l'intérieur pour récupérer les petites graines noires qui contiennent tout le parfum.

2. Dans un faitout ou une grande casserole, assemblez les châtaignes, les graines de vanille, les demi-gousses vidées, le sucre en poudre et le lait. Portez à ébullition.

3. Faites cuire pendant à peine 1 h, à couvert et à feu très doux, en remuant assez souvent pour que le fond n'attache pas. Lorsque les châtaignes sont complètement cuites et molles, retirez la casserole du feu. Ajoutez plus de lait en cours de cuisson si nécessaire.

4. Retirez les gousses, versez la préparation dans un mixeur et réduisez-la en une purée très fine. Versez le rhum, puis laissez refroidir. Goûtez et, selon votre goût, ajoutez éventuellement un peu plus de sucre.

Les conseils de Cyril

Cette crème se déguste nature ou s'utilise pour accompagner laitages, yaourts et autres fromages blancs. On peut aussi la tartiner sur des tranches de brioche toastées, avec un peu de chantilly.

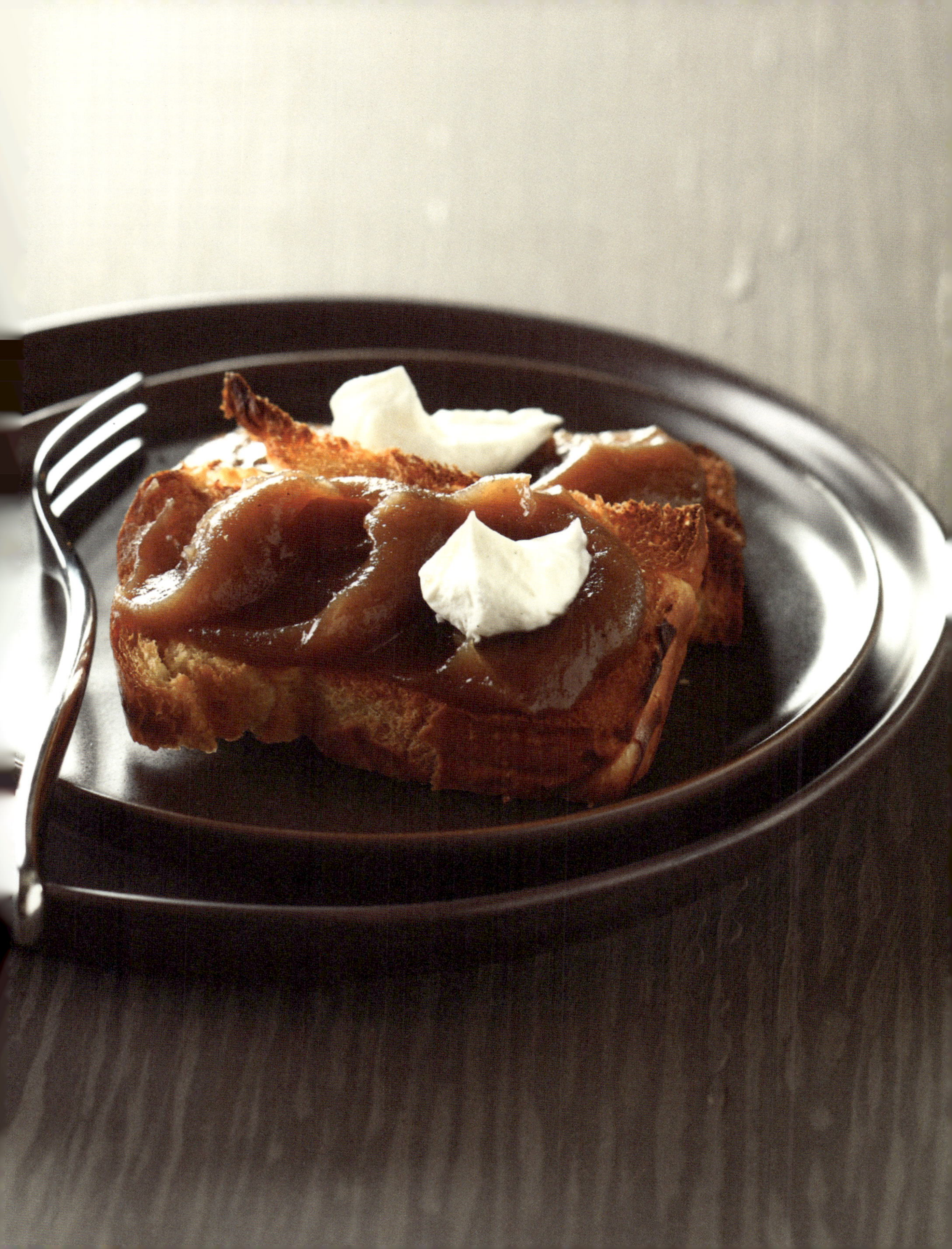

Velouté de fraise au miel et au citron vert

Pour **4 personnes** | Préparation **15 minutes** | Réfrigération **45 minutes**
Difficulté ★ | Coût ★

2 citrons verts | 5 cl de sirop de sucre | 600 g de fraises |
4 cuil. à soupe de miel liquide

Matériel
Presse-agrumes | **Chinois** | **Robot-mixeur** | **Passoire fine**

1. Ôtez la peau d'un des citrons verts et coupez les zestes obtenus aussi finement que possible. Plongez ces zestes 10 sec dans un peu d'eau bouillante, puis égouttez-les et passez-les sous l'eau froide. Égouttez, placez dans un bol et recouvrez de sirop de sucre. Pressez les 2 citrons verts et filtrez le jus à l'aide d'un chinois.

2. Lavez et équeutez les fraises. Mixez-les très finement avec le miel et les jus des citrons verts. Filtrez le coulis obtenu à l'aide d'une passoire fine et placez au réfrigérateur pendant 45 min.

3. Répartissez le velouté de fraise dans des bols ou des verres, ajoutez les zestes de citron égouttés par-dessus et servez sans attendre.

Les conseils de Cyril

Si possible, achetez des fraises gariguettes ou maras des bois. Déposez sur ce délicieux velouté des blancs d'œufs battus, sucrés et rapidement cuits dans une casserole d'eau chaude. Aussi original que savoureux !

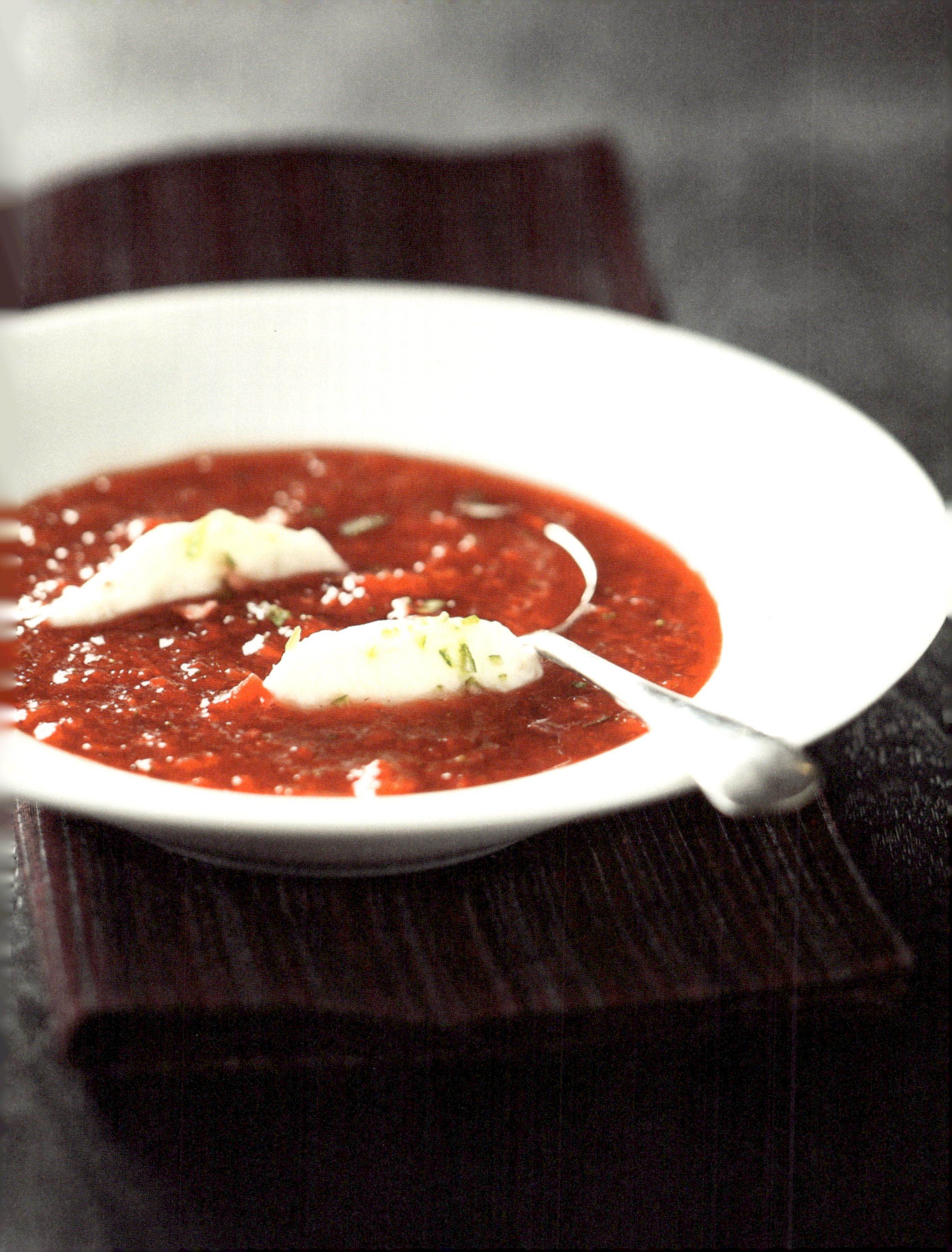

Figues et mûres à la vanille

Pour **4 personnes** | Préparation **20 minutes** | Cuisson **2 minutes**
Difficulté ★ | Coût ★

2 gousses de vanille | **15 cl de crème fraîche liquide** | **1 cuil. à soupe de sucre glace** | **8 belles figues** | **1 grosse noix de beurre** | **1 cuil. à soupe de sucre roux** | **100 g de mûres**

1. Fendez les gousses de vanille en deux dans la longueur. Avec un couteau, grattez l'intérieur pour récupérer les petites graines noires qu'elles contiennent.

2. Dans un saladier, mélangez la crème fraîche, les graines de vanille et le sucre glace. Battez le tout, mais pas trop, jusqu'à obtention d'une sauce un peu épaisse.

3. Épluchez et coupez les figues en quatre. Dans une poêle, faites-les sauter 1 ou 2 min à feu assez vif avec le beurre et le sucre roux. Placez-les dans des assiettes, nappez de sauce vanillée et décorez avec les mûres.

Les conseils de Cyril

Ne cuisez pas trop les figues : elles doivent rester un peu fermes. Pour une plus belle présentation, vous pouvez les peler. Le sucre roux peut se remplacer par du miel.

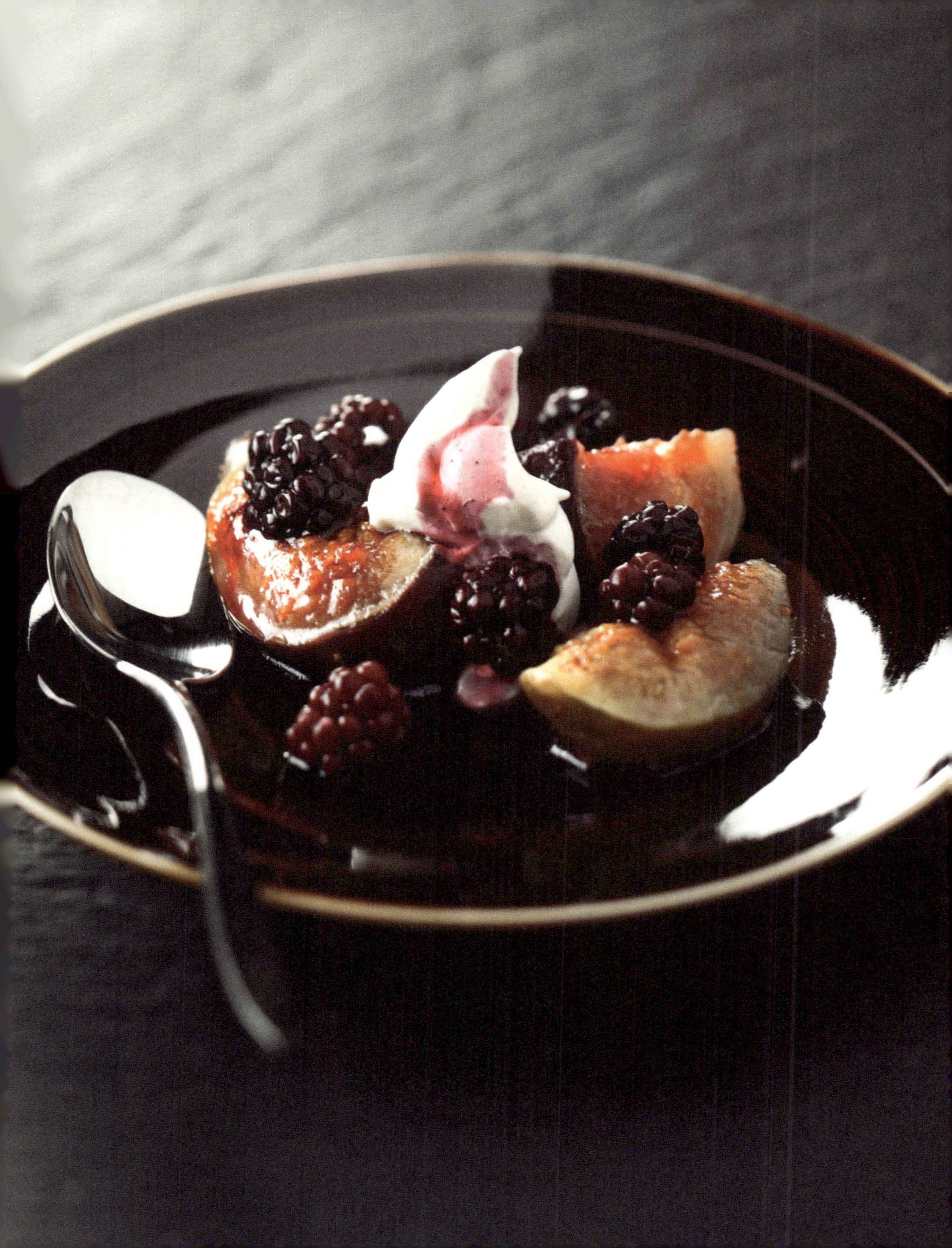

Poire Belle-Hélène pralinée

Pour **4 personnes** | Préparation **30 minutes** | Cuisson **40 minutes**
Difficulté ★ | Coût ★

4 poires comice | 250 g de sucre en poudre | 100 g de cassonade |
100 g de noisettes hachées | 50 g de chocolat à 70 % de caco | 50 g de beurre |
1 cuil. à soupe d'amandes effilées

Sauce au chocolat
125 g de chocolat noir corsé | 10 cl de lait entier | 10 cl de crème fraîche liquide

Matériel
Papier sulfurisé

1 Épluchez les poires. Dans une casserole, mettez les poires avec le sucre en poudre et couvrez d'eau. Faites cuire à petits bouillons pendant 30 min. La pointe d'un couteau doit pouvoir s'y enfoncer sans résistance. Sortez les poires du sirop et laissez tiédir.

2 Faites cuire la cassonade dans une casserole jusqu'à obtention d'un caramel blond. Ajoutez les noisettes, le chocolat cassé en morceaux et le beurre. Mélangez pour bien lier, puis versez sur une feuille de papier sulfurisé. Étalez le plus finement possible, laissez refroidir, puis hachez cette nougatine. Creusez les poires par la base pour en retirer le cœur. Remplissez-les ensuite de nougatine.

3 Préparez la sauce au chocolat. Faites fondre le chocolat cassé en morceaux dans le four à micro-ondes (30 sec par 30 sec). Dans une casserole, mélangez le lait et la crème fraîche. Portez à ébullition, coupez le feu et ajoutez le chocolat. Mélangez bien pour lier la sauce. Sur des assiettes, disposez les poires farcies et arrosez-les de sauce au chocolat. Parsemez d'amandes effilées et dégustez aussitôt.

Les conseils de Cyril
Si vous êtes très gourmand, servez ce dessert avec une boule de glace vanille.
Par ailleurs, vous pouvez enrichir le sirop en y ajoutant un bâton de cannelle,
un zeste de citron ou d'orange et un peu de rhum.

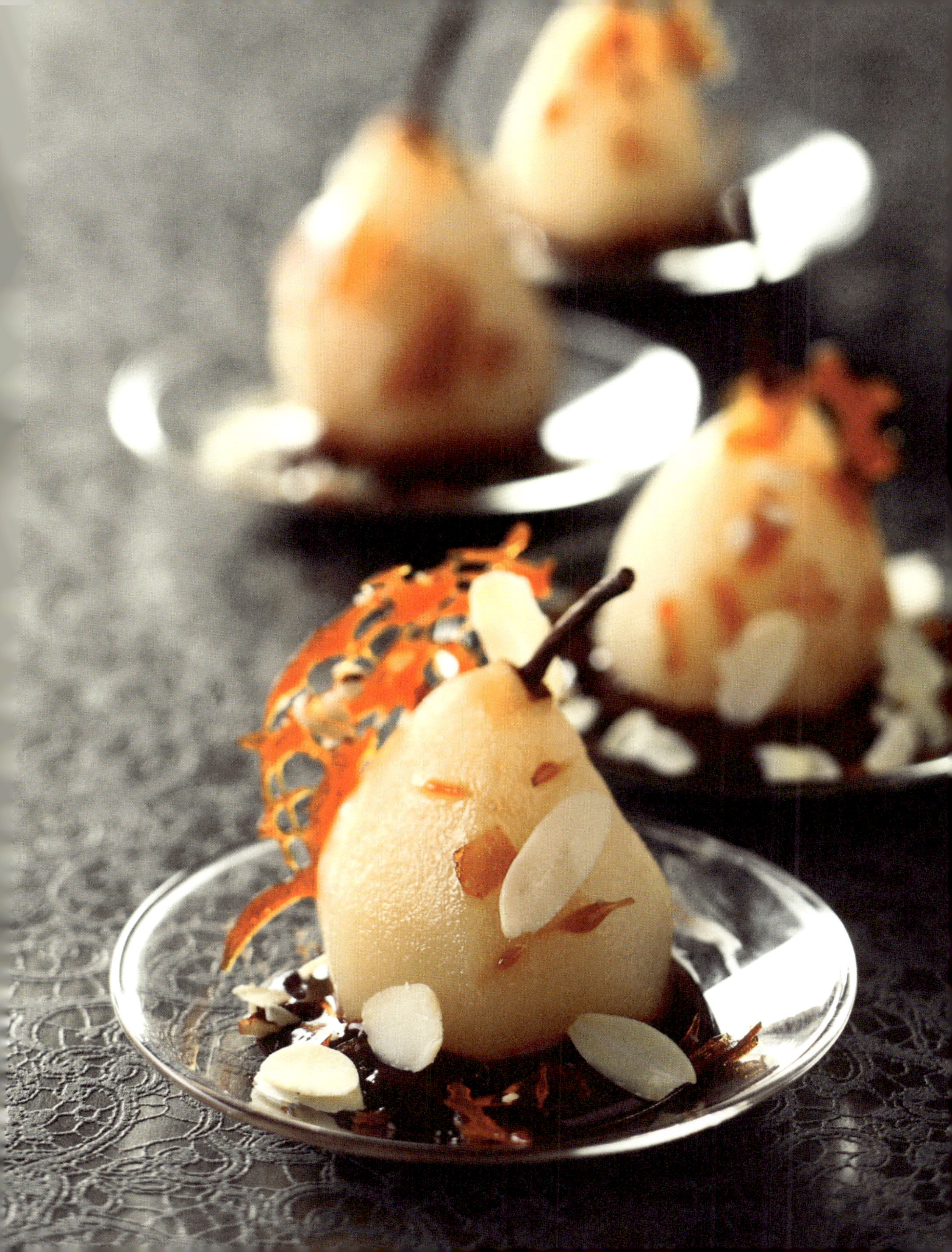

Fontainebleau aux marrons glacés

Pour **4 personnes** | Préparation **20 minutes** | Réfrigération **3 heures**
Difficulté ★ | Coût ★

500 g de faisselle au lait entier | 15 cl de crème fraîche liquide entière bien froide | 1 gousse de vanille | 150 g de crème de marron | 120 g de brisures de marrons glacés

Matériel
Batteur électrique

1. Sortez la faisselle de son pot en la laissant dans l'égouttoir et gardez-la au frais dans une assiette creuse pendant 3 h.

2. Montez en chantilly la crème fraîche à l'aide du batteur électrique. Fendez la gousse de vanille dans la longueur et grattez l'intérieur avec la pointe d'un couteau pour récupérer les graines noires qu'elle contient.

3. Mélangez la faisselle avec la chantilly et les graines de vanille jusqu'à obtention d'une texture de fromage blanc. Dans des verres, commencez par répartir la crème de marron, recouvrez de fromage blanc et terminez par les brisures de marrons glacés. Si vous ne le servez pas tout de suite, gardez ce dessert au frais.

Les conseils de Cyril

Il n'est pas nécessaire de sucrer le fromage blanc, c'est la crème de marron et les brisures qui le feront. Vous pouvez remplacer la crème de marron par du coulis de fruits rouges et les brisures par des framboises.

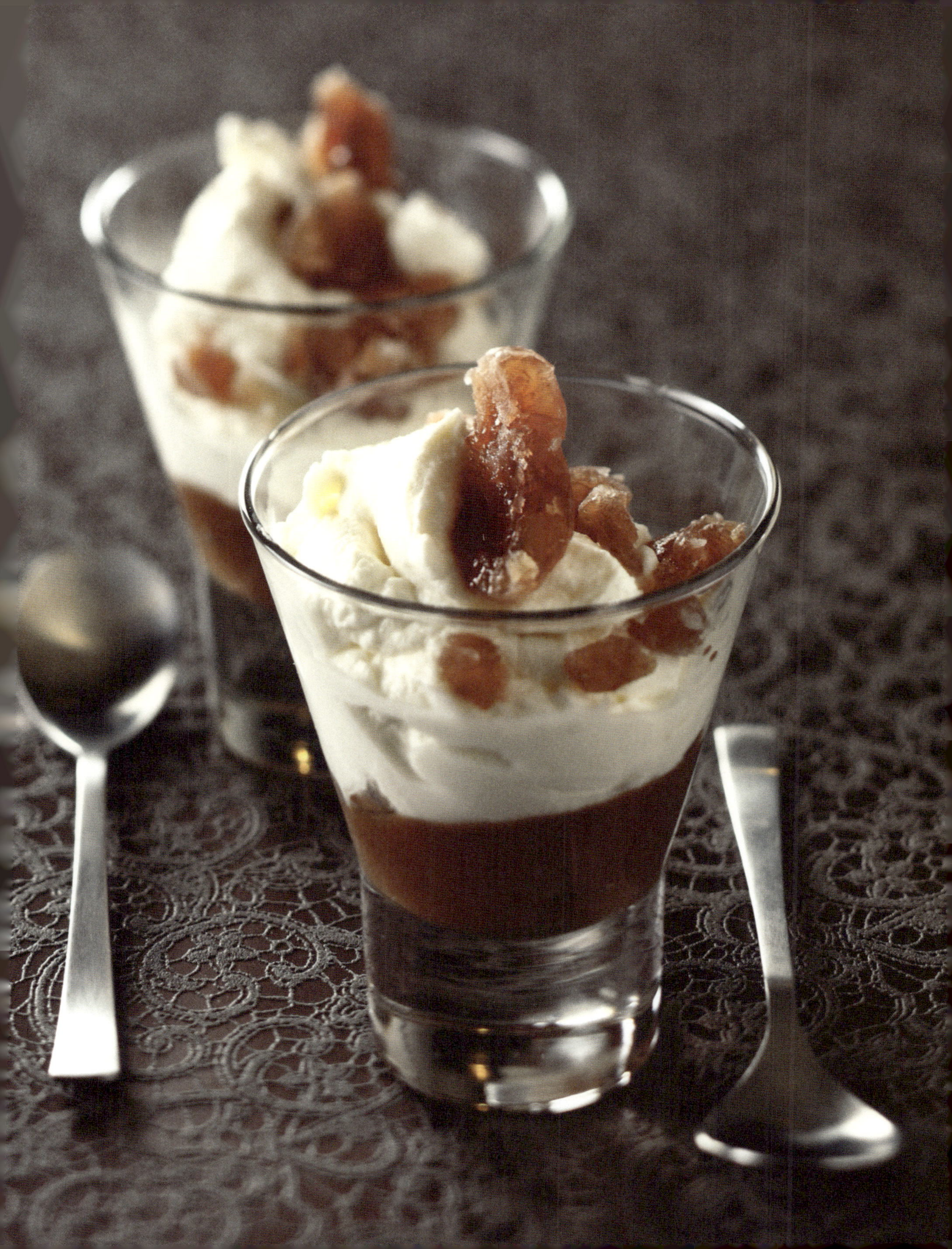

Croustillants au chocolat et salade d'orange

Pour **4 personnes** | Préparation **25 minutes** | Cuisson **50 minutes** |
Congélation **2 heures**
Difficulté ★ | Coût ★

4 tranches de brioche | 1 œuf | 6 oranges | 1 verre de jus d'orange frais |
Huile de friture

Ganache
150 g de chocolat | 120 g de beurre | 2 œufs | 1 sachet de sucre vanillé |
25 g de cassonade

Matériel
Moules à glaçons (ronds si possible) | Robot-mixeur

1. Préparez la ganache. Faites fondre le chocolat au bain-marie avec le beurre (dans un bol placé au-dessus d'une casserole d'eau frémissante). Dans un saladier, fouettez les œufs, le sucre vanillé et la cassonade. Quand le chocolat est fondu, ajoutez-y la préparation œufs-sucre. Mélangez, puis versez dans les moules à glaçons. Laissez durcir un peu au congélateur. Pour façonner les croquettes, roulez-les entre vos mains, puis réservez-les au congélateur pendant 1 h.

2. Préchauffez le four à 130 °C (th. 4-5). Mettez les tranches de brioche au four pendant 40 min. Sortez-les et passez-les au mixeur afin d'obtenir une chapelure fine. Battez l'œuf. Trempez chaque croquette au chocolat dans l'œuf, puis roulez-le dans la panure ; procédez ainsi jusqu'à épuisement des ingrédients. Remettez alors au congélateur pendant 1 h.

3. Pelez les oranges en retirant toutes les parties blanches. Coupez-les en tranches et mettez-les dans un saladier avec le jus. Repassez les croquettes dans l'œuf et la panure, puis faites-les frire 2 ou 3 min. Posez les croustillants bien dorés sur du papier absorbant et dégustez-les chauds avec la salade d'orange.

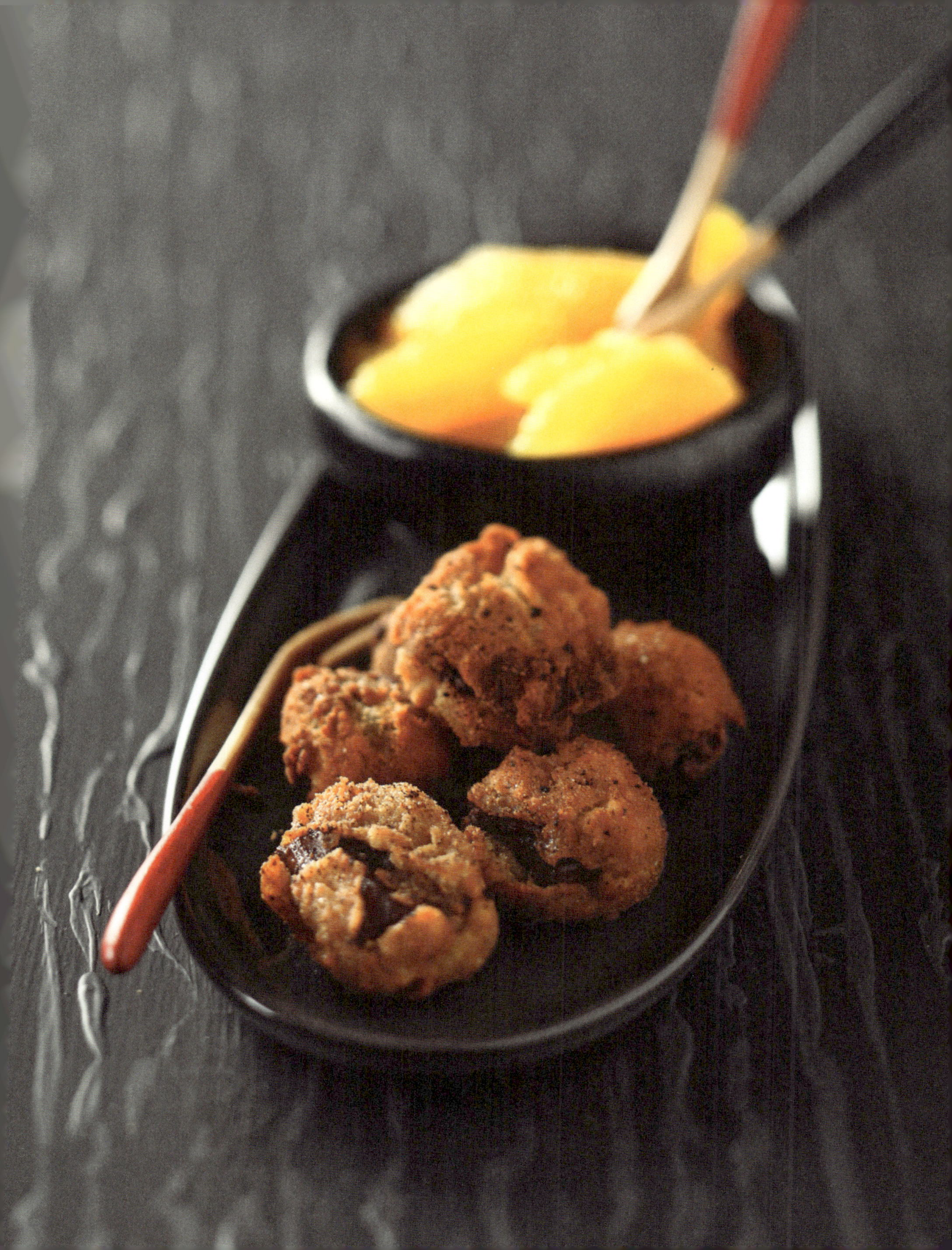

Tartelettes aux figues et au miel

Pour **4 personnes** | Préparation **15 minutes** | Cuisson **25 minutes**
Difficulté ★ | Coût ★

1 rouleau de pâte feuilletée | 600 g de figues | 20 g de beurre |
4 cuil. à soupe de miel liquide

1. Préchauffez le four à 200 °C (th. 6-7). Laissez la pâte feuilletée sur le papier de cuisson qui a servi à l'emballer. Étalez-la sur une plaque allant au four. Coupez quatre disques dans la pâte feuilletée et laissez-les sur le papier. Piquez-les avec une fourchette.

2. Coupez les figues en tranches épaisses. Disposez-les harmonieusement sur les disques de pâte.

3. Coupez le beurre en copeaux et répartissez-les sur les figues. Arrosez-les avec du miel.

4. Enfournez les tartelettes pour 25 min de cuisson. Servez tiède ou froid.

Le conseil de Cyril

Vous pouvez saupoudrer les tartelettes d'un peu de cannelle en poudre et accompagner ce dessert d'une boule de glace vanille.

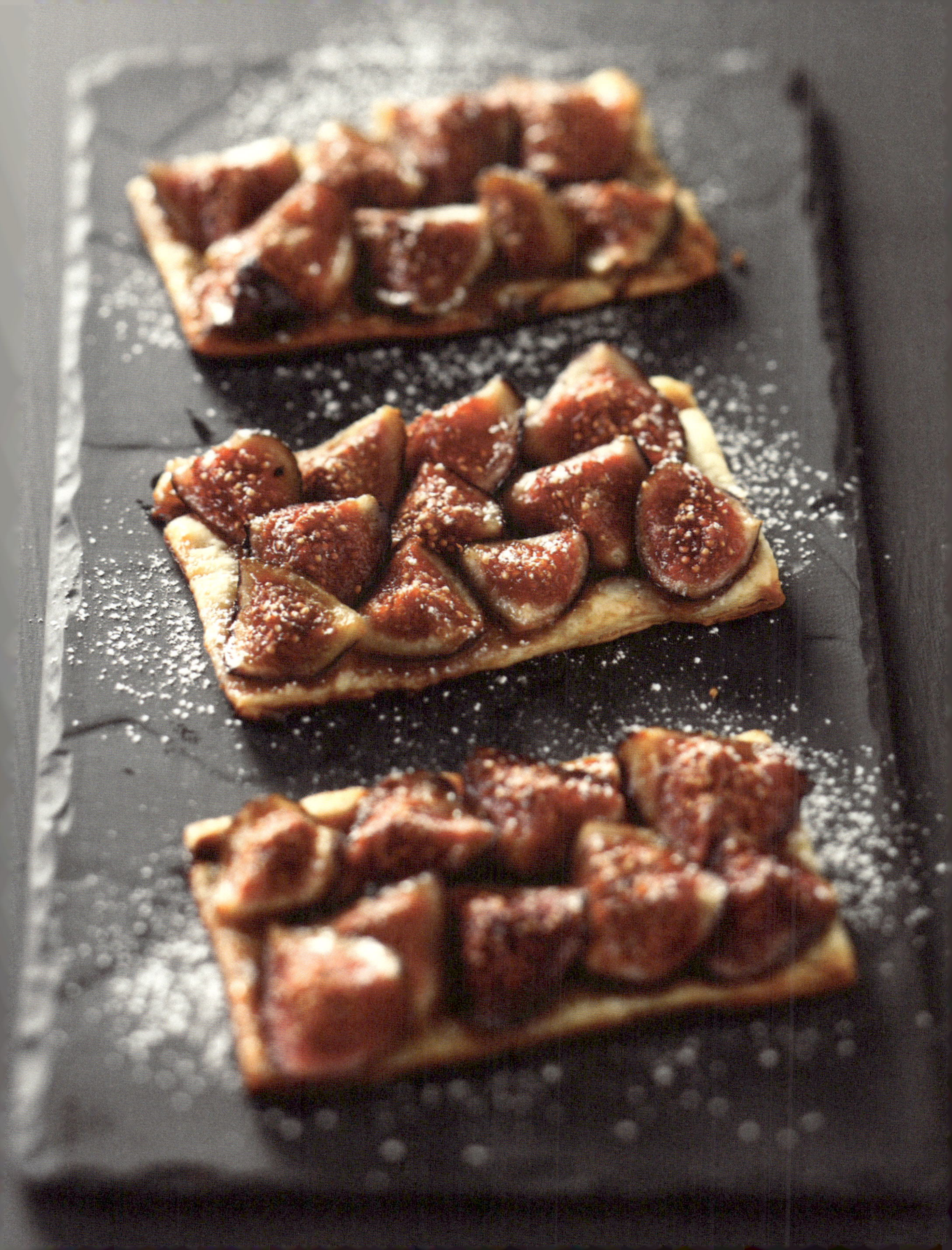

Soupe de framboise à la verveine

Pour **4 personnes** | Préparation **20 minutes** | Cuisson **5 minutes** |
Congélation **30 minutes**
Difficulté ★ | Coût ★★

6 barquettes de framboises | **5 cl de sirop de sucre** | **5 cl d'eau minérale** |
80 g de sucre en poudre | **8 feuilles de verveine**

Matériel
Robot-mixeur | Passoire

1. Mixez finement 2 barquettes de framboises avec le sirop et l'eau minérale. Filtrez le coulis obtenu avec une passoire afin d'éliminer les pépins. Réservez au frais.

2. Dans une casserole, faites frémir 30 cl d'eau, le sucre en poudre et 2 grosses pincées de verveine hachée pendant 2 ou 3 min, puis laissez refroidir complètement. Filtrez puis placez dans le congélateur pendant 30 min.

3. Répartissez les framboises entières dans des grands verres, versez par-dessus l'infusion à la verveine glacée, puis nappez délicatement de 1 ou 2 cuillerées à soupe de coulis de framboise.

4. Décorez chaque verre avec 1 ou 2 feuilles de verveine et servez aussitôt, bien frais.

Les conseils de Cyril

À agrémenter de groseilles, de baies de cassis ou de mûres… Sucrez davantage l'infusion si vous le souhaitez. Vous pouvez également ajouter du jus de citron.

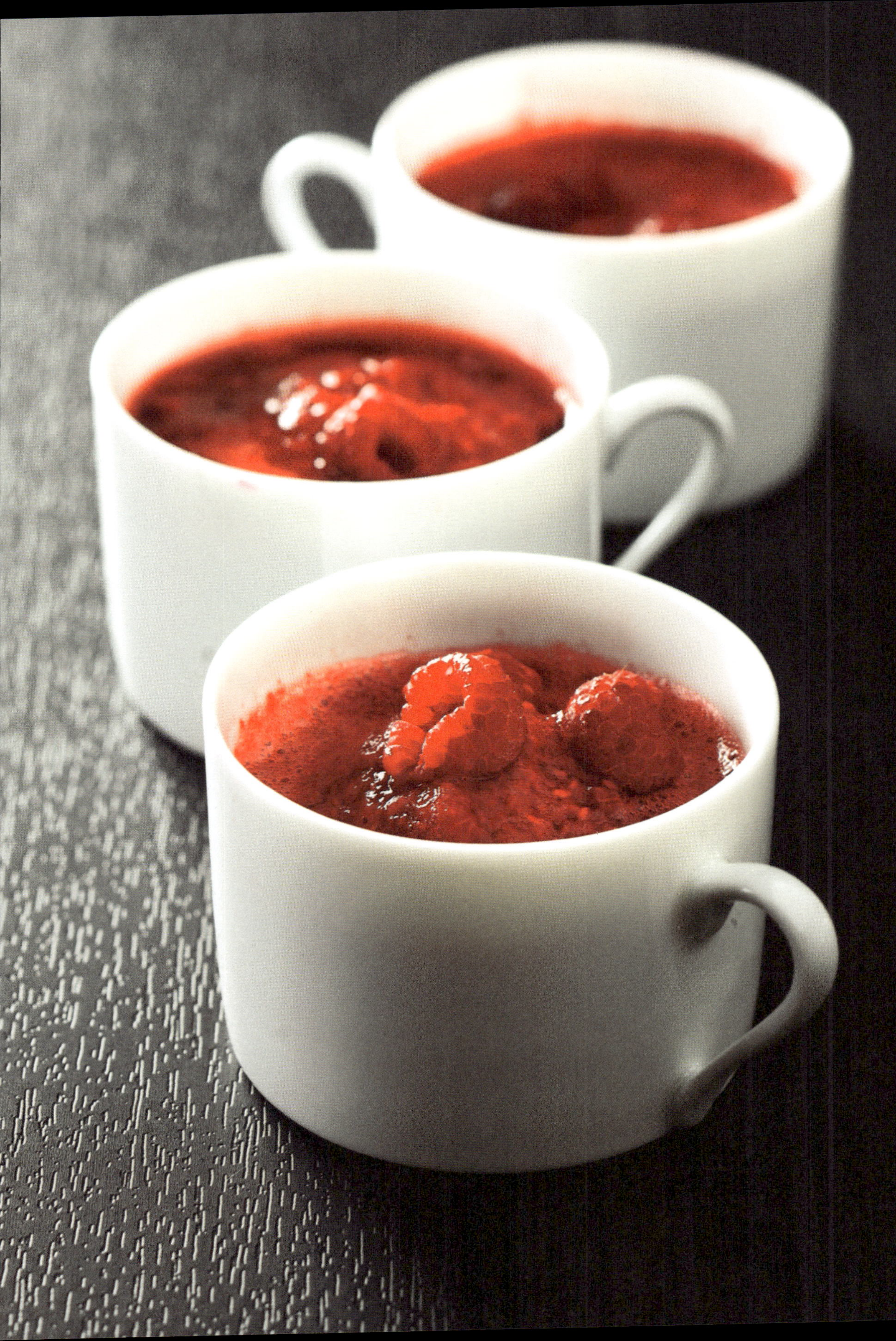

Crème au pralin

Pour **750 grammes** | Préparation **25 minutes** | Cuisson **20 minutes** |
Repos **10 minutes**
Difficulté ★ | Coût ★★

1 gousse de vanille | 25 cl de crème fraîche liquide | 250 g de sucre en poudre |
60 g de miel liquide | 50 g de noix hachées | 50 g d'amandes émondées
et hachées | 50 g de noisettes émondées et hachées | 1 noix de beurre

Matériel
Thermomètre de cuisine | Robot-mixeur

1. À l'aide d'un petit couteau, fendez la gousse de vanille en deux dans la longueur. Grattez l'intérieur pour récupérer les petites graines noires qui contiennent tout le parfum. Dans une casserole, assemblez la crème fraîche liquide, le sucre en poudre, le miel, les graines de vanille et la gousse.

2. Portez le mélange à ébullition sur feu moyen en remuant très fréquemment avec une cuillère en bois. Vérifiez la température à l'aide d'un thermomètre et, lorsque le mélange atteint 105-108 °C, ajoutez les noix, les amandes et les noisettes.

3. Faites bouillir à nouveau juste un instant, puis retirez du feu. Ajoutez le beurre et mélangez. Laissez refroidir une bonne dizaine de minutes, puis retirez la gousse de vanille et mixez finement la préparation avec un appareil électrique.

Les conseils de Cyril

Dégustez cette crème à la cuillère, telle quelle, ou utilisez-la pour napper des boules de glace à la vanille, par exemple. C'est la température de cuisson qui détermine la consistance de cette crème. Si elle dépasse les 110 °C, elle sera sans doute trop dure.

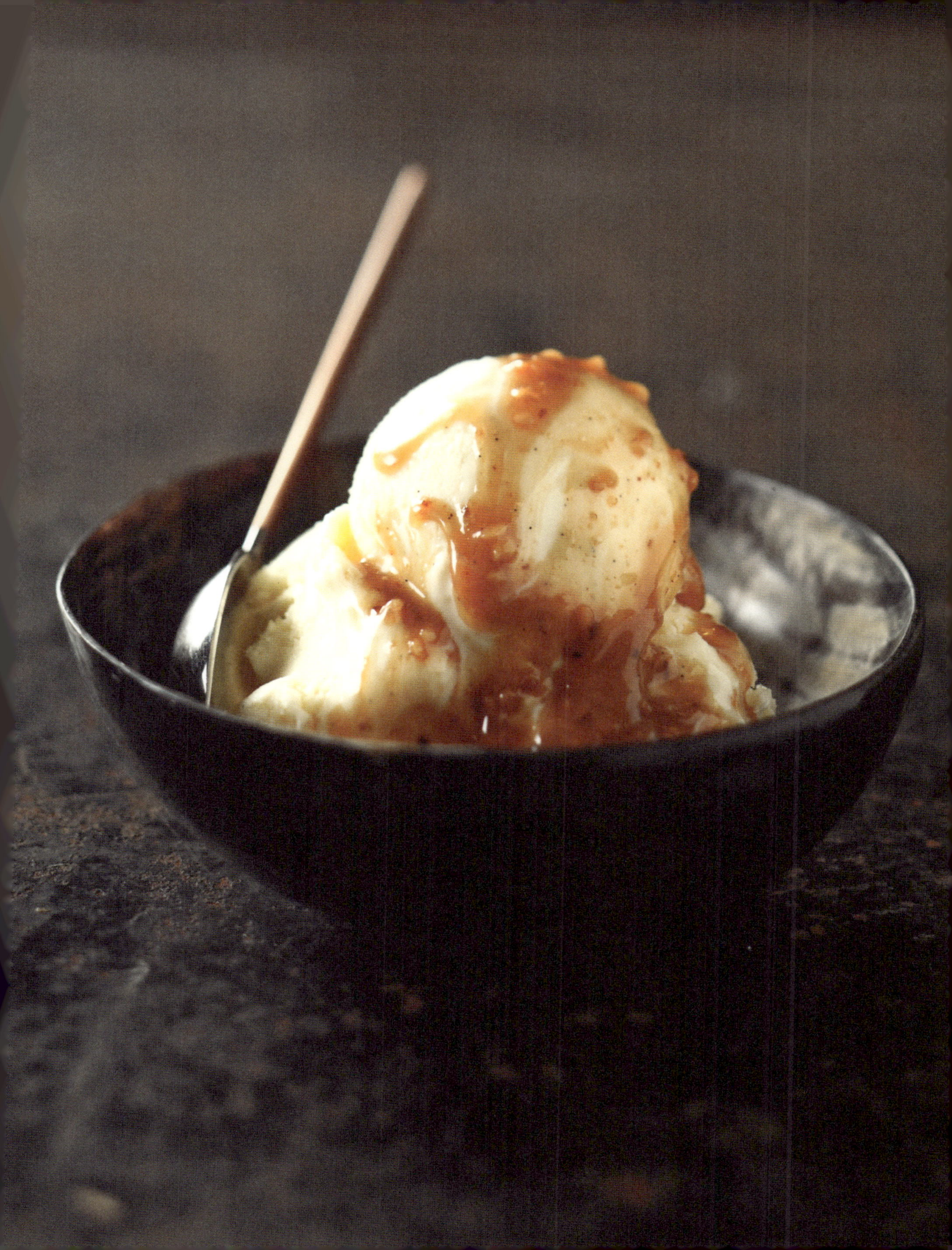

Abricots grillés, chantilly à la vanille

Pour **6 personnes** | Préparation **15 minutes** | Cuisson **5 minutes**
Difficulté ★ | Coût ★

1 gousse de vanille | 100 g de mascarpone | 100 g de crème fraîche liquide | 2 cuil. à soupe de sucre glace | 18 abricots | 2 cuil. à soupe d'huile végétale | 2 cuil. à soupe de cassonade

Matériel
Batteur électrique | Wok

1. Fendez la gousse de vanille en deux et grattez l'intérieur avec la pointe d'un couteau pour retirer toutes les graines. Dans un saladier, mélangez le mascarpone, la crème fraîche, le sucre glace et les graines de vanille.

2. À l'aide d'un batteur électrique, montez le mélange précédent en une chantilly épaisse et gardez-la au frais.

3. Coupez les abricots en deux et dénoyautez-les. Dans le wok, faites chauffer l'huile végétale, puis ajoutez les abricots. Faites-les sauter pendant 3 ou 4 min afin de les chauffer sans les cuire (sinon, vous obtenez une confiture). Ôtez du feu, saupoudrez de cassonade, mélangez bien et servez avec la chantilly à la vanille.

Les conseils de Cyril
Vous pouvez ajouter quelques amandes effilées en fin de cuisson. Par ailleurs, on trouve dorénavant dans les épiceries fines des fleurs de lavande bleue. Parsemez-en les abricots juste avant de servir.

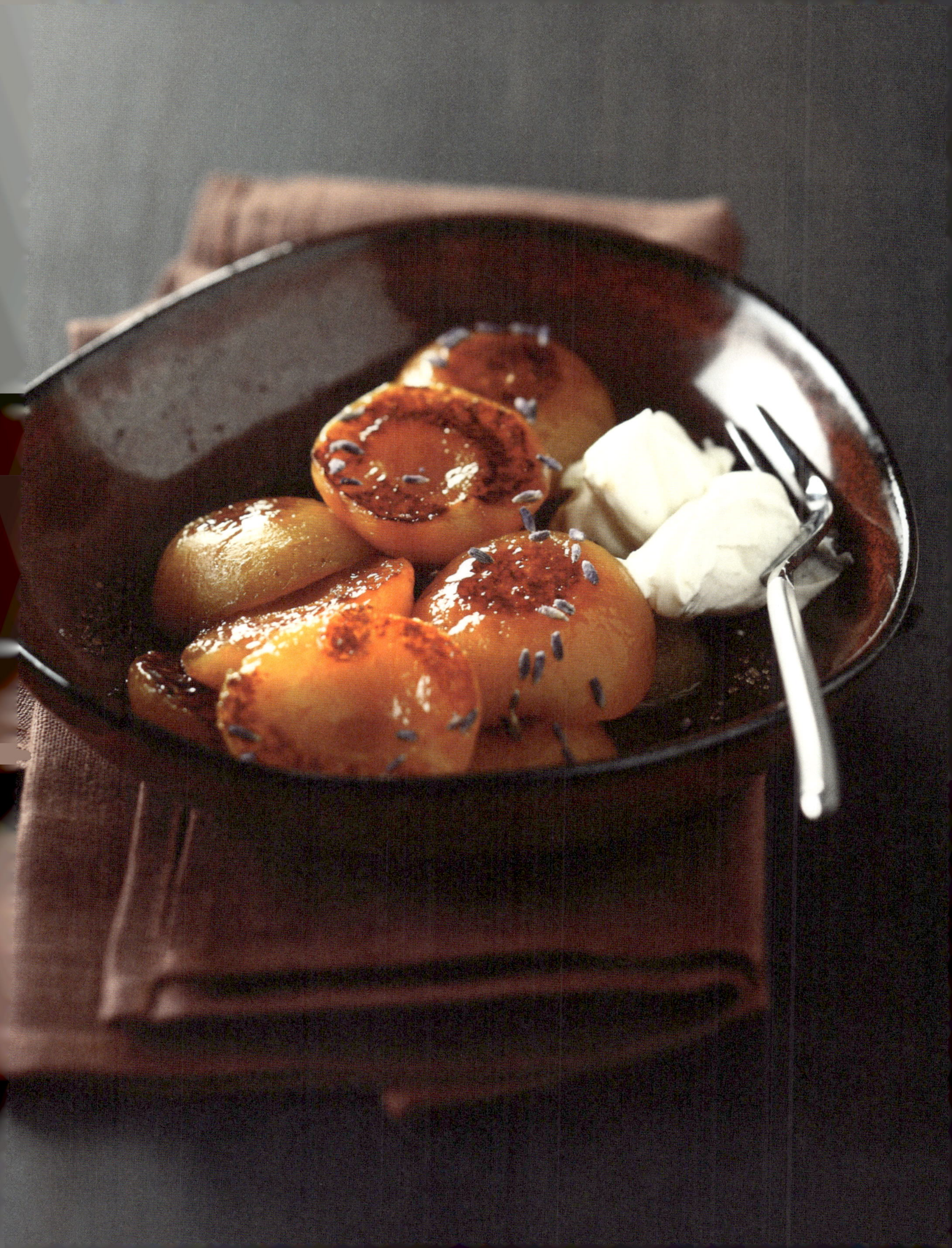

Figues rôties aux pignons de pin

Pour **4 personnes** | Préparation **15 minutes** | Cuisson **30 minutes**
Difficulté ★ | Coût ★

2 oranges | 8 figues | 1 cuil. à soupe de cassonade | 1 cuil. à soupe de pignons de pin

Matériel
Presse-agrumes

1 Préchauffez le four à 190 °C (th. 6-7). Pressez les oranges. Retirez les pédoncules des figues et disposez-les serrées dans un plat allant au four. Arrosez de jus d'orange, puis saupoudrez de cassonade et parsemez de pignons de pin.

2 Enfournez pour 30 min de cuisson, en arrosant les figues de jus une à deux fois. Sortez du four et laissez tiédir avant de servir.

Le conseil de Cyril
Accompagnez les figues tièdes d'une glace aux épices (à la vanille, à la cannelle...).

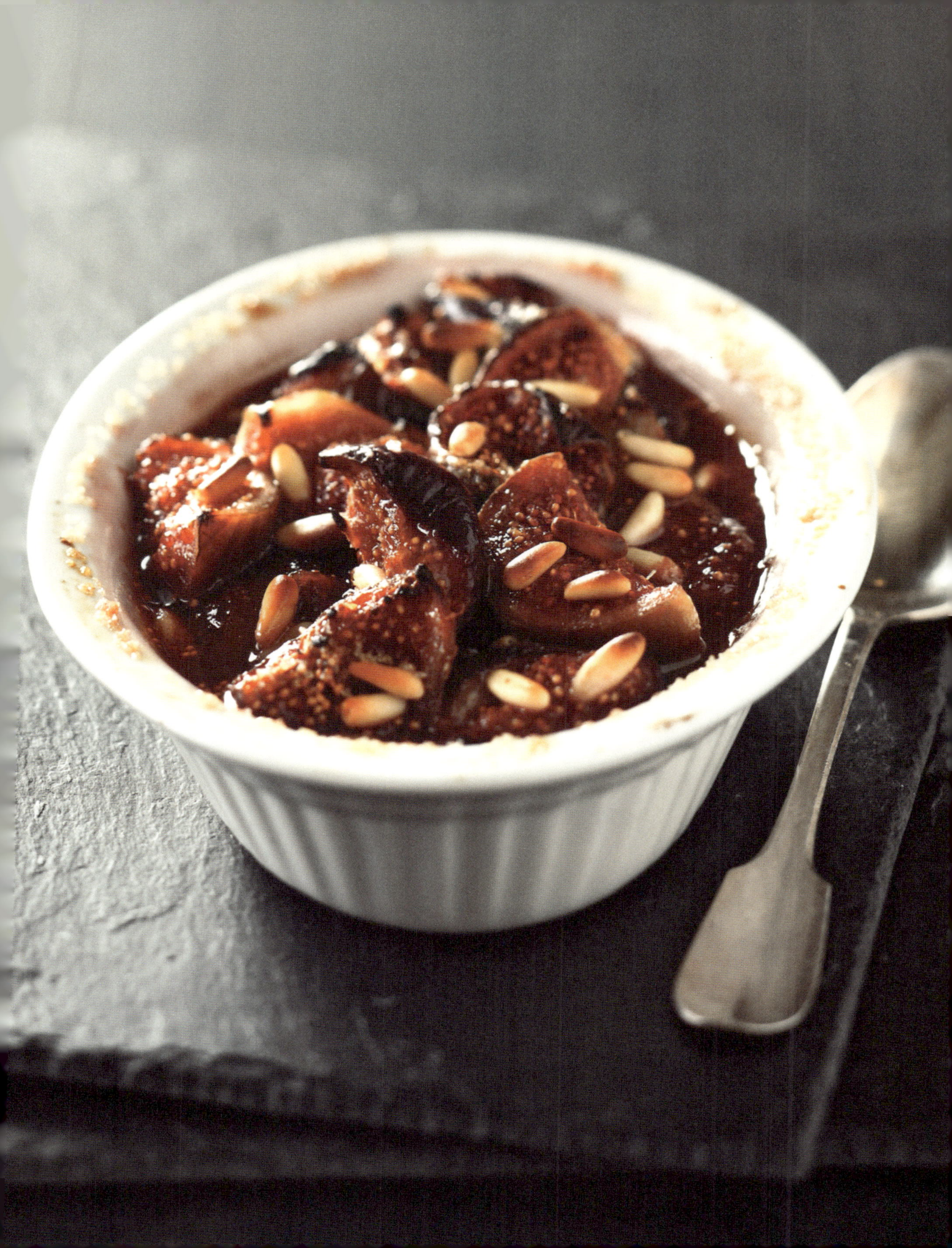

Risotto aux figues, poires et noix rôties

Pour **4-6 personnes** | Préparation **10 minutes** | Cuisson **25 + 25 minutes**
Difficulté ★★ | Coût ★

Fruits au sirop
2 poires | 4 figues pas trop mûres | 6 cuil. à soupe de miel liquide |
50 g de cerneaux de noix | 1 belle noix de beurre | 10 cl de vin blanc moelleux

Risotto
1 l de lait demi-écrémé | 1 belle pomme | 2 belles noix de beurre | 280 g de riz
pour risotto (type arborio) | 3 cl d'alcool de poire | 120 g de sucre en poudre

1 Préchauffez le four à 220 °C (th. 7-8). Épluchez les poires, épépinez-les et coupez-les en deux dans la hauteur. Lavez les figues et coupez-les en quatre dans la hauteur. Dans un plat à rôtir, assemblez ces fruits, recouvrez-les avec le miel, les cerneaux de noix et le beurre. Versez le vin et enfournez pour environ 25 min de cuisson.

2 Faites frémir le lait dans une casserole. Épluchez la pomme, épépinez-la et hachez-la. Dans une autre casserole, faites chauffer 1 noix de beurre, ajoutez la pomme et laissez cuire pendant 2 ou 3 min en remuant sans arrêt. Ajoutez le riz non lavé.

3 Mélangez et versez l'alcool de poire. Laissez évaporer le liquide en remuant, puis ajoutez une louche de lait. Faites cuire à feu doux, en remuant sans arrêt. Ajoutez une autre louche quand la première a été absorbée, et ainsi de suite jusqu'à épuisement du lait. Ajoutez hors du feu le sucre en poudre et 1 noix de beurre.

4 Servez le risotto dans des assiettes creuses et répartissez par-dessus les fruits et leur jus.

Les conseils de Cyril
Servez ce risotto bien chaud, avec un petit verre d'alcool de poire. Pour le rendre encore plus moelleux, ajoutez hors du feu 2 cuillerées à soupe de crème fraîche.

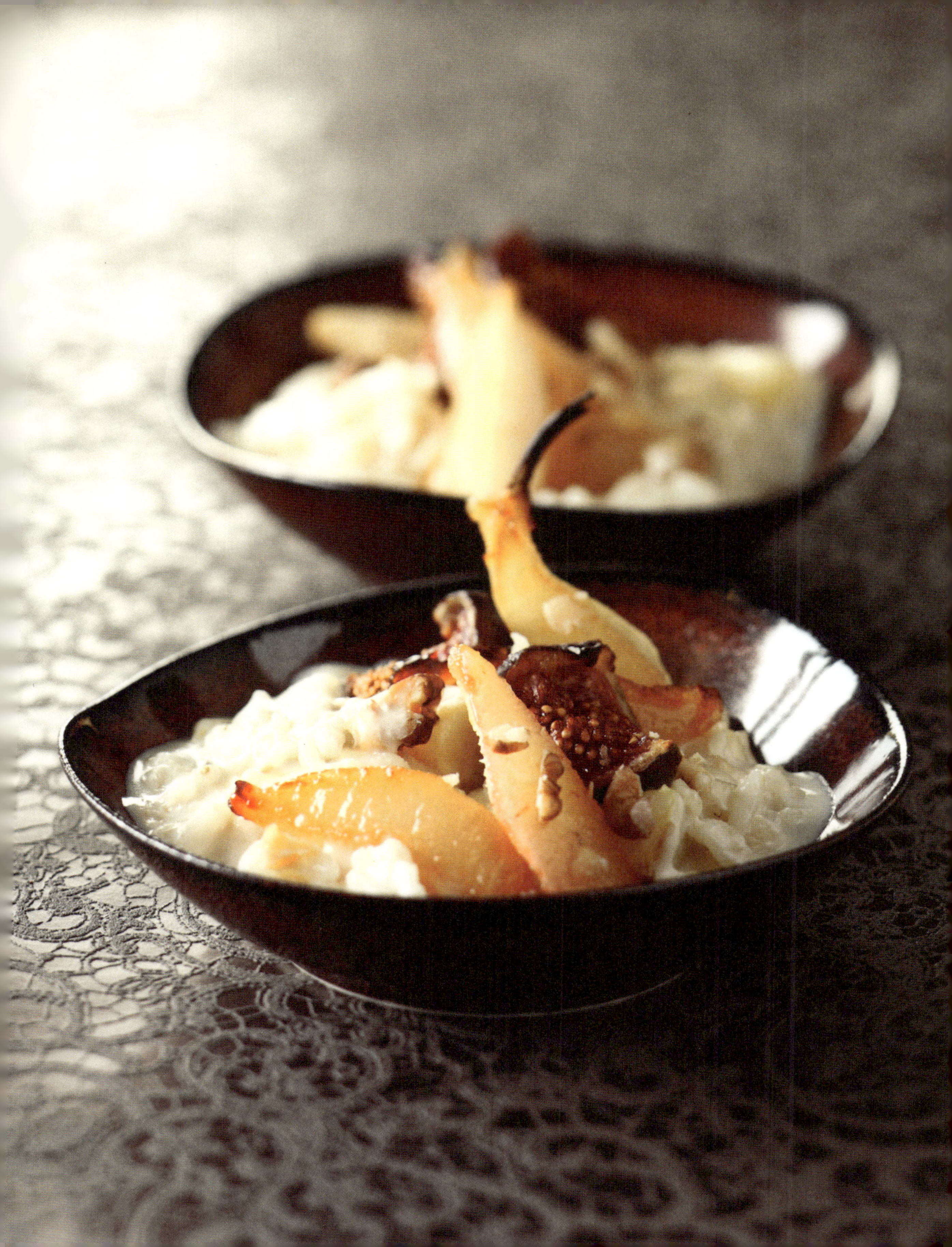

Compote de pêches au vin blanc

Pour **6 personnes** | Préparation **15 minutes** | Cuisson **10 minutes** |
Réfrigération **2 heures**
Difficulté ★ | Coût ★

6 pêches jaunes et blanches | 1 gousse de vanille | 25 g de beurre |
25 g de cassonade | 15 cl de vin blanc sec

Matériel
Wok

1. Portez une casserole d'eau à ébullition et ébouillantez les pêches pendant 1 min. Passez-les ensuite sous l'eau froide et ôtez leur peau. Fendez la gousse de vanille en deux.

2. Dans un wok, faites fondre le beurre. Versez la cassonade et laissez caraméliser quelques secondes. Ajoutez ensuite les pêches et la vanille. Enrobez bien de caramel et laissez cuire pendant 5 min en remuant fréquemment. Versez le vin blanc, portez à ébullition et laissez à nouveau cuire pendant 2 min.

3. Versez dans un saladier et gardez au frais pendant 2 h avant de servir.

Les conseils de Cyril

Vous pouvez ajouter des nectarines ou des brugnons. En ce qui concerne les épices, vous pouvez aussi utiliser un peu de cannelle ou, pourquoi pas, des graines d'anis entières.

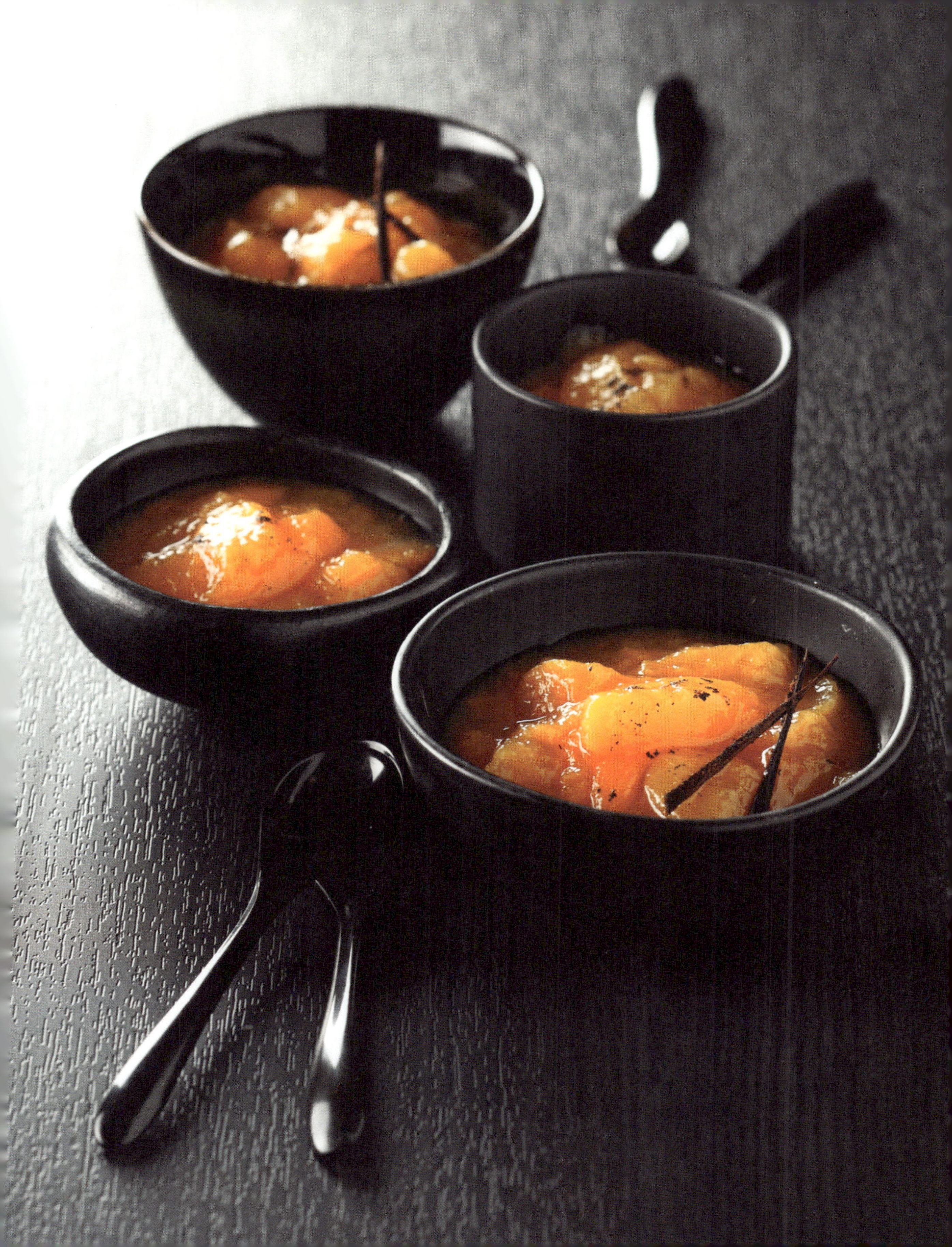

Moelleux aux noisettes et aux poires

Pour **4 personnes** | Préparation **25 minutes** | Cuisson **10 minutes**
Difficulté ★ | Coût ★

175 g de beurre | 250 g de sucre en poudre | 75 g de poudre d'amandes | 75 g de poudre de noisettes | 50 g de farine | 1 pincée de sel | 2 poires au sirop en conserve | 150 g de blancs d'œufs (environ 5 blancs) | 25 g d'amandes effilées

Matériel
Batteur électrique | Moules à financiers ou mini-financiers antiadhésifs

1. Préchauffez le four à 200 °C (th. 6-7). Faites fondre le beurre dans une casserole à feu doux. Laissez-le cuire 5 min à feu moyen afin qu'il prenne une couleur noisette. Ôtez du feu.

2. Dans un saladier, mélangez le sucre en poudre, la poudre d'amandes, la poudre de noisettes, la farine et le sel. Liez bien le tout. Coupez les poires en quatre, retirez le cœur puis coupez la chair en dés de 5 mm d'épaisseur.

3. Montez les blancs d'œufs en neige très ferme. Incorporez-les délicatement au mélange précédent. Ajoutez le beurre petit à petit. Vous devez obtenir une pâte homogène un peu épaisse. Ajoutez alors les poires.

4. Versez la pâte dans les moules à financiers ou à mini-financiers. Parsemez d'amandes effilées et enfournez pour 10 min de cuisson. Les financiers doivent être gonflés et bien dorés. Laissez-les refroidir avant de démouler.

Les conseils de Cyril
Vous pouvez préparer le même gâteau en ne mettant que de la poudre d'amandes. Remplacez les poires par des fruits secs comme des abricots ou des pruneaux.

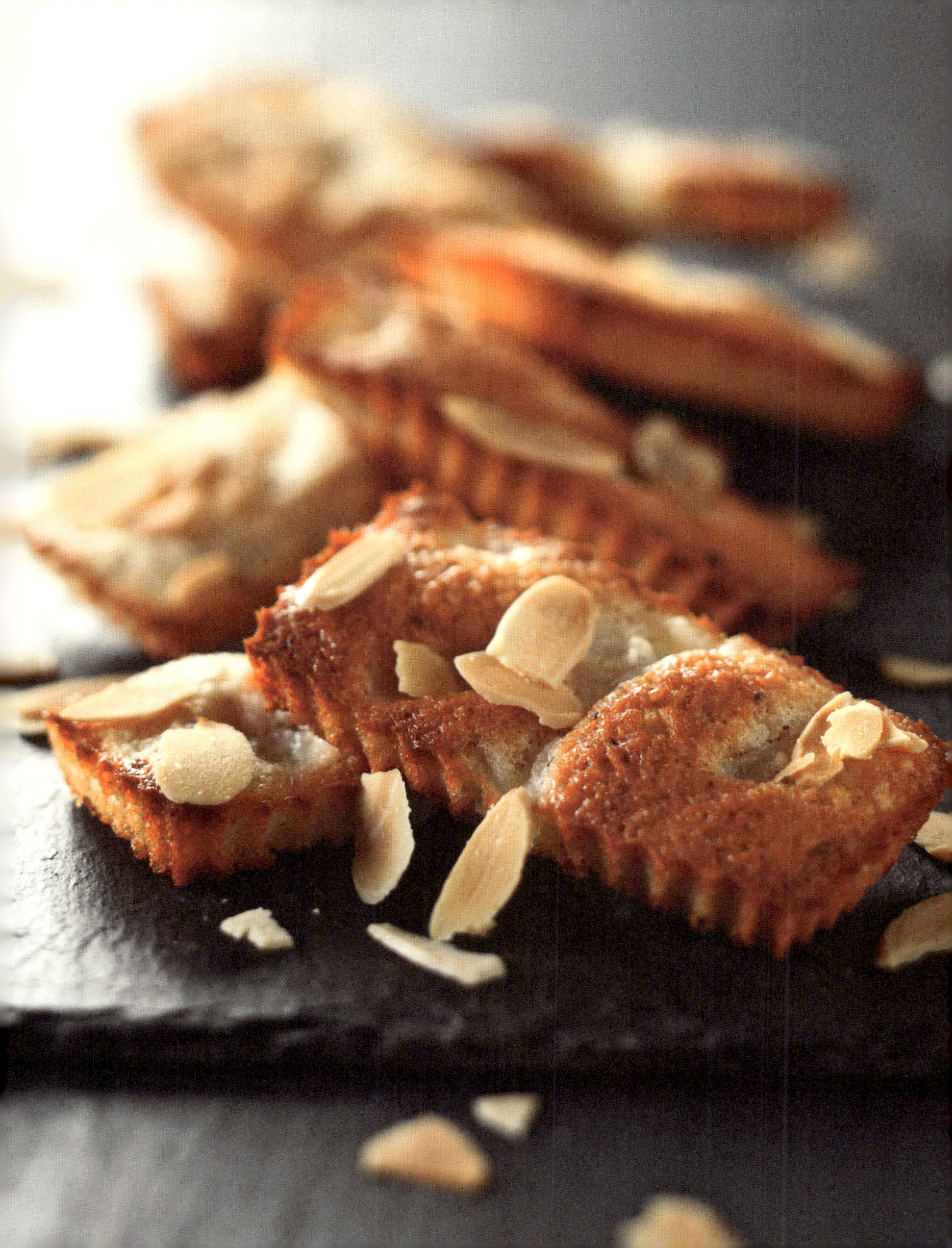

Desserts exotiques

Cheesecake aux framboises

Pour **4 personnes** | Préparation **15 minutes** | Cuisson **50 minutes** |
Réfrigération **15 minutes**
Difficulté ★ | Coût ★

80 g de spéculoos | 30 g de beurre | 250 g de fromage blanc en faisselle |
240 g de fromage frais | 200 g de sucre en poudre | 2 œufs |
2 barquettes de framboises

Matériel
Robot-mixeur | Moule rond à bord haut et à charnière si possible

1. Préchauffez le four à 180 °C (th. 6). Mixez les spéculoos jusqu'à obtention d'une poudre grossière. Faites fondre le beurre à feu doux dans une casserole et mélangez-le avec les spéculoos. Étalez ce mélange au fond du moule en le tassant bien. Placez le moule au réfrigérateur pendant 15 min.

2. Versez le fromage blanc, le fromage frais, le sucre en poudre et les œufs dans le bol d'un robot avec la moitié des framboises. Mixez bien le tout.

3. Versez ce mélange sur la croûte aux spéculoos. Enfournez pour 45 min de cuisson. Laissez refroidir le cheesecake avant de le démouler. Décorez-le avec les framboises restantes.

Le conseil de Cyril
Vous pouvez remplacer les spéculoos par d'autres biscuits secs de type Petit-Beurre®.

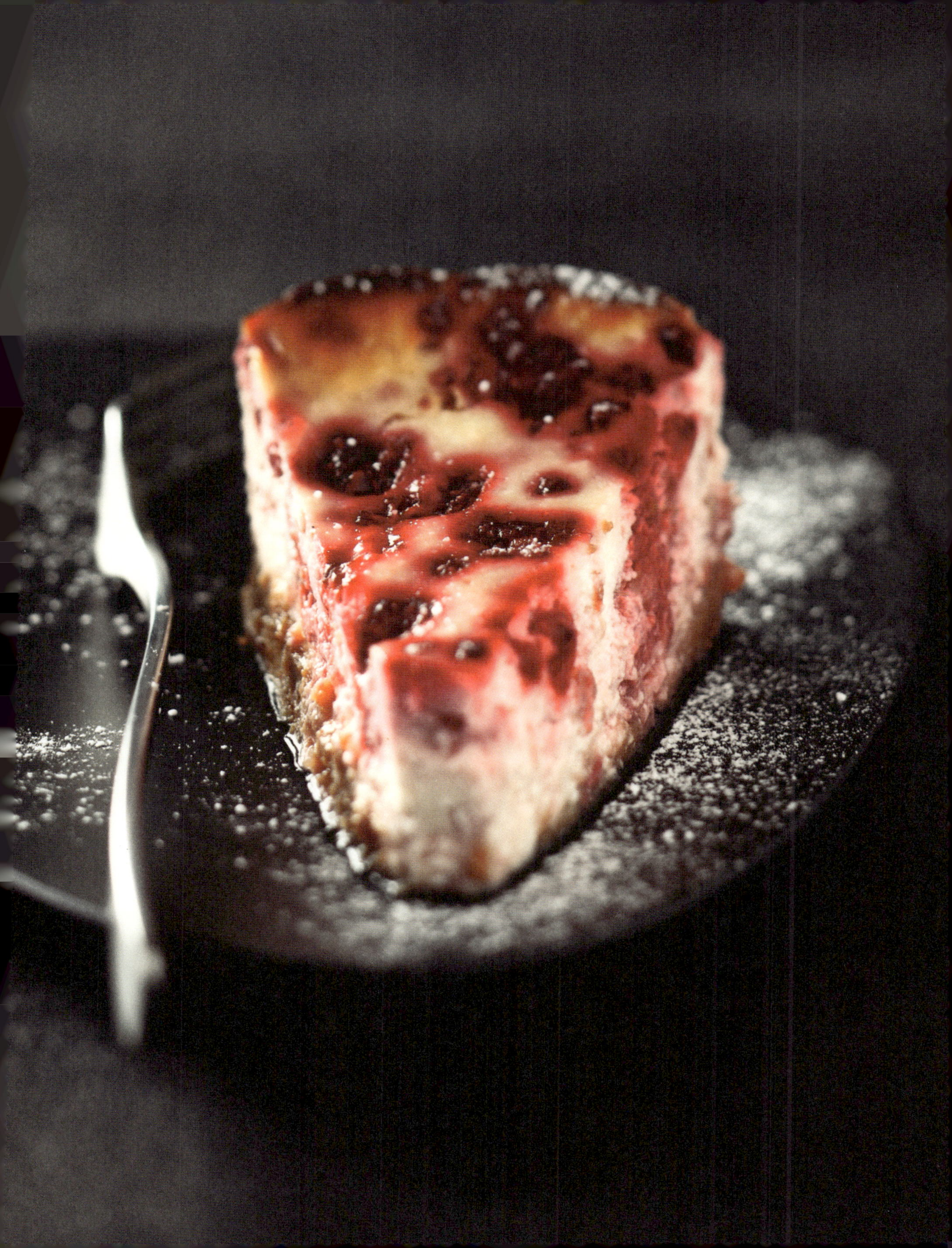

Cupcakes au chocolat

Pour **4 personnes** | Préparation **20 minutes** | Cuisson **20 minutes**
Difficulté ★ | Coût ★

80 g de beurre mou + éventuellement pour les moules | 100 g de sucre en poudre |
2 œufs | 110 g de farine | ½ sachet de levure chimique |
50 g de pépites de chocolat noir

Glaçage
200 g de chocolat noir | 100 g de beurre

Matériel
Robot-mixeur | 8 caissettes en papier ou 8 moules à muffins

1. Préchauffez le four à 180 °C (th. 6). Mettez le beurre mou et le sucre en poudre dans le bol d'un robot et mixez bien. Incorporez les œufs un à un, tout en mixant. Versez enfin la farine et la levure, puis mixez encore jusqu'à ce que la pâte soit lisse. Ajoutez enfin les pépites de chocolat et mélangez avec une cuillère.

2. Versez la pâte dans les caissettes en papier ou les moules à muffins beurrés. Enfournez-les pour 15 à 20 min de cuisson. Piquez-les avec la pointe d'un couteau : elle doit ressortir parfaitement sèche. Laissez refroidir les cupcakes. Démoulez-les, sauf s'ils sont dans des caissettes.

3. Préparez le glaçage. Faites fondre le chocolat avec le beurre au four à micro-ondes ou au bain-marie (dans un bol posé au-dessus d'une casserole d'eau frémissante). Mélangez avec une cuillère en bois. Laissez le glaçage tiédir et épaissir un peu, puis étalez-le sur les cupcakes avant de servir.

Le conseil de Cyril
Vous pouvez décorer les cupcakes avec quelques pépites de chocolat.

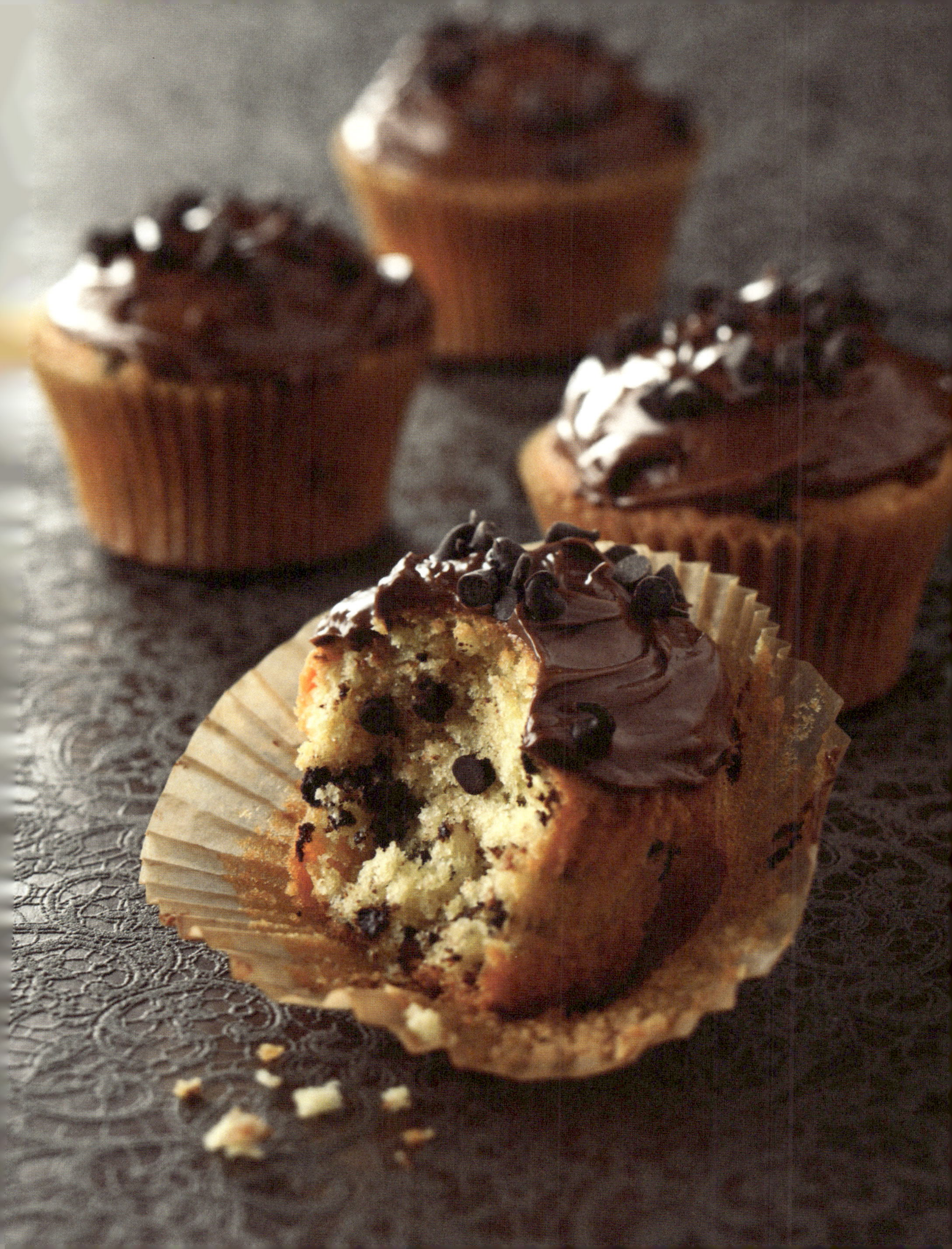

Salade d'orange et coriandre cristallisée

Pour **2 personnes** | Préparation **15 minutes** | Repos **3 heures**
Difficulté ★ | Coût ★

6 brins de coriandre | 1 blanc d'œuf | 50 g de sucre cristallisé | 3 oranges

Matériel
Pinceau de cuisine

1. Effeuillez la coriandre. Badigeonnez chaque feuille de blanc d'œuf à l'aide d'un pinceau avant de les passer une à une dans le sucre cristallisé. Posez les feuilles sur une grille et laissez sécher à l'air libre pendant 3 h.

2. À l'aide d'un petit couteau, épluchez les oranges en retirant la peau et la membrane blanche. Vous ne devez conserver que la chair. Coupez ensuite les oranges en tranches.

3. Disposez les tranches d'orange en rosace sur deux assiettes. Déposez dessus les feuilles de coriandre cristallisées et servez aussitôt.

Le conseil de Cyril
Pour une ambiance plus romantique, cristallisez des pétales de roses rouges.

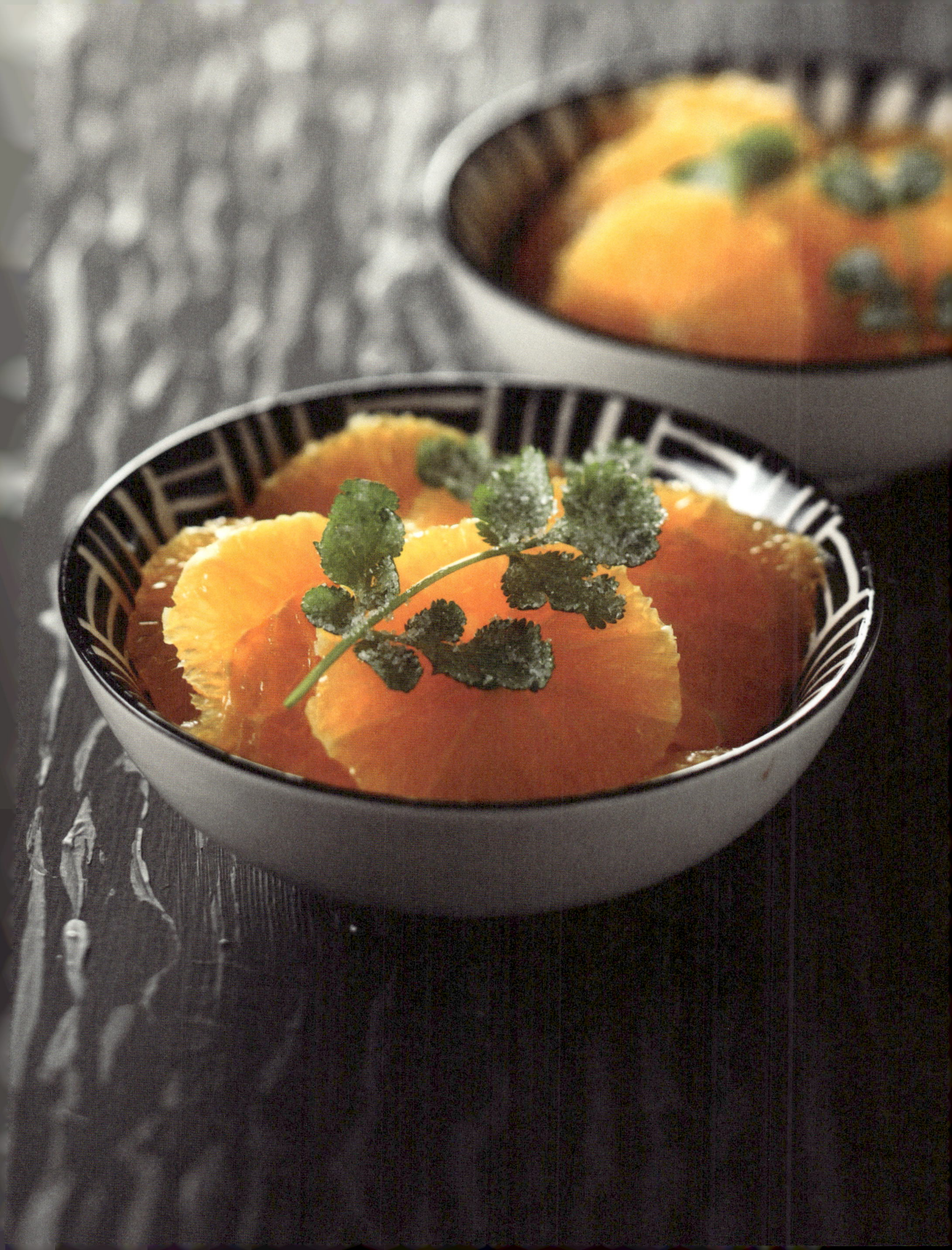

Smoothie tropical

Pour **4 personnes** | Préparation **10 minutes**
Difficulté ★ | Coût ★

4 fruits de la Passion (200 g) | 1 ananas (1,3 kg) | 25 cl de lait | 1 cuil. à soupe de cassonade | 2 pincées de vanille en poudre

Matériel
Moulin à légumes muni d'une grille fine | Blender

1. Coupez les fruits de la Passion en deux. À l'aide d'une cuillère, grattez l'intérieur des fruits pour ôter les graines et le jus. Passez le tout dans un moulin à légumes muni d'une grille fine afin de récupérer le maximum de jus.

2. Coupez les extrémités de l'ananas, puis, à l'aide d'un couteau à dents, ôtez-en l'écorce en retirant bien tous les yeux noirs. Coupez ensuite l'ananas en quatre morceaux, puis retirez le cœur dur avec un petit couteau.

3. Dans un blender, réunissez le lait, l'ananas en morceaux, le jus des fruits de la Passion, la cassonade et la vanille en poudre. Actionnez le robot et laissez tourner pendant 2 ou 3 min, jusqu'à obtention d'un smoothie lisse et homogène.

Variante
Remplacez le lait par 25 cl de lait de coco et les fruits de la Passion par 2 bananes.

Le conseil de Cyril
À défaut de vanille, vous pouvez utiliser du gingembre en poudre, de la cardamome en poudre ou de la cannelle en poudre.

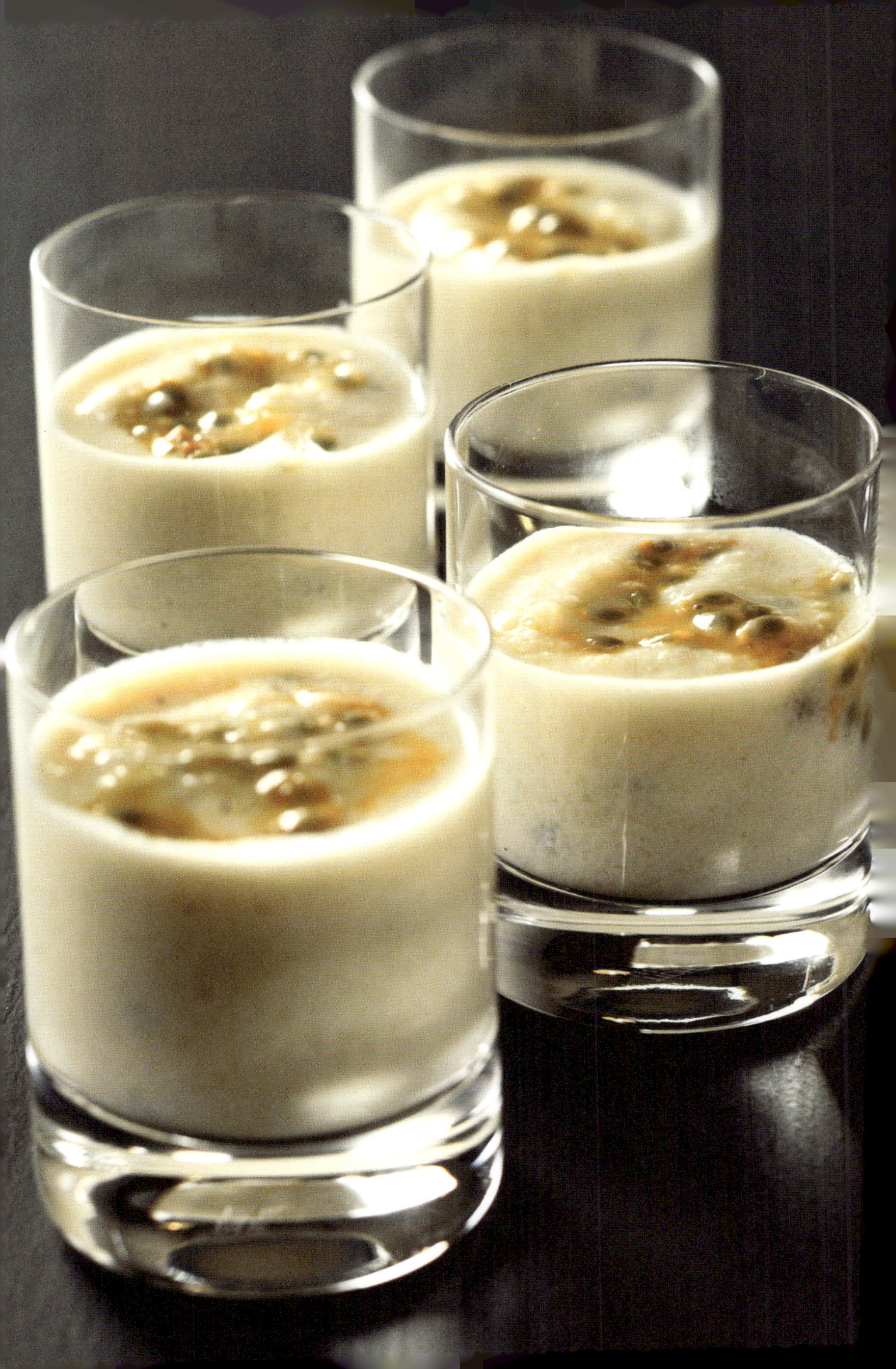

Poires pochées, sauce chocolat Earl Grey

Pour **4 personnes** | Préparation **10 minutes** | Cuisson **40 minutes**
Difficulté ★ | Coût ★

4 poires | 200 g de sucre en poudre | 1 gousse de vanille fendue en deux |
1 gousse de cardamome | 1 bâton de cannelle

Sauce au chocolat
10 cl de lait entier | 10 cl de crème fraîche liquide | 2 sachets de thé Earl Grey |
125 g de chocolat noir corsé

1. Épluchez les poires et disposez-les dans une casserole. Couvrez d'eau et ajoutez le sucre en poudre et les épices. Faites cuire à couvert et à feu doux pendant 30 min. La pointe d'un couteau doit pouvoir s'enfoncer sans résistance dans les poires. Sortez les poires du sirop et laissez-les refroidir.

2. Préparez la sauce au chocolat. Dans une casserole, portez le lait et la crème à ébullition. Coupez le feu et faites-y infuser les sachets de thé pendant 3 min. Ajoutez le chocolat coupé en morceaux et mélangez bien pour lier la sauce.

3. Servez les poires froides ou tièdes et arrosez-les de sauce au chocolat chaude.

Les conseils de Cyril
Vous pouvez aussi utiliser du thé au jasmin pour préparer cette recette.
Par ailleurs, vous pouvez ajouter du vin rouge aux poires pour obtenir
de beaux contrastes de couleurs.

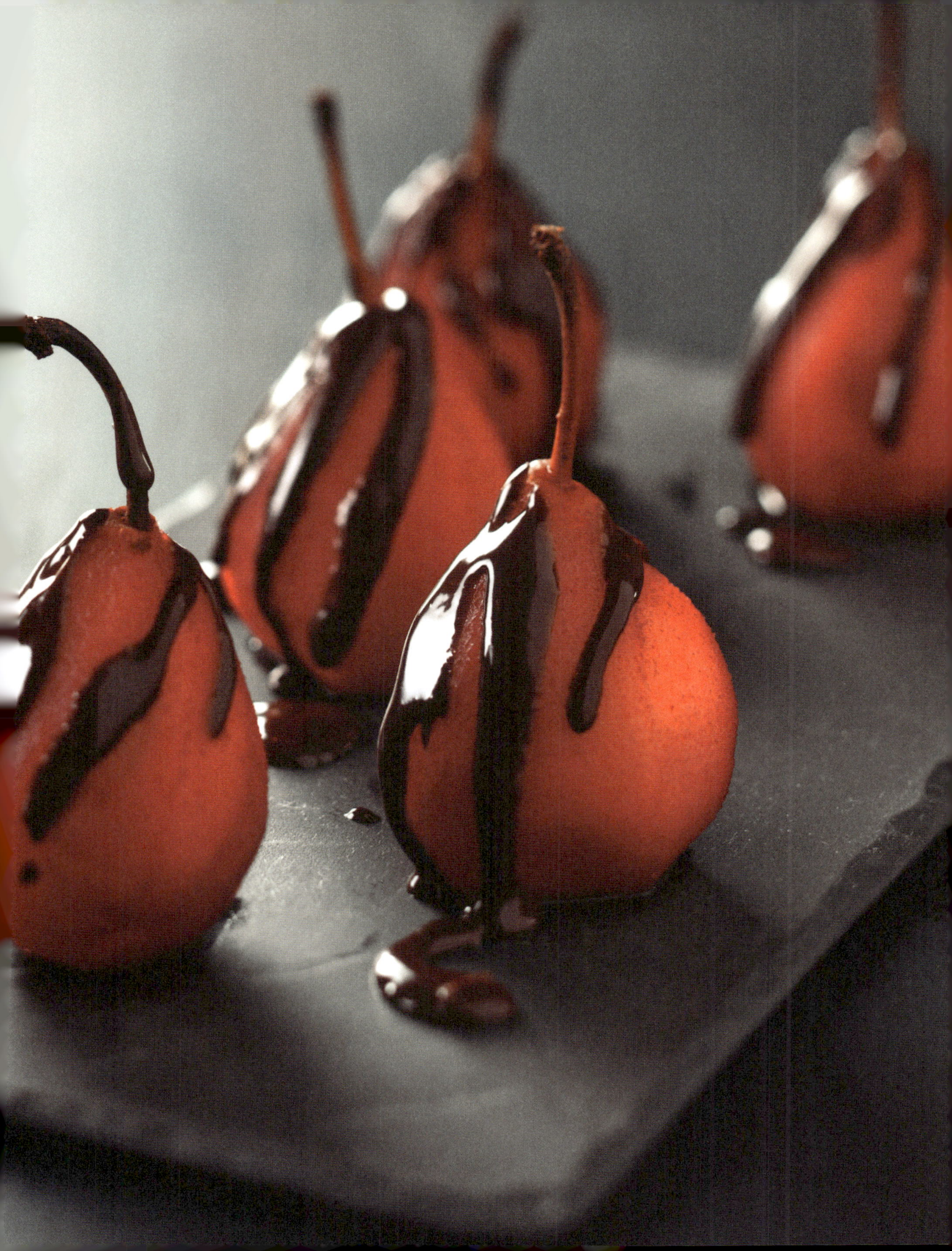

Tartelettes au chocolat et au fruit de la Passion

Pour **4 personnes** | Préparation **10 minutes** | Cuisson **20 minutes** | Repos **1 heure**
Difficulté ★ | Coût ★★

Pâte à tarte
250 g de farine + pour le plan de travail | 140 g de beurre |
100 g de sucre en poudre | 1 jaune d'œuf

Garniture
180 g de jus de fruits de la Passion | 20 g de sucre semoule |
300 g de chocolat au lait | 60 g de beurre + 10 g pour les moules

Matériel
Rouleau à pâtisserie | 4 moules à tartelettes | Papier sulfurisé | Haricots secs

1 Préparez la pâte. Mélangez à la main la farine, le beurre et le sucre en poudre, jusqu'à obtention d'un mélange sableux. Ajoutez le jaune d'œuf et pétrissez jusqu'à formation d'une pâte homogène. Préchauffez le four à 190 °C (th. 6-7).

2 Étalez la pâte au rouleau à pâtisserie sur un plan de travail fariné. Garnissez les moules à tartelettes de pâte. Couvrez de papier sulfurisé et de haricots secs. Enfournez pour 20 min de cuisson. En fin de cuisson, enlevez les haricots et le papier sulfurisé pour que le fond dore. Sortez du four et laissez refroidir.

3 Dans une casserole, portez à ébullition le jus de fruits de la Passion avec le sucre semoule. Baissez le feu et ajoutez au fur et à mesure le chocolat coupé en morceaux. Quand celui-ci est complètement fondu, coupez le feu, ajoutez le beurre et continuez à mélanger pour obtenir une crème totalement homogène.

4 Versez alors cette ganache au fruit de la Passion dans les fonds des tartelettes et laissez reposer au moins 1 h au réfrigérateur afin que le chocolat fige.

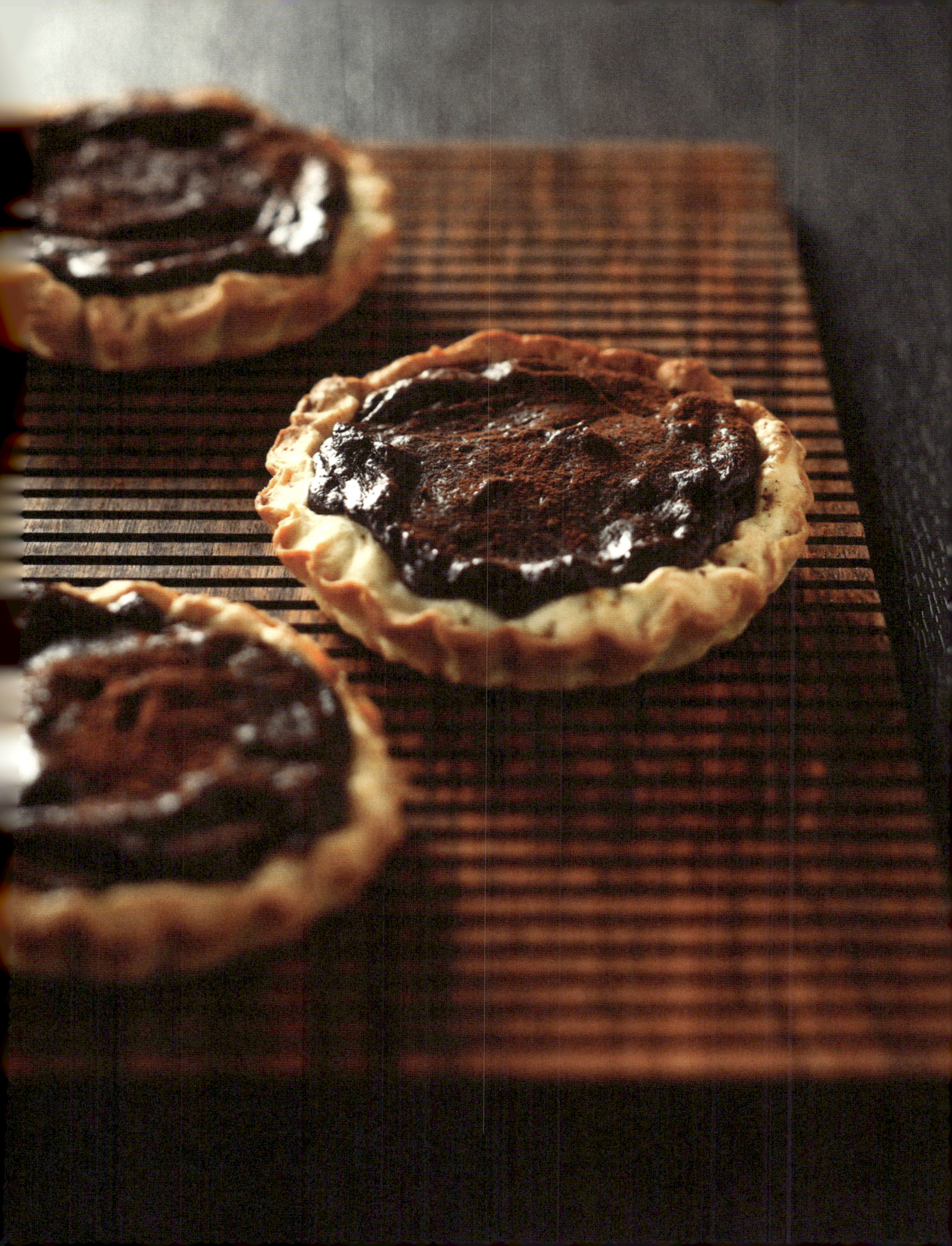

Ananas grillé, chantilly à la cardamome

Pour **4 personnes** | Préparation **20 minutes** | Cuisson **15 minutes**
Difficulté ★★ | Coût ★

1 gousse de vanille | 6 cuil. à soupe d'huile d'olive | 1 ananas victoria

Crème Chantilly
**15 cl de crème fraîche liquide bien froide | 1 cuil. à soupe de sucre glace |
2 pincées de cardamome en poudre**

Matériel
Batteur électrique | Plancha

1. Dans un saladier et à l'aide d'un batteur électrique, montez la crème fraîche en chantilly avec le sucre glace et la cardamome. Gardez bien au frais.

2. Fendez la gousse de vanille dans le sens de la longueur. À l'aide d'un couteau, récupérez les graines qui se trouvent à l'intérieur et mélangez-les à l'huile d'olive. Ôtez l'écorce de l'ananas en prenant soin de bien éliminer les yeux qui subsistent dans la chair. Coupez-le en quatre et retirez le cœur.

3. Badigeonnez les quartiers d'ananas d'huile à la vanille et posez-les sur la plancha chauffée à feu doux. Laissez-les cuire pendant 15 min, en prenant soin de bien les faire griller sur toutes les faces. Retirez l'ananas de la plancha, laissez-le reposer 5 min afin qu'il tiédisse et servez-le avec la crème Chantilly à la cardamome.

Le conseil de Cyril
Si vous le désirez, vous pouvez flamber l'ananas avec un peu de rhum. Dans ce cas, lorsque vous flambez le rhum, saupoudrez l'ananas d'un peu de cassonade afin qu'il caramélise.

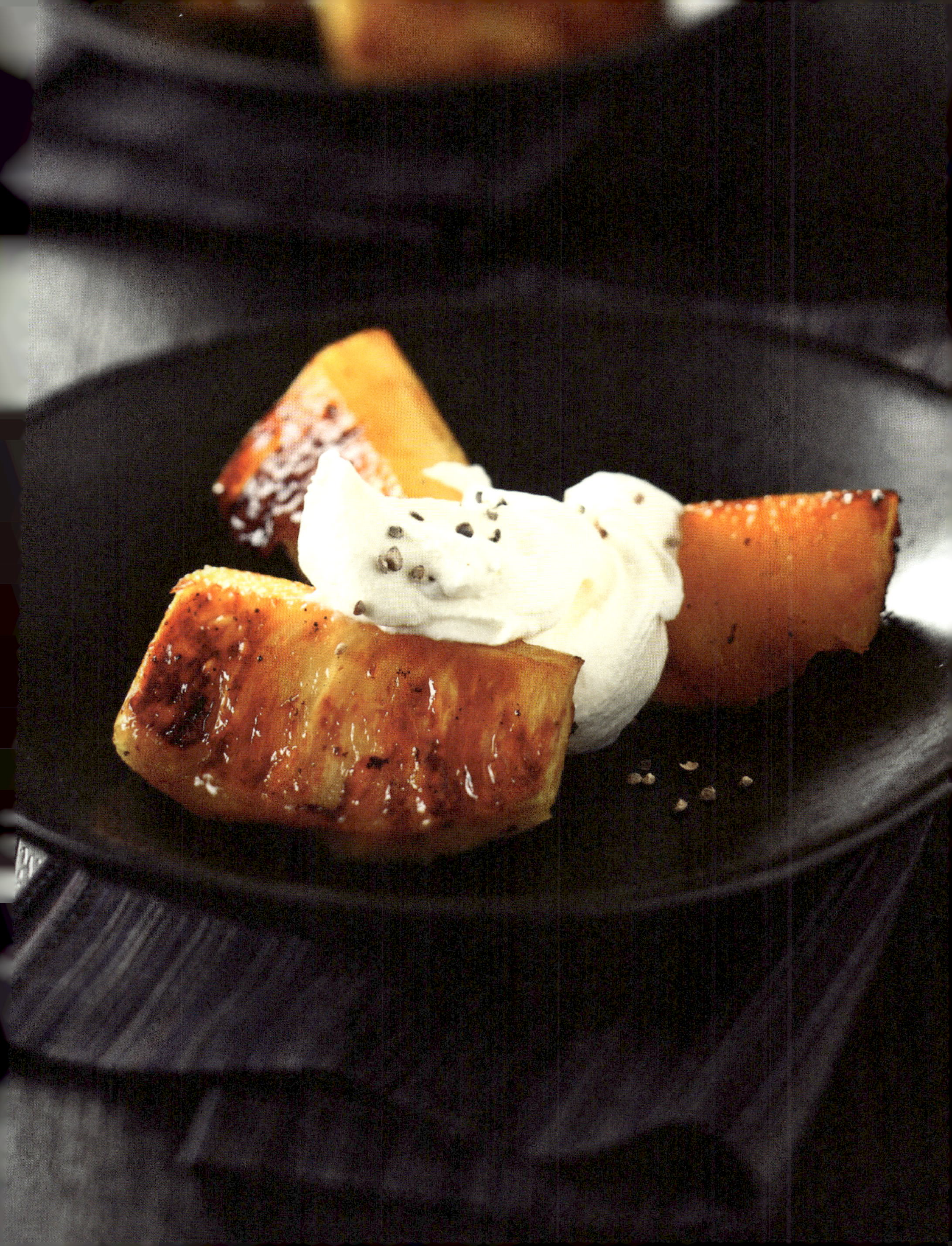

Smoothie banane-litchi

Pour **4 personnes** | Préparation **10 minutes**
Difficulté ★ | Coût ★★

2 poignées de litchis | **2 bananes** | **1 yaourt brassé nature** | **15 cl de lait**

Matériel
Robot-mixeur ou blender

1 Épluchez et retirez le noyau des litchis. Épluchez les bananes. Passez les fruits au mixeur ou au blender pendant 3 ou 4 min.

2 Versez la purée de fruits dans un saladier et ajoutez-y le yaourt et le lait. Fouettez pour bien homogénéiser et servez aussitôt.

Les conseils de Cyril

Pour décorer ce smoothie, ajoutez quelques grains de fruits de la Passion au moment de servir. Vous pouvez aussi ajouter du jus de fruits de la Passion.

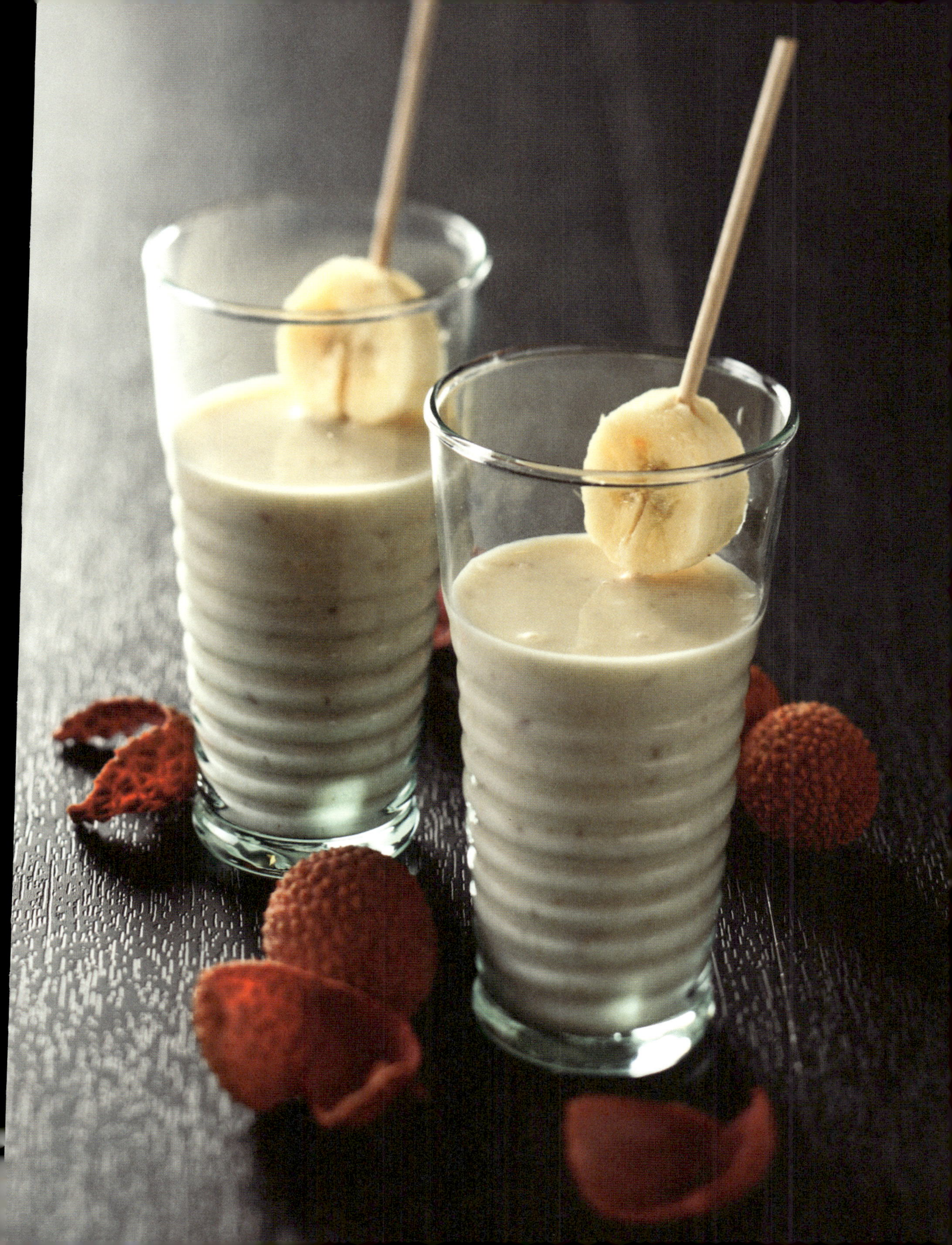

Crumble mangue-ananas

Pour **4 personnes** | Préparation **20 minutes** | Cuisson **40 minutes**
Difficulté ★ | Coût ★★

1 petit ananas victoria | 2 mangues | 80 g de beurre | 75 g de farine | 100 g de sucre en poudre | 50 g de noix de coco en poudre | 1 pincée de sel

1. Préchauffez le four à 180 °C (th. 6). Ôtez l'écorce de l'ananas. Coupez-le en quatre, retirez le cœur et coupez la chair en dés. Pelez les mangues et coupez la chair en dés également. Disposez les morceaux de fruits dans un plat allant au four.

2. Détaillez le beurre en dés. Mettez-les dans un bol avec la farine, le sucre en poudre, la noix de coco et le sel. Malaxez le tout avec les doigts.

3. Répartissez la pâte à crumble sur les fruits. Enfournez pour 40 min de cuisson. Servez tiède.

Le conseil de Cyril
Vous pouvez préparer ce crumble dans des petits ramequins individuels.

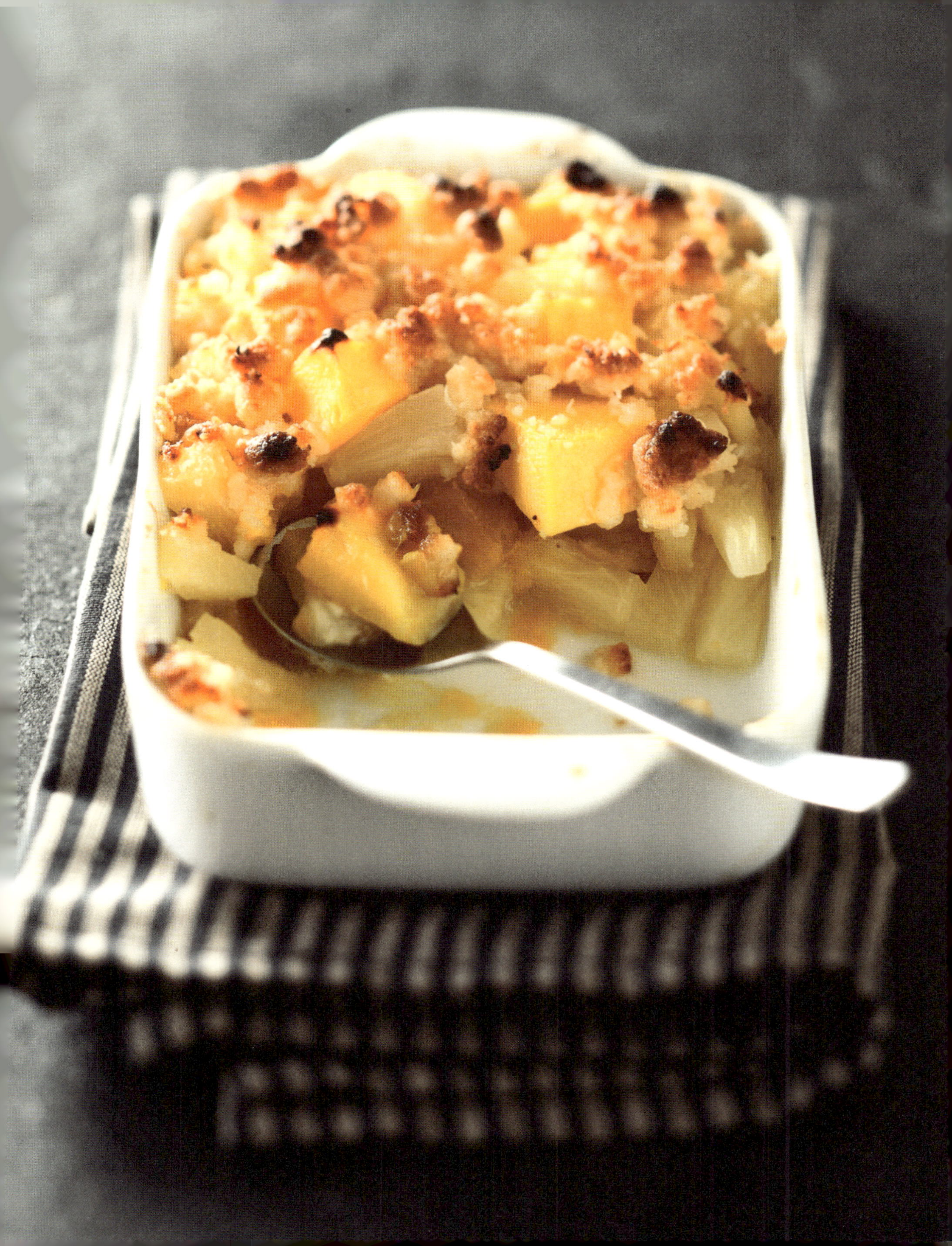

Flans coco et framboise

Pour **4-6 personnes** | Préparation **15 minutes** | Cuisson **35 à 40 minutes**
Difficulté ★ | Coût ★

1 citron vert non traité | 20 cl de lait | 30 cl de lait de coco | 4 œufs |
110 g de sucre en poudre | 1 cuil. à soupe de Maïzena® | 250 g de framboises |
2 cuil. à soupe de noix de coco en poudre

Matériel
Chinois | 4 ou 6 ramequins individuels | Film alimentaire | Cuit-vapeur

1. Prélevez le zeste du citron vert et hachez-le très finement. Placez-le dans une casserole, versez-y le lait et le lait de coco, faites chauffer puis frémir (sans laisser bouillir). Retirez du feu, mélangez bien et laissez infuser pendant 10 min.

2. Dans un saladier, cassez les œufs et battez-les rapidement avec le sucre en poudre et la Maïzena®. Versez par-dessus le mélange lait-lait de coco filtré à l'aide d'un chinois fin, puis remuez bien.

3. Versez l'appareil au coco dans les moules. Répartissez les framboises dans les flans. Saupoudrez la surface du flan de noix de coco en poudre. Couvrez de film alimentaire.

4. Placez délicatement les moules dans le cuit-vapeur. Couvrez de film alimentaire et comptez de 35 à 40 min de cuisson. Laissez ensuite refroidir un moment avant de déguster.

Le conseil de Cyril

Pour vérifier la cuisson du flan, piquez-le avec un couteau, sa texture doit être légèrement ferme et gélifiée. Sinon, poursuivez la cuisson un peu plus longtemps.

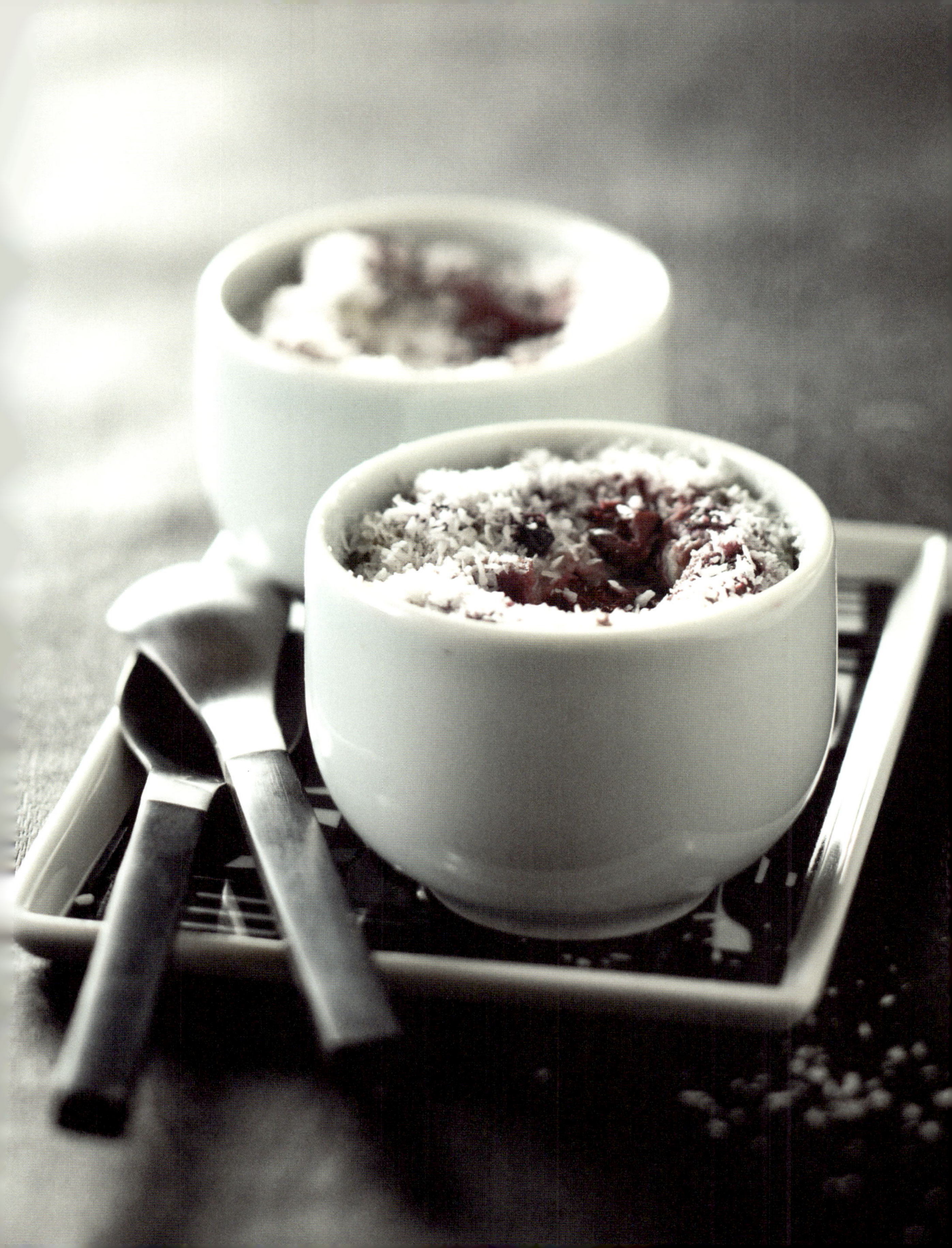

Risotto au rhum et à la mangue

Pour **4-6 personnes** | Préparation **10 minutes** | Cuisson **5 + 30 minutes**
Difficulté ★★ | Coût ★

3 grosses mangues | **3 belle noix de beurre** | **2 cuil. à soupe de sucre roux** |
10 cl de rhum | **1 l de lait** | **1 belle pomme** | **1 cuil. à soupe de gingembre confit haché** |
280 g de riz à risotto (type arborio) | **120 g de sucre en poudre**

1 Pelez les mangues, éliminez les noyaux, puis coupez les chairs en morceaux de 1 cm de côté. Faites-les sauter et colorer avec 1 noix de beurre et le sucre roux dans une poêle à feu vif. Déglacez avec la moitié du rhum, laissez bouillir quelques secondes, puis sortez du feu.

2 Faites frémir le lait dans une casserole. Épluchez la pomme, puis épépinez-la et hachez-la grossièrement. Dans une autre casserole, faites chauffer 1 noix de beurre, puis ajoutez la pomme et le gingembre. Laissez-les cuire pendant 2 ou 3 min en remuant sans arrêt.

3 Ajoutez le riz non lavé. Mélangez et versez le rhum restant. Laissez évaporer le liquide en remuant, puis versez une louche de lait. Faites cuire à feu doux, en remuant sans arrêt. Ajoutez une autre louche de lait quand la première a été absorbée, et ainsi de suite jusqu'à épuisement du lait. Ajoutez hors du feu le sucre en poudre et la dernière noix de beurre.

4 Servez le risotto dans des assiettes creuses et répartissez par-dessus les morceaux de mangue dorés et leur jus.

Le conseil de Cyril
En saison, remplacez les mangues par des poires.

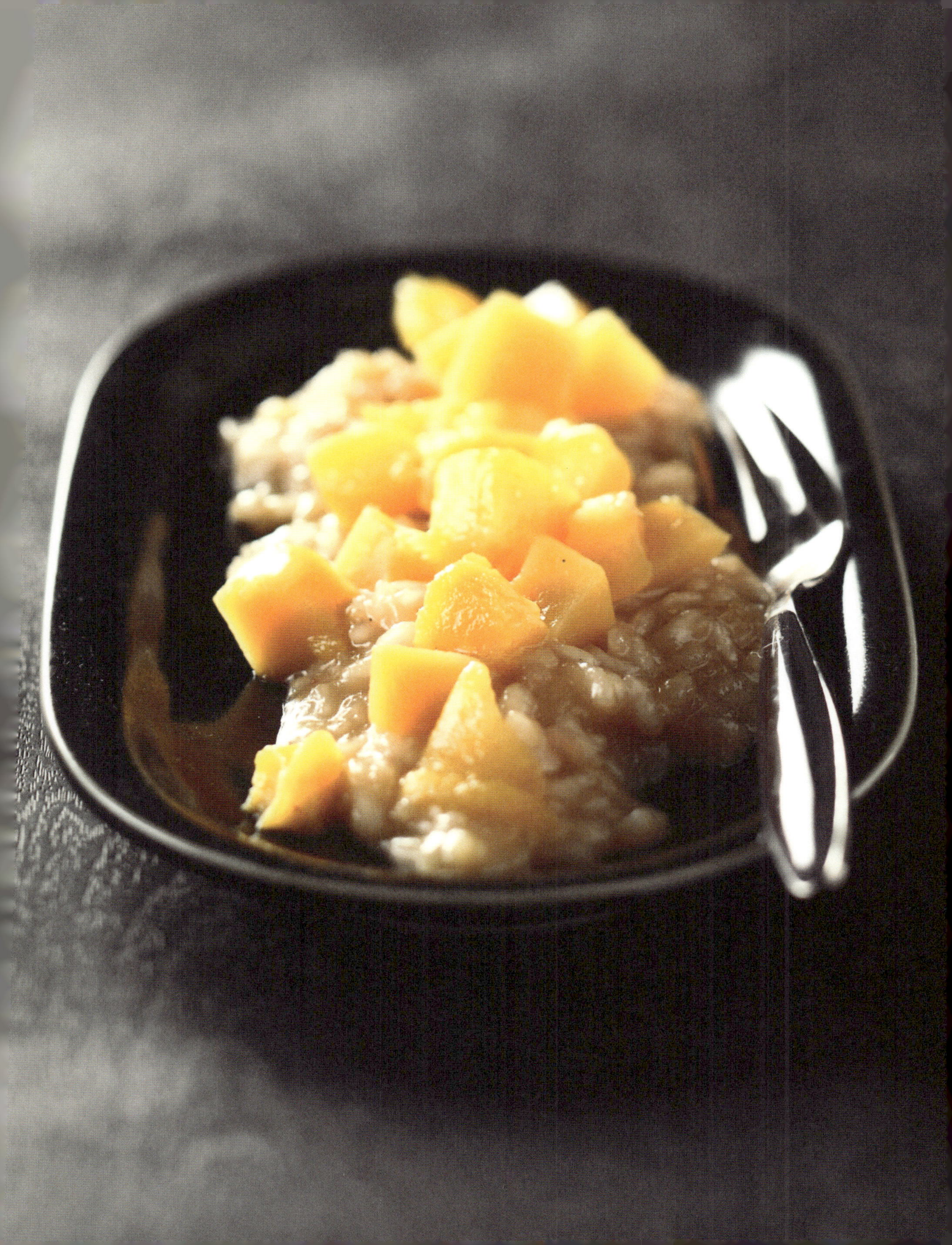

Smoothie ananas-grenade

Pour **4 personnes** | Préparation **15 minutes**
Difficulté ★ | Coût ★★

1 petit ananas | **1 grenade** | **1 yaourt brassé** | **15 cl de lait frais**

Matériel
Robot-mixeur | **Tamis ou moulin à légumes muni d'une grille fine**

1 Ôtez l'écorce de l'ananas en retirant bien les yeux noirs. Coupez-le en quatre et retirez le cœur ligneux, puis coupez la chair en gros morceaux.

2 Coupez la grenade en quatre. Retirez délicatement les grains et versez-les dans le bol d'un mixeur avec l'ananas, le yaourt et le lait.

3 Faites tourner le mixeur pendant 2 ou 3 min. Pour obtenir un smoothie onctueux, passez-le au travers d'un tamis ou d'un moulin à légumes muni d'une grille fine. Servez aussitôt ou gardez au réfrigérateur.

Le conseil de Cyril
Si vous trouvez ce smoothie trop acide, n'hésitez pas à ajouter 1 cuillerée à soupe de miel ou de sirop de sucre de canne.

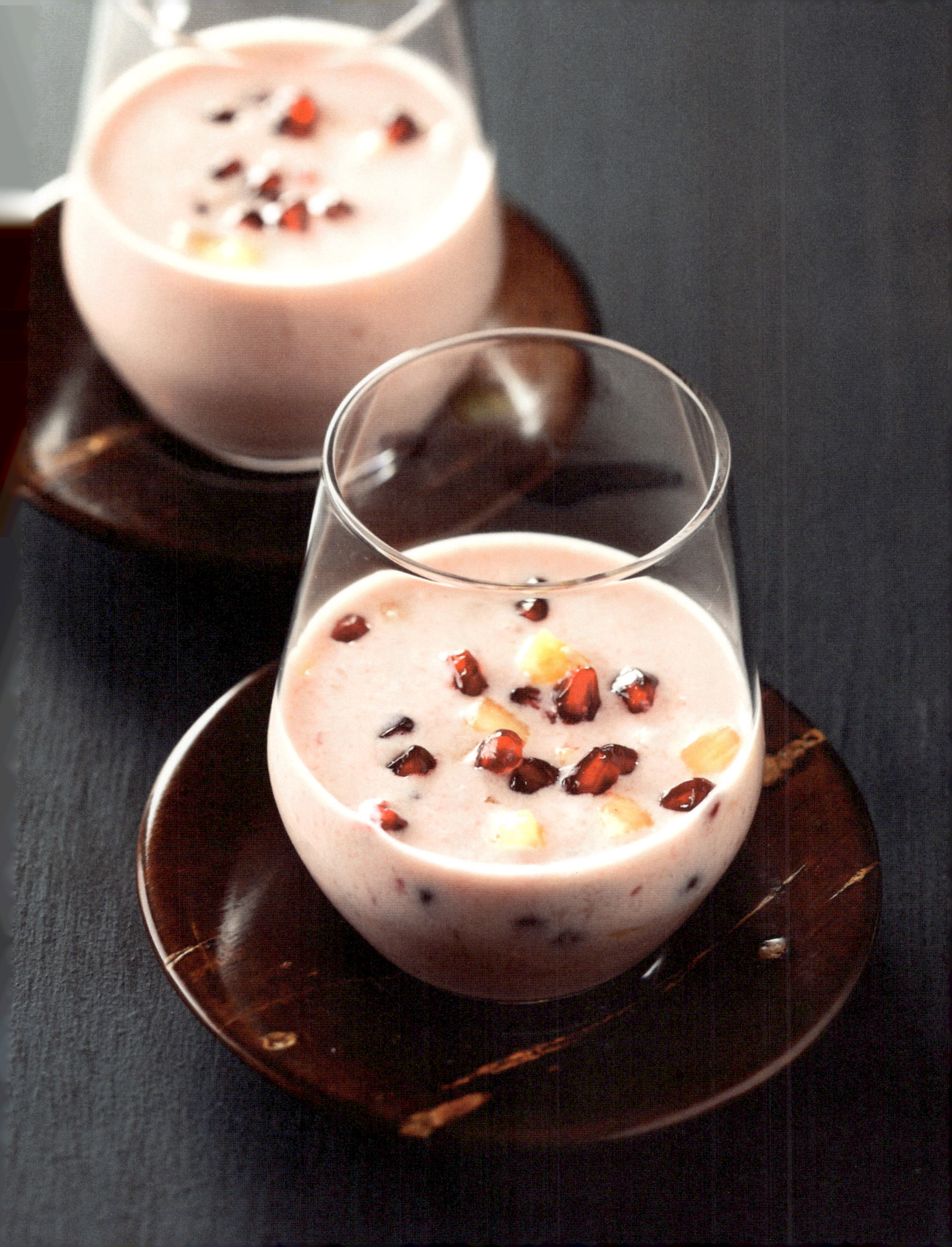

ANNEXES

TABLE DES RECETTES

A

Abricots grillés, chantilly à la vanille	404
Ananas grillé, chantilly à la cardamome	428
Anchoïade	84
Anchois et fromage de brebis	238
Asperges vertes aux échalotes	294
Assiette de petits légumes et vinaigrette au sésame	274

B

Bananes rôties en coque	38
Bellini	52
Blinis à l'aneth et rillettes de truite fumée	100
Bouchées briochées chaudes au chocolat	366
Brochettes d'agrumes aux framboises	306
Brochettes de calmar et de tomate confite	268
Brochettes de fraise au chocolat	380
Brochettes de melon et de pastèque	200
Brochettes de tomates confites, de mozzarella et d'olives noires	148
Brochettes kiwi, ananas et raisin	318
Brouillade d'œufs aux tomates	260
Bruschettas aux poivrons rouges	110

C

Cappuccino à la fraise	378
Carottes au cumin, à l'ail et aux œufs de caille	158
Carottes râpées	142
Carpaccio d'ananas au basilic et au citron vert	196
Carpaccio de fraise au mascarpone	312
Carpaccio de magret à l'orange et à l'huile de noix	250
Carpaccio de saint-pierre à la vanille	266
Caviar d'aubergine	150
Cheesecake aux framboises	416
Chèvres marinés à l'huile	92
Chorizo au vin rouge	96
Chou vert d'été au citron vert et à l'orange	272
Churros au sucre	336
Cigarettes	352
Compote de pêches au vin blanc	410
Cosmopolitan	50
Crabcakes aux herbes	104
Crème au pralin	402
Crème d'avocat au citron vert et au piment	74
Crème de basilic aux pignons de pin	234
Crème de caramels mous	326
Crème de marron au rhum	386
Crème de roquefort à la coppa	86
Crêpes au miel	344
Crêpes aux fraises	356
Croissants à la viande des Grisons et au fromage à raclette	284
Croquettes de fromage	88
Croustillants au chocolat et salade d'orange	396
Croustillants d'espadon au pesto de roquette	114
Crumble de banane au rhum	320
Crumble mangue-ananas	432
Cupcakes au chocolat	418

D - F

Divin jus de pêche	206
Fenouils râpés au citron et à l'huile d'olive	156
Figues en habit de jambon	36
Figues et mûres à la vanille	390
Figues rôties au miel et aux amandes	328
Figues rôties aux pignons de pin	406
Filets de poulet panés aux herbes et au piment à la vapeur	282
Flans coco et framboise	434
Foie de veau aux échalotes	288
Fontainebleau aux marrons glacés	394

G-H

Gaspacho aux œufs durs	162
Gaspacho de melon et de tomate à la pancetta	146
Gâteau au fromage blanc	374
Gâteau au yaourt	342
Gâteau aux noix	364
Grande salade de pommes de terre et de pétoncles à l'estragon	124
Hachis de pétoncle au citron vert	172
Houmous	244

Huîtres à l'échalote et au jambon sec	230	Mojito	12
Huîtres chaudes au champagne	54	Mousse au chocolat blanc	384
		Mousse au chocolat noir	346
J		Mousse au citron	304
Jambon, cœur d'artichaut et fromage frais	254	Mousse de fromage blanc aux fines herbes	232
Jus d'ananas au basilic thaï	218	Mousse de riz au lait	360
Jus d'orange des îles	214	Muffins à la vanille	338
Jus de carotte et de melon au citron	154		
Jus de concombre à la menthe et à l'aneth	66	**O-P**	
Jus de fenouil à l'orange et au carvi	32	Œufs à la coque, mouillettes au saumon fumé	252
Jus de fruits exotiques	16	Pain à la tomate	236
Jus de pomme et de céleri au gingembre	30	Pain à la tomate avec mozzarella, jambon et anchois	106
Jus de pomme et de raisin	82	Palmiers	350
Jus de pomme, de carotte et d'orange	212	Palourdes au jambon et au piment	246
Jus de pomme, de poire et de kiwi	198	Palourdes grillées au beurre de basilic et à la noisette	112
Jus de tomate au basilic	164	Pancakes aux bananes	358
Jus de tomate pimenté à la ciboulette	68	Pâte de coing et manchego	40
Jus green	220	Penne aux crevettes et à la coriandre	280
Jus pomme-litchi	222	Petits gâteaux au chocolat vapeur	368
		Petits pots de compote de pommes et fromage blanc à la vanille	202
L		Pilons de poulet au sirop d'érable	108
Langues-de-chat	354	Poire Belle-Hélène pralinée	392
Lassi à la mangue	314	Poires caramélisées, glace à la pistache	316
Le mezze libanais	18	Poires pochées, sauce chocolat Earl Grey	424
Le tali indien	26	Poivrons confits à l'ail	76
Linguines aux pétoncles et au pastis	290	Pommes au four aux spéculoos	370
Lisettes à la roquette	276	Pommes grillées comme une tatin	348
Lomo et lonzo, abricots et melon	44	Poulet rôti froid mariné à l'huile d'olive et au citron	296
		Praires grillées aux noisettes	64
M		Pruneaux et poitrine de porc fumée	90
Madeleines au citron vert et aux framboises	382		
Madeleines au miel	340	**R**	
Magrets de canard au vinaigre balsamique	278	Risotto au rhum et à la mangue	436
Melon en gelée de porto	152	Risotto aux figues, poires et noix rôties	408
Milk-shake à la framboise	310	Rôti de bœuf froid à la ciboulette	190
Mimosa	48	Rougail de tomate aux crevettes	24
Mini-brochettes de poulet aux amandes et au lait de coco	60	Roulés de veau au jambon de Parme et aux herbes	94
Mini-maïs au lait de coco	298		
Moelleux aux noisettes et aux poires	412		

S

Salade d'orange et coriandre cristallisée	420
Salade d'orange et d'oignon doux à l'huile d'argan	42
Salade de champignons à la mimolette et aux herbes	132
Salade de chou rouge aux noix, aux raisins secs et aux œufs durs	136
Salade de crabe au pamplemousse et aux radis	256
Salade de farfalle au pesto maison	126
Salade de haricots verts au parmesan, à la mozzarella et aux anchois	122
Salade de légumes croquants et de penne au vinaigre	134
Salade de mâche au foie gras	242
Salade de pâtes aux aubergines grillées et au jambon de Parme	130
Salade de penne aux figues, au fromage de chèvre et au jambon de Parme	138
Salade de poivrons grillés, salade de fèves au cumin	120
Salade de poulpe	186
Salade de pousses d'épinard aux œufs mollets et aux champignons	128
Salade de thon à la tahitienne	20
Salade niçoise au thon poêlé	140
Sardines à l'huile, pomme granny-smith, concombre et céleri	240
Sardines marinées et grillées	182
Saumon froid et mayonnaise aux herbes	184
Singapour sling	14
Smoothie à l'orange et au yaourt	324
Smoothie à la mangue	98
Smoothie ananas-grenade	438
Smoothie banane-litchi	430
Smoothie banane-myrtille au sirop d'érable	308
Smoothie passionné aux framboises	330
Smoothie solaire	204
Smoothie tropical	422
Sorbet au melon	216
Soupe au chocolat et pain d'épice	362
Soupe de concombre et d'avocat à la coriandre	160
Soupe de framboise à la verveine	400
Soupe de fruits rouges à la citronnelle	210
Soupe de melon aux framboises	22
Soupe froide de carotte au cumin	70
Spaghettis aux artichauts grillés et au pecorino	292

T

Taboulé, l'original	144
Tagliatelles aux anchois, aux olives et au parmesan	286
Tartare d'huître à la tomate et au fruit de la Passion	228
Tartare de bœuf à la japonaise	192
Tartare de bœuf au saté	264
Tartare de bœuf aux poivrons et à l'huile d'olive	188
Tartare de fraise et de tomate au balsamique	34
Tartare de loup et crème au citron vert	176
Tartare de saint-jacques à la vanille	62
Tartare de saumon à l'aneth	168
Tartare de thon au gingembre	56
Tartare de thon au lait de coco	170
Tartare de thon aux endives et à la pomme verte	248
Tartare de thon en crumble à la tapenade	174
Tartare de thon et d'avocat	180
Tartare de thon et gaspacho andalou	178
Tartelettes au chocolat et au fruit de la Passion	426
Tartelettes au guacamole et aux champignons	28
Tartelettes aux figues et au miel	398
Tartes fines aux abricots et aux amandes	372
Tartinades au fromage frais	102
Tartines de rouget grillé sur la peau	270
Thon grillé aux poivrons et au vinaigre balsamique	262
Tofu braisé à l'ail, au gingembre et aux ciboules	300
Tortilla	22

V

Velouté d'asperges vertes et blanches	58
Velouté de courgette et de tomate aux olives	78
Velouté de fraise au miel et au citron vert	388
Velouté de mangue au gingembre	208
Velouté de poivron à la coriandre	72

TABLE DES MATIÈRES

MA CUISINE SUR LE POUCE

Apéro exotique et sucré-salé

Mojito	12
Singapour sling	14
Jus de fruits exotiques	16
Le mezze libanais	18
Salade de thon à la tahitienne	20
Tortilla	22
Rougail de tomate aux crevettes	24
Le tali indien	26
Tartelettes au guacamole et aux champignons	28
Jus de pomme et de céleri au gingembre	30
Jus de fenouil à l'orange et au carvi	32
Tartare de fraise et de tomate au balsamique	34
Figues en habit de jambon	36
Bananes rôties en coque	38
Pâte de coing et manchego	40
Salade d'orange et d'oignon doux à l'huile d'argan	42
Lomo et lonzo, abricots et melon	44

Apéro chic et vert

Mimosa	48
Cosmopolitan	50
Bellini	52
Huîtres chaudes au champagne	54
Tartare de thon au gingembre	56
Velouté d'asperges vertes et blanches	58
Mini-brochettes de poulet aux amandes et au lait de coco	60
Tartare de saint-jacques à la vanille	62
Praires grillées aux noisettes	64
Jus de concombre à la menthe et à l'aneth	66
Jus de tomate pimenté à la ciboulette	68
Soupe froide de carotte au cumin	70
Velouté de poivron à la coriandre	72
Crème d'avocat au citron vert et au piment	74
Poivrons confits à l'ail	76
Velouté de courgette et de tomate aux olives	78

Apéro terroir et grosse faim

Jus de pomme et de raisin	82
Anchoïade	84
Crème de roquefort à la coppa	86
Croquettes de fromage	88
Pruneaux et poitrine de porc fumée	90
Chèvres marinés à l'huile	92
Roulés de veau au jambon de Parme et aux herbes	94
Chorizo au vin rouge	96
Smoothie à la mangue	98
Blinis à l'aneth et rillettes de truite fumée	100
Tartinades au fromage frais	102
Crabcakes aux herbes	104
Pain à la tomate avec mozzarella, jambon et anchois	106
Pilons de poulet au sirop d'érable	108
Bruschettas aux poivrons rouges	110
Palourdes grillées au beurre de basilic et à la noisette	112
Croustillants d'espadon au pesto de roquette	114

MA CUISINE FRAÎCHEUR

Salades variées et autres légumes

Salade de poivrons grillés, salade de fèves au cumin	120
Salade de haricots verts au parmesan, à la mozzarella et aux anchois	122
Grande salade de pommes de terre et de pétoncles à l'estragon	124
Salade de farfalle au pesto maison	126
Salade de pousses d'épinard aux œufs mollets et aux champignons	128
Salade de pâtes aux aubergines grillées et au jambon de Parme	130
Salade de champignons à la mimolette et aux herbes	132

Salade de légumes croquants et de penne au vinaigre	134
Salade de chou rouge aux noix, aux raisins secs et aux œufs durs	136
Salade de penne aux figues, au fromage de chèvre et au jambon de Parme	138
Salade niçoise au thon poêlé	140
Carottes râpées	142
Taboulé, l'original	144
Gaspacho de melon et de tomate à la pancetta	146
Brochettes de tomates confites, de mozzarella et d'olives noires	148
Caviar d'aubergine	150
Melon en gelée de porto	152
Jus de carotte et de melon au citron	154
Fenouils râpés au citron et à l'huile d'olive	156
Carottes au cumin, à l'ail et aux œufs de caille	158
Soupe de concombre et d'avocat à la coriandre	160
Gaspacho aux œufs durs	162
Jus de tomate au basilic	164

Tartares & Co.

Tartare de saumon à l'aneth	168
Tartare de thon au lait de coco	170
Hachis de pétoncle au citron vert	172
Tartare de thon en crumble à la tapenade	174
Tartare de loup et crème au citron vert	176
Tartare de thon et gaspacho andalou	178
Tartare de thon et d'avocat	180
Sardines marinées et grillées	182
Saumon froid et mayonnaise aux herbes	184
Salade de poulpe	186
Tartare de bœuf aux poivrons et à l'huile d'olive	188
Rôti de bœuf froid à la ciboulette	190
Tartare de bœuf à la japonaise	192

Douceurs et jus de fruits

Carpaccio d'ananas au basilic et au citron vert	196
Jus de pomme, de poire et de kiwi	198
Brochettes de melon et de pastèque	200
Petits pots de compote de pommes et fromage blanc à la vanille	202
Smoothie solaire	204
Divin jus de pêche	206
Velouté de mangue au gingembre	208
Soupe de fruits rouges à la citronnelle	210
Jus de pomme, de carotte et d'orange	212
Jus d'orange des îles	214
Sorbet au melon	216
Jus d'ananas au basilic thaï	218
Jus green	220
Jus pomme-litchi	222

MA CUISINE EXPRESS

Apéros et entrées en moins de 20 minutes

Tartare d'huître à la tomate et au fruit de la Passion	228
Huîtres à l'échalote et au jambon sec	230
Mousse de fromage blanc aux fines herbes	232
Crème de basilic aux pignons de pin	234
Pain à la tomate	236
Anchois et fromage de brebis	238
Sardines à l'huile, pomme granny-smith, concombre et céleri	240
Salade de mâche au foie gras	242
Houmous	244
Palourdes au jambon et au piment	246
Tartare de thon aux endives et à la pomme verte	248
Carpaccio de magret à l'orange et à l'huile de noix	250
Œufs à la coque, mouillettes au saumon fumé	252
Jambon, cœur d'artichaut et fromage frais	254
Salade de crabe au pamplemousse et aux radis	256

Plats en moins de 25 minutes

Brouillade d'œufs aux tomates	260
Thon grillé aux poivrons et au vinaigre balsamique	262
Tartare de bœuf au saté	264
Carpaccio de saint-pierre à la vanille	266
Brochettes de calmar et de tomate confite	268
Tartines de rouget grillé sur la peau	270
Chou vert d'été au citron vert et à l'orange	272
Assiette de petits légumes et vinaigrette au sésame	274
Lisettes à la roquette	276
Magrets de canard au vinaigre balsamique	278
Penne aux crevettes et à la coriandre	280
Filets de poulet panés aux herbes et au piment à la vapeur	282

Croissants à la viande des Grisons et au fromage à raclette	284
Tagliatelles aux anchois, aux olives et au parmesan	286
Foie de veau aux échalotes	288
Linguines aux pétoncles et au pastis	290
Spaghettis aux artichauts grillés et au pecorino	292
Asperges vertes aux échalotes	294
Poulet rôti froid mariné à l'huile d'olive et au citron	296
Mini-maïs au lait de coco	298
Tofu braisé à l'ail, au gingembre et aux ciboules	300

Douceurs en moins de 15 minutes

Mousse au citron	304
Brochettes d'agrumes aux framboises	306
Smoothie banane-myrtille au sirop d'érable	308
Milk-shake à la framboise	310
Carpaccio de fraise au mascarpone	312
Lassi à la mangue	314
Poires caramélisées, glace à la pistache	316
Brochettes kiwi, ananas et raisin	318
Crumble de banane au rhum	320
Soupe de melon aux framboises	322
Smoothie à l'orange et au yaourt	324
Crème de caramels mous	326
Figues rôties au miel et aux amandes	328
Smoothie passionné aux framboises	330

MA CUISINE DOUCEUR

Desserts nostalgiques

Churros au sucre	336
Muffins à la vanille	338
Madeleines au miel	340
Gâteau au yaourt	342
Crêpes au miel	344
Mousse au chocolat noir	346
Pommes grillées comme une tatin	348
Palmiers	350
Cigarettes	352
Langues-de-chat	354
Crêpes aux fraises	356
Pancakes aux bananes	358

Mousse de riz au lait	360
Soupe au chocolat et pain d'épice	362
Gâteau aux noix	364
Bouchées briochées chaudes au chocolat	366
Petits gâteaux au chocolat vapeur	368
Pommes au four aux spéculoos	370
Tartes fines aux abricots et aux amandes	372
Gâteau au fromage blanc	374

Desserts de gala

Cappuccino à la fraise	378
Brochettes de fraise au chocolat	380
Madeleines au citron vert et aux framboises	382
Mousse au chocolat blanc	384
Crème de marron au rhum	386
Velouté de fraise au miel et au citron vert	388
Figues et mûres à la vanille	390
Poire Belle-Hélène pralinée	392
Fontainebleau aux marrons glacés	394
Croustillants au chocolat et salade d'orange	396
Tartelettes aux figues et au miel	398
Soupe de framboise à la verveine	400
Crème au pralin	402
Abricots grillés, chantilly à la vanille	404
Figues rôties aux pignons de pin	406
Risotto aux figues, poires et noix rôties	408
Compote de pêches au vin blanc	410
Moelleux aux noisettes et aux poires	412

Desserts exotiques

Cheesecake aux framboises	416
Cupcakes au chocolat	418
Salade d'orange et coriandre cristallisée	420
Smoothie tropical	422
Poires pochées, sauce chocolat Earl Grey	424
Tartelettes au chocolat et au fruit de la Passion	426
Ananas grillé, chantilly à la cardamome	428
Smoothie banane-litchi	430
Crumble mangue-ananas	432
Flans coco et framboise	434
Risotto au rhum et à la mangue	436
Smoothie ananas-grenade	438

L'éditeur reprend certaines recettes de la collection Petits Pratiques Cuisine parues en janvier 2007, février 2007, août 2007, mai 2008, août 2008, janvier 2009 et août 2009 chez Hachette Pratique parmi les titres suivants : *À l'heure du goûter, Apéro dînatoire, Apéro, tapas & Co., Craquants et fondants, Crèmes et mousses, Crumbles et Tatins, Cuisine à la vapeur, Cuisine au wok, Dîners aux chandelles, Dîners fins de mois, Étudiants, aux fourneaux !, J'invite les parents, Jus et smoothies, La cuisine après le marché, Les enfants vont se régaler, Ma cuisine du soleil, Menus vitaminés, Mes grands classiques, Petits plats exotiques, Plancha, Plats uniques, Purées pour les grands, Recettes express, Recettes grasse mat', Recettes régressives, Riz et risottos, Soirées entre filles, Soirées grosse fatigue* et *Soupes et veloutés*.

Photographie des recettes :
© Éric Fénot : pp. 13, 15, 17, 19, 21, 23, 25, 27, 29, 31, 33, 35, 37, 39, 41, 43, 45, 49, 51, 53, 55, 57, 59, 61, 63, 65, 67, 69, 71, 73, 75, 77, 79, 83, 85, 87, 89, 91, 93, 95, 97, 99, 101, 103, 105, 107, 109, 111, 113, 115, 121, 123, 125, 127, 129, 131, 133, 135, 137, 139, 141, 143, 145, 147, 149, 151, 153, 155, 157, 159, 161, 163, 165, 169, 171, 173, 175, 177, 179, 181, 183, 185, 187, 189, 191, 193, 197, 199, 201, 203, 205, 207, 209, 211, 213, 215, 217, 219, 221, 223.
© Rina Nurra : pp. 229, 231, 233, 235, 237, 239, 241, 243, 245, 247, 249, 251, 253, 255, 257, 261, 263, 265, 267, 269, 271, 273, 275, 277, 279, 281, 283, 285, 287, 289, 291, 293, 295, 297, 299, 301, 305, 307, 309, 311, 313, 315, 317, 319, 321, 323, 325, 327, 329, 331, 337, 339, 341, 343, 345, 347, 349, 351, 353, 355, 357, 359, 361, 363, 365, 367, 369, 371, 373, 375, 379, 381, 383, 385, 387, 389, 391, 393, 395, 397, 399, 401, 403, 405, 407, 409, 411, 413, 417, 419, 421, 423, 425, 427, 429, 431, 433, 435, 437, 439.

Photographie de Cyril Lignac p.4 : © Greg Soussan

Direction : Catherine Saunier-Talec
Direction éditoriale : Pierre-Jean Furet
Responsable éditoriale : Brigitte Éveno
Collaboration rédactionnelle : Thomas Feller, Stéphan Lagorce, Nicole Seeman
Couverture et conception intérieure : Salah Kherbouche
Réalisation intérieure : Les PAOistes
Corrections : Nelly Mégret
Fabrication : Amélie Latsch
Partenariats : Sophie Morier (01 43 92 36 82)
Responsable de la communication : Johanna Rodrigue (jrodrigue@hachette-livre.fr)

L'éditeur remercie Emmanuelle Michon pour son aide précieuse.

Pour l'éditeur, le principe est d'utiliser des papiers composés de fibres naturelles, renouvelables, recyclables et fabriquées à partir de bois issus de forêts qui adoptent un système d'aménagement durable. En outre, l'éditeur attend de ses fournisseurs de papier qu'ils s'inscrivent dans une démarche de certification environnementale reconnue.

©2020 HACHETTE LIVRE (Hachette Pratique), Paris
Dépôt légal : Septembre 2020
89-1405-9/02
ISBN : 978-2-01-713801-3
Achevé d'imprimer en Espagne par Graficas Estella

hachette s'engage pour l'environnement en réduisant l'empreinte carbone de ses livres. Celle de cet exemplaire est de : 4,86 Kg éq. CO_2
Rendez-vous sur www.hachette-durable.fr
PAPIER À BASE DE FIBRES CERTIFIÉES